Eros andino
Alejo Khunku willawanchik

Andrés Chirinos Rivera
Alejo Maque Capira

EDICION BILINGÜE

BIBLIOTECA DE LA TRADICION ORAL ANDINA

16

CBC-SID

    Eros andino: Alejo Khunku willawanchik / Andrés Chirinos Rivera; Alejo Maque Capira. -- Cusco, Centro de Estudios Regionales Andinos Bartolomé de Las Casas, 1996.

    412 p. -- (Biblioteca de la tradición oral andina; 16)

    Edición bilingüe

TRADICION ORAL ANDINA
PERU

398.2 (CDU)
CH61

ISBN 84-8387-040-1
ISSN 1022-0887

Junio, 1996

A José Enrique
A Elsa, Rosa, Alex y José

Wawanchikkunaman

Agradecimientos

Como muchos libros, este también representa el esfuerzo colectivo de muchas personas que va más allá de los, en este caso, dos autores. Agradezco en forma especial a mi esposa Martha por sus pacientes correcciones, observaciones y sugerencias de la versión castellana. A mis amigos Rafael Mercado (Paucartambo), Agustín Gamboa (Ayacucho), Martín Castillo (Antabamba), Rufino Chuquimamani (Puno) por sus observaciones y lecturas a la versión quechua. A los que los leyeron primero y me animaron a su publicación, a Juan Carlos Godenzzi, César Itier. A Juan Carlos García, quien tuvo a cargo el cuidado de la edición. A todos los familiares y amigos queridos, a veces en sitios distantes pero siempre presentes dando el ánimo necesario. A los educadores bilingües, porque juntos hemos aprendido a hablar y escribir en quechua.

Andrés Chirinos

Introducción

Alejo Khunku y sus relatos

Alejo se caracteriza por tener un sentido del humor muy especial. Es ése que lleva a algunas personas, como él, a reírse de sí mismas, empezando por su apodo, Khunku. Todos en Chivay, Arequipa, lo conocen como Khunku y él se reconoce como tal. Khunku es la denominación del padrillo de la oveja, pero en su acepción más usual es un insulto: "indio bestia y apestoso". El, sin dejar de tomarlo con humor, lo acepta, aunque añadiéndole un nuevo sentido: "indio comunero que conoce y practica la vida, cultura y creencias de las punas". Nació en la puna, en una estancia de Tuti. Ya no es pastor de llamas. Sabe castellano y conoce bastante de la cultura del *misti*.

Cojea de un pie y eso quizás le ha dado la posibilidad de leer más. En algunos relatos, aquí incluidos, nos cuenta el origen de su cojera y su estancia en un hospital de Arequipa. Además de ser vendedor del mercado, trabajaba ocasionalmente en la chacra, era miembro de un grupo político (Izquierda Unida), juez de Paz no letrado, miembro de una de las bandas de música de Chivay, era algo mujeriego y jaranero, y entre otras cosas sabía jugar ajedrez. En la actualidad, sigue con muchos de sus empeños, no dejando el principal, ser un hombre con un gran sentido del humor.

En Chivay nos hicimos amigos y continuamos siéndolo. Estoy, yo más que él, en deuda por eso. Este libro es parte de un compromiso que recién cumplo. Alejo fue la primera persona con la que llegué a conversar en quechua. Nuestra amistad viene desde 1986. Años de efervescencia política: el APRA, la Izquierda, Sendero, la policía... Debía llamar mucho la atención ver a un misti-gringo hablando quechua con un comunero en la plaza del pueblo. Me consideraron sospechoso de terrorismo y a Alejo le dijeron que no debía hablar conmigo. Todo quedó allí. Ambos éramos de izquierda, pero de lo otro, na' que ver...

Hablábamos de política pero no en la forma clásica. Más era lo que nos reíamos. Lamentablemente, a pesar de la pregonada libertad de prensa, hay cosas que aún no se pueden -¿se podrán?- decir.

Los relatos que presentamos fueron narrados entre 1987-90, y los últimos a inicios de 1995 en Chivay. Han sido revisados y corregidos hasta la fecha por nosotros dos. Yo le leía y él los corregía. Siempre me decía: *"peruanokunaqa witiyllamanta pensanchik"* (los peruanos sólo pensamos en sexo); se incluía a él y me incluía a mí. Los lectores de estas narraciones verán que no es tan cierto, también hay "sublimaciones". Se admiraba de mi capacidad para escribir el quechua y yo de su capacidad narrativa y de su humor.

Ni Alejo ni yo pensamos mucho en otro fin para sus relatos que no fuera el de comunicar vivencias, experiencias. Aunque compartíamos la preocupación por la escritura del quechua, para él tenía una particular significación: "Por eso yo pienso que si aprendiéramos a escribir en quechua, si habláramos en quechua, tal vez fuera posible que regresemos a las creencias de los incas. Así podríamos dar un poco de cumplimiento a sus leyes"(§ 286).

Lo demás, acerca de Alejo, está presente en sus relatos.

La presente edición

Este libro es un trabajo de edición compartido. Alejo no es el típico "informante" ni yo soy el típico "recopilador"; es más, muchas de las historias contadas han sido recopiladas por Alejo. El no las grabó ni escribió, eso le confundía: -según me dijo- prefirió "grabarlas" en su cabeza y después contarlas. Con Alejo también corregimos lo que me dictó o contó en la grabadora a fin de darle una forma escrita que pudiera ser leída fluidamente. Fueron también numerosas las aclaraciones, muchas han quedado consignadas en las notas a pie de página.

Hecha esta anotación, pasaré a explicar brevemente mi trabajo de edición en cuanto a la transcripción, la clasificación de los relatos, las normas de escritura empleadas (para la versión unificada y para la fonológica) y algunos criterios de traducción.

Del registro de las narraciones, como ya lo señaláramos, una parte de ellas, las recopiladas antes de 1989, fueron transcritas sin grabadora. Posteriormente, en 1990, se nos hizo posible grabar. Las grabaciones más recientes fueron hechas a inicios de 1995. En la versión fonológica consignamos cuáles fueron grabadas, cuáles dictadas y en qué orden.

La clasificación de los relatos

El orden de estos cincuenta relatos está dispuesto en base a una clasificación de la oralidad quechua. Si bien sabemos que las formas de análisis de las sociedades con lenguas sin tradición escrita son diferentes y menos absolutas, creemos que pueden distinguirse tres géneros en la narrativa oral andina. El primero de ellos, casi evidente, es la narrativa en primera persona, atestiguada por el autor. Es lo que hemos colocado en la primera parte: "LA VIDA DE ALEJO". Este género está incluso gramaticalmente marcado por el uso del sufijo atestiguativo (-m/-mi). Sin embargo, Alejo recrea en ocasiones este género y habla de sí mismo en reportativo, como en el relato IV "De cómo Alejo vio...", que empieza diciendo: *"Dice que cuando Alejo..."*. También en quechua se puede uno permitir licencias de estilo.

No estamos tan seguros de poder hablar ya de un "género autobiográfico", pero bien por la influencia de antropólogos o lingüistas, o por el deseo intrínseco, como seres humanos, de contar nuestras experiencias, son varios los títulos publicados sobre las llamadas "historias de vida", o que sin serlo, podrían agruparse en un género testimonial, como, por ejemplo, los testimonios sobre la vida en las haciendas: (Neyra 1974; Gow-Condori 1976; Valderrama-Escalante 1980, 1992; Chirinos (ed.) 1994b).

Los otros dos géneros, que creemos forman parte del mundo andino-indígena, son el cuento y la leyenda. Para Howard-Malverde (1990:44-45), la leyenda se diferencia del cuento básicamente en que en la leyenda -que también sería una forma de contar la historia- se narra siempre con referencia a lugares geográficos determinados. La misma autora nos informa de la importancia de los *nombres* de los lugares para validar las historias o leyendas. El término mismo (leyenda), aparece en el léxico quechua (aunque se pronuncia diferente: *liyinda*), lo hemos atestiguado en la provincia de Anta, en la famosa leyenda sobre la "Laguna de Huaypu"[1]. Alejo nos narra el mismo tema, aunque en otro lugar, en la historia sobre "La Walqa-walqa" (cap. XXII)[2]. Aun cuando el mismo Alejo no utiliza el término *liyinda*, sí nos hace una clasificación entre aquellos cuentos que *no son verdad*, y los que *son verdad* (§ 473). Pues bien, las leyendas son los *"cuentos que son verdad"*.

Con lo dicho anteriormente, no pretendo decir que haya una línea divisoria clara en la narrativa de Alejo "Khunku". En su vida hay leyenda y cuentos, en sus leyendas, su vida... De acuerdo a la tipificación de cuento y leyenda, basada en la presencia de lugares geográficos en las narraciones, tuve problemas para clasificar los relatos XXIV ("El niño tragón") y XXIX ("Historia del pájaro Akakllo"). El primero lo clasifiqué dentro de las leyendas, ya que refleja el mito de la Arcadia. En la leyenda nos encontraremos más frecuentemente con la filosofía de la historia llamada también "mito". En cuanto al segundo de los relatos a que hago referencia, "La historia del pájaro Akakllo", si bien no hay en él lugar geográfico, hay sin embargo una "prueba" de la veracidad del relato: una marca física que hasta ahora conserva dicho pájaro detrás, en la nuca. Las leyendas las hemos incluido en la segunda parte de los relatos bajo el título: "HISTORIAS Y LEYENDAS". Hay algunas que bien podrían ser anécdotas, como el relato XXXIV "Los Lagartos", que preferí agruparlo con la "Vida y Leyenda de Animales".

Finalmente en la tercera parte agrupamos los cuentos, "EL ZORRO Y OTROS CUENTOS," aquellos en los que no hay lugares, ni testigos. En ellos encontramos una clara intención lúdica.

---

1   Laguna situada en las cercanías del Cuzco. Hemos recopilado -aún inédita- una tradición oral acerca de esta leyenda recogida en Huancancalla (Anta-Cuzco).

2   La misma que está relacionada a la antigua leyenda de Viracocha como es comprobable comparándola con los testimonios de (Itier 1993), las tradiciones de Huarochirí (Taylor 1987) u otras versiones de los cronistas (Urbano 1981).

Además de los relatos de Alejo, se presentan dos versiones adicionales del "Pueblo de las Mujeres" de Timoteo Mallcoaccha y Jerónimo Huayapa.

Esta edición consta, además de las versiones castellano/quechua (en alfabeto unificado) de los cincuenta relatos, de una versión que llamamos fonológica del quechua de Caylloma, basada en el particular lecto de un bilingüe como Alejo Maque. Las notas de la versiones quechuas, unificada y fonológica, las hemos hecho también en quechua utilizando el alfabeto unificado. Finalmente, se anexan dos glosarios, quechua y castellano, y la bibliografía.

De las versiones quechuas y la ortografía

¿Por qué dos versiones quechuas de los relatos? Hemos optado por un criterio de equidad, entendida ésta distinta a la igualdad. Es decir, no nos parece adecuado pretender dar el *mismo* trato a dos lenguas que están en situación dispar; una de ellas, el quechua, subordinada a la otra, el castellano. Debería darse, sí, un trato que *tienda* hacia la igualdad de *status* de ambas lenguas.

¿En que estriban las desventajas del quechua? Aquí aludiremos a sólo dos hechos, ambos muy ligados entre sí, carencia de una escritura unificada para todas sus variedades e insuficiencia de estudios sobre ellas. Esta última deja el campo abierto a que estudiosos y profanos hablen de la existencia de diferentes *lenguas* quechuas, sin precisar ni justificar el porqué de ese *status* lingüístico, y pretendan con ello validar la existencia de diferentes normas de escritura para las distintas variedades. Nosotros pensamos, basándonos en la mutua comprensión interdialectal existente y en los estudios de reconstrucción fonológica (Cerrón-Palomino 1987), que resulta plausible la postulación de una norma unificada, al menos para las variedades sureñas: las habladas desde Huancavelica hasta Bolivia (quechua sureño).

Lo expuesto puede ser refrendado en fuentes como Valderrama-Escalante, (1992 y 1994); Chuquimamani *et al.* (1993); Chirinos (ed.) (1994b y 1995); Godenzzi-Vengoa, (1994); Cardona y Pari (1995a y b); por citar las más recientes. Porque de citar fuentes antiguas tendríamos una multitud de textos en la llamada *lengua general del Perú* que podían y pueden ser leídos por hablantes de diferentes quechuas, entre ellos, el más admirable, los "Ritos y Tradiciones de Huarochirí" (Taylor, 1987).

Creemos necesario señalar que el uso de una norma unificada no conllevaría el desprecio a las variedades dialectales del quechua actual. Es más, su validez como vehículo de expresión de diferentes grupos humanos es incuestionable. Los estudios detallados que se realicen sobre ellas nos permitirían una mayor comprensión sobre el quechua, sus hablantes, su historia. Reforzarían también la identidad cultural y étnica de sus hablantes. Siendo que la norma unificada que proponemos se basa en la historia del quechua y **no en una variedad particular** (Ballón *et al.* 1992; Godenzzi 1992; Godenzzi-Vengoa 1994; Chuquimamani *et al.* 1992; Chirinos 1993a, 1993b; Plaza 1993; Yuyay Jap'ina 1993; Cerrón-Palomino 1994); se comprenderá cómo, paradójicamente, los estudios dialectales resultan imprescindibles para consolidar la propuesta de normalización de la escritura.

La validez de esta propuesta no debe darse sólo en razón de su fundamento científico. Creemos que ésta radica principalmente en la asunción y ejercicio que hagan de ella sus hablantes, es la única forma de que pueda convertirse en un instrumento político al servicio de sus usuarios: el pueblo indígena. Insistimos en lo imprescindible de esta participación, a fin de no repetir situaciones como las atestiguadas entre los siglos XVI y XVII en los que existieron normas ortográficas para el quechua (III Concilio Limense 1584) que fueron dadas y usadas con fines evangelizadores, al servicio de la política colonial y no de los indígenas. En consecuencia, la legitimidad de la norma deberá sustentarse en el consenso que se logre entre sus usuarios: los hablantes de la lengua quechua.

Por las razones que acabamos de exponer hemos optado por ofrecer a los lectores dos versiones quechuas. Una de ellas, es la que acompaña a la versión castellana, escrita de acuerdo a la norma unificada. Es la propuesta que engloba a las distintas variedades del quechua sureño, incluida la hablada en Caylloma, Ayacucho, Cuzco, y también Bolivia. Justamente el quechua cayllomino tiene mucho de lo que usualmente se atribuye como característico de las tres variedades últimas que citamos.

Hemos eliminado -con algunas excepciones- como ya señaláramos (Chirinos 1994a) la representación de los sonidos aspirados y glotalizados. Propuesta que por lo demás no es nueva (Chuquimamani *et al.* 1993, Cerrón-Palomino 1994b). Si revisamos **en la práctica** la norma de unificación propuesta (Godenzzi 1992), nos daríamos cuenta del grado de dificultad al usarla. Por ejemplo, entre las reglas más fáciles de seguir está el escribir **-chka-** en vez de sus actualizaciones -sha-, -shya-, -sa-, -cha-, -ska- o -sya- para el progresivo; por el contrario, entre las más difíciles está el escribir **-m** en vez de -n cuando se trata del validador ya que se confunde con -n cuando es marcador de tercera persona.

Consideramos que nuestra práctica de alfabetización en quechua durante los últimos dos años, tanto de niños como de adultos[3], valida la propuesta, al menos parcialmente. Hemos comprobado que, a diferencia de las dificultades observadas en la normalización de sufijos que aludíamos, la supresión de aspiradas y glotalizadas de la escritura no sólo no dificulta la aprehensión de la escritura por parte de los neoalfabetos; sino que, por el contrario, **la facilita**. Es más fácil escribir sin aspiradas ni glotalizadas aun para quienes pronuncian dichos sonidos. Daríamos así respuesta a una interrogante planteada por Albó (1995) cuando se pregunta si los quechua hablantes aceptarían estas propuestas. En nuestra práctica la respuesta es decididamente afirmativa en lo que se refiere a aspiradas y glotalizadas. Habría una sola excepción: aquellos que ya escribían con aspiradas y glotalizadas (por ejemplo, los evangelistas que aprendieron con la Biblia). Sin embargo, sabemos que los ya alfabetizados en quechua son un grupo muy reducido. Por eso es importante que la alfabetización se realice teniendo en cuenta la norma, desde un principio. Podríamos añadir una posible situación en la que el uso de la norma implica un grado de dificultad de origen distinto: sería el caso de aprendices de quechua como segunda lengua, ellos tendrían dificultades en asignar la adecuada pronunciación a determinadas grafías. Esto sería fácilmente superable con una transcripción, a manera de pronunciación figurada en los textos para dichos aprendices, al igual que se da en los diccionarios de lenguas modernas. Por otra parte los alfabetos deben ser para los nativo hablantes y no para los aprendices.

Sobre la situación de las aspiradas y glotalizadas tenemos en proceso un estudio basado en el léxico del presente libro. Pensamos que serán una rica fuente de estudio las diferencias interdialectales entre dialectos sureños que tienen aspiradas y glotalizadas. Además de aimarismos podemos descubrir todo un caudal léxico muy propio de cada habla, a través del cual podremos rastrear la presencia de sustratos diferentes que pudieran corresponder a lenguas hoy extinguidas. Por ello reafirmamos la necesidad de su estudio. Paralelamente nos reafirmamos, igualmente, en la **no necesidad** de su representación gráfica, al menos para las palabras pertenecientes al léxico común de aspiradas y glotalizadas, que en su mayor parte se corresponden con lexemas de la variante ayacuchana. Ello para versiones que pretendan tener difusión y/o uso educativo en un ámbito pandialectal, como es el propósito de la presente edición. Hay sin embargo excepciones. En determinados lexemas pensamos que sí debiera usarse el dígrafo correspondiente (es decir acompañado de **h** o ’). Como por ejemplo para distinguir algunos pares

---

3   Esta praxis se da desde 1988, con mayor intensidad a partir del "Proyecto de Alfabetización y Educación Cívica para Mujeres Indígenas y Campesinas del Perú" ejecutado por CADEP (Centro Andino de Educación y Promoción "José María Arguedas)-UNESCO en las provincias de Anta, Chumbivilcas y Cotabambas.

mínimos (**pacha** 'tiempo-tierra' - **p'acha** 'ropa', **chaki** 'pie' - **ch'aki** 'sed', **tanta** 'pan' - **thanta** 'ropa vieja', **tika** 'molde' - **t'ika** 'flor', **paka** 'escondido' - **phaka** 'entrepierna') o para señalar algunos lexemas de uso local (**k'ariy** 'aborrecer', **t'iqa** 'una flor de puna', **q'aywiy** 'adornar'). Para ello será necesario precisar con mayor exactitud cuál es el léxico común y el propio entre las distintas variedades quechuas.

Lamentablemente, aún no hay un acuerdo entre bolivianos y peruanos para transcribir la aspirada /h/. Hemos adoptado provisionalmente una propuesta ecléctica: mantenemos la 'h' en inicial de palabra y en los sufijos; pero también usamos 'j' en los hispanismos, aimarismos, y en posición interna de palabra.

La escritura de los hispanismos

Sin duda, la mayor dificultad para la escritura del quechua radica en la escritura de los hispanismos. Una refonologización estricta como la que propusimos anteriormente (Chirinos 1994a) no ha resultado satisfactoria. Concurren circunstancias sociales: la mayor parte de los potenciales lectores quechuas entre la población adulta han sido previamente alfabetizados en castellano. Y aun en el caso de que no haya sido así, la representación escrita castellana de estos términos ejerce una presión insoslayable para el potencial lector (**hacienda** en lugar de **asinda**, o **juez** en lugar de **huwis**).

Por otra parte, incluso los bilingües incipientes pronuncian las sonoras como /b/, /d/, /g/ y otros segmentos como /f/ y /r/ retrofleja. También secuencias consonánticas como tr y pr. Lo más resistente a ser incorporado a la fonología quechua continúa siendo las vocales medias y los hiatos.

Personalmente, preferiríamos una alternativa de escritura de hispanismos "más" quechua. Pero cabe preguntarse si los esfuerzos puristas no son sino una pose no realista ante una influencia idiomática que ya va para los 500 años. La resistencia y la lucha por la autonomía son elogiables pero pierden credibilidad cuando se convierten en actitudes de escaparate no dirigidas a la misma población indígena, sino a demostrar una pretendida pureza ante la sociedad occidental.

Hemos recibido (por parte de lectores que leen quechua) múltiples sugerencias en el sentido de que debiéramos facilitar la lectura de los hispanismos representándolos tal como se escriben en castellano. Dicha propuesta tiene varios inconvenientes, el principal viene a ser que condena al quechua a un sistema de escritura dependiente del castellano. Si bien es un hecho que en la actualidad el quechua es una lengua subordinada, no tiene que ser una situación eterna. Además millones de bilingües que no dominan la diferencia entre la vocales altas y medias del castellano, estarían condenados a tener siempre faltas de ortografía.

Toda escritura puede tener excepciones, pero cuando estas son demasiado numerosas, dificultan en sumo grado su correcta aprehensión. Pensamos que ello ocurriría si representáramos sistemáticamente las vocales medias del castellano. Debemos tener en cuenta, que, por ejemplo, en el presente texto, tenemos registrados 740 hispanismos y tan sólo algo más 300 lexemas con aspiradas y glotalizadas.

Es por ello que, al ser una demanda de la población quechua-hablante letrada, por disciplina normativa, hemos acatado parcialmente la propuesta de escribir los hispanismos como se escriben en castellano. Parcialmente, porque, por las observaciones arriba señaladas, hemos reducido la representación de las vocales medias del castellano a un nivel que podría ser manejable en cuanto a excepciones de escritura. Aun cuando algunos pudieran pensar que escribir 'rispitu' en lugar de 'respeto' induce al error, los programas de Educación Bilingüe Intercultural, han demostrado que el uso de tres vocales en quechua y cinco en castellano en la educación de alumnos quechua hablantes contribuye a que dichos alumnos aprendan a diferenciar mejor dichos idiomas y por lo tanto pronuncien mejor también las vocales medias del castellano (López 1987 y la experiencia del CADEP[4]).

No cabe duda, por otra parte, que la mejor solución a los problemas de escritura del quechua se darán en la medida en que se debata más, y que los protagonistas de dicho debate no seamos los estudiosos, sino los propios hablantes. La repetida frase: "que se decida la escritura de una vez" no es una frase realista e ignora que para asentar una escritura estable -en el castellano por ejemplo- fueron necesarios siglos, en los que hubo muchos debates, y sobre todo libros: y un poder político al que le interesó consolidar una escritura. En el caso peruano, el poder político interesado no creemos que vaya a ser el Estado peruano, como algunos ingenuamente proponen; tampoco la Academia de la Lengua Quechua, dominada por ex-hacendados de ideología premoderna. Los llamados a asumir este reto son organizaciones campesinas e indígenas bien sean rurales o urbanas; como lo ha demostrado el caso ecuatoriano.

---

4   Ver nota anterior.

La versión fonológica

La segunda versión quechua que damos es la que atiende a las particularidades fonológicas (y algunas fonéticas) del quechua de Caylloma. La hemos llamado "Versión fonológica". Pensamos que no sólo tiene un interés científico sino que puede contribuir a que los caylominos quechua hablantes puedan ver y aprender las diferencias entre su norma hablada y la norma escrita que proponemos, y, eventualmente, adecuarse a ella y acceder así a textos normalizados. Ello sería de particular interés en una zona como Caylloma donde el quechua se pierde a pasos acelerados.

Esta variedad comparte el inventario fonológico, hasta donde hemos podido observar, con el quechua hablado en Puno, Moquegua, Bolivia, Cuzco, Arequipa y parte de Apurímac. Damos cuenta de algunos procesos particulares en la realización de determinados morfemas y lexemas; asimismo consignamos peculiaridades que consideramos fonéticas, como cuando transcribimos en los hispanismos las vocales 'e' y 'o', que debiéramos haber representado [E] y [U], ya que corresponden a una mayor abertura de /i/ y /u/. Además del ambiente posvelar (donde consideramos ocioso representar su variación fonética) también hemos observado que los fonemas /i/ /u/ se abren en presencia de las glotales /k'/ y /t'/ y en los hispanismos. Representamos también la uvular fricativa [χ] (escrita 'x', como en aimara) de ocurrencias muy ocasionales. La palatal [š], escrita 'sh', tendría un estatuto algo problemático, a veces se asimila a /s/ ([phishqa - phisqa] y otras veces a /ch/ [mishi - michi]). Sin embargo hay lexemas y morfemas como **'p'ishaqa'**, **'shaqsa'** ('raído') o **'-shiki'** donde este segmento palatal [š] aparece nítidamente diferenciado.

El quechua de Caylloma

El quechua de Caylloma se caracteriza por su fuerte sustrato aimara. Encontramos la presencia de no menos de ocho sufijos (ocho verbales: -qa, -naqa, -ra, -hata, -tata-, -tapi-, -t'a-, -kipa-[5]); y uno nominal (-pacha), que aunque compartido con el quechua tiene (¿conserva?) una significación propia del aimara; y también decenas de lexemas de origen aimara. Por otro lado, es ya sabido que Tuti y Chivay, los ámbitos principales de los relatos, pertenecían a la otrora provincia de Collaguas, de habla aimara, allí testimoniada, por lo menos durante el siglo XVI (Bertonio 1984). Cabe hacerse una pregunta, para la cual aún no

---

5   El sufijo -kipa- no está atestiguado en el presente texto pero sí hemos constatado su presencia en el habla de Caylloma.

tenemos respuesta: ¿cuándo y cómo se quechuizó la provincia de Collaguas? Debe tenerse en cuenta, asimismo, que el sustrato aimara se evidencia en el quechua hablado en Canas, Espinar, Canchis y en menor medida Quispicanchis (pensamos en las alturas de Ocongate, por ejemplo) en Cuzco. En el caso del quechua hablado en Puno hay, al parecer, una mayor presencia de léxico y morfemas aimaras (el morfema verbal -kata- no lo hemos registrado en Caylloma) explicada no sólo por sustrato sino tal vez reforzada por la larga convivencia de ambas lenguas. Esta situación sería compartida por el quechua boliviano. Las similaridades observadas entre estos dialectos darían pie a la postulación del quechua collavino[6] que los agruparía y rompería por lo tanto la supuesta unidad geográfica del cuzqueño. Así, se tendría que el quechua hablado en Canas, Espinar y Canchis tiene características diferenciadas con respecto al hablado en las demás provincias cuzqueñas, teniendo mayores similitudes con el hablado en Puno o en Caylloma. Es decir, todas estas variedades mencionadas podrían agruparse en un quechua-collavino, ateniéndonos a la isoglosa que determinaría el uso de algunos sufijos aimaras (como -qa, -naqa, -hata (< -xata)).

Los sufijos aimaras -naqa-, -qa-, -hata- o -xata-, están presentes al menos en Canas y Canchis y muy probablemente en Espinar[7].

También hay formas del quechua cayllomino que se habían considerado ayacuchanas, Parker (1969:172-174), Cerrón-Palomino (1987:242), como por ejemplo el uso del sufijo -tiya-[8]; el enfático -á, el sufijo -iki (que se presenta combinado con el pronosticativo -shi/-sha, en la forma '-shiki'). Otras formas no identificadas plenamente podrían ser propias de Caylloma, como los sufijos '-chuqa' (asimilativo), '-rmaya' (como '-raya-' ?), '-qta' (como '-t'a'?). Hay también un léxico no común que no tiene correspondencias con el aimara. Además observamos variaciones muy peculiares en la pronunciación de aspiradas y glotalizadas. Esta pronunciación diferenciada notablemente, según la zona, de aspiradas y glotalizadas, pensamos que cada vez será más evidente, a medida que se investiguen más variedades hasta ahora poco conocidas. Eso sin contar con que la pronunciación de dichas consonantes laringalizadas es a veces inestable en un mismo hablante. Sin embargo, pese a sus particularidades, estamos frente a una

---

6   Esta designación, quechua collavino, aparece múltiples veces mencionada en Cerrón-Palomino (1994a) aunque sin precisar su ámbito geográfico.

7   Agradecemos aquí a Máximo Cama, natural de Sicuani, que nos proporcionó los datos concernientes a Canchis; a Ligia Alencastre, natural de El Descanso (Canas), que hizo lo propio para el quechua de las partes altas de Canas. En cuanto al quechua de Espinar, sabemos que es seguro el uso del sufijo -qa- ('uraqay' es una expresión muy frecuente allí y en Chumbivilcas reconocen a alguien proviniente de Espinar por este uso), y es muy probable el uso de más sufijos aimaras.

8   Por otra parte, este sufijo es consignado ya en la gramática de Cusihuamán y en el diccionario de Lira (1982:45). *"Denota que la acción se realiza de manera desmesurada o no usual"*, Cusihuamán 1976:203.

variedad que resulta perfectamente inteligible a conocedores de otras variantes. Esperamos que las notas y el glosario quechua contribuyan a facilitar la comprensión de algunos lexemas propios del quechua cayllomino.

La traducción

En la traducción he incorporado recursos del castellano andino que traducen mejor la expresividad quechua. No es en vano que el castellano andino tiene ya más de cuatro siglos de influencia quechua y aimara principalmente, desconocer este hecho y dichos recursos, lejos de mejorar la traducción, la empobrecería. Por otra parte son formas lingüísticas que van incorporándose no sólo al castellano de la sierra sino al castellano peruano y al de los países andinos en general. Por ejemplo el uso del pluscuamperfecto para expresar un conocimiento del cual no se tenía presunción:

"Había sabido hablar quechua" en lugar de *"Resultó que sabía hablar quechua"*.

He procurado, en lo posible, seguir fielmente la versión quechua, aunque por momentos se ha hecho necesaria una traducción más libre para cumplir lo que creo es la función principal de una traducción: dar el sentido y la expresividad más cercanas en la lengua a la que se traduce. En este mismo sentir, la traducción es ajena a un estilo formal pues pretende reflejar el habla "no formal" de Alejo, quien tiene un vocabulario muy rico: aimarismos, hispanismos y términos a veces olvidados en otros dialectos.

Sólo nos queda decir en mi nombre, y en el de Alejo: *Tukuy sunquywan kay qillqata haywarimuykiku, kaykunata rurayku, icha wawanchik astawan qichwa simimanta rurallanmantaq, chayta munaykuman.* (De todo corazón les alcanzamos este libro, quisiéramos que nuestros hijos sigan y hagan mejores trabajos en quechua y sobre el quechua).

PRIMERA PARTE

La vida de Alejo Khunku
Alejo Khunku vidanmanta

I Vida de un cayllomino desamparado

1 Mi nombre es Alejo Maque Capira. Fueron mi familia los padres de mi abuela que eran los abuelos de mi madre, todos ellos de Tuti. Cuentan que los abuelos de mi madre fueron inmensamente ricos. Tenían cientos y cientos de alpacas, llamas, ovejas, vacas. También tuvieron muchas tierras en una estancia de Tuti llamada Chungara.

2 Allí almacenaban toda clase de productos de diferentes pueblos. Esto lo hacían porque antiguamente la gente viajaba a pie, con llamas. A Cabanaconde iban por maíz; a Tapay, por frutas; a Santo Tomás, por chuño; a Majes y Siguas, por higos y trago. No viajaban con dinero, sólo con productos. En cada pueblo hacían trueque: el chuño lo cambiaban por maíz, higos o trago; cambiaban lo necesario para completar lo que necesitaban. Así me contaba mi abuela.

3 A mi abuela sus padres la botaron de su casa, dejándola sin nada, por bocona y por floja. En ese entonces, trajo al mundo a dos mujercitas, una llamada Aurelia y otra Flora. Todas estaban en la pobreza. Una de estas mujeres, la llamada Aurelia, me dio a luz junto con otro niño llamado Venancio. Sus parientes eran ricos, pero como mi madre y mi abuela se habían hecho despreciar, ellos, al morir, no les dejaron nada. Otras personas fueron las que aprovecharon sus riquezas.

4 Yo nací en una estancia llamada Chita, perteneciente también a Tuti, el 17 de julio de 1953. En Chita me criaron mi abuela y mi mamá durante cuatro años. Pasados estos cuatro años mi mamá, tras haberse separado de su esposo, peleó también con mi abuela. La gente me preguntó por qué se habían separado mi mamá y mi papá. Cuando yo pregunté a mi mamá me dijo:

I   Huk kaylluminu wakcha runap wawan

1   Ñuqap sutiymi Alejo Maque Capira. Ñuqap familiay karqan mamalaypa tata mamankuna mamaypa tatalan mamalan. Llapankupis Tuti llaqtamanta karqan, provincia Kayllumamanta, departamento Arequipamanta. Chay runakuna mamaypa tatalan mamalansi kasqaku *manchana*[1] qapaq runakuna, achka pachak pachak paquchayuq, llamayuq uwijayuq, wakayuq. Allpankupis hatunsi kasqa. Chungara sutiyuq istancia Tuti istanciallapitaq.

2   Chaypis dispinsankupis huntay huntay imaymana mikunakuna sapa llaqtamanta purqui chay runakunaqa ñawpaq puriqku viajita, llamapi puriqku: Cabanata, saraman, Tapayta frutaman, Santo Tomás laduta chuñuman, Majes laduta Siguas laduta higusman, waqtuman traguman. Manas qullqiwanchu puriqku, *aviu*kunallawansi puriqku. Sapa llaqtamantapis *chalaqku*[2]. Chuñutapis chalallaqkutaq sarawan, higuswan, traguwan. Tukuy imaymana huntasqawan. Ahinatam mamalay willawaq ñuqaman.

3   Mamalaytaqsi, hatun mamaytaqsi, wischuchikamusqa karqan tata mamanwan mana imayuqta simisapa kasqanmanta, qilla kasqanmanta. Hinaspa chay mamalay paqarichimusqa kay pachaman iskay warmi wawata: huk Aurelia sutiyuq, huktaq Flora sutiyuq. Llapankupas mana imayuq. Chay hukkaq warmi wawas, Aurelia sutiyuq warmi, ñuqata paqarichimuwasqa huk qari wawatawan Venancio sutiyuqta. Hinaspas mamalay mamaypiwan chiqnichikusqankumanta; wañupusqa chay qapaq runakunaqa mana imatapis mamalayman saqispa. Wak runakunaraqsi chay qapaqninkunawan qapaqyaykusqa.

4   Ñuqaqa paqarisqanis huk istancia Chita sutiyuq. Tutillapitaq, chunka qanchisniyuq punchaw juliu killapi, waranqa isqun pachak pichqa chunka kimsayuq watapi. Chay Chitapi uywawasqa mamay mamalaypiwan tawa watata. Chay tawa watamanta mamay qarinwan wischunakuspa *huchatari*llasqakutaq[3] mamalaywan. Runakuna ñuqata tapuwanku imanasqas tatay mamaywan wischunakurqan. Mamayta tapuptiy niwan ñuqata:

---

1   *Manchana* - Kayllumapi /manchhana/ nispa tuqyakun. Wak qichwa simipi ninku 'achka', 'mana chanin', 'sinchi', 'nisyu', 'llumpay', 'llumpaysu'(Ayk.), 'manchay', 'istaw' (And.), 'manchanay' (Ecd.).
2   *Chalay* - Wak qichwa simipi 'trucay', 'cambiay'.
3   *Huchatariy* - Huk qichwa simipi 'anyanakuy' 'rimayllawan maqanakuy', Castilla simipi: '*discutir*'.

5   -Era un hombre que no tenía absolutamente nada, pobre, y al que solamente le gustaba tocar la guitarra y el arpa; como músico que era, tenía muchas mujeres, así me contó mi mamá. Era un mujeriego sin remedio y por eso se separaron. Por eso contaban que, cuando mi madre peleó con mi abuela, decidió bajar al pueblo de Tuti.

6   De Tuti, yo ya tengo algunos recuerdos. Recuerdo cómo mi madre se preocupaba por mi comida y por mi ropa. Trabajaba tostando granos para hacer harina, *chaque*; tejiendo llicllas, ponchos, mantas; de todo sabía tejer mi mamá. Y yo, como era un niñito, mientras mi mamá trabajaba, jugaba o peleaba con mis amiguitos.

7   Jugábamos al juego del papá y la mamá, a las escondidas, a portarnos como borrachos, a hacer *tinkas*[1]. Lo que hacían los mayores, igualito hacíamos nosotros los niños. La gente mayor "tiraba", nosotros entonces también "tirábamos". Los niños con las niñas; jugando nomás. Yo por lo menos, hasta que tuve doce años, "tiré" con un montón de niñas. El nombre de ese juego era "el juego del papá y la mamá", y era el juego que más me gustaba; por lo que "tiraba". Esa es la verdad.

8   Cuando mi mamá ya estaba casi dos años empleada en diversos trabajos, en el pueblo comenzó a darse eso de "pueblo chico infierno grande". O sea, cuando mi mamá ya ganaba buena plata por lo que tejía y por lo que trabajaba, nuestros mismos paisanos comenzaron a tenerle envidia. Yo ya me iba haciendo grandecito, y así decidimos irnos al pueblo de Chivay.

9   En Chivay, mi mamá no encontraba trabajo ya que nadie la conocía. Tenía una vestimenta diferente. En cada pueblo se visten distinto. En Tuti las mujeres se visten con pollera, con una camisa llamada cotona, saco de bayeta y sombrero de lana de oveja; yo igual, con cotona, saco de bayeta, una falda a manera de pantalón -también de bayeta- y ojotas. Así era.

---

1   La 'tinka' es una ceremonia religiosa donde se agradece a la Madre Tierra y se le pide que dé buenas cosas para la vida. Los niños juegan imitando el papel de los adultos en estas ceremonias.

5   -Hukkama mana imayuq runas kaq, guitarrallata arpallata tukayta gustaq; chayta tukaspas ancha achka warmikunayuq kaq- nispa willawaq mamay. Hukkama *qarchi*[4], chayraykus wischunakuq. Chayraykus chay mamaywan huchatarisqanmanta mamalaywan Tuti llaqtaman ura*qa*mpurqayku[5].

6   Chay Tuti llaqtapiqa ña ñuqa chika chikallanta yuyakuniña imaynata mamay mikunaymanta p'achaymanta llakiwaq, hamkapakuspa granu mujukunata *aku*paq[6], *chamchu*paq[7]; awapakuspa llikllata, punchuta, mantakunata, imayma-nakunata mamay yachaq awayta. Ñuqataq, mamay runakunata yanapakunan-kama, maqtitu kayniypi *irqi*[8] masiykunawan pukllaq kani, maqanakuq kani.

7   Pukllaq kayku mama-tatapi, paka-pakapi, machana vidapi, tinkaykunapi. Imaynatas *kurak*[9] runakuna ruwaqku, kaqllata ñuqayku irqikuna ruwaq kayku. Kurak runakuna *witi*nakuq[10], chaypis ñuqaykupis witinakuq kayku: maqta irqikuna, warmi irqikunawan, pukllaspalla. Ñuqa al minus manchanata witiq kani warmi irqikunata asta chunka iskayniyuq watayuq kanaykama. Anchay pukllay sutin kaq tata-mama pukllay, anchay pukllay ñuqaman masta gustawan witinayrayku. Ahinam chay.

8   Mamay yaqa iskay wata yanapakuchkaspa, chaymanta llaqta ukupi: huchuy llaqta, hatun infirnu. O sia ñuqayku, mamay ña allintaña qullqita ganarikuch-kaptin, awapakusqanta, ruwapakusqanmanta, llaqtamasiy*pacha*[11] runakuna mamayta chiqnikuyta yaykunku, invidia kaymanta chay. Hinaspa ñuqa ña as hatunñam kani; mamaywan kuska hataripuyku Chivay llaqta laduman.

9   Chay llaqtapi mamay primir punchawkuna mana trabajuta tarinchu, mana pipas riqsiwarqankuchu wak clasi p'achayuq kaptin. Sapa llaqta hukniraq p'achayuq: Tutipiqa warmikunap p'achakuqku baytamantakama pullirayuq, kutunayuq, bayta chamarrayuq, uwija millwamanta sumbriruyuq. Ñuqataq kaqllataq: uwija millwamanta sumbriruyuq, kutunayuq, bayta chamarrayuq, bayta *wayru*yuq, usutayuq ima p'achakuq kani. Ahinam chay.

---

4   *Qarchi* - **'Warmi sunqu', 'warmi-wiksa'**.
5   -*qa*- - Aymaramanta simi huntachiq -qa- 'urayman ñinapaq'. *Sufijo aymara, 'direccional hacia abajo'*.
6   *Aku* - Rimankutaq Qusqup qayllanpi (Haquira-Cotabambas). Ichaqa kikin Qusqupi aswanta /*hak' u*/ nispa tuqyakun, hinallataq Kayllumapi. Ayakuchupi **'harina'** nispa ninku.
7   *Chamchu* - Wak qichwa simipi **'chaqi'**; Ayakuchupi **'pusura' 'pusra' 'chamchay'**. Aymarapipas kay simiqa " *chamchutha - desmenuçar algo con machete, o con piedra*" (Bertonio, 1984:69 segunda parte).
8   *Irqi* - Ayakuchupi **'warma'**, hinaspapas Ayakuchupi 'irqi' simiqa '*waqalli*' ninanta nin.
9   *Kurak* - Huk simipi 'yuyaq'.
10 *Witiy* - Manam allinta yachanchikchu maymanta kay '*witi*-' simiqa hamun chayta. Huk qichwa simikunapi ninku: **'muntay'**, '**daliy'**, '**sapsay'**, '**siqay'**, '**puñuy'**, '**waskhay'** '**satiy'**, '**lluquy'**, '**yukuy'**, '**sakway'**.
11 Kay -*pacha* simi huntachiq kikin aymarahina ninanta nin, wak qichwa simipi nisunmanmi: **'kiki-'** nispa.

10   Al no encontrar trabajo en Chivay, cuando se acabó la plata, como era niño, pasaba un hambre bárbaro. Estando así, solía ir al mercado escapándome de mi mamá. Ahí miraba y miraba a los vendedores de pan, a los vendedores de dulce, a los vendedores de fruta; y me provocaba alzarme cualquier cosa sin que nadie se diera cuenta. Pero esos vendedores no me dejaban. Como miraba y miraba tanto, un vendedor de pan me dijo un día:

11   - Oye niño ratero, carajo; ¿qué tanto me miras? Anda corre a tu casa y dale agua a los cuyes hasta que se hinchen; y cuida bien a tu mamá, ya debe estar haciéndote un hermanito con alguien.

12   Y yo, que ya no podía aguantar el hambre, me iba caminando por el interior del mercado... Una vez, una mujer estaba en el mercado cargada de su hijo a la espalda. Este niño estaba comiendo un pan grande. Entonces yo le quité el pan, y salí corriendo. Así, casi igualito, hice un montón de veces. Hasta que una vez, un hombre dijo a mi mamá:
- ¿Para qué le enseñas a robar a tu hijo?

13   Mi mamá, molesta, me llevó inmediatamente al mismo mercado y atándome las manos, me las azotó con un chicote de tres ramas diciéndome:
- ¿Son estas manos las que te enseñan a robar?

14   Entonces grité. Cuando terminó de pegarme, mi madre también lloró y dijo: "¿qué he hecho yo para que mi hijo quiera resultar ladrón?". Se amontonó mucha gente y una mujer dijo a mi mamá:

15   - ¿Para qué le pegas así a tu hijo? Mejor dámelo y me lo llevaré a Arequipa para que trabaje de empleado en alguna casa.

16   Mi mamá le contestó:
- No, no voy a soltar a mi hijo. Aunque tenga que darle de comer mis huesos y mi carne. Yo estoy viva, aún no he muerto. Soy una mujer decidida, sé trabajar, sé hilar, sé tejer; puedo hacer cualquier trabajo.

17   Así fue como mi mamá se dio a conocer y la gente de Chivay empezó a solicitarla para los trabajos que ella sabía hacer. Cuando terminaba su trabajo en una casa ya se estaba yendo a otra. Estábamos de casa en casa porque nosotros no teníamos casa.

10   Manam Chivaypi llamkayta tarispa, ñuqa maqta irqi kayniypi qullqillaykupis
      tukuruptinña, pasaqta ñuqata mikunayawaq. Hinaspa ñuqa puriq kani
      mamaymanta chinkakuspa mircaduta. Hinaspa qawaq kani tanta vindiqkunata,
      miski vindiqkunata, fruta vindiqkunata. Hina huqariyta munaq kani *chinlla*lla[12]
      imatapis mikuna cusasta piru mana chay vindiqkuna dijakuqtaqchu. Anchata
      qawapayaptiy huk tanta vindiq runa:

11   -Yaw suwa irqi karaju, imatam tantuta qawapayawanki? Curriy wasita purispa
      quwikunaman yakuta qaramuy asta saksanankama; mamaykitataq allinta
      cuidamuy, huk sullkaykitañataq ruwachkanman piwanpis- nispa niwarqan.

12   Hina ñuqa manaña mikuymanta aguantayta atispa ahina purichkani mircadu
      ukupi. Huk warmi hamusqa wawa qipiyusqa, chay wawataq hatun tantata
      mikukuspa qipipi. Hina ñuqa chay tantata qichuruni; qichuruspataq pawarikuni.
      Ahina yaqa igualllata achka kutita ruwani. Hinaspa huk runa mamayman
      willayun:
      - Imapaqmi chay irqiykita suwata yachachinki? - nispa.

13   Hinaspa mamay piñarikuspa chay mircadumanpacha aparuwarqan. Hinaspa
      chaypi iskaynin makiyta wataruspa kimsa parqayuq lazuwan waqtawarqan
      makiypi: - Kay makiykichu suwakuyta yachachisunki?-nispa.

14   Hinaspa qaparini i mamaypis *suqay*ta[13] tukuspa waqarullantaq:
      - Ima huchay ukumanta kay waway lluqsiyta munan- nispa.

15   Hina chayraq huk warmi achka runa muntunarakuptin mamayta rimapayan:
      - Imapaq wawaykita chayhinata suqanki?- nispa, -aswan wawaykita qupuway
      Arequipata apasaq muchachupaq.

16   Hina mamay nin: - Manam, manam wawaytaqa kacharikuymanchu. Maski
      tulluytapis, maski aychaytapis mikukuchkawachun. Ñuqa kawsachkaniraqmi,
      manam wañuniraqchu, kayniraq warmilla kani; ruwapakuyta yachani, puchkayta
      yachani, awaytapis yachani; ima ruwapakuytapis *chika*llanta[14] atini.

17   Hina chayraq runakuna mamayta valikurqanku chay ruway yachasqanta.
      Sapa wasipi ruwapakuq, ruwaq tukuspa mamay lluqsiq huk wasimanñataq.
      Wasi wasinta muyuq kayku mana wasiyku kaptin.

---

12   *Chinlla* - Ayk. **'upalla'**.
13   *Suqay* - Ayk. **'maqay'**, **'panyay'**.
14   *Chika* - Ayk. **'aslla'**.

18   Estando así, mi mamá conoció a un viudo. Este hombre ya no quiso que mi mamá trabaje. El tenía vacas, estancia, alpacas, llamas, ovejas, mulas. Al año de vivir con mi mamá me empezó a tomar odio y a calumniarme por cualquier cosa.

19   Así que mi mamá decidió enviarme al valle de Majes con un hombre al que le decía tío. Este tío me llevó por el camino que se hacía de Chivay al valle de Majes, con llamas y mulas. Como íbamos a pie, al ser yo todavía un niñito, me cansaba mucho... no teníamos cuándo llegar, a pesar de que caminábamos día y noche.

20   De todo veía en mi andar por ese camino, vicuñas sin dueño y asnos azulejos sin dueño, cimarrones. A medida que avanzábamos nos acercamos a un cerro llamado Tururunca. Ese cerro era sagrado y los viajeros lo consideraban de un enorme poder.

21   Antes de llegar a aquel cerro, en medio del camino, nos encontramos con una piedra ondeada por *Inkarri*. Esta piedra era pequeñita, un poco redonda. No había ninguna otra piedra igual a ésa. Hasta hoy en día debe estar la piedra en ese camino. Los viajeros que iban a Majes la cargaban con mucha dificultad hasta donde les alcanzaran las fuerzas. Esa piedra era pesadísima. Aunque era pequeñita apenas se podía levantar. Yo al menos, no podía ni moverla; y mis compañeros, al menos mi tío, a las justas la cargaba. De la misma manera los viajeros que venían de Majes la cargaban hacia Chivay. Y los que venían de Chivay la cargaban hacia Majes. Así que yo creo que esta piedra sigue hasta ahora allí, y la deben de seguir cargando. Yo les preguntaba a los viajeros que estaban conmigo:

18   Hinaspa ahina muyuchkaspa mamay tupaq huk viudu qariwan. Hinaspa chay
     qari manaña llamkapakunanta mamayta munaqchu. Aswanpis chay qari kasqa
     karqan wakayuq, istanciayuq, paquchayuq, llamayuq, uwijayuq, mulayuq
     ima. Hinaspa mamaywan yaqa watata tiyachkaspa ñuqata *k'ari*kuwaq[15],
     chiqnikuwaq.

19   Hinaspa mamay apachiwaq Majes vallita. Huk tiyuy nisqa karqan chaywan,
     apawaq ñanninta, Chivaymanta asta valli Majes llamapi mulapiwan. Chakipi
     purispa ñuqa irqillaraq pasaqta saykuq kani, mana chayayta atiqchu kayku
     tutantin punchawnintin purichkaspa.

20   Chay ñan purisqaypi ñuqa rikuq kani imaymanata: wikuñakunata mana
     runayuqta, azuliju asnukunata mana runayuqta, cimarrunkunata. Chaymanta
     huk urqu sutin Tururunqa, manchana pudirniyuq viajirukunapaq.

21   Manaraq chay urquman chayachkaspa ñan huntapi tariq kayku Inkariypa
     rumi warkasqanta. Chay rumi huchuylla kasqa, *murq'u*niraq[16]. Manam chay
     rumi mayqin rumimanpis igualanchu. Ñakamapis chay rumi kachkanmanmi
     chay ñanpi. Majesman puriq runakuna, viajirukuna *ichu*spa[17] o marqaspa chay
     rumita wantuq asta maykamas kallpanmanhina. Chay rumi pasaq *wini*hina[18].
     Mana huqariy atina huchuylla kachkanpis. Ñuqa al minus kuyurichiqpaqchu
     kani; aswanpis chay cumpañiruykuna, chay tiyuy nisqa al minus, ñakay
     marqaq chay rumita. Kaqllatataqsi *chaqay*manta[19] hamuqkunapis marqamunku
     kay laduman. Kaymanta puriqkunapis marqaqku chaqay laduman. Chayqa
     aswanpis niyman kunankamapis kasqallanpi*sina*[20] kay rumi
     wanturayachkanmi. Ñuqa tapuq kani ñuqawan puriq runakunata:
     - Imaraykutaq chay rumita wantuykachanku?- nispa.

---

15   *K'ariña* - Aymaramanta; huk qichwa simipitaq **'chiqniy'**. *"K'arisiña' mentir, negar"* (Büttner-
     Condori, 1984:107).
16   *Murq'u* - Huk simipi **'ruyru'**, **'muyu'** utaq **'rumpu'** ninkutaq. Hinallataq /*muruq'u*/. Kastillanupi
     'redondo'.
17   *Ichuy* - Aymaramanta; huk qichwa simipitaq **'marqay'**. *'Ichu (-)' lleva en ambos brazos (niños o
     animales) (3a. pers. sing. pres.)* (Büttner-Condori 1984:54). Riqsillankutaq Chumbivilcaspi, Punupi,
     Sicuanipi ima.
18   *Wini* - Huk llasa ch'ila rumi, chaywan wakin rumita llaqllanku. Castilla simipitaq: 'Vini'. *"Vna piedra
     pesada y dura con que labran otras."* (Bertonio, 1984:388). *"Vini, o uypu. La porra de piedra horadada
     con cabo de palo para quebrar terrones grandes."* (González Holguín, 1989:353). Sicuanipi chay
     "wini" rimachkankuraqmi. Antabambapi ninku **'winchu'**.
19   *Chaqay* - Huk qichwa simipi **'wak'** nispa ninku.
20   *-Sina* -Simi huntachiq wakinkuna tuqyanku '-chuna', '-suna', '-chus-hina', '-chusina'.

22   - ¿Y para qué cargan esa piedra de un lado para otro?
Ellos me dijeron:
- Esa piedra, Inkarri la ondeó desde el Cuzco durante una guerra. Ahí donde ahora está esa piedra hubo un pueblo muy grande. Por eso dicen que cuando esa piedra llega a un pueblo, lo hace desaparecer totalmente, sin dejar ninguna seña de su existencia. Sólo la piedra queda por seña de lo que allí hubo. Es por eso que la gente la lleva de acá para allá y de allá para acá. Si alguien consiguiera hacerla llegar a un pueblo de tanto cargarla, al instante ese pueblo desaparecería.

23   Por eso es que los viajeros decían:
- En el futuro habrá aún más gente que no crea en estas cosas. Por eso, cargándola, la harán llegar a algún pueblo; recién entonces se sabrá la sabiduría de estas enseñanzas.

24   Al oír esto me daban ganas de llorar pensando: "¡qué pena! ¡cómo puede desaparecer todo un pueblo así!". Así caminábamos y caminábamos; conversando, a veces cantando, y otras veces riéndonos o contándonos cuentos.

25   Así llegamos a una *apacheta* situada en medio de dos cerros. Hacia ese lugar también cargaban piedras; tanto la gente que venía de Majes como la gente que venía de Chivay. Cargábamos cualquier piedra que encontrábamos, sea grande o chica. Yo decía:
- ¿Qué tendrá esta gente que anda cargando piedras?, ¿estará loca?

26   Uno de los viajeros me escuchó y dijo:
- Niño tonto, debes cargar esas piedras para que se te perdonen tus pecados. Así, yo también me puse a cargar piedras hacia la apacheta.

27   En medio de esos dos cerros, ocupando casi todo el camino, está el abra llamada Tururunca. Allí había bastantes piedras, toda clase piedras, grandes y pequeñas, amontonadas en forma de cerro pequeño. Las piedras que llevábamos las dejábamos en ese pequeño cerro de piedras amontonadas.

22   Hinaspa niwaqku paykuna: - Chay rumitaqa Inkariy warkamusqa karqan
      Qusqumanta guirrapi kachkaspa. Hinaspas chay rumi kachkan chaypi karqan
      allin hatun llaqta. Chayraykus chay rumita chayamuptin qala llaqta chinkan,
      mana ima siña kanchu, siña kan rumilla. Chayraykus chay runakuna
      marqa*naqa*nku[21] kayman chaqayman. Sichus chay runakuna chayachinman
      chay rumita marqaspakamalla may ladu llaqtamanpis qunqayllamantas
      chinkanqa chay llaqta.

23   Chayrayku niwaq ñuqaman puriq runakuna:
      - Mana iñiyniyuq runakuna qipan achkaraqmi kanqa. Chayrayku chayachiyta
      munanku chay rumita marqaspa; *chayraqsi yachakunqa allin yacha***nkichu***ta*[22].

24   Ñuqa yaqaraq waqaspa kani chayta uyarispa: "imay sunqutaqri llaqtari
      chinkanman" nispa. Ahina purichkayku purichkayku parlakuspa, chiqa
      chiqanpiqa takikuspa, may chiqanpiqa asikuspa, cuintukunata willanakuspa.

25   Hinaspa huk apachitaman chayayku, huk iskay urqup chawpinpi. Chaypipas
      kaqllataq chaqaymanta hamuqkuna, kaymanta puriqkuna apaqpuni kaq kayku
      imayniraq rumi tarisqaykutapis, hatuntapas huchuytapas. Ñuqa niq kani:
      - Lucuchu kay runakuna?, imanaptintaq rumita qipichkan?

26   Hinaspa hukkaq uyariwan: - Sunsu irqi, chay rumitaqa apanki huchaykita
      pampachakunaykipaq- nispa niwaqku. Hinaspa qipiq kani.

27   Hinaspa chay iskay urqu chawpinpi ñan huntapi, chay q'asa sutin Tururunqa;
      chay ñan huntapitaq kasqa achka rumi, urquraq kasqa imaymana rumikuna,
      hatun huchuy. Chay urqu rumiman rumi apasqaykuta saqiq kayku.

---

21   Aymara simi huntachiq chay simi ukupi kachkan: '-*naqa*-'. Kastilla simipi '*sufijo de acción dis-
     persa*" ninku. Runasimipitaq sutinchasunmanmi 'chiqichiq huntachiq' nispa. 'Marqanaqanku'
     kanmanpas 'yanqa marqaykachanku' huk qichwa simipi. "*Indica acción general difusa, sin propó-
     sito, y suele ocurrir únicamente con los verbos de llevar y movimiento*". (England, 1988:104).

22   Hinallataq nisunman: "...*chayraqsi yachakunqa allin ñawpaq yachachikuy kasqanta*". Kay simi
     huntachiq -*nkichu* manam yachanchikchu maymantachá hamun chayta. Ichaqa tarinchik: 'puri**nkichu**'
     '*puriq runa*' *kast. andariego* (Soto, 1976); 'muna**nkichu**' '*warmi sunqu*', *mujeriego*; 'llami**nkichu**'
     '*uno que anda manoseando*'.

28   Delante de ese montón de piedras se alzaba una gran roca plana. Esa roca era igualita a una mula. En la cara plana de esa roca había bastantes monedas. Eran monedas antiguas. Los costados de esa mula-roca estaba untados con sebo sacado del pecho de llama. Esa mula-roca era de mucho respeto para los viajeros.

29   Allí permanecimos largo tiempo, casi dos o tres horas. Mientras los animales comían realizamos *la ofrenda ritual*[2] para tener un buen viaje.
Para esto sacamos la ofrenda y el sebo de pecho del *atado ritual*. Hicimos alabanzas con *kunuka*[3], incienso, hojas de coca, maíz morado, *el libro de oro y el libro de plata*[4]. Hicimos también tres pequeñas crías de llama y otros animales moldeándolas con el sebo de llama, y las rociamos con trago y con vino, después de eso tomaron, creo que hasta emborracharse. Tras pasar esto quemamos la ofrenda con leña de *queuña* para que Dios Tayta la reciba. Todos mandábamos nuestro aliento de alabanza diciendo: "Ha, ha".

30   Cuando cumplimos con la ofrenda yo pregunté:
- ¿Por qué los viajeros adoran tanto a esa roca?-, entonces me dijeron:
"Esa roca nos muestra una mula. Cuentan que en otros tiempos esa mula fue muy querida por sus dueños. La mula que está ahí ensayaba el primer viaje por los nuevos caminos antes de que ningún otro viajero lo hiciera. Por esa razón esta querida mula viajaba continuamente a Majes. Cargaba cañazo en odres. Hizo su último viaje ya envejecida y en esa abra de Tururunca se convirtió en piedra. Antes de convertirse en piedra le dijo a su dueño:
'Regresa a tu pueblo desde aquí, yo ya no te puedo acompañar, ya no tengo fuerzas'.
Por eso es que se quedó a descansar en este lugar. Su dueño regresó llorando al ver a su mula convertirse en piedra. Al regresar, contó lo ocurrido a otros viajeros como él. Esa es la razón por la que esa mula es como un monumento de los viajeros, muy querida y respetada".
Yo me sentía muy triste al escuchar estas historias.

---

2   En Caylloma a esta ofrenda se le llama 'iranta', voz que viene del aimara: " 'irantaña' 'meter, introducir con la mano cosas pequeñas'" (Büttner-Condori, 1984:59).
3   Hierba aromática de altura con tallo grueso. 'Los awkis piden su olorcito, eso es como su cigarro para ellos'. (Valderrama-Escalante 1988:117).
4   Estos objetos rituales son papeles satinados, dorados y plateados. Representan la riqueza del oro y la plata. "Posiblemente estos papeles metálicos han reemplazado el uso antiguo pre-invasión de láminas de oro y plata, como se verifica en los contextos arqueológicos" (Flores, 1988:245).

28   Hinaspataq chay urqu rumi ñawpaqinpi hatun palta qaqa rumi sayasqa, mula kaqlla chay rumi kasqa, chay palta qaqap uyanpi kasqa imaymana qullqi. Chay qullqikunaqa ñawpa qullqikuna. Chay mula qaqap qatanpi untu wirawan llutasqa, huk riliquiahina, mana pi may hurqunapaq. Ñuqaykupis churaqmi kayku sapankapis huk qullqita llama untu wirawan llutaspa. Chay mula qaqaqa manchana rispitana viajirukunapaqqa.

29   Chaypi unayta kaq kayku, yaqa iskay ura o kimsa ura, uywakuna mikuchkanankama churakuqku *iranta*ta[23]. Untu wirakunata misa qipinmanta hurqurispa samakuq kayku *kunuka*ntinta[24], incinsuntinta, kuka *lapra*kunantinta[25], kulli sarakunantinta, quri libru, qullqi librukunantinta. Wiramanta ruwaq kayku kimsa uñata, chayta tinkaq kayku traguwan, vinuwan, asta machariqkuraq kanpis. Hinaspa chay pasayta qiwña yamtakunawan rupachiq kayku Dius Tayta chaskinanpaq. Llapan samakuspa, "ha ha" nispa samakuspa.

30   Chay pasayta tapuq kani: - Imanasqataq chay rumi qaqata tantuta aduranku viajirukuna? Hinaspa niwan:
"Chay rumi qaqaqa mulaman qawaykachiq. Huk timpu mulas kaq manchana munana runanpaq; chay mularaqsi chay ñantaqa mallirqan mana mayqin viajirupis mallichkaptin; chayraykus chay sumaq munana mula majesero, udrikunapi tragu qipimuq. Ultimu viajita purichkaspa, ña mulaqa machullaña; chay kikin Tururunqa q'asapi rumiman tukukapurqan. Manaraq rumiman tukukuchkaspa runata nirqan:
- Kaymanta chayapunki llaqtaykiman; manaña ñuqaqa cumpañaykimanchu, manañam kallpay kanchu.
Chayraykum kaypi samakapusqa. Hinaspa chay runa waqayukuspa hampusqa mulanta rumiman tukukuqta rikuspa. Anhinas llaqtaman chayapuspa willakurqan viajirumasinkunaman. Chayraykus chay mulaqa viajirukunap monumento, ancha sumaq munana viajirukunapaq".
Ahina chaypis karqan, tristillataq ñuqapaq kaq.

---

23   *Irantaña - 'meter, introducir con la mano cosas pequeñas'* (Büttner-Condori, 1984:59). Wak qichwa simipi **'pagu'** utaq **'alcanzu'** nispa ninku.

24   *Kunuka* - Punapi wiñaq sacha utaq mallki, t'ikantin (waytantin). "Awkikunaqa q'apaychallanta mañakunpuni, paykunapaq huk cigarrutahina" (Valderrama-Escalante, 1988:117). Quiñotapi (Chumbivilcas) '/khunuka/' ninku, Kayllumapitaq /*khunuha*/.

25   *Lapra* - Nisunmanpas 'rapra', ichaqa Qusqupi aswan ninku 'kuka **rapi'**. Ayakuchu ladupi **'llaqi'** nillantaq.

31 Continuamos el viaje a Majes. En el camino había unas lindas piedras planas; al caminar sobre esas piedras se producía un ruido "talán talán". Esto estaba en medio de unos bosques de queuña. Allí también vi bastantes burros cimarrones azulejos y guanacos. Hasta el día de hoy pregunto a los viajeros si todavía existen esos animales. Ellos me dicen:

32 "Ya no hay, la gente los ha matado para comer su carne. Dicen que la carne de burro es más rica que otras, es riquísima esa carne, incluso en parrillada." Así era mi vida de viajero.

33 Después, caminando, llegamos a un desierto, ya cerca de Majes. Allí venía una preocupación para los viajeros; tanto para los que veníamos de Chivay como para los que venían de Majes. Era una pampa enorme de pura arena, no había pasto para los animales ni agua para la gente. Si los animales se cansaban en ese lugar sólo les quedaba la muerte. En ese lugar encontramos desperdigados restos de huesos de animales e incluso huesos de personas. Cuando mirábamos el cielo, había cantidades de gallinazos queriendo comer alguna carne. Daban vueltas y vueltas por encima nuestro. Nosotros y los animales a duras penas caminábamos, padeciendo por la falta de agua y comida. Sin embargo, las personas que allí morían no lo hacían ni por hambre ni por sed. Los viajeros que venían conmigo me contaron lo siguiente:

34 "Esa gente ha muerto cuando venía de Majes. En Majes comieron bastante fruta, fruta de toda clase. Cuando regresaban de Majes, en el camino, han empezado a temblar, o sea les ha agarrado la tembladera. Esa enfermedad se llama terciana, es por esa enfermedad que esa gente ha muerto. Si van acompañados los entierran; si van solos se quedan sin enterrar y sus animales abandonados."

35 Así fue como me contaron muchas cosas acerca de la vida de los viajeros. Algunas probablemente me he olvidado. Pero también ahora, si algún viajero va por esos lados, se le puede retorcer el corazón hasta llegar a llorar por las cosas que pasan en esos viajes.

36 Así es como llegamos a Majes; agotados, hambrientos, sedientos. También los animales estaban en las mismas condiciones. Allí nos alojamos en la casa de un *misti*.

37 La gente de Majes también tenía animales: vacas, ovejas pero eran diferentes; no eran como los de la sierra. En las chacras tampoco las plantas crecían en la misma forma como en la sierra. Más bien crecían árboles grandes,

31 Hinaspa puririyta qallariyku Majes laduman. Chay purichkaptiyku sumaq munay palta rumikuna qallarikun ñanpi, "talan, talan" nispa. Chay rumi patanta purina qiwñakunap munti chawpinta. Anchaypim achka azuliju cimarrun asnukuna wanakukunantin rikurqani. Kunankamapis tapukuni viajirukunata: - Kachkanraqchu chay animalkuna?- nispa. Ñuqata niwanku:

32 - Manañas kanchu, runakunas sipichkan aychanta mikunanpaq, aswan sumaqsi asnu aychaqa, sumaq ricullañas chay asnu aychaqa, parridallapi imaqa. Ahinam chay viajiru kayniypi.

33 Chaymanta chayayku purichkaspa huk disirtuman, Majes qayllamanña. Chay hamullantaq huk llakikuy viajirukunapaqqa, kay ladumanta riqpaqpis, chaqay ladumanta hamuqpaqpis. Pasaq aqu pampa urqu, manam kanchu pastu uywakunapaq, ni yakupis runakunapaqwanpis. Chaypi sichus uywakuna saykun chayqa, wañupullanñas. Tariq kayku chay ñan qayllakunapi uywa ranra tullukunata, asta runa ranra tullutawanpis. Altunta qawarikuq kayku gallinazukuna yanqallaña ima aycha mikuytapis munaq. Ñuqaykutaqa yanqallayña muyupayawaqku chay gallinazukuna altuykuta. Ñuqaykupis yanqallaña yakumanta, uywakunapis, mikuymantapis yakumantapis puriqku. Chay runakuna wañuqku quizás mana mikuymantachu, ni yakumantachu, sinu willawaqku chay ñuqawan puriq runakuna:

34 - Chay runakuna wañuq Majesmanta hamuspa, anchatas Majespi frutakuna imaymana clasita mikuyuqku. Hinaspataq ñanpi hamuchkaspa khaskatiyta yaykuq, timbladira hapiq. Chay unquy sutin chukchu, castillanupi ninku *terciana*, anchaywansi runa wañuq. Cumpañiayuq kan chayqa pampasqata saqiqku chaypi. Sichus mana cumpañiayuq kan chayqa hinas uywakunapis mana qatisqa, wischusqa.

35 Ahinatas willawanku achkata chay viajirukunap vidanta. Wakintaqa qunqaniña kanpis. Sichus kunanpis mayqin viajirutaq chay laduta rinman sunqu qiwinmi waqanapaqraqmi.

36 Ahina chayaq kayku Majesman, pasaq saykusqa, mikuymantapis yakumantapis uywakunapis ima. Hinaspa alujakuq kayku huk mistip wasinpi.

37 Chay Majespi runakunaqa kasqaku wakayuq uwijayuq, hukniraq uywakuna, mana kay sierra uywahinachu, chakrakunapipas manam kay sierrakunahina plantakuna wiñasqachu. Aswanpis wiñasqa munti sachakuna, caña, fruta

caña y, más que nada, toda clase de fruta. Para llevar de allí a la sierra había cañazo, higos y maíz. A cambio de esos productos nosotros dábamos chalona de oveja, ponchos, sogas, costales y también terrones grandes de sal.

38   Cuando terminamos el trueque, mi tío se puso a buscarme empleo. Había un misti apellidado Ramírez, ese hombre me empleó en su casa. Los demás regresaron a Chivay.

39   Los primeros días en esa casa, mi patrón me trató como si fuera su propio hijo; también me mandaba hacer cualquier cosa con cariño. Pero, poco a poco, descubrí que era un viejo terriblemente odioso. Cada vez que se emborrachaba me daba unas palizas de muerte. Me jalaba de las orejas hasta llegar a sacarme sangre, desgarrándolas; todo eso porque no hacía rápido los trabajos que me mandaba. Yo no sabía cortar la alfalfa con la segadera y tampoco sabía ordeñar las vacas; más bien la vaca se orinaba encima mío y en alguna ocasión hasta me cagaba mientras le amarraba las patas traseras. Pasaba de todo, por ser un niño hasta los animales abusaban de mí. Mi patrón se reía y me insultaba a gritos:

40   - *Cholo de mierda, hasta cuándo no aprendes so cojudo*- me decía - *hasta cuándo tengo que enseñarte; pero para tragar sí eres bueno*[5]- me decía.

41   Además de insultarme, también me pateaba. Hasta con palo me pegaba; como si yo fuera su burro. Así, pudiendo o no pudiendo, como sea, incluso llorando, hacía el trabajo que fuera. Cortaba la alfalfa pero además me cortaba la mano. Siempre algo me salía mal en la tarea que fuese.

42   Desde la casa que tenía en el pueblo había que ir cada día a la huerta a hacer cualquier cosa, junto con el patrón. Allí me dijo una vez:
- ¿Sabes montar burro?

43   Yo le dije:
- No.
Entonces, con más ganas, me obligaba a montar un burro. Allí acostumbraban a montar sobre el trasero del burro. Eso me llegó a gustar. De la chacra había que llevar alfalfa a la casa del pueblo, a veces en burro y a veces cargada a la espalda.

---

5   En castellano en el original.

imaymana clasi mastaqa. Kay sierraman apapunapaq kasqa cañazu, higus, sara. Ñuqaykutaq chaykunata chalayku, uwija chalunakunawan, punchukunawan, waskakunawan, custalkunawan, rumi kachiwan ima.

38 Chayta chalayta tukuyku, hinaspa ñuqapaq llamkanata maskaspa chay tiyuy nisqa runa. Huk misti sutiyuq Ramírez familia kasqa, anchay runawan implia*tamu*wan[26]. Paykunataq kasqanta kutirimpunku.

39 Hina chay primir punchawninkunaqa munasqata uywawan churintahinaraq. Sumaqmanta ima kamachiwaq. Chaymanta chaymantaqa manchana *phiyu*[27] machula kasqa. Sapa traguta machayun, ñuqata sipi sipitaraq ruwawaq. Rinriykunata llikiwaq yawar yawarllataña kachiwaq, utqayta mana ñuqa atiqchu kani paykunap llamkanankunata chayrayku. Alfata mana kuchuyta atiqchu kani sirruchuwan, wakap ñuñunta mana chawayta atiqchu kani, aswanpis ñuqata waka ispaykuwaq, mayninpiqa akaykuwaq ima, qipa chakinta maniyachkaptiy u mancurnachkaptiy. Anchapis irqi kaptiy asta uywakunapis abusakuq ñuqawan. Patrunniyqa asikuqtaq qapariwaqtaq ima:

40 - *Cholo de mierda hasta cuándo no aprendes so cojudo-* nispa niwaq, -*hasta cuándo tengo que enseñarte-* nispa niwaq, -*pero sí para tragar eres bueno-* nispa niwaq.

41 Hina patamanqa haytawaqraqtaq, kaspiwan ima waqtawaq asnuntahina. Waqayusparaq atiy mana atiy ruwaq kani ima ruwanakunatapis. Alfatapis kuchuq kani maki makiytawanraq. Ima ruwanakunatapis fracasuwan ruwaq kani.

42 Llaqta wasimanta huirtaman sapa punchaw purina kaq imaymana ruwaq patrunwan kuska. Hinaspa niwaq: - Asnu sillakuyta yachankichu?

43 Ñuqa niq kani: - Manam- nispa.
Hinaspa sillayuchiwaq aswanmi. Chaypiqa asnukunatapis sillakuq kasqaku sikinpatallapi. Hinaspa gustarquwaq ñuqaman. Chakramantataq llaqta wasiyman apamuna kaq alfata, mayninpi asnupi, mayninpiqa qipipi.

---

26 Kay -*ta*- simi huntachiq mana allinta yachanchikchu maymanta hamun chayta. Ichaqa Cotabambas hinallataq Chumbivilcas Antabambapipas anchata kaywan rimanku. Kastilla simipitaq "*Acción al paso*".

27 *Phiyu* - Castilla simimanta '*feo*', Kayllumapi ancha riqsisqa kay simiqa. Wakin **'millay'** nispa ninku.

44   La primera vez que cargué alfalfa en el burro mi patrón me obligó a subir
      a su trasero; la alfalfa la puso en mi delante, sin soga ni cabuya. Cuando
      el burro se echó a andar, no podía sujetar bien la alfalfa. Así estaba cuando
      tuve que cruzar una gran zanja que apenas tenía un tronco como puente:
      antes de poder cruzar bien esa zanja el burro saltó; a mí me arrojó al suelo
      y la alfalfa la botó a la zanja. También por eso el patrón me pegó. Así, de
      lo que yo hacía, nunca nada estaba bien para el viejo de mi patrón.

45   Cada día, cuando regresaba a la casa del pueblo debía dar de comer a los
      chanchos, gallinas, patos y cuyes; también debía lavar los platos en los que
      comían los patrones. Yo comía al último de todos. Me daban papas, zapallo
      y la carne que ellos habían dejado en los platos, todo eso con un poco de
      caldo. Yo no me quedaba satisfecho y comía cualquier cosa, agarrando de
      donde fuera por el hambre que tenía. A veces los vecinos sentían compasión
      por mí y me daban una propina. Con esa propina me compraba pan. Una
      vez el patrón me descubrió comprando pan y dijo:
      - Así ¿no?, o sea que estás robando mi plata.

46   Allí me quitó el pan y encima me pegó. Yo no podía decir quién me dio
      la plata, si le hubiera dicho hubiera presentado una queja al juzgado. Otras
      veces ya había llevado a alguien diciendo:
      "Este está engañando a mi muchacho, hasta le está enseñando a robar." Y
      la autoridad le creía a él. No creía lo que yo decía. El patrón, si era por
      hablar, no se quedaba atrás:

47   "A este niño no le falta nada en la casa, para el desayuno toma leche con
      tres panes, para el almuerzo toma dos caldos y come dos segundos; también
      para la cena come su segundo y toma su mate." Así decía.
      La autoridad, al escuchar esto, se ponía en mi contra y hasta les daba ganas,
      también a ellos, de pegarme. Esas autoridades no sentían compasión por mí,
      sólo creían a mi patrón. Así era en esos tiempos.

48   El patrón tenía hijas grandes. Sus hijas me querían mucho, ellas no querían
      por nada que yo me fuera de esa casa.

49   Así estábamos cuando una vez mi mamá llegó sorpresivamente de la sierra.
      Yo le conté todo lo que me pasaba, y ella discutió fuertemente con mi
      patrón. Le dije también que me sacara de ahí. Mi mamá me dijo:
      - Sí, nos iremos de aquí.

44   Primira viz apamuq kani alfata asnupi, hinaspa patrunniy aswanta sillachiwaq asnup sikin patallapi. Ñawpaqiymantaq churayuq huk tirciu alfata, mana waskawan, mana kabuyawan asnuman chataspa. Ñuqa, asnu purichkaptin, mana allintachu hapini alfata, hinaspa huk hatun zanjata chimpachkarqani, kaspillamanta chakayuqta. Manaraq allinta chimpachkaspa asnu saltaq; hinaspa chamqawaq pampaman, alfatataq zanja ukuman. Chaypipas patrun machula qasuyuwaqtaq. Ahinam manapunim ima ruwasqaypis patrun machulapaq-hinaqa kaqchu.

45   Llaqta wasiman chayaspapis kuchiman, wallpakunaman, patukunaman, quwikunaman sapa punchaw mikuchina kaq, mikusqan platukunapis mayllana kaq. Ñuqa mikuq kani ultimullataña papata, sapalluta, aychata, mana mikusqa tukusqankuta huk chikan calduwan chapusqata. Maymantaraq mikuq kani mikunayasqa. Vicinukunapis, wak runakunapis, kuyapayaymanta prupinata quwaq ñuqaman. Chay prupinawan rantikuq kani tantata. Hinaspa taripachikuq kani tantata rantichkaspa. Maychikanpiqa niwaq patrunniy:
      - *Conque la conque*, qam qullqiyta suwakuchkasqanki...

46   Chay tantallaytawanpis qichuwaq *panya*waqraqtaq. Mana ñuqa rimariqchu kani pi may qullqi quwasqanta. Sichus willaq kani chay runata quijaq. Puistuman mayninpi apachiq:
      - Kay muchachuyta ingañan, suwata ima yachachin- nispa.
      Auturidad criyiq, mana ñuqa rimasqayta criyiqchu auturidad. Patrunniy willakuspa willaq:

47   - Wasipiqa kay irqipaqqa mana imatapis faltanchu- nispa; -disayunupaq upyan lichi, kimsa tantayuq, almurzupi mikun iskay caldu, iskay sigundu; cinaypipas kan sigundu, matita ima upyan- nispa. Astawan ñuqatawanpas yaqa yaqa suqachiwan auturidad, astawan chay runakunapis manañam kuyapayawaqchu patrunniyta criyispa. Ahinam unay timpuña kachkaspa.

48   Ususinkuna kaq, chay ususinkuna ñuqata munakuwaq. Manapuni haykaqpis ripunaytaqa munaqchu.

49   Hinaspa qunqayllamanta mamay chayaramuq sierramanta. Hinaspa willakuq kani qalata mamayman. Hina patrunniywan huchatarikuq manchanata. Ñuqa niq kani mamayta: -Apakapuway- nispa. Mamaypis nin: -Arí pasapusun-niwaq.

50 Pero mi patrón no consintió que me fuera y dijo:
- Ya no voy a volver a pegarte ni a maltratarte, además vas a comer junto con nosotros. Pero yo ya no creía en su palabra. Entonces mi mamá comenzó a jalarme de una mano y mi patrón de la otra; casi me arrancan los brazos, como le hicieron al mismo Tupac Amaru. Ni siquiera consintió que mi mamá entre a la casa y a mí me tuvieron encerrado, con la puerta de calle bajo llave.

51 Por la noche a escondidas nos escapamos tras saltar una pared. Nos fuimos por el camino de Chivay. Ya llevábamos dos días viajando pero pensamos que seguramente nos iban a seguir. Así, cerca de un lugar que había para que descansen los viajeros, mi mamá me llevó a un hueco en un cerro. Allí me escondió bien para que no me encuentren.

52 Efectivamente, pasadas unas 4 ó 5 horas, aparecieron bastantes hombres a caballo. Serían posiblemente unos diez hombres a caballo, era ya de noche y no pude contar cuántos eran. Desde el hueco en que estaba sólo pude sentir por los ruidos que eran bastantes caballos. Habría unos 80 metros hasta el lugar donde estaba mi mamá. Escuché cómo hablaban con ella en voz muy alta y le preguntaban por mí, por momentos, incluso, discutiendo fuertemente. Pero ella no había agarrado nada de mí, ni una seña, yo estaba con la ropa con que salí. Estaba sin ojotas; el patrón me las había quitado, y también todos mis pantalones; para que no escapara.

53 Los hombres a caballo, una vez que terminaron de hablar con mi mamá, se pusieron a buscarme. Mientras me hablaban:
-Alejito, Alejito, ¿dónde estás?; vamos, vas a regresar donde tu patrón.
Yo temblaba de miedo "¿qué voy a hacer si me encuentran?" pensaba.

54 Ellos, querían provocar que hablara utilizando toda clase de artimañas:
"Estoy trayendo caramelos, estamos trayendo chocolates, también estamos trayendo ropa" me decían. Uno de ellos dijo:
"Hijo, yo te voy a garantizar para que tu patrón no te vuelva a poner la mano encima."

55 Escuchando hablar todas esas cosas estuve a punto de decir:
"¡Aquí estoy!". Pero permanecí callado a pesar de escuchar todo lo que decían.

50   Ichaqa patrunniy manam kachariwaqchu: "manaña maqasqaykichu" nispa, "nitaq suqasqaykipaschu, mikunatapis ñuqaykuwan kuska mikunki". Manataqmi ñuqa criyiqñachu kani palabranta. Mamay huk makiymanta chutaq, patrunniytaq hukkaq makiymanta, yaqapunim Tupaq Amarutahinapis, brazuyta llikiwa*r*aqku[28]. Mamaytapis manaña kachayuqñachu wasinmanqa, ñuqata puirta calli llavisqa ukupi tiyachiwaq.

51   Hinaspa tuta chinkapi hampuq kayku pirqanta saltaspa. Ña iskay punchawtaña hamuyku, ñuqayku imaginakuqmi kayku: "siguruchá qatipakuwasun" nispa. Hinas huk urnada kanchapi samakunaykupaq mamay apawaq huk urqu tuquman. Chaypi allinta waqaychawarqan mana tariwanankupaq.

52   Hinaspaqa chiqaypaq huk tawa uramanta, o pichqa uramantahina rikurimun achka kawallu silladakuna. Kanmanchá karqan huk chunka sillada. Tutayaqpi manam yupayta atinichu hayka sillada kasqanta. Chay urqu tuqumanta rinrillay uyarirqan achka sillada kasqanta. Mamaymanta chay urqu tuquman kanmanmi karqan 80 mitrus. Altumanta mamayta wakin cumpañatawan rimapayanku, ñuqamanta tapukusqa riki. Mayninpiqa huchatarispa ima kanku. Mamayqa manam hapirqanchu ñuqamanta ima señatapis, llapan p'achallaywanmi ñuqa kachkarqani. Mana usutayuq ima, patrunniy llapan usutaytapis pantalunniytapis qichuwarqanmi mana chinkakamunaypaq.

53   Hinamanta chay silladakuna parlayta tukuspa maskawarqanku, sapanka silladapis: - Alejito, Alejito, maypim kachkanki? Haku patrunniykiman kutipusun- nispa. Hinaspa timblachkaq kani: "imanaykusaqtaq anchachus tariruwanqa" nispa.

54   Paykuna imaymanamanta ingañaspa rimachiyta munawaqku:
- Miskita apamuchkani, chuculatita apamuchkayku, p'achata ima apamuchkayku- nispa. Hukkaq nin: - Ñuqam waway garantizasqayki ama astawan makita churanasuykipaq.

55   Chaykunata imaymana rimaykunata uyarispa yaqa yaqalla ñuqa rimariq kani: "¡ñuqa kaypi kachkani!" nispa. Piru manapuni rimariqchu kani ima nispaña niwaptinkupis.

28   -ra- - Aymara simi huntachiq. "Acción en serie (England 1988:99)". Kay simi huntachiqwan rimanku Kanaspi, Kanchispi, Yawripi ima; hinallataq Punupi Boliviapipas.

56   Cuando se agotaron de buscar, se fueron todos.
      Yo reconocí la voz de alguno de esos hombres cuando ya se iban. Tristemente
      pensaba: "¿Cuánto habrá pagado mi patrón a cada uno de esos hombres?"
      me preguntaba. "¿Por qué ha ordenado que me busquen con tanto empe-
      ño?" pensaba. Y es que, aunque fuera a patadas, a golpes, pudiendo o sin
      poder; yo era muy diligente haciendo todo lo que mi patrón me ordenaba.
      Seguramente ése era el motivo por el que me extrañaba tanto. Entonces
      pensé: "Que se joda pues, para qué me hacía sufrir tanto."

57   Tras irse esos hombres volví a reunirme con mi mamá. Nuevamente empe-
      zamos a caminar rápidamente. Yo estaba descalzo, sin ojotas, y tan sólo
      estaba envuelto con una mantita ya que tampoco tenía pantalones. Así,
      descansando cada noche en un sitio, íbamos llegando.

58   Antes de llegar a Chivay, en sus partes altas, en un sitio llamado Patapampa,
      encontré una campanilla de color amarillento bien grande. Era una campanilla
      de llama perteneciente a algún viajero. Mi mamá me dijo:
      "Esa campanilla es *khuya*[6]". Cuando llegamos a la casa la llevamos con
      sumo cuidado, la humeamos con incienso y la guardamos.

59   Tras eso, en otras ocasiones, volví a viajar con llameros. Fui con distintos
      viajeros de Tuti a Chivay; de Tuti a Cabanaconde; de Tuti a Tapay, de Tuti
      a Yauri; de Tuti a Santo Tomás. A Chivay íbamos a la cosecha de cebada,
      habas, trigo o cualquier otro producto. A Maca íbamos por tunas y manza-
      nas, a Cabanaconde íbamos por maíz y a Tapay íbamos por toda clase de
      fruta.

60   La gente de Cabanaconde y de Tapay es muy atrevida, hablan de cualquier
      cosa sin miedo a nada. Cuando yo era niño era muy querido por las cabaneñas
      y por las tapeñas. ¿Por qué razón me querían tanto aun cuando apenas era
      un muchachito? Me querían para que fuera su marido, porque yo era como
      mi padre: blancón, *caroso* y con los ojos como estrellas.

61   A Tapay íbamos con *charqui* de trucha, carne y lana. Los tapeños se lle-
      gaban a pelear por todos esos productos. A veces no sabíamos quién se
      había agarrado el charqui de trucha, la lana o la carne; y para que paguen

----

6   *"Khuya"* es algo que debe ser muy querido y respetado para que la suerte nos sea favorable.
     Es algo sagrado.

56   Hinaspa maskaspa saykusqankupi, kasqanta kutipuqku chay silladakuna. Wakinta chay runakunata kunka rimayninta riqsiq kani maypachachus pasapuqku. Waqakuspa pinsaq kani: "Haykatachá patrunniyqa sapa silladaman pagamun" nispa; "imaraykutaq ñuqata tantuta maskachiwan?" yuyarikuq kani. Haytasqapas maqasqapas, atispapas mana atispapas *k'uchi*llatam[29] ruwaq kani ima kamachisqantapis. Chayraykuchiki patrunniyqa pasaqta ixtrañawan. Hinamantaqa niq kani: "judikuchun ari, imapaq chayhinata sufrichiwarqan?".

57   Chaymanta mamayman kasqanta juntayakapuq kani. Hinamanta kasqanta utqayllaraq puriyta qallarimuq kayku. Ñuqa qala chakilla, mana usutayuq, pullullawan wayruykusqa, mana pantalunniyuq kaptiy. Ahinata sapa urnadaspa chayamuq kayku.

58   Manaraq chayamuchkaspa Chivay altuspi, Patapampa sutiyuq, chaypi tarikuq kani huk hatun qillu *iskila*ta[30] viajirukunap llamanpa iskilanta. Mamay niwaq:
       - Chay iskilaqa *kuya*- nispa. Wasiyman chayaspa incinsuwan *asa*rispa[31] waqaychaq kayku.

59   Hinaspa wakmanta viajikunata puriyta qallariq kani. Wak runakunawan Tutimanta Chivayman, Tutimanta Cabanaman, Tutimanta Tapayman, Tutimanta Yauriman, Tutimanta Santo Tomas laduman. Chivayta puriq kayku cusichaman, siwaraman, hawasman, triguman, imaymana kawsayman. Maqaman tunasman manzanaman, Cabanata saraman, Tapayta imaymana frutaman.

60   Chay Cabana runakuna, Tapay runakuna pasaq lisu kaqku, mana manchakuspa rimaqkuna. Ñuqa irqi kayniypi manchana munana kaq kani cabaneñakunapaq, tapeñakunapaqpis. Imarayku munakuwaqku qarin kanaypaq, ñuqa irqillaraq kaq kani? Purqui ñuqa kaq kani tatayhina *blancón, caroso, chaska*[32] ñawi; chayrayku.

61   Tapayman yaykuq kayku trucha charkiwan aychawan millwawan. Tapeñokuna maqanakuqkuraq aviupatapi. Mana yachakuqchu pis hapiq trucha charkita, millwata, aychata. Paganankupaqpis fuirti churakuqku.

---

29   *K'uchi* - Huk qichwa simipi nisunman **'utqay ruwaq', 'allin llamkaq'**.
30   *Iskila* - Castillanumanta: *'esquila' 'cencerro que se cuelga del cuello de los animales'*.
31   *Asay* - Aymaramanta: "*'concepto de llevar recipientes (p.e. lavador, plato)'* (Büttner-Condori 1984:18)".
32   *Chaska* -(/*ch'aska*/ tuqyan), Ayakuchupi **'luceru'** ninku.

había que ponerse fuerte. Recuerdo que una vez una chica me jaló a una huerta. Quería que cachemos en esa huerta. Yo ya sabía lo que era estar con una mujer y por lo tanto me tiré un buen polvo con esa chola lisa. Después mis compañeros se enojaron porque no les ayudé a cuidar la carga.

62   También íbamos a Yauri. Cierta vez que fuimos a Yauri a traer chuño, yo, por ser un niño al que le provocaban muchas cosas, vendí esa campanilla de fierro que encontré con mi mamá. Por culpa de eso me persiguió una gran desgracia. ¿Cómo fue? Así me persiguió la desgracia:

63   El tiempo de ir a Santo Tomás es en el mes de agosto. Nosotros, ese mes, viajábamos siempre a Santo Tomás. Cierta vez fuimos con un grupo de viajeros. Antes de partir, mi mamá me preguntó por la campanilla para colgarla de una de las llamas. Yo no quise decir que la había vendido y disimulando partimos así nomás.

64   Tras un día de viaje, antes de llegar al canchón donde descansábamos, sin motivo aparente, murió una de las llamas. Al día siguiente no pasó nada; pero al otro día un grupo de ladrones a caballo nos comenzó a acosar y casi nos quitan nuestras llamas. Nosotros nos mostramos valientes, a gritos nos defendimos tirando piedras con *huaracas* y también con los perros. Los ladrones nos rodearon por la parte trasera del canchón y nos amenazaron con matarnos. Aun así nosotros conseguimos vencerlos.

65   Yo, en mis adentros, pensaba: "¿Por qué nos persiguen todas estas cosas?". Después de eso, casi llegando a Santo Tomás, pasamos la noche en un lugar llamado Ccasacancha. A la mañana siguiente me dijeron:
"Niño, anda a pastear las llamas."

66   Yo fui a pastear las llamas a un cerro. Pero, por ser un niño travieso, me fui cerca a jugar a una pendiente pedregosa que estaba ahí cerca. Cuando miré hacia arriba, de pronto, estaban cayendo grandes piedras en un derrumbe. Los demás niños estaban lejos y yo ya no podía hacer nada; ni cómo escapar a ninguna parte. Me tiré al suelo tapándome la cabeza con las manos. Algunas piedras pasaron por encima mío pero otras llegaron a mi cuerpo. Después perdí el sentido y ya no recuerdo cómo fue que me alcanzaron las otras piedras.

Ñuqa yuyakuchkani huk pasña ñuqata aysarikuwaq huk huirtaman. Chay huirtapi witinayta munaq, ñuqa ña witiyta yachaqña kani. Hinaspa supay pasñataqa witiq kani. Hinaspa cumpañiruykuna qasuwaq mana allinta cargakunata cuidaysisqaymanta.

62 Ahina Yauritapis puriq kayku chuñuman. Yaurimanta chayaramuchkaspa ñuqa gustuniru irqi kayniypi vindirikuq kani chay hirru iskila tarikusqayta. Chaymanta hatun disgracia qatiwaq. Imaynata? Ahinata qatiwaq:

63 Santo Tomás purina timpupi, agustu killapi, sapa wata custumbri purina kaptin huk cumpañakunapiwan puriq kayku. Hinaspa mamay waturikuq manaraq purichkaptiyku: "Waway, maymi chay iskilayki llamaman warkuyunapaq?" nispa. Mana ñuqa rimariyta munaqchu kani vindisqayta, aswanpis ahinallaña pasaq kayku.

64 Hinaspa manaraq huk urnada kanchaman chayachkaspa huk llamayku wañuruq yanqallamanta. Huk urnada kanchamantaq mana imapis pasaqchu. Huk urnada kanchapitaq sillada suwakuna muyupayamuwaqku, yaqa yaqallamanta llamaykuta qichuwaqku. Ñuqayku qarillaña churakuq kayku suwakunawan. Difindikuq kayku, allquwan, rumi warkanakunawan qaparikuspa. Silladakunaqa muyuriq kancha qipanta, hinaspa aminazawaqku wañuchiwanankupaq. Chaypiwanpis atipaqmi kayku ñuqayku.

65 Ñuqa sunqu ukullapi pinsakuq kani: "Imaraykutaq imaymana qatiyta munawanku?" nispa. Hinamanta yaqa Santo Tomas qayllaman sutiyuq Qasakancha, chaypi *qayna*spa[33]: "Llama michiq irqiqa puriy" nispa niwaqku.

66 Ñuqa llamawan kuska puriq kani huk urquta. Hinaspa ñuqa huk travisu irqi kayniypi, huk irqi masiykunawan pukllaspa *suqru*[34] urqu kinraypi. Altuyta qawarikuni, qurumpakuna *hunya*muchkasqa[35]. Chay wakin irqikunataq karupi kachkasqa. Ñuqataq mana mayman pawariyta atispa, mana imanakuyta atinichu. Hinaspa *talla*rparini[36] pampaman umayta makiywan hapiyukuspa. Wakin rumikuna ñuqapatanta pasan, wakintaq cuirpuyman chayamun. Chaymantaqa manam yuyakuniñachu imaynaraqsi rumikunaqa chayamurqan cuirpuyman.

---

33 *Qaynay* - Kayllumapi, Punupi chayta rimanku. Huk qichwa simipi kanman **'samay'**. Castilla simipi *'descansar' 'pasar la noche (en un viaje)'*.
34 *Suqru urqu* - Ninanta nin **'kallka lluchkay urqu'** wak qichwa simikunapi, Ayakuchu ladupi.
35 *Hunyay* - Imapis qaparispahina kuyuriptin chayta ninku. Kaypi Alejo nisqanhina: chay hatun rumikuna qaparisparaq urmaykuptin. Hinallataq chayta ninku huk uywamanta qaparispa pawaptin.
36 *Tallay* - Ayakuchupi ninman **'pilatay'** nispa.

67   Siendo ya de noche, como después de un mal sueño, me desperté encontrándome en medio de mi propia sangre. Mis compañeros de ese viaje me estaban buscando. Yo gritaba de dolor:
"¡Aquí estoy!" decía.

68   Me encontraron y me llevaron cargado a la casa donde habíamos acampado. Durante toda esa noche el dolor no me dejó dormir, gritaba más que una mujer parturienta -el hospital estaba muy lejos, en el Cuzco todavía- y mis compañeros no hallaban qué hacer. Montado en un caballo me llevaron hasta cerca del pueblo al ver que yo no paraba de gritar noche y día. Antes de eso yo era un niño muy sano. Una vez que me llevaron a mi pueblo yo seguía llorando de dolor, noche y día.

69   Así estuve padeciendo de dolor en mi casa. Durante casi tres años me quedé en mi estancia Ch'ita, en Tuti. ¿Por qué razón sufría de esa manera? Porque no teníamos dinero para que me lleven a un hospital, ésa era la razón. Mi mamá me hizo atender sólo con curanderos. Después de un tiempo empecé a caminar como esos niños que recién empiezan a caminar, gateaba.

70   Cuando empecé a gatear así, mi mamá me llevó al pueblo. Estando una semana en el pueblo de Tuti, un hombre me bautizó en la iglesia. Delante del cura hizo que me conjuren[7], el nombre de éste que fue mi padrino era Marciano.

71   Después me llevaron a Chivay. Mi madre volvió a emplearse como tejedora en las casas de diferentes personas. Yo salía a la calle, siempre gateando. Me iba por el mercado de Chivay; allí inspiraba la compasión de algunas personas que me daban algo de dinero o comida. Tras eso mi madre mandó hacer dos muletas. Con ayuda de esas muletas poco a poco comencé a caminar levantado. Después de casi dos años; así, con mis muletas, regresé a Tuti.

72   Allí estudié en la escuela. Para llegar a la escuela debía caminar desde mi casa de la chacra. Cada día íbamos con tres chicas que eran mis vecinas. A veces llegábamos temprano, pero a veces se nos hacía tarde por entretenernos mucho jugando en el camino. Aun así yo era muy querido por el profesor.

---

7   Una ceremonia para salvarse de la *maldición* que le recayó al vender la campanilla *khuya*. "Mediante la conjuración se despide al demonio que está en el interior de una persona con oraciones, rezos y demás que está en los ritos cristianos." (Nota de Alejo Maque).

67   Tutayaykuytaña puñusqaymantahina rikcharini; yawar ukupi kachkasqani. Chay runa puriq masiykunataq maskachkawasqaku. Ñuqataq nanayta muchupaykukuspa qaparini: "¡kaypim kachkani!" nispa.

68   Hinaspa apawanku qaynasqayku wasiman wantupi. Chay tuta paqariqta manam puñunichu nanaywan; warmikuna*chuqa*[37] wachakuspa qaparin, aswan mastaraq ñuqaqa qaparini - huspitalpis Qusqupiraqsi- puriqmasiykuna mana imanakuyta atispa kawallu sillapiraq apamuwarqanku llaqtay laduman tuta punchaw qaparichkaptiy. Purqui ñuqaqa ñawpaqqa allin qali irqi karqani. Llaqtayman chayachimuspa waqayullarqanipunim tutapas punchawpas.

69   Ahina qaparikuchkaspa wasiypipis karqani, yaqa kimsa watata istancia Chita Tuti kikinpi. Imarayku chayhinata muchurqani? Manam qullqiyku kaqchu huspitalman rinaypaq, chayrayku. Casiru hampikunallawan mamay hampichiwaq. Chaymantataq kay uña wawa*chu* chayraq puririchkan anchayhina, lataq kani.

70   Hinamanta latachkaptiy apamuwarqan mamay wakmanta llaqta laduman. Chay Tuti llaqtapi simanata tiyachkaspa huk runa marqawarqan iglisiapi, tata kurap ñawpaqinpi cunjurachiwarqan, paypa sutin karqan Marciano.

71   Chaymanta Chivayman apamuwarqan. Hinaspataq kasqanta mamay awapakuq runakunap wasinpi. Ñuqataq callita lluqsimuspa lataspakama mircadu laduman puriq kani. Chaypi runakuna kuyapayaymanta quwaq qullqita, wakin mikunata. Hinamantataq mamay ruwachipuwaq huk iskay mulitata, tawnata. Chaywanña sayarispa puriyta atiq kani, pisi pisillamanta. Yaqa iskay watamanta ahina tawnallayuq Tuti llaqtayman kutipuq kani.

72   Chaypi istudiaq kani iscuilapi. Iscuilaman purinaypaq chakra wasimantapacha purina kaq. Sapa punchaw puriq kayku ñuqa kimsa pasñapiwan, vicinuykum kaq, chayraykum. May mayninpiqa timpranuta chayaq kayku, may mayninpiqa tardita chayaq kayku sinchita ñanpi pukllaspa. Chaypiwanpas kusa munasqa prufisurniypaq ñuqa kaq kani.

---

37   -*chuqa* - Kay simi huntachiqta nisunman castillanupi '*asimilitativo*'. Huk simipi 'warmikuna**hina**' nisunmanpas 'warmikunachuqa' rantinpi.

73   Cuando las vacaciones de diciembre ya se encontraban cerca, mi padrastro y mi madre me quisieron encomendar al Señor de la Santa Cruz, como a un devoto[8]. Pero yo, como era un niño, en esa vida tonta que llevaba, sin hacer caso ni a mi madre ni a mi padre, no dejé que me encomienden. Ese hombre, el esposo de mi madre, era mi padrastro.

74   Así, un día, el profesor me ofreció llevarme a Arequipa y yo acepté. Viajé cuando ya, poco a poco, estuve mejor de mi pie. De Arequipa viajé a un pueblo llamado Yarabamba-Quequeña que se encuentra en el camino a Chapi. Allí el profesor me entregó a sus padres, la familia Ocola-Linares. Allí hacía todo lo que me mandaban: cortaba la alfalfa, ordeñaba las vacas, regaba las chacras y, a veces, hasta les cocinaba. Mis patrones tenían una picantería donde vendían chicha con picantes. Así que cada día había que hacer chicha y también había que hacer los picantes. La chicha la daban en unos grandes vasos de vidrio y los picantes en pequeños platos con un poco de zarza y con bastante *rocoto* y *mote*. Algunas veces se variaba la comida.

75   Por parte de mi barriga estaba bien porque me daban buena comida; pero no me gustaba estar en esa casa porque me hacían trabajar hasta muy tarde; tenía que trabajar de noche, casi hasta la media noche. Recién entonces podía irme a dormir, pero apenas hasta el canto del gallo. Era unas horas escasas lo que había dormido y ya me estaban despertando.

76   Cada día había que tirar los orines de la bacinica. Algunas veces incluso tenía caca, y otras solamente orines. También cada día debía lavar con escobilla sus dientes de plástico, para que se los pongan en la boca.

77   Antes de cumplir un año en esa casa me comencé a rebelar: ya no podía aguantar lo poco que dormía. Quizás habrá sido por la *maldición* de mi madre, el caso es que cuando ya incluso podía correr bien solo, nuevamente empecé a cojear del pie. Recién entonces mis patrones me llevaron a un hospital de Arequipa.

---

8   Esta es una ceremonia donde se coloca a un niño enfermo a los pies del santo, virgen, o, como en este caso, de la Santa Cruz; allí una persona se encarga de recoger al niño. Esa persona viene a ser un padrino de la sanación.

73   Ñam dicimbri vacaciunña circaña kachkaptin padrastuy mamaypiwan Dius
       Tatanchik Santa Cruz Tuti patrun hapichiyta munawaqku huk divututahina.
       Ñuqa sunsu irqi vidaypi mana tayta mamayta kasuspa mana hapikurqanichu.
       Chay qari karqan padrastuy.

74   Huk punchaw prufisur niwan parlaspa, pay niwaq:
       - Haku Arequipata ripusun. Ñuqataq:
       - *Iyaw*-arí[38]- nispa puriq kani ña aswanman aswanmanña chaki alliyachkaptin.
       Puriq kani Arequipapi huk llaqta sutiyuq Yarabamba Quequeña, Chapiman
       purina.
       Chaypi intrigawaq tata mamanman, familia Ocola Linares nisqaman. Hinaspa
       imaymana kamachikunata ruwaq kani, alfata kuchumuq kani, wakakunata
       chawaq kani lichita, chakrakunata *qarpaq*[39] kani, waykunakunatawanpis atiqmi
       kani chikallantaqa. Patrunniykuna picantiriayuq kaq. Aqata vindiq
       picantikunatawan, sapa simana aqa aqana kaq, picantikunapis sapa punchaw
       ruwana kaq. Vindinapaqpis vindina kaq hatun qispi qirupi; llapanta hinataq
       quna kaq huchuy *chuwa*chapi[40], huk chikan sarsachayuq, achka ruqutuchayuq,
       mutichayuq ima. Mayninpiqa hukniraq mikunakuna.

75   Wiksaymantaqa allinta mikuchiwaq, piru manataqmi gustawaqchu, ancha
       tutakama llamkachiwaq wasipi. Yaqa kuska tutakamapis. Chayraq puñuq
       kani, gallu waqamunankamalla, yaqa huk urallata, chaymantaqa rikchachiwaq.

76   Bacinica ispasqanku sapa punchaw wischuna kaq, mayninpi hatun ispayniyuq,
       mayninpiqa yaku ispaylla. Plasticumanta kirukunapis sapa punchaw mayllana
       kaq iscubillawan, paykuna siminkuman churakunankupaq.

77   Manaraq watata kachkaspa paykunawan alzariykutaña qallariq kani, mana
       puñuymanta aguantaspa. Hinaspa quizás mamaypa maldiciunninman, allintaña
       sapallay pawana kachkaspa, wakmanta chaki *ñukuy*ta[41] qallarirqan. Chayraq
       patrunniykunaqa Arequipa huspitalman apawarqanku.

---

38   *Iyaw* - Aymaramanta, "arí" ninapaq. Castilla simipi: *"expresión de aceptación, consentimiento* (Büttner-
     Condori 1984:64)"
39   *Qarpay* - Ayakuchu ladupi **'parquy'** ninku.
40   *Chuwa* - Aymaramantapas kanman, hinallataq wak simikunapi **'p'uku'** nispa ninku.
41   *Ñukuy* - Ayakuchu ladupi **'wiqruy'**.

78   Allí, en la Clínica Hortensia Espinoza de Salinas, los doctores estuvieron curándome durante los casi tres años que estuve allí. No hallaban la causa de mi enfermedad ni me creían lo que les contaba sobre cómo me accidenté siendo aún chico. Por el contrario, los doctores me decían:
      - Esta enfermedad es ostiomelitis.

79   Eso quería decir que era por debilidad en los huesos. Yo les andaba preguntando a los doctores qué era eso y ellos me decían:
      - Donde sea y quienes sean los que te han criado no te han alimentado bien, y tampoco te han hecho vacunar a tiempo.
      Cuando yo escuchaba eso lloraba inconsolablemente. Por ser pobre me habían pasado todas esas enfermedades.

80   Pero eso no era obstáculo para que fuera muy querido por los padrecitos de la clínica. Era bien hacendoso y trabajador, hacía cualquier cosa, les ayudaba en lo que fuera. A algunos que estaban muy enfermos los llevaba a la misa, les arreglaba el pelo, la cara y también les hacía la cama; por todo eso me querrían. Tras permanecer en esa clínica casi tres años regresé a Chivay.

81   Allí encontré que mi hermano menor estaba estudiando primaria. Yo también venía con los papeles del traslado para poder terminar mi primaria en Chivay. Después de casi una semana me encontré con mi madre y mi padrastro. Mi padrastro odiaba a mi hermano menor, y por eso mi madre me dijo: - Haz como sea, pero tú, como hermano mayor, debes ayudar a tu hermano para que termine su primaria. Así, cuando me faltaba muy poco para terminar mi primaria, apenas cuatro meses, le dije a mi madre:
      - Sí mamá, haré lo que sea para que mi hermano termine su primaria.

82   Hasta aquí esta historia. En alguna ocasión futura les alcanzaremos la continuación que será aún más triste.

78   Hinaspa chay huspitalpi Clínica Hortensia Espinoza de Salinas sutiyuqpi ducturkuna hampiwarqanku yaqa kimsa watata. Manam tariwarqankuchu, nitaq criyiwarqankuchu imaynas huchuylla accidintakurqani chayta. Aswanpis niwarqanku: - Ostiomelitis unquymi kayqa- chay ducturkuna.

79   O sia tullu dibilidad chay unquy sutin kasqa. Allinta chay ducturkunata ñuqa tapuq kani, paykuna niwaq:
        - Pikunam, maykunam uywasurqanki, chaykuna mana allintachu mikuchisurqanki nitaqmi iman timpunpichu vacunachisurqanki. Chaykunata uyarispa manchanata ñuqa waqaq kani, kay pubri kasqaypichu, kay imaymana unquykunata ñuqa tarini.

80   Chaypiwanpas kusa munanapunim chay clinicapi llapan padricitukunawan kaq kani. K'uchi kayniypi, ruwapakuq kayniypi, yanapakuq kayniypi, wakin sinchi unqusqakunata sapa dumingu misaman apaq kani uyanta umanta puñunanta ima allichaspa. Kimsa wata yaqa huntachkaptin pasapuq kani Arequipamanta Chivayman.

81   Chaypi tariq kani sullkayta primariapi istudiachkaptin. Ñuqapis huk trasladuyuq diplumayuq ima primariata Chivaypi tukunaypaq. Yaqa simanamanta mamaywan padrastuywan tupaq kayku. Padrastuy pasaqta sullkayta chiqnisqa karqan. Hinaspa mamay niwaq: - Qam imaynatapis kurak wawahina sullkaykita primarianta tukuchiy. Hinaspa ñuqa pisillayña, tawa killa hinallaña primariayta tukunaypaq kachkaptiy: - Arí mamay, ñuqa imaynatapas sullkayta tukuchisaq.

82   Kaymantaqa aswan waqanapaqraqmi llakikunapaqraqmi wak qillqaykuna ruwakunqa o hamunqa.

Anécdotas, opiniones y chistes, algunos vulgares

II   Sobre los burros tercos

83   También hay historias acerca de los burros. Hace mucho tiempo, cuando aún era niño, viajé desde Tuti a un valle llamado Cachisalinas. Está cerca al distrito de Lluta. Viajamos con dos señores mayores y nos quedamos a dormir en un sitio cercano en las afueras de Cachisalinas.

84   Antes de llegar, a un día de camino, estaba la estancia de uno de estos señores. Allí nos alojamos y su simpática señora nos dio de comer y todo lo necesario para que durmiéramos. Nosotros viajábamos con llamas y al llegar a esa estancia pedimos a la gente que allí vivía que nos pastee las llamas. También pedimos cuatro burros, provisiones, sogas, costales y fiambre para llevar hasta Cachisalinas.

85   A mí, por lo que era niño, me llevaron a Cachisalinas para que regresara luego con los burros. En el camino desde esa estancia hacia Cachisalinas los burros viajaron rápidamente. ¿Por qué iban tan rápido? Porque en las laderas de Cachisalinas hay bastantes sembríos de alfalfa, cebada, trigo y toda clase de productos que hacen aparecer el paisaje todo verde.

86   Al amanecer del día siguiente, me mandaron regresar a la estancia con todos los burros. Pasada una hora, partimos al trote con todos los burros.

87   Cuando ya estábamos con los cuatro burros, pasando la última chacra camino a la estancia, ya no quisieron moverse un solo paso. Yo les pegaba con palos y les tiraba piedras... Hasta llegué a sacarles sangre del trasero. Lloré, pero nada; no se movían. Mientras, ya era mediodía y estaba agotado en medio del llanto por no poder mover a esos burros.

88   Entonces por suerte apareció un hombre que viniendo desde Cachisalinas había ido a ver las vacas que tenía por ese lejano lugar. Ese hombre me encontró llorando y por compasión me ayudó: A patadas obligó a caminar a los burros. Cuando ya estábamos bien cerca de la estancia, a unos 4 km., el señor regresó nuevamente por donde vino. Yo, estando cerca de la estancia y para que ya no fueran a pararse esos burros, los arreé al trote incluso gritando.

Alejop yuyariynin, chanzakuna ima

II Kullu asnukunamanta

83 Kaqllataqmi kay asnukunamanta rimaykunaqa kallantaq. Huk kiti, unay kiti, ñuqa juvin irqi vidaypi, viajita riq kani Tutimanta Kachisalinas huk valli sutiyuq chayta. Chay tarikun distritu Lluta ninku, chay circapi. Iskay kurak wiraquchakunawan riq kani. Hinaspa chay wiraquchakunawan qaynaq kayku chay Kachisalinas patapi.

84 Huk punchaw puriypiraq huk istanciapi sumaq wiraquchap sumaq siñurap wasinpi mikuchiwaqku puñunakunata ima mañariwaqku puñunaykupaq. Ñuqaykutaqmi puriq kayku llamapi. Chayman chayaspataqmi valikuq kayku llamaykuta uywankutawan kuska chay istanciayuq runakuna michipuwanankupaq. Asnunkunatataqmi mañayukuq kayku tawatapacha, aviukunata, waskakunata, custalkunata, quqawkunata ima chay Kachisalinas apayunaykupaq.

85 Hinaspa ñuqa warma irqi kaptiy pusayukuwaqku uramanta utaq chay Kachisalinasmanta asnukunata kutichimpunaypaq. Maypachachus chayaruq kayku chay Kachisalinasman chay istanciamanta hinaspa asnukunaqa utqayllata puriq, imarayku? Chay Kachisalinas qatakunapiqa kaq imaymana tarpusqakuna alfa-alfakuna, siwarakuna, trigukuna, yaqa imaymana virdikuna.

86 Kacharparimpuwaqku ñuqata chayllaraq illarichkaptin istancia laduman asnukunata qatiyukuspa. A la urallaqa asnukunaqa trutillaraq *akista*munku[42].

87 Maypachachus tawa asnuntin ña ultimu chakrataña pasayamuchkaptiyku manaña asnukunaqa astawan kuyurapunchu nitaq puririnkupaschu. Ñuqataq kaspiwan rumiwan ima waqtapaykuchkani, chaqipaykukuchkani asnup sikintapis yawar yawartaraq hurquni. Asta waqayuni imaraqmi. Chaykamataq ñataq midiudiaña waqayusqaypipis saykuyuniraq.

88 Hinaspa waliq Kachisalinasmanta hamusqa huk runa wakankuna qawakuq, chay karu patakunakama. Hina chay runa taripawan waqaykuchkaqta; kuyaypayaymanta asnukunataqa sapa haytaspallaraq purichimun asnukunataqa. Istanciamantaq yaqa tawa kilumitruhina qayllachkaptin, chay wiraqucha kutiyapun kasqa hamusqanta. Ñuqataq istancia laduman ama asnu wakmanta sayananpaq trutillata qaparikuspallaraq asnuta qatini.

---

42 *Akistay* - Huk simipi nisunman '**siqay**', utaq '**wichay**'.

89   Cuando estábamos muy cerca, a uno o dos km., esos malditos burros nuevamente se pararon. Sin embargo, ya no se detuvieron como la primera vez; más bien, esta vez querían regresar a Cachisalinas.

90   Yo, temiendo que se fueran a escapar, amarré rápidamente dos sogas. Las amarré a un tronco de queuña y a las patas delanteras de los burros.

91   Mientras, ya me había quedado sólo con tres burros. Uno de ellos, producto de la mierda del diablo, se escapó al trote a Cachisalinas. Estando como estaba, asustado, los otros burros me envolvieron rápidamente de los hombros y de la cintura. Un burro dio vuelta por un lado, y el otro por el otro lado, así envolvieron prácticamente todo mi cuerpo. Me sujetaron esos malditos burros y teniéndome así apretado me dejaron privado, me hicieron perder el sentido y quedé como muerto. Así me quedé como un prisionero junto a esos burros. Ya no podía soltarme.

92   Allí mismo dormí hasta el día siguiente. Al despertar, ya no había nada. Ni lo que até a los burros, ni lo que yo me había amarrado, ni siquiera estaban las sogas ni los burros. Más bien yo estaba tapado con un poncho de Maranganí.

93   Cuando me levanté agarrando ese poncho, venía el dueño de la estancia de Cachisalinas trayendo a los burros. Yo, todavía de miedo, corrí a alcanzar a ese hombre. El señor estaba aún más asustado que yo.

94   - Oye hijo, ¡cómo has vuelto a revivir! ¡Yo te encontré muerto! - me dijo. Entonces recién lloré por todo lo que me pasó con esos burros. El dueño me dijo:
      - Había sido muy conocido y sabido que esos burros eran salvajes y les vencía el deseo de ir allí donde hay verde.

95   Así, conversando, llegamos a la estancia. Por eso siempre hay que tener en cuenta que los burros no hacen ningún caso de los niños. Hasta ahora.

89   Maypachachus yaqa huk iskay kilumitruhina qayllachkaptin wakmanta saqra asnukuna sayarqullantaq. Chaypi ichaqa asnukunaqa manaña sayanpasñachu ñawpaq-hinaqa, aswanpis kutirikuyta munanku chay Kachisalinas laduman.

90   Hinaqa mancharikuymanta ama asnu ayqichikuyta munaspa utqayllata iskay waskawan watarquni huk qiwña kurku sachaman ama asnukuna ayqikunanpaq makinkunamanta (utaq ñawpaq chakinkunamanta).

91   Maypachachus kimsa asnupiña kachkaptiy huk kaq supaypa akasqan asnu pawarikun Kachisalinas laduman. Ñuqatataq chay wakin asnu mancharikuymanta ratullaraq rikraymantawan cinturaymantawan utqayllataraq mayturuwanhinaqa huk asnu muyurun, huk asnutaq huk laduman hinaspa mayturuwan llapan cuirpuyta. Ahina fuirzachkan supay asnukuna, hina fuirzachkaptin privarapuwan, yuyayniypi chinkaruchikuni hinaqa wañusqahina karqani. Ahina quidakuni chaypi huk prisiuniruhina asnukunawan kuska.

92   Mana librakuyta atispa puñurapusqani asta paqarisnintinkama. Nitaq chay maytuwasqanqa iman maytusqañachu kapusqa, nitaq waskakunapis kapusqañachu asnukunapiwanpis. Aswanpis huk punchu maranganiwan qataykuspa puñuchkasqani.

93   Hinaspa sayarispa chay punchu Maranganí hapiyuspa kachkaptiy chay Kachisalinasmanta hamuchkasqa istanciayuq wiraqucha asnukunata qatiyukuspa. Ñuqataq chayta rikuspa mancharikuymantaraq taripani chay wiraquchaman. Hinaspa wiraquchaqa ñuqamantaqa aswantaraq mancharikusqa:

94   "Yaw waway imaynatataq kawsarisqankiri, ñuqaqa wañusqatataq tarirqaykiri" nispa niwan. Hinaqa waqaykuniraq ñuqapis imaynas sucidiwan chay asnukunawan chayta. Chay asnuyuqtaq niwan:
       "Yachasqapunillataqmi chay asnukuna kita kasqanta, virdi laduman atipakuq kasqanta."

95   Ahina parlayukuspa kasqan chayamuq kayku istanciaman. Chayrayku asnukunaqa irqikunataqa manapunim kasukunmanchu asta kunankamapis.

III Sobre los huevos de algunos pájaros

96   Con este título, Khunku nos contará lo que puede ocurrir cuando nos encontramos con huevos de *kibio* o *pisaca*:

97   En el tiempo que todavía era chico solía pastear animales en las alturas, en una estancia llamada Chita, en el pueblo de Tuti. Allí pasteaba ovejas, llamas, alpacas y vacas. Primero pasteaba las alpacas en los bofedales; las llamas y las ovejas en medio de los pajonales de iru e ichu.

98   En ese tiempo yo ya estaba creciendo y pensando en establecerme definitivamente. Algunos de los animales eran de mi abuela, pero la mayoría eran ajenos. Así estaba yo empleado en el pastoreo. Cada día debía llevar a vacas, ovejas y llamas por el interior de los pajonales de iru e ichu.

99   Un día, cuando recorría esos pajonales, y mientras reunía los animales se me apareció, en medio del ichu, una pisaca o yutu del tamaño de una gallina. Estaba escondida entre las pajas incubando sus huevos.

100   Yo, como era un niño todavía, no supe bien lo que hacía, y levantándome con cuidado le arrojé una piedra sin darle tiempo a que levantara el vuelo. Le di de lleno a esa pisaca. Le di allí mismo, mientras estaba sobre todos sus huevos verdes.

101   Tras eso, la agarré del cuello con mis dos manos. Cuando así la tuve, me la puse entre las piernas y la sujeté con mis muslos. Mientras, me quité mi gorro y me alcé esos huevos verdes hasta casi llenarlo. Me lleve esos huevos donde mi abuela, en mi gorro; mordiéndolo, así, tal como hacen los perros. A la pisaca la tenía bien agarrada, tanto de sus patas como de sus alas.

102   Al llegar donde mi abuela, le di los huevos y ella los fue metiendo a la olla de los perros que en ese momento hervía, los metía de uno en uno, contándolos. A la pisaca inmediatamente le retorció el cuello y la metió a la olla hirviente, tras de lo cual le sacó las plumas. Después, la lavó con agua helada y preparó un picante. Lo preparó con mucho ají, con papas y arroz. Mientras

III Runtukunamanta

96 Huk sutin willakuyta Khunku willakun imas pasan kibiu runtuta tarinchik pisaqa runtutawan chay.

97 Maypachachus ñuqa huchuyllaraq kaq kani, hinaspa uywata michiq kani huk altus utaq istancia Chita sutiyuq Tuti llaqtapi, uwijata llamata paquchata wakakunata ima. Paquchata uquniraqpi, llamata uwijata wakatawantaq irupi ichu chawpikunapi.

98 Chaypi maypachachus ña yaqaña wiñaypaq ñuqa wiñarispa tiyakapunaypaq chay uywakuna mamalaypa uywankuna yaqa nisqa kaq. Chiqanpitaqmi uywa michipakusqallanmi kaq. Hinaspa ahinata michipakuchkaptiy iru irunta ichu ichunta wakaman uwijaman llamaman ima sapa punchaw purina kaptin.

99 Huk punchawmi ahina muyuchkaptiy, uywakunata huñuyta munaspa, rikuriwaq ichup chawpinpi phaka ukullapi huk pisaqa utaq yutu sutiyuq, wallpa sayay, runtukunata uqllachkaspa.

100 Hinaspa ñuqa yaqa irqillaraq kachkaspa mana imanayta atiqchu kani. Hinaspa sayaypayachkaspa manaraq pisaqa pawarichkaptin chamqayukuq di llinullaña chay pisaqapataman llapan qumir runtuntinman.

101 Hinaspa iskay makiwan hapiq kani pisaqataqa kunkanmanta. Maypachachus ña makiypiña chay pisaqa hinaspa kunkantaqa hapiykuchiq kani iskay phakay chawpiman. Chaykamataq runtukunata *mut'u*yta[43] chutirukuspa utaq mut'uyta apaqarukuspa yaqa mut'u huntataraqmi qumir runtukunataqa huqariq kani. Chay mut'uypi runtukunata kaniykuspa allquhina apaq kani mamalayman. Pisaqatataq iskaynin chakinkunatawanraq, iskaynin *phara*nkunatawanraq[44] allinta hapispa apaq kani.

102 Maypachachus mamalayman chayachiptiy, mamalayqa allqu manka timpuchkaqman chulla chullamanta pisaqa runtukunataqa yupaspa churaq. Pisaqatataqmi utqayllata sipiruspa yaku timpupi qalallata pharankunata pallaruq. Qasa yakuwan mayllaruspataq pisaqa uchuta utaq yutu uchuta haya hayallata papakunayuqta arruzniyuqta ima ruwarpariq. Allpa mankapi

---

43 *Mut'u* - Huk qichwa simipi **'chullu'** ninku. *"Sombrero de estas tierras que usan las canas y ccollas* (González Holguín 1989:253)".

44 *Phara* - Kanman **'rapra'** huk simipi.

preparaba esto en una olla de barro, los huevos que estaban en la olla de los perros se cocinaron. Comimos estos huevos con una rica salsa picante y sal; y nos hartamos también de comer el picante de pisaca hasta quedar bien satisfechos.

103   Por hacer todo esto, es posible que, tanto a mí como a mi abuela, nos haya perseguido lo que pareció ser una desgracia. Antes de cumplirse un año de eso mi abuela se enfermó y murió. Y yo, desde entonces, no he podido regresar a esa estancia de Chita. Hasta el día de hoy no he podido regresar. Por eso les cuento que en verdad había sido malo agarrar huevos tanto de pisaca, de kibio o de puku.

104   Si los que leen este libro no me creen, y hacen lo que yo hice, tendrán un buen escarmiento por ser descreídos. Nunca más podrán volver al lugar donde agarraron a ese animal, así lo deseen con toda su alma.

105   Así como en esta historia, ocurre lo mismo con otros muchos animales, animales con alas o sin alas tienen siempre historias que significan frustraciones o fracasos, que en quechua se llaman "qollo". El "qollo" es un impedimento firme que se opone a que vayamos a alguna parte o a algo que queramos hacer. Con el "qollo" nos resulta del todo imposible hacerlo.

IV   De cómo Alejo Khunku vio fornicar mientras pasteaba

106   Dicen que cuando Khunku era aún un niño, pasteaba animales ajenos. Trabajaba en una estancia llamada Champutaña, en la comunidad de Tuti. De noche todavía, Khunku se levantaba y preparaba el fiambre. Solía hacerlo hirviendo carne de algún cordero que hubiera muerto. En la olla de los perros hervía las patas, la cabeza la asaba en el fogón y usaba como leña bosta de llama.

107   Así, tras cocinar una mazamorra de maíz, con chuño, con bastante carne, y con ají muy picante; comía hasta hartarse y quedar con la barriga bien hinchada. También hacía comer a los perros mientras se iba alistando para

*q'uncha*pi[45] timpurachiq timpuchkanankama ñataq allqu mankapiqa runtukunaqa chayarqusqaña. Chay runtukunata mikuyuyku sumaq uchu kutayuqta kachichayuqta ima. Kaqllataq allinta saksanaykukamaraq pisaqa uchutapis...

103   Chaymanta ichaqa huk disgraciahina qatiwanku mamalaytapas ñuqatapas: Mamalay manaraq watamanta unquyta tarispa wañukapurqan. Ñuqataqmi manaña astawan chayayta atiniñachu chay Chita sutiyuq istanciaman. Chayayta atipuniñachu kunankamapis. Chayrayku willarikuykichik sutinta phiyu kaq kasqa pisaqa hapiypis kibiu hapiypis utaq puku hapiypis.

104   Sichus kay qillqa qawaq runakuna mana iñinkuchu chayqa, kaqta ruwaychik chaywan yachankichik allin yachankichuta. Manapunim chayayta atiwaqchikchu kay animal hapisqaykichikmanqa chunka munachkawaqchikña chaypis.

105   Yaqa kaymanhina wak uywakunamantapis pharayuqmantapis mana pharayuqmantapis kanpunim qullu. Chay qullu *niypacha*qa[46] huk wichqahina utaq pinsanchik puriyta utaq ima ruwayta: manapunim atikunmanchu.

IV Alejo Khunku uywa michinapi witiqta rikusqa

106   Khunkus irqiraq kachkaspa uywata michipakuq kasqa, huk istanciapi Champutaña sutiyuq Tuti llaqtapi. Khunkuqa tutaña hatarispa quqawta ruwakuq kasqa. Uwija uña wañusqata timpuchiq kasqa, allqu mankapi *chuchullu*nkunata[47], umasnintataq kankaq kasqa. *Ucha*[48] nina *t'iqa*pi[49] utaq q'unchapi.

107   Hinaspallataqmi sara lawa api waykusqanta chuñusniyuqta achka aychayuqta uchuyuqta ima haya hayallata mikuykuq kasqa wiksapis tinri tinriraq

---

45   *Q'uncha* - Ayakuchupi ninku **'tullpa'**.
46   *Niypacha* - Nisunmanpis huk simipi **'ninanta nin'**.
47   *Chuchullu* - Uywap chakinta chayta ninku. Ayakuchu ladupi kanman **'ataka'**.
48   *Ucha* - Kayllumapi /uchha/ tuqyan. Kayta ninku huk wanuta, llamamanta utaq uwijamanta.
49   *T'iqa* - Wak qichwa simipi ninku **'sansa'** nispa.

salir al pastoreo. Para salir, cargaba a la espalda su atado con el fiambre y abría la puerta del corral contando a todos los animales. Los contaba usando como cuentas la bosta de los mismos animales[9]. Tenía ya las cuentas separadas de los animales que eran y a cada cuenta le debía corresponder un animal: alpaca, llama u oveja; y en ocasiones cabras.

108   Al terminar de contarlos y cerrar todos los cuartos de la estancia, se ponía a caminar tras los animales hasta llegar al sitio donde debían pastear.

109   Cierta vez, mientras Khunku pasteaba a los animales, apareció una mujer -pastora como él- que lo llamaba desde un corral lejano. Khunku la conocía bastante porque muchas veces habían compartido el fiambre. Allá estaba esa mujer, que para llamar la atención de Khunku, le llamaba moviendo de arriba a abajo ambos brazos y diciendo: ¡Ven, ven!; gritaba ¡Ven, ven!

110   Khunku se dirigió presuroso hacia donde le llamaba mientras pensaba: "mi amor me está llamando; seguro que trae un rico fiambre, y como yo también tengo lo compartiremos". Así pensaba y corría feliz al corral, desde donde ella lo llamaba. Al tiempo que se iba acercando, ella no dejaba de llamarle, siempre moviendo sus brazos arriba y abajo.

111   Pero cuando Khunku llegó cerca del lugar casi se muere de la impresión y por poco se cae de espaldas estirado en el suelo. ¿Por qué el susto?

112   El se dio con la desagradable sorpresa de que no eran dos brazos los que lo llamaban. Por el contrario, resultaron ser dos piernas que se agitaban sobre los hombros de un tipo. Ese hombre estaba dando una cachada 'de muerte' a la amante de Khunku. Era uno de ésos que se dedican a comprar vacas y toros, lo que llamamos ganadero.

113   Desde esa vez, Khunku ya no volvió a tratar con esa mujer. Más bien se tapó la cara con su poncho y regresó por donde había venido, hacia donde estaba pasteando los animales.
Ahí nomás se acaba.

---

9   La 'uchha'o bosta seca de llama, alpaca u oveja. Tienen el tamaño y la forma parecidos a una pepa de aceituna.

kanankama. Uywa michinaman qatirinankama allqusninmanpis mikuykuchillantaqsi. Chaymantaqa qipinta qipicharikuspa *waraya*[50] kanchata punkusninta kicharispa yupaq kasqa, chay uywakunata uchawanpacha. Sapa huk ucha kaq, huk uywa: paqucha utaq huk llama utaq huk uwija mayninpi kabra ima.

108 Hinaqa yupayta tukuspa hatarisqa uywakunap qipanta uywa michinaman chayanakama, wasikunata wichqaykatamuspa.

109 Maypachachus uywa michinapi kachkaptin chay Khunkup uywa michisqanpi, paymanta aswan karu wichayninpi huk tiyana kanchamanta huk warmi michiqmasin may riqsinakusqan, quqawkuna mikuqmasin ima, Khunkup riparayninpaqqa iskay makiwan waqyapaykakamuchkasqa: "¡HAMUY! ¡HAMUY!" nispa ¡HAMUY! ¡HAMUY!" nispa.

110 Hinaqa Khunkuqa purisqa k'uchillaraq "yanayqa waqyamuchkawan" nispa "quqawtachá ima sumaqta apamun. Ñuqapis apachkanitaq chayqa mikuyusaqkuchá" nispa kusisqallaraq pawasqa wichayta tiyana kanchaman. Maypachachus ña tiyana kanchaman chayarunanña kachkaptin chayqa iskay makikunaqa waqyakamuchkasqapunim.

111 Maypachachus tiyana kanchaman Khunku chayaruchkaptinqa yaqallaraqmi qipa chakinmanta kasqanta urayman wischuyakamusqa mancharikuymanta... Imarayku mancharikuymanta?

112 Manamá iskay makinchu waqyakamuchkasqa, aswanpasmari iskaynin *phaka*kuna[51] huk qarip rikrapatanman hayta*hata*chikuspa[52]. Chay qariqa witiyuchkasqa manchanataraq chay Khunkup yanantaqa; huk waka rantiq, turu rantiq, ganadiru sutiyuq.

113 Chaymantapacham Khunkuqa manaña astawan haykappis chay rikusqanmantaqa chay yananwanqa parlapusqachu. Aswanpis ñawinta punchunwan *pumpu*yukuspa[53] kutimpusqa kasqanta uywa michinanman. Ahinapim tukukun.

---

50 *Waraya* - Ninkutaq **'kancha'**.

51 *Phaka* - Kayllumapi ninku **'phaka'** nispa cinturamanta muqukama chayta. Huk qichwasimipitaq ninku **'chaka'**, **'chanka'**, **'ĉanka'** nispa.

52 *-hata-* - Kay simi huntachiq aymaramanta hamun: /-xata-/. Imatapas wichaymanta ruwaptin, chaypaq chay simi huntachiq. Kay simi huntachiq kachkan qichwa simi ukupi: Punupi, Ocongatepi, Paucartambupi, Canaspi, Kayllumapi ima. Kanmanpaschá Boliviapipas. "*-xata- 'encima de' indica acción encima de algún sitio*" (England, 1988:102).

53 *Pumpuy* - Kayllumapi tuqyan /p'umpu-/. Castillanupi kanman: *'hacerse una bola'*.

V Cómo se encuentran y enamoran los jóvenes con las jóvenes

114 Antes se solía hablar en quechua sobre el encuentro entre un joven y una joven.

115 Aquí en Caylloma, si un joven quiere proponerle a una joven que sea su mujer, al momento de verla debe acercarse a ella, así esté lejos, o también puede mandarle una señal tirándole una piedrita[10], y entonces debe conversarle:

116 - ¡Oye cholita! mis ojos ven y mi corazón quiere a una joven linda. A ti te quiero para que seas mi mujer, quien quiera que seas y donde quiera que estés, de todas maneras tienes que ser mía. Siendo que mis ojos ya te han visto, de todas maneras tienes que ser para mí. Te voy a hablar con todo mi corazón. Nunca he conocido a una mujer de corazón tan dulce como el tuyo. Es demasiado bello. Cuando mis ojos te miran mi corazón te está queriendo, a ti, sólo a ti, te quiero para que seas mi mujer.

117 Por lo que siento por ti soy capaz de irme hasta el río Colca, y desde allí, soy capaz de *arrojarme a lo alto* [sic] del Puente Inca. Pero si aún así no me quieres, yo te digo: aunque seas de oro, aunque seas de plata, tienes que ser mía. Te quiero muchísimo ... ¿Por qué te quiero tanto? Porque te mueves mucho, cada vez que te hago el amor tú te mueves y eso me hace quererte tanto; para que seas mi mujer y yo tu hombre. Cada vez que te hago el amor..., yo te hago el amor así, poniéndote una pelota de almohada[11]: "Que sea nomás hombre, que sea nomás hombre"; tú mi mujer, te mueves y me dices "¡que sea nomás hombrecito mi amor! que sea nomás hombrecito mi amor!".

---

10 Lanzar una piedra cerca de la amante, para que ella por el ruido sienta la presencia del amante (sobre todo en las noches) y a su vez responda o se acerque es una costumbre conocida también en otros lugares de la sierra. Ejemplo de ello el siguiente texto:
"En el lugar que nos citamos la esperé, pero no vino. Cuando ya me vencía el sueño, estaba pensando: "cómo va a ser esto, tendré que irme" decía. Cuando estuve pensando así, ahí donde estaba sentado, me arrojó con una piedrita, pero yo permanecí quieto. "¿quién puede ser? o ¿este es el lugar de cita de los que están yendo a robar?", dije. Entonces, de nuevo me arrojó. Cuando miré era ella. Le arrojé otra piedrita y nuevamente me respondió. Ahí cuando me acerqué me dijo: "¿qué haces?". "Aquí te estoy esperando dulce", contesté. "¿Yo ser dulce?, ¿me vas a comer?", dijo (Valderrama-Escalante 1992: §654-5)".

11 "¿Por qué se pone algo redondo como almohada? Cuando tiene amoríos un hombre y una mujer, o un joven y una joven, entonces ese hombre o ese joven si es que quiere que en esa mujer o chica nazca un hijo hombre, entonces le pone algo redondo como almohada, ¿para qué? Para que nazca un varoncito. Si quiere una mujer, entonces lo hacen encima de un tejido o de un mantón o sobre una rueca. Así es para que nazca una mujer. Así son las creencias de gentes ancianas al no saber leer. Así es eso." (Alejo Maque).

V   Imaynatas tarinakunku utaq munanakunku huk maqtawan huk pasñawan

114   Ñawpaq runasimipi rimaqku imaynatas tarinakunku huk pasñawan, huk maqtawan.

115   Kay Kaylluma ukupi sichus huk maqta rimapayayta munan huk pasñata warminpaq chayqa; karumantapis utaq qayllanmantapis huk maqta rikun huk pasñata chayqa chimpanan chay pasñaman hinataq rimapayanan utaq huchuy rumillawan chamqanan[54]:

116   "¡Yaw pasña! ñawiy rikun sunquy munan warma sipascha; munakuyki warmiypaq qamta, pipas kanki, maypis kanki, ñuqallapaqsi kanki. Ñachus ñawiy rikun chayqa, ñuqallapaqpunim kanki.   Rimapayakusqayki tukuy sunquywan: Manam qamta hinaqa rikurqanichu sumaq sunquyuq warmitaqa, amalla chayhina sunquyuq kaychu. Ñawiypa rikuchkaptin sunquypa munachkaptin; qamtapunim munakuyki warmiypaq.

117   Qammantaqa sunquqa puriymanmi chakipi mayu Colcakama. Chay mayu Colcamantataq chamqakamuyman wichay chay chaka Puente Inca nisqaman. Sichus qam manallapunitaq munakuwankichu chayqa qullqimantapis kay qurimantapis kay... ñuqallapaqpunim qamqa kanayki. Chayrayku manchanata munakuyki, imarayku? Anchata kuyunki; sapa witiptiy kuyunki, chayrayku ñuqa munakuyki warmiypaq, qusaypaq. Sapa witiyki ñuqa witiyki ahinata: murq'uchaman sawnaykuchispa[55]: "qarilla kachun, qarilla kachun" qamtaq warmiy kuyumunki: "¡Arí!, ¡qarillapuni kachun yanalláy! ¡qarillapuni kachun yanalláy!" nispa pasña nin.

---

54   Huk librupi tarillanchiktaq: " (...) parlasqaykupi ch'uchuyuchkani manaña hamunñachu. Puñuypas aysarpariwaptinña 'ripusaqchu imaynataq kay kanqa' ñini, "kutipusaqchá riki" ñini. Chayqa ñispa ñichkaptiymi, tiyasqayman rumichawan chaqiramuwan. Hinallaraq kani: "pichu, runachu kanpas, laqaq riqchu citarantachus parlarankupas" ñispa, hinaspa kaq chaqimun, qawayuptiyqa warmi kasqa. Chayqa chaqini, chaqiptiyqa kaq kutichimuwan. Chaypi achuyruptiy ñiwan:
   - Imatam rurakuchkanki?.
   - Qamtam suyakuchkayki miski- ñini.
   - Ñuqari miski kanaypaq mikuwankichu?- ñiwan." (Valderrama-Escalante, 1992: §654-5).

55   "Imapaq murq'uchaman sawnakuchinku?   Huk warmiwan huk qari tupan utaq huk sipaswan huk wayna tupan, chayqa chay qari utaq chay wayna, chay sipaspi u chay warmipi wawan nacimunanta munan qarilla chayqa chukchanman chay warmip umanman sawnakuchin murq'uwan. Imapaq? qarilla nacimunanpaq. Sichus warmita munan, chayqa huk awanapatapi ruwan, utaq pullupatapi, utaq puchkapatapi, chayqa chay huk warmilla nacimunanpaq. Anchay chay ñawpa runakuna iñiyninku, mana liyiy yachasqanku, chayrayku. Chaymi chay." (Alejop willakusqan).

118　Una vez que terminamos de hacer el amor hablamos: ¿Quién es tu padre? ¿Quién es tu madre? Tanto del hombre como de la mujer debemos hablar para saber si querrán o no que nos juntemos para vivir; para ser marido y mujer para siempre."

119　Para conversar con los padres, tanto el hombre como la mujer, deben invitar trago o chicha que emborrache. Entonces los padres de la mujer deben tomar bastante o, como decimos también, chupar para que digan:

120　- Si ustedes se quieren entonces deben casarse pronto. Bien por la mano del alcalde, el llamado matrimonio civil; o bien por la iglesia, el llamado religioso. - Así dicen los padres de los amantes.

VI Cómo se trataban las faltas estando en buena convivencia un hombre y una mujer

121　En los tiempos de los incas, los esposos y sus mujeres vivían en los diferentes *ayllus*; ambos obedecían las leyes de los incas. Una de sus leyes era "no mientas".

122　Siendo así nadie podía estar ocultando nada. Cualquier cosa que se hiciera había que contarla sin ocultar nada ni aumentar nada. Para eso era esa ley de "no mentir".

123　Igualmente hubo otra ley, que era "no robar". En cumplimiento de esta ley, nadie podía robar dentro de los dominios de los incas. Uno no podía llevarse dinero sin permiso, ni robar nada de nada. Por el contrario, uno debía pedir las cosas con franqueza; y si deseaban algo se intercambiaban entre ellos o colaboraban mediante *ayni*. Si no obedecían esta disposición eran condenados a morir colgados en presencia del inca-rey.

124　De la misma manera hubo otra ley entre ellos que fue "no ser ocioso". Esta disposición era la que debía ser cumplida más estrictamente. Ni el hombre ni la mujer debían abandonar el trabajo.

125　Los hombres eran realmente trabajadores. Los viajeros iban con sus llamas a conseguir toda clase de productos de otras partes; para que su casa estu-

118 Maypachachus witiyta tukunchik chayqa rimananchik: "Pim tatayki?, pim mamayki?" Qarimantapis warmimantapis kuska rimapayananchik sichus munankuchus icha manachus ñuqanchik tiyananchikpaq, qari warmi wiñaypaq.

119 Chaypaq churananchik qarimantapis utaq warmimantapis waqtukunata utaq machana aqakunata. Hinaspa warmip tata maman utaq qarip tatamaman suquykunanku utaq upyaykunanku:

120 "Sichus qamkuna munanakunkichik chayqa, paqarin minchallam kasaranaykichik alcaldip makinmanta chay sutiyuq civilmanta; utaq iglisiamanta, chay sutiyuq riligiunmanta" nispa chay munakuqkunap tatamaman nin.

VI Imaynatas huchatarinku huk sumaq tiyakuypi qari warmi kawsaypi

121 Inkakunap timpunpiqa huk qari warmi tiyakurqanku mayqin ayllukuna ukupipas. Sapankapis Inkariypa leyninta kasuspa. Kay ley ukupi nirqan: "AMA LLULLA".

122 Chayta mana mayqinpis imatapis pakaytaqa atiqchu. Ima ruwaytapis sutillantas willanakuqku, mana imatapis yaparispa. Chayrayku "ama llulla" nispa chay ley ukupi kaq.

123 Huk rimay kallaqtaq "AMA SUWA". Chay ukupis manam mayqin inka ukupipas suwanakuytaqa atiqchu; ni qullqi huqariyta, ni ima tukuy suwakuytapis. Aswanpis sut'inta mañarinakuqku ima munasqankutapis, rantinakuqku utaq ayninakuqku. Sichus mana kasukuqkuchu utaq iñikuqkuchu chayqa, warkuspa wañuchinakuqku mayqin mana iñiqtaqa Inkariypa ñawpaqinpi.

124 Kallaqtaqmi huk rimay ley ukupi niqku AMA QILLA. Chay rimaypiqa aswan achka iñinapaq kaqqa. Mana warmipis utaq qaripis llamkaytaqa saqiqchu.

125 Qari kaq manchanatapunim llamkaq. Llamakunapi viajita puriq imaymana kawsaykunaman; wasinkunapi imaymana kawsaykuna hunta kananpaq. Qariqa

viera siempre bien abastecida de toda clase de alimentos. Los hombres removían la tierra para hacer corrales, construían andenes, trenzaban sogas, cardaban la lana de sus animales, hilaban, torcelaban, trenzaban sogas con toda clase de hermosas figuras, también tejían bayeta. En ocasiones también las mujeres tejían las telas.

126   En las casas los hombres ayudaban a las mujeres trayendo leña; reuniendo bastante bosta de distintos animales para cocinar. También hacían ollas, jarras, platos de diversas clases; todos ellos moldeándolos de barro o arcilla. Igualmente molían toda clase de productos, tanto para comerlos como para cocinarlos; o también para preparar la chicha masticada de harina de maíz, de chuño, de cebada o de cualquier otro producto molido.

127   Así como hemos contado, los hombres trabajaban harto, muchísimo. Por eso no tenían tiempo para andar pensando en mujeres, en sexo o en cualquier otra cosa; ni tampoco se ocupaban en mentir o en robar.

128   También las mujeres trabajan y hacían tal cual el hombre. Tejían en telares de *pampa*, pequeñas bolsas como la *chuspa,* llicllas, ponchos y talegas para llevar el fiambre, la *iskita*[12], gorros de lana y muchas otras cosas.

129   Sobre todo era la mujer quien iba constantemente a ver las tierras de la Pachamama; iba a cuidar todas las plantas que allí crecían; a veces también iba a pastear a los animales. En esas tareas, también la mujer quedaba rendida por el trabajo. Siendo así, la mujer nunca se dejaba llevar por la ociosidad, ni por ser infiel al marido. Nunca engañaba a su esposo ni robaba ni era floja.

130   Así era la gente de esos tiempos. En cada familia todos se querían muchísimo.
Sólo muy de vez en cuando discutían por la pérdida de algún animal u otra cosa. Pero era muy poco lo que discutían.

---

12   La iskita es un tejido a manera de servilleta que sirve para envolver componentes de la mesa del atado ritual.

kanchakunata *rawkaq*[56], andinkunata urqukunapi ruwaq, waskakunata simpaq chay uywanku millwanmanta mismispa puchkaspa, kantispa; waskata simpaq imaymana pallayniyuqta, baytatapis awaqmi. Mayninpiqa warmi awanakunatapis awaqmi.

126   Wasipipas qariqa yanapaq warminta yamtakunata, *q'awa*kunata[57], uchakunata huñuq achkata waykukunankupaq, mankatapis chatutapis kusata ruwaq chuwakunatapis pukukunatapis *t'uru*manta[58] llutaspa. Kaqllataq *qhuna*pipas[59] qhunaq imaymana qhunakunata waykukunankupaq, mikunankupaq, utaq *muqchi*[60] aqata aqanankupaq, sara *aqallpu*manta[61], chuñu aqallpumanta, siwara aqallpumantapis.

127   Yaqa kaymanhina sinchi achkatapunim qariqa llamkaq. Chayrayku manam huk warmikunapiqa iñiqchu witiymantapis utaq imamantapis nitaq llullakuymantapis utaq suwakuymantapis.

128   Ahinallataqsi warmipis yaqa qariwan kuska llamkaq, ruwaq, pampa awakunata awaq, chuspakunata llikllakunata punchukunata, wayaqa quqaw apanapaq, *iskita*kunata[62] ima, mut'ukunata; yaqa imaymanata awaq.

129   Kuraktaqa warmiqa allpa Pacha Mama puriylla kaq, imaymana planta kawsaykuna qawaq, mayninpiqa uywakuna michiq ima puriq. Chayqa sapa punchawpis yaqa saykusqa kaqku. Chayqa warmiqa manapuni iñiqchu qillakunapiqa, pampa puriypiqa. Manapuni qarinmanqa llullakuqchu suwakuqchu nitaq qillachu.

130   Ahinam kaq ñawpaq runakunaqa. Tukuy manchanata munanakuqku paykuna ayllu ukukunapiqa. May maynillanpis huchatariqku uywa chinkasqamanta, utaq imakunamantapis. Chay pisi pisillamanta huchatariqku.

---

56   *Rawkay* - Huk simipi kanman **'suqyay'**.
57   *Q'awa* - Huk simipitaq kanman **'wanu', 'ispay', 'aka', 'taqya'**. Kay simita ninku waka akamanta kaptin.
58   *T'uru* - Ayakuchupi **'mitu'**.
59   *Qhuna* - Nillasunmantaq huk simipi **'kutana'**.
60   *Muqchi* - Ayakuchupi **'chumchiy'** ninku.
61   *Aqallpu* - Huk simipi **'hak'u', 'machka', 'aku', 'harina'**. Kayllumapi /axallpu/ nispa tuqyakun.
62   *Iskita* - Kayta sutichanku qaytumanta awasqa, huchuylla. Castillanupi *'servilleta'* ninku. Chay servilletahina hatun, hatunpachallanitaq, anchay hatunnitaq, anchay huchuy. Imapaq awaqku iskitata? Chay misa qipi sutiyuq huk iskitapi watakun incinsu, huk iskitapi kunuka; huk iskitapi kuka kintu; huk iskitapi kuka; huk iskitapi chay misa qipi sartakuna; imaymanakuna. Chaymi chay iskita" (Alejop willakusqan).

131 Si ahora, en el Perú, existieran las familias de los tiempos de los incas, entonces habría una vida muy buena y hermosa. Quizás hubiera podido ocurrir si los españoles no los hubieran matado o esclavizado; hasta ahora en este momento, a la gente que vivimos hoy en día, nos hubieran podido estar enseñando los saberes del inca-rey.

132 Así, era muy hermosa la vida entre el hombre y la mujer del tiempo de los incas.

VII Cómo es la vida actual entre los hombres y mujeres

133 Actualmente, las relaciones entre hombres y mujeres, en el llamado tiempo moderno, ya no son según las costumbres de los incas; ya no creen en las mismas cosas; ahora es muy diferente.

134 Todos nosotros ya no creemos en esa ley que decía "no robar", ni en el "no mentir"; ni tampoco en el "no ser ocioso". Sólo algunas pocas personas y muy de vez en cuando tienen todavía fe y siguen así las costumbres de los incas.

135 Más bien, casi todos los hombres en la Tierra saben leer y escribir en diferentes idiomas. Pero cuando se trata del "no mentir", hacemos todo lo contrario: siempre mentimos a nuestras mujeres, a otros hombres y a cualquier otra persona.

136 Cuando se trata del "no robar" de igual forma; a veces hay gente que se pasa la vida robando dinero, alimentos, las cosechas, los animales o cualquier otra cosa.

137 Finalmente, en cuanto a "no ser ocioso" es lo mismo. Ya no creemos para nada en ese mandato. Siempre tenemos flojera de hacer cualquier trabajo. Por eso somos muchísima la gente que estamos acostumbrados a mentir y a robar.

138 Así, a diferencia de los tiempos de los incas, somos muchísima la gente que sólo andamos pensando en sexo, en hacer hijos o en emborracharnos. A esas cosas sí que tenemos una gran afición. O también queremos conseguir plata de cualquier forma: robando, mintiendo y haciendo trampas a la gente.

131 Kunankamapis sichus Inka ayllukuna kawsachkanman chayqa llapan Perú llaqtaqa, sumaq allin kawsayman kanman. Paqtataq mana ispañulkuna wañuchinkumanchu karqan isclavizasqa, chayqa inkakunaqa ñakamapis kunan kay pachapi kawsaq runakunata aswan imaymana Inkariypa yachayninkuta yachachichwan karqan.

132 Ahinas chay manchana sumaq huk qari warmi kawsay ukupi Inkakunap timpunpi.

VII Imaynallataqsi tiyanku kunan qari huk warmiwan

133 Kay qari uku warmi uku kawsaypi, kunan timpu nisqapi, manañas kawsaykunaqa inkakunap iñiynin hinañachu, aswanpis hukniraqmi.

134 Chay ama suwa nisqapi, manañam llapanchikñachu iñinchik, ni chay ama llulla, ama qilla nisqakunapipas. May maynillanpiña iñichkanku wakillanña chay inkakunap iñiyninta.

135 Aswantataq yaqa tukuy qarikuna kay pachapi liyiyta yachanku, qillqayta yachanku imaymanas simikunamantapis. Chay AMA LLULLA nisqapi llullakunchikpuni warminchikkunamanpis, qarikunamanpis, utaq wak runakunamanpis.

136 Chay AMA SUWA nisqapipis mayninpiqa runakuna suwakunkupuni, qullqikunatapis mikuy kawsaykunatapis, uywa kawsaykunatapis, utaq imakunatapis.

137 Ahinallataq chay ama qilla nisqapipas manapunim ñuqanchik iñinchikchu, qillakunchikpuni ima llamkaykunamantapis. Chayrayku manchana achka runakuna llullakuyta yachanchik, suwakuyta yachanchik.

138 Aswanpis manchana achka runakuna witiyllamanta llakikunchik, wawa ruwayllamanta, utaq machayllamanta. Chay ukupitaq iñinchik manchanata imaymanamantapis qullqi hapiyta suwakuspa llullakuspa, runakunata *qutu*spa[63].

---

63   *Qutuy* - Huk simipi **'llullay'**.

139   También así es que, entre hombres y mujeres, acostumbramos a estar celo-
      sos los unos de los otros. Tenemos celos de que nuestras mujeres se vayan
      con otros hombres o también las mujeres tienen celos de que sus esposos se
      vayan con otras mujeres. Por eso es que entre hombres y mujeres se pelean,
      se pegan; y discuten por cualquier cosa. Hombres y mujeres acaban con los
      ojos amoratados y con toda clase de heridas por el cuerpo.

140   Tras ello, vamos a ponernos en manos del juzgado o de cualquier otra
      autoridad. En ocasiones llegamos a ir hasta los abogados, a ponernos en
      manos de las autoridades por asuntos de robos o mentiras.

141   Otras veces llegan incluso a separarse hombres y mujeres por estos proble-
      mas o también se da el abandono.

142   Por eso yo pienso que si aprendiéramos a escribir en quechua, si habláramos
      en quechua, tal vez fuera posible que regresáramos a las creencias de los
      incas. Así podríamos dar un poco de cumplimiento a sus leyes:
      NO SE DEBE SER LADRON
      NO SE DEBE MENTIR
      NO SE DEBE SER OCIOSO

VIII   Sobre palabras vulgares. Sobre bromas para resentirse y para reírse

143   Lo que vamos a contar se habla en las casas de los que organizan las fiestas,
      llamadas también las casas del cargo. En los pueblos de Caylloma quien
      quiera puede responsabilizarse del cargo para ser mayordomo, o altarero, o
      el que consigue los toros para las corridas; o también responsable de distin-
      tos bailes como el del turco, negrillo, del *camili*, de la huayllacha, del *chukchu*,
      o de cualquier otro baile.

144   Quien quiera que sea el cargo debe pedir la colaboración de una despensera,
      de una responsable de la chicha, de una responsable del trago, de otra de
      cocinar las comidas y del servicio.

145   Entonces empiezan las bromas. Un hombre al que se le pide la colaboración
      tiene que acompañar al responsable del cargo para conseguir los músicos.
      Debe ser una banda que la integren un cornetín, el bajo, la caja, el platillo,

139 Ahinallataq qari warmi ukupipis cilusukunamanta iñinchik. Warminchikta cilanchik huk qarikunatawan; utaq warmikuna qarikunata cilanku huk warmikunatawan. Chayraykum qari warmi ukupi maqanakuy, panyanakuy, imaymana huchatariyta ruwanchik. Warmipis qaripis ñawikunapis quyu, cuirpukunapis imaymana kirisqa.

140 Hinamantataq purinchik juzgadukunap makinman utaq mayqin auturidadkunamanpis. Mayninpiqa abugadukunaman ima purina kachkan, auturidadkunap makinman suwakuymanta, llullakuymantapis.

141 Mayninpiqa asta warmi qari *taqa*nakunku[64] ima, utaq wischunakunku.

142 Chayrayku kay runasimikunata qillqayta yachaspa, rimayta yachaspa aswanpis ichachus kutichwan inkakunap iñiyninman. Chaywan inkakunap leyninta ñuqanchik chiqanpi iñichwan:
Ama suwa kayta; ama llulla kayta; ama qilla kayta.

VIII Imaymana qhilli simikuna rimaymanta. Chanzaku-namanta wakin sintikunapaq wakintaq asikunapaq

143 Kay rimaykunaqa fista wasikunapi wakin utaq cargu wasikunapi. Kay Kaylluma llaqta ukupi hapikunku pi munaqpis carguta mayurdumumanta, altarirumanta, turcumanta, nigrillu tusuymanta, turukuna pukllachiymanta, qamili tusuymanta, wayllacha tusuymanta, chukchu tusuymanta, utaq wak tusuymantapis.

144 Mayqin cargu uku pasaqpi, chay carguyuq runa valikunan huk dispinsira, huk aqa qachun, tragu qachun, mikuy waykuq, utaq sirviciu.

145 Hinamantataq chay chanzamanta hamun. Huk runa valisqa chay carguyuqpaq hamun. Hinapatamantaq altu musicukunam kanan. Chay curnitín sutiyuq, baju sutiyuq, caja sutiyuq, platillu sutiyuq, bumbu sutiyuq, chinisku sutiyuq,

---

64 *Taqay* - Ayakuchu lawpi **'rakiy'**.

el bombo, el triángulo, el saxo, el pistón y todo lo necesario para completar la alegría de la fiesta y para hacer bailar a los responsables del cargo. Algunos *carguyuq*[13] deben contratar más de cien músicos; otras veces sólo se llega a contratar a quince.

146 Esos músicos son unos malditos, no tienen vergüenza de hablar cualquier grosería. A las mujeres que cocinan, a las mujeres que ayudan en la casa, y a las que sirven la chicha les hablan cualquier grosería, siempre sobre sexo. Por ejemplo dicen:

147 "¡Prepárate para esta noche mujer! Esta noche nosotros, tus amantes, te vamos a dar una cachada de muerte. Si resultas preñada, no te preocupes; el simpático huevón de tu marido reconocerá nuestra obra."

148 Así como esto, les dicen groserías a todas las mujeres que sirven en las casas de los carguyuq. Cuando la fiesta se termina, esas sirvientas se van enfermas con colerina, orinando amarillo. Los músicos se van bien frescos y rechonchos por tanto que se han reído, por lo que han fornicado, y también por lo que han comido y bebido hasta hartarse.

149 A esos malditos músicos hay que darles buena comida, hasta diez clases diferentes de comida. Tienen que comer unas cinco clases diferentes de mote y a cada hora hay que servirles chicha, cerveza o trago; todo gratis. Ellos no pagan nada.

150 Además de eso no se les puede decir nada si consiguen tirarse alguna mujer, o por las groserías que hablan. Sin embargo, sí sufren como un castigo cuando les toca dormir en la noche. Los encierran en un cuarto vacío con un sólo cuero y una sola manta. La puerta de calle amanece con el candado cerrado para que los músicos no se roben el cuero o la manta.

151 Con todo eso, los músicos joden todavía más a su patrón. Como la puerta está con el candado cerrado, se orinan dentro de la casa, y a veces llegan a cagarse en cualquier lugar de la casa. Eso también tienen que perdonarles a esos malditos músicos.

---

13   Responsables de pasar el cargo.

saxu sutiyuq, pistun sutiyuq; imaymana huntasqa chay fistapi chaqwanankupaq utaq carguyuqta tusuchinankupaq. Wakin carguyuqpapi kanan yaqa pachak kurak musicukuna. Mayninpiqa chunka pichqallayuq ima.

146 Chay musicukunam supay saqrallaña kanku. Manam pinqakunkuchu imakuna rimaytapis. Chay musicukuna yaykuq warmikunatapis, utaq ima yanapakuq warmikunatapis, aqa haywaq warmita imaqa; pasaqllataña *qhilli*[65] simipi rimanku, witiyllamanta:

147 "¡Allichakuy kunan tutapaq warmi! Kunan tuta ñuqayku qariykikuna sipirisqaykikuraq witispa; sichus chichu rikurinki chayqa, ¡chay sumaq panra qariyki ñuqaykup ruwasqaykuta ligitimanqa!"

148 Yaqa ahinamanniraq qhilli simikunata chanzakunku llapan kamachikusqakunaman. Maypachachus fista tukukun chayqa chay kamachisqakuna culirinawanmi ripunku unqusqa, qilluta ispakuspa. Musicukunataq *qali*[66] qaliraq ripunku asikusqankumanta, wira wiraraqtaq witisqankumantapis mikusqankumantapis upyasqankumantapis.

149 Chay saqra musicukunataqa allinta mikuchina, yaqa chunka clasi mikuyta, mutikunatapis yaqa pichqa clasitahina. Aqatapis yaqa sapa ura upyachkanku, cirvizatapis tragutapis gratis, mana imatapis pagaspa.

150 Chaypatamantaq witisqankunamantapis qhilli simi rimasqankunamantapis mana ima nina. Aswanpis sapa tuta castiguhina kanan paykunapaq puñunankupaq. Huk *chusaq*[67] cuartupi sapankapaq chulla qara, chulla mantallapiwan. Lluqsina punkupis paqarinan *k'apa*sqa[68] candaduwan, ama chay qara utaq manta chinkananpaq.

151 Chay musicukuna aswanta judin patrunta, wasi ukupi ispayukunku yaku ispayta k'apasqa punku kaptin, akayukunku ima tukuy *chiqas*kunapi. Chaytapis pampachaykullanku chay saqra musicukunataqa.

---

65 *Qhilli* - Ayakuchupi ninku 'qanra' utaq 'qacha'.
66 *Qali* - Huk simipi 'alli', 'sanu'. Kayllumapi /qhali/ nispa tuqyakun.
67 *Chusaq* - Ayakuchupi 'mana imayuq'.
68 *K'apay* - 'Wichqay' niyta munan.

152   El servicio, el llamado *warqu*, encargado de ellos, los vigila inútilmente. Por la mínima cosa que haga le tratan como a un perro y lo insultan.

153   Si entre ellos hay un nuevo músico, al que todavía no lo conocen, entonces buscan la manera de joderlo bien. Por ejemplo lo emborrachan bastante y después le cortan el pelo a tirones, dejan su cabeza como los andenes de los incas. A veces, mientras duermen, tras una borrachera, le encogen la pierna y amarran fuerte con una pita los pendejos de la entrepierna al dedo gordo del pie. Mientras está en pleno sueño, durmiendo profundamente, en una de ésas, estira las piernas y ahí empieza a dar de gritos como un loco desesperado. Cosas como ésas hacen a montones.

154   Si el nuevo músico no quiere emborracharse, lo joden igualmente de sano. Le preguntan:
- ¿Tienes esposa?
Y cuando dice que sí, le dicen:

155   - A esa tu mujer yo fui el primero en romperla, ya después tú entraste.
- Ese que dices que es tu hijo, no es en verdad tuyo; es mi obra; por gusto nomás tú lo has reconocido.

156   Después también le dicen:
- ¿Te gusta mucho el plátano?
Si dices que "sí"; "ya está bien" te dicen. También te dicen:

157   - ¿Es verdad que el pichón[14] es tu compadre?
- ¿Es cierto que el pichón te ha bautizado?
- ¿Es cierto que el pichón es tu papá?
- ¡Oye!, ¡dicen que este pichón es tu hermano!
- Este pichón te hizo a ti.

158   O también te dicen:
- Este[15] es tu cuello.
- Eres de la promoción de la pinga.

---

14   Pichón con doble sentido: pájaro joven > sexo.
15   Aludiendo al sexo.

152 Sirviciuta imaq yanqallañamá qawanku chay warqu sutiyuqta, musicu *musi*qta[69]. Chayta imallapaqñas allqutahinallaña qawanku, imaymanata kaminku.

153 Sichus huk musicu extraño, mana riqsisqa chayqa, aswantapuni judiyta munanku. Macharquchinku sinchita; hinaspa chukchanta rutunku kachu kachu, inkap andinninkunatahinaraq. Mayninpiqa puñuchkaptinpis chakinta *k'unku*llichinkuhina[70]; chay ullu chukchanmanta allin fuirti qaytuwan watarunku mama didu chakinman. Hina ch'aki*ran*hinaqa[71] haytarikun: *waq'a*hinaraq[72] qaparin manchanata. Yaqa kayhinata imaymanata ruwanku.

154 Sichus mana machayta munanchu chay mana riqsisqa musicu, chayqa ch'akillantaqpis judillankutaqmi. Tapun:
"Warmiyki kanchu?"
"Arí" niptinqa:

155 "Chay warmiykita ñuqaraqmi llikirqani, chaymantaña qamqa."
"Chay wawaykipis manam wawaykichu, ñuqap ruwasqayman qam yanqalla ligitimarqanki."

156 Chaymanta:
"Latanusta gustasunkipunichu?", "arí" niptinqa; "allinmi chayqa" nisunki.
Kaqllataq:

157 "Sirtuchu mallqu cumpadriyki?" "Sirtuchu mallqu padrinuyki?"
"Sirtuchu mallqu tatayki?" "Kay mallqu wawqiykitaqsí!" "Kay mallqu qamta ruwasurqanki."

158 Utaq nisunki: "Kaymi kunkayki." "Ullu prumuciunniyki."

---

69 *Musiy* - Aymaramantapas kanman kay simiqa. Huk qichwasimipi: 'qaway' utaq 'cuiday'.
70 *K'unkuy* - Huk simipi 'k'uytuy'. Ayakuchupi icha kanman 'unchuy'. Castillanupi *'encogerse'*.
71   -ra- - Kaypi wakmanta huk aymara huntachiq icha kanman. Kay simi huntachiqmanta ñinku: "*Puede verbalizar (...) Otra función es la de revertir la acción.*" (England, 1988:99-100).
72 *Waq'a* - Huk simipi 'loco'.

159   Señalando tu culo te dicen:
      - ¿De quién es esto?
      Si tú dices "tuyo" se ríen; pero si dices "mío" se pueden molestar.

160   Además te pueden llegar a decir:
      "¡Oye!, sácate la pinga, te la voy a besar; no tienes que tener miedo, no te
      voy a hacer nada, átame las manos a la espalda y así te la beso."
      Si empiezas a sacar la pinga entonces te la intentan morder. Entonces por
      temor ya no la sacas. Entonces te dicen:

161   - ¡Carajo!, tienes miedo de sacar la pinga. ¡Ahora vas a ver! ¡Te voy a hacer
      besar mi pinga!
      Entonces ahora es a ti a quien atan las manos a la espalda en presencia de
      todos los demás músicos. Mientras terminan de amarrar tus manos deciden
      ya no sacarse la pinga para hacerte besar, más bien dicen:

162   - ¡Ahora vamos a cacharlo a él carajo!
      Allí te bajan los pantalones y te "tiran" entre hartos.
      Después de eso disimulan y se ponen serios; como si no hubiera pasado
      nada. Entonces el mayor de los músicos dice:

163   -   Carajo, ustedes son mala gente; juegan como niños mocosos; mejor les
      voy a enseñar otro juego- les dice a los demás músicos.

164   - Yo, aunque sea viejo, soy tremendamente fuerte. Puedo cargar a tres
      personas que estén tumbadas en el suelo. Los tres que quieran tírense al
      suelo para que vean.

165   Entonces los músicos se miran bien las caras y a la "gana gana", rápidamen-
      te, se tiran tres músicos al suelo trenzados de las piernas y con los brazos
      bien entrelazados para que cuando los levante no se caigan. Entonces el
      viejo dice:

166   - ¡Viejo Inca! ¡Dame fuerza! Ya, agárrense bien, ahora los voy a levantar
      a los tres juntos!

159   Sikitataq nisunki: "Pippam kayqa?" Sichus qam ninki "qampa" nispa chayqa
       kusisqakama; sichus ninki ñuqap chayqa piñakunman.

160   Chaymantapis nisunki: "Ulluykita hurqurqamuy muchasaq, manchakuptiykitaq
       manam imanasqaykipaschu, aswanpis makiyta wataway qipaman, hina
       muchasaq ulluykita." Sichus ulluykita hurquchkankiña muchananpaq chayqa
       kaniyta munan ulluykita; hinaqa manaña mancharikuspa hurqumunkichu.
       Hinaqa nisunki:

161   "¡Manchakunki karaju ulluykita hurqumuyta! Ñuqa as muchachisqayki
       ulluyta."
       Hinaqa qamtañataq makiykita watasunki qipaman, llapan musicukunap
       ladunpi. Maypachachus watayta tukusunki makiykita hinaqa ullunta
       hurqumunchu muchachinanpaq, aswanpis nin:

162   "¡Kunan paytaqa witisun karaju!" nispan pantalunniykita *thata*spa[73] witisunki
       achkamanta.
       Chaymanta ima tukuypis ña pasanña. Hinaqa llapan musicukuna churakunku
       piña. Kaychus manaña imapis sucidinqachu niq-hina. Hina intiru
       musicumantapis aswan kurak:

163   "Millayta qamkuna karaju, *qhuña*[74] irqikunahina pukllankichik; aswanpis ñuqa
       yachachisqaykichik hukniraq pukllayta" nispan nin llapan musicukunata.

164   "Ñuqa kayhina machulaña kanipis, chaypiwanpis manchana kallpasapa kani,
       inka kallpayuq. Ñuqa kimsa runata wischurayachkaqta wanturini wichayman,
       mayqin kimsa runa munankichik wischuraychik pampapi."

165   Hina musicukuna allin qawaykunku uyanta. Hina a la gana a la ganaraq
       utqayllata kimsa musicukuna wischurayanku pampapi chakinkunata
       simpayanakuspa, makinkutapis allinta uqllayanakuspa, ama pampaman
       wanturiptin *halaqa*nankupaq[75]. Hina machula nin:

166   "Inka machula, ¡kallpata quway! ¡Ya! Allinta hapinakuychik, kunan
       huqarisqaykichik kimsantiykichikta."

---

73   *Thatay* - Aymaramanta, runasipitaq kanman **'chutispa'**. Castilla simipitaq *"Acción de desvestir y
      vestir."* (Büttner-Condori, 1984:219).
74   *Qhuña* - Ayakuchupi **'ñuti'** ninku.
75   *Halaqay* - Aymaramanta, huk runasimipitaq 'urmay'. *"Jalaqaña. caer < jala"* (Büttner-Condori
      1984:68)".

167 Entonces agarra al que está en el medio y le desabrocha el pantalón, se lo baja hasta los pies y le remueven la pinga hasta ponerla bien erecta. Cuando está bien erecta le escupen la coca masticada, chicha, trago, y hasta cerveza. Todo eso le hacen. Después:

168 - Ahora levántense- les dice a esos tres músicos. Los demás músicos se mueren de la risa hasta llegar a orinarse.[16]

169 Así como esta historia hay hartas historias sobre las groserías que dicen. Si quieren saber más, no tienen más que preguntar a los que han escrito esto.

IX De cómo hablaron el mango y el plátano

170 En cierta ocasión conversaron el Mango y el Plátano. El Mango y el Plátano estaban tomándose unos tragos en una tienda. Allí el Mango preguntó al Plátano:
- Bueno, tú eres Plátano, ¿no?
- Sí.

171 - Y bueno, eres Plátano ¿no?, a ver cuéntame cómo te hacen, cómo te quieren a ti las mujeres. - No pues, no seas así; ¿y por qué quieres saber eso?... Ya pues te contaré, te voy a contar cómo me hacen eso las mujeres- le dijo el Plátano al Mango.

172 - Las mujeres, lo que es a mí, a mí, primero me levantan el poncho y se lo meten a la boca y me lo chupan hasta adentro.

173 Igualmente, el Plátano también preguntó:
- Y a ti, ¿cómo te tratan o qué te hacen las mujeres?
El Mango dijo:
- No, pero dime pues, cómo es que a ti te recogen el poncho las mujeres y te lo chupan, dime bien la verdad, ¿cómo es eso?

174 Y el Plátano dijo:
- Así me levantan el poncho...

---

16 "Todas estas bromas no las hacen en realidad, sólo se dicen como para hacer renegar y pensar que las podrían hacer a la persona que las escucha." (Alejo Maque).

167 Hina chay chawpi kaqta pantalunninta paskaruspa chutiqarqun chaki urayman ulluntataq sayarquchin kaspita. Maypachachus sayarqun ullu, kuka hachuwan tuqaykun aqawan, traguwan, cirvizawan hichaykun. Ahinam chay:

168 "Kunanqa sayariychik" nin machula chay kimsa musicuta. Wakin musicutaq asiymanta wañunku ispayukunankukamaraq.[76]

169 Yaqa kaymanhina achka qhilli simimanta rimayqa. Sichus munankichik yachayta astawan chayqa tapurikuychik kay qillqaqkunata.

IX Imaynatas parlarun manguwan latanuswan

170 Huk kiti parlasqaku Manguwan Latanuswan. Manguwan Latanuswan huk tindapi upyasqaku traguta. Mangu tapun Latanusta; nin:
- Buinu qam Latanus kanki no?
- Arí.

171 - Chay Latanus kanki, imaynataq qamta warmikuna rimapayasunki utaq imaynata warmikuna qamta munakusunki?
Latanus nin:
- Amayá chayna kaychu. Imaraykutaq yachayta munankiri? Piru willasqaykiyá imaynata warmikuna ñuqata ruwawan chayta willasqayki- nispa Latanus Manguta nin.

172 "Warmikuna ñuqataqa punchuytapis qimpirisparaqmi siminkuman churayukuspa *chunqa*wanku[77] asta kuchukama."

173 Kaqllataq Latanus tapullantaq Manguta:
- Qamtari, imanispataq warmikuna nisunkiri? nispa Latanus Manguta tapun.
Mangu nin:
- Piru niwayari- Mangu nin Latanusta. -Niwayyá imaynatataq punchuykita qimpirispa warmikuna siminman chunqan... sut'inta niway.

174 Latanus nin:
- Ahinata punchuytaqa qimpirin..."

---

76 "Chay tukuy chanzakuna mana chiqayta ruwankuchu simi rimasqankumanhina. Aswanpis runa rinigachiypacha chay tukuy chanzakunata rimanku simillanwan." (Alejop willakusqan).
77 *Chunqay* - Kayllumapi /ch'unqay/ tuqyan. Ayakuchupi **'suquy'** ninku.

175   Y así es, la gente cuando come plátano hace como si le recogiera el poncho al pelar su cáscara; después se lo meten a la boca. Y cuántas veces si comes plátano otra gente te dice: "¡Ay!, cuidado, hazlo bonito nomás, ¡me estás haciendo doler!".

176   - O sea que así te hacen las mujeres- le dijo el Mango.
      - Sí- contestó el Plátano.

177   El Mango dijo entonces:
      - A mí me hacen así: Las mujeres, lo que es a mí, no me hacen como a ti que te recogen el poncho y se lo meten a la boca. Más bien, a mí, esto me lo chupan con su boca como si fueran mismos huevos y me maman hasta los pelos. Los pelos de mis huevos los maman ¡bien bonito!

178   Si tú comes mango, chupas el dulce ¿no? Entonces así mismo dijo ese Mango. Esa fue la conversación que tuvieron el Mango y el Plátano.

X   Sobre la comadre

179   Aquí, en el pueblo de Chivay vivía una señora con su esposo. Una vez, la mujer estaba de cumpleaños. La señora tenía su compadre. Este señor era Mariano H., él era su compadre. Entonces Mariano H. fue con su mujer al cumpleaños de su comadre. Así le dijo:

180   - Comadre!, ¿cómo estás pues comadre?, que sea un lindo día en tu cumpleaños, que sea un gran día pues.- Y ella le respondió:
      - Gracias compadrito, gracias por la visita compadre- y diciéndole la mujer le dio un abrazo.

181   El señor Mariano H. había llevado bastante trago a su comadre y se emborracharon bastante. Por la noche se emborracharon y siguieron... ya era las nueve de la noche, las diez, las once, las doce de la noche... Cuando ya estaba por amanecer y estaban totalmente borrachos la comadre dijo:

175   Runakuna wakin mikunku Latanusta punchu qimpiriyhina llikirinku chay qaranta. Hinamanta siminkuman winayukunku i maychika wakin runa sichus qam Latanusta mikunki nisunki: "¡Ayaw! ¡amayá! sumaqllata-ari, nanachichkawanki".
Kaqlla Mangu nin:

176   - Chayhinatachu qamta ruwasunki warmikuna?
- Arí- nispa Latanus nin. Mangutaq nin:

177   - Ñuqata ruwawanku ahinata: Warmikuna ñuqataqa manam qamtahinachu punchuyta qimpirispachu siminkuman chunqawanku- nin. -Aswanpis ñuqataqa siminkuwanqa chunqawanku kay qurutata hinaraqmi chukchaytapis ñuñuyukunku ima sumaqtaraq.

178   Sichus qam manguta mikunki miskita chunqanki. Ahinata nirqan chay Mangu. Chaynata parlarqan Manguwan Latanuswan.

X   Cumadrimanta

179   Kay Chivay llaqtapi huk warmi qarinpiwan tiyakurqanku. Hinaspa chay warmi punchawniyuq karqan. Hinaspa chay warmip cumpadrin karqan. Chay wiraqucha karqan Mariano H. sutiyuq, cumpadrin. Hinaspa chay wiraqucha Mariano H. purisqa warmintin chay cumadrinpa punchawninman, cumpliañunman. Hinaspa:

180   - Cumadri, imayna allillanchu cumadri, punchawniyki sumaq punchawyá kachun, hatun punchaw kachun- nispa: Chaypi:
- Diuspagará cumpadritu, visitaramuwan cumpadri- nispa hapi*tapi*nman[78] chay warmiqa.

181   Hinaqa chay wiraqucha Mariano H. apasqa traguta cumadrinman, ¡machayunku! Tuta machayunku, ña isqun tutaña[79], ña chunka tutaña, chunka hukniyuq, chunka iskayniyuq tutaña, ña huk tutamanña pacha paqarimunña kachkan sicutaña upyarakapunku. Hinaspa:

---

78   -tapi- - Aymaramanta simi huntachiq. "Imapis ruraptin, huñuy, kuskachay, utaq pallay" ninanta nin.
79   Wakin ninku "las nueve de la nochetaña", ñuqaqa nini "isqun tutaña" nispa. (Alejop willasqan).

182   - Compadre, dormiremos nomás-.
       - Sí comadre, gracias comadre. Aquicito nomás, alójame en este rinconcito.

183   Y así diciendo se acostaron todos, el compadre, la comadre, todos los que
       fueron a felicitar a la comadre se durmieron. Rápidamente apagaron la luz
       y se pusieron a dormir.

184   Eran seguramente ya las dos de la mañana... Entonces el compadre, Mariano
       H., este compadre se puso a gatear y se acercó a su comadre. Ya estaba
       encima de su ombligo y ya estaba casi llevándosela. Entonces de pronto se
       despertó la comadre:

185   - ¡Qué pasa compadre Mariano H.!, cómo pues, ha perdido el juicio, ¿cómo
       pues oye?, se ha confundido... ¿cómo pues?...
       Su esposo estaba durmiendo profundamente a su lado...

186   - Ay comadrita, perdóneme pues comadrita, yo pensé que era mi esposa y
       la he confundido. Perdóneme pues comadre- le dijo. - Discúlpeme comadre-
       diciendo se retiró. Cuando ya estaba yéndose:

187   - Compadre, compadre- le llamó.
       - ¿Qué?
       - Ya que te lo estabas *empezando* acaba pues nomás compadre...-le dijo.

188   Entonces el compadre como sea hizo para terminar esa inmoralidad encima
       de su comadre. Ahí nomás termina el cuento.

XI Una pisaca asusta a Khunku

189   Una vez yo, en mi condición de Khunku, fui a trabajar empleándome en una
       chacra para hacer la siega de las habas. En otras partes le dicen 'rutuy', aquí
       en Chivay le llamamos 'kallchay'.

190   Así estaba haciéndole la siega del maíz a una persona. Allí me dieron habas
       hervidas y se me hinchó bastante la barriga. Comí harto, hasta hincharme.

182   - Cumpadri, puñukusun-á cumpadri- nispa.
- Arí cumadri, gracias cumadri, kay kuchullapi, kayllapi qurpachariway-nispa.

183   Puñukunku llapanku cumadrin cumpadrin; lliju llapa... Llapan munakuqkuna puñukunku. Hinaspa utqayllata kanchata wañuchinku. Kanchata wañuchinkuhinaqa puñuchkarqanku.

184   Hinaspa ñachá riki iskay tutamantañachá kanman karqan ahinaña. Hinaspa chay cumpadrin, chay Mariano H., cumadrinman latachkasqa nin. Hina ña pupunpatapiña kachkasqa chay Mariano H. cumpadrin; chay cumadrinpa pupunpatapiña kachkasqa, ña apayuchkasqaña, hinaspa rikcharunhina:

185   - Imanantaq cumpadri Mariano? imanasunki cumpadri?- nispa nin. Qarin puñuchkantaq ladunpi, sicu:
- Imanasunki cumpadri?, imayna?, yuyayniykichu chinkan?, imayna yaw?, pantarunkichu?, imaynam?

186   - Ay... cumadrita, pampachawayyá cumadri, ñuqap warmiychu nispa pantarqamuyki cumadri- nispa nin. Pampachawayyá cumadri- nispa nin, -disculpawanki cumadri - nispa ritirakapun. Ritirakapuchkaptin:

187   - Cumpadri cumpadri- nin.
- Ima?- nispa nin.
- Ñataq apayamunkiña chayqa cumpadri, tukuykullayña cumpadri- nispa nin.

188   Hinaqa cumpadrinqa maymantaraq cumadrinpatapi tukuykun chay qhilli ruwayta. Chaykamalla.

XI Pisaqa Khunkuta mancharichin

189   Huk pacha ñuqa Khunku kayniypi purini chakrata yanapakuq, hawas kallchay nispa ninku kaypi. Chay hawas rutuy, hawas kallchay nispa kaypi ninku, kay Chivay llaqtapi.

190   Hinaspa huk runapta hawasta kallchapakamuni. Hinaspa chay hawas *ch'usu*[80] quyuwanku. Hinaspa wiksay punkiruwan. Achkata mikuyuni, tinritaraq,

---

80   *Ch'usu* - Huk simipi kanman **'wayku'** utaq **'yanuy'**.

Entonces me fui a hacer mis necesidades, al costado de la chacra nomás. Allí, rápidamente, escondido para que la gente no me vea me bajé los pantalones y me puse a defecar sentado de cuclillas.

191   Cuando ya estaba por defecar, de pronto surgió una bulla:
"¡P'is, p'is, p'is!!" y salió esa que aquí llaman *pisaca* y que otros dicen *yutu*. Esa salió de entre mis piernas gritando "¡p'is p'is!!
Me asustó bastante:

192   - ¡Qué! ¿qué es esto? pensé y me caí para atrás. Mis pantalones ya me los había bajado y me puse de cuclillas. Aún no había evacuado. Y así, de lo que estaba de cuclillas: "¡plaf!" me caí de culo. Allí, aún asustado, me levanté. Al levantarme me agarré del trasero y miré mi mano: estaba toda amarilla: "¿Qué ha pasado aquí? ¿qué puede ser esto amarillo?, ¿qué he hecho?, ¿acaso me habré...? No creo..." me dije.

193   Me volteé para atrás y resultó que me había caído sobre los huevos de la pisaca y todo mi culo estaba amarillo.
Rápidamente me limpié el trasero con unas plantas, con eso pues me limpié, así rápido, ni siquiera llegué a evacuar. Así nomás regresé a la chacra. Allí no dije nada.

194   El patrón de la chacra me miró por atrás y dijo:
- Oye, ¿te has hecho caca encima o qué?
- No, no sé, qué me habrá pasado- sólo dije.

195   Entonces habían sido los huevos que reventé al caerme, toditos los huevos los había reventado. Por eso mi culo y mis pantalones estaban manchados con el amarillo de los huevos. Ni siquiera me di cuenta y por eso se rieron de mí. Así me ocurrió.

XII Sobre mis dos amigas

196   Estando en Majes, sin que mi patrón lo supiera, a escondidas, yo me tiraba a unas amigas. Yendo a la chacra o a la huerta, a veces a una chica y a veces a su hermana.

hinaspa wiksay punkiruwan. Hinaspa ispanayawan. Hinaspa purini ispakuq chay chakrap cantunta rini. Hinaspa chaypi utqayllata ispakuq mana runa rikuwananpaqqa pakallapi pantalunniyta chutiqakuspa ispakuni, chayllapi tiya*tata*chkarqani[81].

191 Ña tiyaspa ispakuchkarqaniña, hina hukllata phakay ukumanta "¡¡p'ish!!, ¡p'ish! ¡p'ish! ¡p'ish!" nispa lluqsiramun chay pisaqa ninku kaypi wakin yutu ninku. Anchay "p'ish p'ish p'ish" nispa phakay ukumanta lluqsiramun. Mancharikuni riki:

192 - Imataq, imataq kayri- nispa. Wischukuni qipanpanmanta ña pantalunniy chutisqaña karqan. Hina tiyarparini, manaraq ispachkarqanipasraqchu. Hinaspa qipampanmanta "t'iníq" sikimpanmanta chayani. Hina hukta mancharikuspa saya*tap*ini. Sayatapini mancharikuspa. Hinaqa sayarirunihina, sikiyta hapiyukuni, hinaspa makiyta qawayukuni, qillu kasqa:
"Imanantaqri, ima, manam isparqaniraqchu, imataq kay qilluri?-nispa nini. "Imanarquni, ima, imaytachu narukuni, manachá" nispa mancharikuni.

193 Hina ahina kutirini qipaman, chayqa pisaqa runtumanmá tiyaykusqani qillu sikintinpacha. Qillu sikintin utqayllata pichakuni... chay sachakuna kan, anchaykunawan pichakuni. Hinaspa utqayta, mana ispanipasñachu. Hinallaña kutipuni. Hina manaña willakunipasñachu, qillu sikintin.

194 Chaymanta chay patrunniy chakrayuq qawaykuwan qipayta:
- Imayna, ispayukunkichu?, imaynam- nispa niwan.
Manam... imanarquwanchá kanpis- nispallaña nini.

195 Chayqa chay runtutamá tuqyarachisqani. Chay yutup runtuta qalata tuqyarachisqani. Chayraykuyá sikiy pantalunniypis chay runtu qilluwan qhillichasqa kanman karqan. Nitaq ñuqaqa riparakunichu chayrayku asipayawarqanku. Ahinam chay.

XII Iskay amigaymanta

196 Majespi kachkaspa, mana patrunniy yachachkaptin amigaykunata witiq kani pakallapi. Chakrata purispa utaq huirtata purispa. Mayninpi huk pasñata mayninpi ñañanta.

---

81 -*tata*- - Aymaramanta simi huntachiq. Imapis ruraptin "chiqirisqa" ninanta nin.

197   Una vez, esa amiga me alcanzó a la chacra. A las doce, habiendo terminado
ya de almorzar, esta amiga me dijo:
- Alejo, ¿acostumbras bañarte?
Yo le dije:
- No.
Entonces me dijo:
- Yo te voy a enseñar.

198   Entonces me llevó a la zanja, y allí, en su orilla, en un rinconcito detrás de
un sauce, me desvistió. Después, ella también se quitó la ropa. Cuando ya
estábamos bañándonos en la zanja la chica me dijo:
- ¿No te gusta mi cuerpo?
Me mostró sus senos y me dijo:
- Ven Alejo, agarra este seno.

199   Yo, asustado, agarré uno de los senos e inmediatamente se me levantó el
pájaro. Ella se dio cuenta que se me había parado y me lo agarró con su
mano:
- Habías tenido una buena pieza- me dijo- ¿quieres hacer el amor?
Yo, asustado, le dije:
- No, si se entera mi patrón me puede pegar.
- No va a saberlo- me dijo- ya pues anda, vamos- diciéndome me llevó al
medio de una chacra de maíz crecido, así casi calatito y ella también casi
calata. Allí ella rápidamente se quitó su ropa de baño y se tiró al suelo.

200   Allí se me paró el pájaro aún más, y así, tan excitado como estaba, me dije:
"bueno pues, aunque me pegue mi patrón"; yo también rápidamente me
quité el calzoncillo y me decidí a tirarme a la chica. Ella me dijo:
- Todavía no la metas; ¿acaso no sabes hacer el amor?, en tu pueblo, ¿la
pones así, y sin más haces el amor?
- Sí- le dije.
- Lo que es aquí, no hacemos el amor así, de frente, yo te voy a enseñar
a hacer bien el amor. Entonces me dijo:
- Estírate tú también en el suelo.

197   Chakraman amigay aypamuwaq, hinaspa duci urasta, almurzayta tukuspa
        chay amigay niwaq:
        - Alejo, bañakuyta yachankichu? nispa.
        Ñuqa niq kani:
        -Manam- nispa.
        Hina niwaq: - Ñuqa yachachisqayki- nispa.

198   Hina zanjata apawaq, anchay zanjapatapi, sauci kuchullapi p'achayta
        qalachiwaq. Hinamanta paypis qalakuq p'achanta. Hina zanja ukupi
        bañakuchkaptiyku chay pasña niwaq:
        - Manachu gustasunki cuirpuy?- nispa.
        Ñuñunta qawachiwaq hinaspa niwan:
        - Hamuy Alejo, kay ñuñuta hapiy- nispa.

199   Ñuqa manchasqa ñuñunta hapini. Hina utqayllata pisquy sayariq. Chay
        pasñataq pisquyta sayachkaqta ripararqan. Hina makinwan pisquyta hapiwaq:
        - Allin sumaq ulluyuqmá kasqanki- nispa. - Witiyta munankichu?-nispa
        niwaq. Ñuqa mancharisqa:
        - Manam, patrunniy yacharuspa waqtawanman- nispa.
        - Manam yachanqachu- nispa niwan. - Ama chayna kaychu, haku- nispa
        apawan ahina qalallata, paypis qala, ñuqapis qala sara wiñasqa chawpi ukuta.
        Chaypi pasña utqayllata wischutatakun bañus p'achanta chutirukuspa.

200   Chaypiqa ulluy aswantas sayarin. Hinallaña*chiki*[82]: "waqtachikusaqpis
        patrunniyman" nispa, utqayllata ñuqapis calzuncilluyta chutirukuspa "witisaq"
        nini. Pasñataq:
        - Amaraq winayuychu- nispa niwan, -manachu witiyta yachanki?- nispa
        niwan; - llaqtaykipi chaynatachu ulluykita churaykuspa witinkipacha?
        - Arí- nispa nini.
        - Manam kaypiqa chaynatachu di frinti witinakuyku; ñuqa yachachisqayki
        allin witiyta.
        Hina:
        - Qam wischutatakuy pampaman.

---

82   Kay -*chiki* simi huntachiq hamunman iskay simi huntachiqmanta: -**shá** (*utaq -shi*) + -**iki**. Kayllumapi
        /-shiki/ tuqyanku. Wak qichwa simipi ninku '-**chá-riki**' utaq '-**chayki**', '-**shayki**' nispa. Ayakuchupi
        '-**chiki**' nikun, chayrayku hinata qillqarqayku, mana '*sh*' litrawan qillqanapaq.

201   Entonces comenzó a besarme por mis orejas, por mi cara, por la boca y hasta por mi cuello. Así dándome besos por todas partes chupándome las tetitas, comenzó a bajar poco a poco, besando y acariciando hasta que su boca llegó a mi pinga. Agarrándola con las dos manos, comenzo a chupármela con su boca así como si fuera un chupete. Por mi parte todo mi cuerpo se excitaba más y más. Entonces dejó de chuparme y me dijo:
- Ya, ahora tú.

202   Entonces yo también acariciándola con mis manos, comencé a besarla por todo el cuerpo. Mientras ya le iba besando todo el cuerpo pensé otra vez en meterle la pinga. Pero ella, señalándome allí por donde orina, me dijo:
- Todavía no, todavía no, tú también tienes que lamer a tu mamita con la lengua.

203   Yo miré a eso por donde orina y me dio asco, en mis adentros, me dije: "Yo no soy un perro para estar lamiendo".
- Apúrate Alejo, ya pues, lame.
Así, asqueado, empecé a lamerle la concha. Mientra le lamía ella empezó a revolcarse para uno y otro lado:
- Ay, ay, ay, ay, ¡Así Alejito! Ay, ¡Así Alejito! ¡Qué rico!

204   Entonces ya estábamos como una hora más o menos lamiéndonos cuando por fin terminamos. Mientras estuvimos así, a mí, ya se me había escapado la leche de mi pinga.
Recién ella dijo:
- Ya Alejito, ahora hazme el amor. Pero yo le dije:
- No, ya no se me levanta. Pero ella me dijo:
- No te preocupes, yo sé como pararla.

205   La agarró con su mano, empezó a frotármela y la paró de nuevo. Cuando levantó mi pinga, me hizo hacerle el amor en toda clase de posturas. Cada postura había tenido un nombre. Ella me decía:- Esta se llama "perrito"; ésta "cabra tomando agua"; ésta "piernas al hombro"; ésta "remolino"; ésta "barquito"; ésta "leyendo periódico".
Así había toda clase de nombres.

206   Ella se desesperaba, me besaba y desde su sexo se movía como loca y a mi pinga la hacía sonar: "¡cloch cloch!"

201   Hina pasña muchayta qallariwan rinriykunamanta uyaykunamanta simiymanta, kunkaymanta ima. Ahinata muchaspakama ñuñuykunata ima chunqaspa aswan uraymanña qaquspa muchaspa ulluyman chayarun pasñap simin. Makinpiwan makinwan hapispa ulluyta, kay chupititahina chunqayta qallarin siminwan. Ñuqa astawan intiru cuirpuy saqsirin. Hinamanta chunqayta tukun:
- Ya, qamñataq- nispa niwan.

202   Kaqllataq ñuqapis makiypiwan qaquspa muchayta qallarini llipin cuirpunta. Maypachachus muchayta tukuni cuirpunta, hina ulluyta wakmanta churasaq nini, yaku ispananmanta pay niwan:
- Amaraq, amaraq, qampis llaqwawanayki kay mamaykita qalluykiwan - nispa.

203   Ñuqa qawaykuni ispananta. Millarikuni. Sunquypi nini ñuqa, manas sut'ipichu: "Manam ñuqa allquchu kani llaqwanaypaq":
- Apurata Alejo, ama chayna kaychu, llaqway.
Hina millakuspa rakanta llaqwayta qallarini, llaqwachkaptiy chay pasña suchukachayta qallarin:
- Ay, ay, ay, ay, ahinata Alejito, ay, ahinata Alejito ¡sumaq!

204   Maypachachus llaqwayta tukuni, ña huk urata hinaña kayku llaqwanakuspa, chaykama pisquymanta iskaparqamuwan chay ulluypa lichi. Chayraq pasña:
- Ya Alejito, kunanqa witiway.
Hina ñuqa nini:
- Manam, wañurunmi ulluy- nispa nini. Niptiy niwan:
- Ama llakikuychu, ñuqa atini imayna sayachiyta.

205   Makinwan hapispa qaquspakama wakmanta sayaruchin. Maypachachus sayarin ulluy hina imaymanamanta witichikuwan. Sapa imaymanamanta witiy sutiyuqkama kasqa. Pay niwaq:
- Kay sutin *"perrito"* nispa; kaytaq *"cabra tomando agua"* nispa; kaytaq *"piernas al hombro"* nispa; kaytaq *"remolino"* nispa; kaytaq *"barquito"* nispa; kaytaq *"leyendo periódico"*.
Imaymana achka sutikunata.

206   Paytaq disispirakunraq muchawan i chay ukumantataq ispanamantataq manchanata kuyumun. Pisquytataq "ququq, ququq" nispa nichin.

207   Y yo, estaba contento de que me enseñe a cachar de todas esas formas. Entonces, otra vez, mi pinga eyaculó dentro de su concha. Recién entonces entramos de nuevo a la zanja a bañarnos. Después nos vestimos.

208   Entonces ella me dijo:
- No tengas miedo de tu patrón, no va saber que hemos hecho el amor.
Yo estaba asustado. "pucha, si se entera..." pensaba.

209   Pero por suerte mi patrón nunca lo supo. Más bien, después de cinco días otra vez ella me llevó a la chacra de maíz. Allí ya, yo también, supe bien cómo es que se hacen el amor entre los mistis.

210   Cuando estaba así haciendo el amor, la hermana, a escondidas, nos había estado mirando. Cuando yo la miré y me di cuenta ella se nos acercó:
- No te asustes Alejo, ya mi hermana me ha contado que han hecho el amor, y me ha dicho que se lo has hecho muy bien; por eso he venido, para que a mí también me hagas el amor.

211   Así las dos, calatitas, hicieron que me las tire. En esa ocasión, me quedé agotado, ya no podía más. Después de eso, ya no volví hacer el amor por un mes. A las dos hermanas les dije claramente: - Ya no puedo hacer el amor.
- ¿Por qué?- me dijeron. Entonces les dije:
- No puedo con ustedes dos, me dejan agotado entre las dos, más bien de una en una.

212   Cuando así les dije se pusieron celosas la una de la otra. Cuando me tiraba a una de ellas me preguntaba:
- ¿Cuántas veces has hecho el amor con mi hermana?
Y la otra hermana, igualito me preguntaba. Yo, cuando me las tiraba, a cada una de ellas, le decía:
- No he hecho el amor con tu hermana, sólo a ti te quiero.

213   Eso les decía para que no se pusieran celosas. Si les hubiera dicho la verdad a cualquiera de las dos, entonces pudiera ser que le hubieran contado a mi patrón y así me hubieran hecho castigar. Por eso, cada vez que quería hacer el amor yo mismo me las llevaba. Así me sucedió con estas amigas cuando estuve en esos trabajos.

207 Ñuqataq kusisqaraq karquni. Chayna imaymanamanta witiyta yachachiwaptin kusisqa kani. Hinallaman wakmanta rakan ukupi ulluy muqchirparin rakan ukupi. Chayraq wakmanta zanjaman yaykuyku bañakuq. Hinamantataq p'achakuyku.

208 Hinamanta chay pasña niwan:
- Ama manchakuychu patrunniykitaqa, manam yachanqachu witinakusqanchikta.
Ñuqataq manchasqa kachkani "anchachus yacharunqa" nispa.

209 Hina valiq manapuni patrunniy yachanchu. Aswanpis wakmanta, pichqa punchawmanta, apawan chay sara wiñasqa chawpiman. Chaypiqa ña allintaña imaynatas mistikuna witinakunku chaynatas yacharuni ñuqapis.

210 Ahina witichkaptiy chay pasñap ñañan pakallamanta qawamuchkawasqaku. Imaynapichus rikuruni ñuqa kay ñañan chimparamuwanku:
- Ama Alejo manchakuychu- nispa, -ñam kay ñañay willawanña witinakusqaykichikta; allintas qam ñañayta witisqanki, chayrayku hamurqani ñuqatapis witiwanaykipaq.

211 Hina iskayninku qalalla witichikuwanku. Chaypiqa pisiparqapuni ñuqa, manam valirunichu. Chaymantaqa manam witinichu asta huk killa. Chaymantaq sut'inta nini iskaynin ñañanta:
- Manaña witiymanchu- nispa.
- Imarayku?- nispa niwanku.
Hina ñuqa nini:
- Manam iskayniykichikta atiymanchu, pisipachiwankichikmi, aswanpis chulla chullallata.

212 Chayta niptiy iskaynin pasñakuna cilusa churakurqanku. Hukkaqta witiq kani tapuwaq:
- Haykataña ñañayta witinki- nispa.
Chay hukkaqpis kaqllata tapuwaq. Ñuqataq sapankatapis witispa niq kani:
- Manam ñañaykitaqa witinichu, qam sapallaykita munakuyki- nispa.

213 Chayta niq kani ama cilusa kanankupaq. Sichus sut'inta niyman karqan mayqintapis chayqa capaz patrunniyman mayqinpis willaspa castigachiwan. Chayrayku sapa witiyta munaspa pakallaman apaq kani ñuqa kikiy. Ahinam kay llamkaq purisqaypi chay sucidiwan chay amigaykunawan.

SEGUNDA PARTE

Historias y leyendas

Kawsaykunamanta

Los incas y Caylloma

XIII Dichos de cada uno de los pueblos de Caylloma

214 TUTI. ¿Qué le dicen a la gente de Tuti? Así les dicen:
"Tuteño: en pañal negro de bayeta atado mashua[17]".

215 CALLALLI. A la gente de Callalli se le dice: "Callalleño: guitarra de tola[18]".

216 TISCO. A la gente de Tisco les dicen: "Tisqueño: charqui de pato".

217 A estos tres pueblos juntos les dicen: "Pájaro que se Manda al Anochecer[19]".

218 SIBAYO. A los de Sibayo: "Sibaeño: retoño de cochayuyo".

219 CANOCOTA. A los de Canocota: "Canocoteño: bolas al aire".

220 CHIVAY. A los chivaeños: "Chivaeño que en lo alto de una torre venteas cáscara de cebada".

221 ACHOMA. A los de Achoma: "Achomeño, cuchillo motoso".

222 MACA. A los de Maca: "Maqueño, mazamorra de cal".

223 PINCHOLLO. A los de Pinchollo: "Pincholleño, pedos del viento".

224 CABANACONDE. A los cabaneños: "Cabaneño que calientas la mazamorra al sol".

225 TAPAY. A los tapeños: "Tapeño sin dentadura[20]".

226 COPORAQUE. A los coporaqueños: "Coporaqueños de queros[21] amarrados con cuero".

227 ICHUPAMPA. A los ichupampeños: "Pampas de paja".

---

17 'Mashua'. Tubérculo andino.
18 Un arbusto, del que no se podría sacar madera. Es alimento para las vacas.
19 Juego de palabras casi intraducible al castellano: *Pájaro*, en quechua 'pisqu' con connotación sexual, 'pisqu' se asocia a **Tisco**; 'que Empieza' en quechua 'qallarin' que se asocia a **Callalli**; y 'Anochecer' en quechua 'tuta' que se asocia a **Tuti**. En quechua es **Tuta Qallarin Pisqu**.
20 En Tapay hay mucha fruta y por eso se quedarían sin dientes.
21 'Quero'. Vasos de madera para tomar chicha.

Inkakunamanta, Kayllumamantawan

XIII Sutichakuy sapallaqtapi Kaylluma ukupi

214 TUTI. Ima nispas ninku Tuti llaqtapi tiyaqkunata? Ninku ahinata: Tutiñu yana aka warapi *añu*[83] kipu.

215 CALLALLI. Callalli runakunata ninku: Callalleño t'ula[84] guitarra.

216 TISCO. Tisco runakunata: Tisqueño wallata charki.

217 Kay kimsantin llaqtata ninku: Tuta qallarin pisqu.

218 SIBAYO Sibaeñokunata: Sibaeño *ch'ichi*[85] *murmunta*[86].

219 CANOCOTA Q'anuqutata: Canocoteño qala quruta.

220 CHIVAY Chivaeñokunata: Chivaeño turri patapi chapra wayrachiy.

221 ACHOMA Achomeñokunata: Achomeño quru cuchillu.

222 MACA Maqueñokunata: Maqueño *quntay*[87] api.

223 PINCHOLLO Pincholleñokunata: Pincholleño wayra supi.

224 CABANA Cabaneñokunata: Cabaneño intipi api quñichiy.

225 TAPAY Tapeñokunata: Tapiño *hullq'i*[88].

226 COPORAQUE Coporaqueñokunata: Coporaqueño *ch'ata*[89] qiru.

227 ICHUPAMPA Ichupampeñokunata: Ichupampeño.

---

83 Ayakuchupi 'maswa' ninku.
84 *T'ula* - Kay sachamanta yamtanku waykunankupaq utaq yanunankupaq.
85 *Ch'ichi* - Ayakuchupi **iklliy**. Castillanupi *'retoño'*.
86 *Murmunta* - Aymaramantapas kanman. Huk qichwa simipitaq **quchayuyu** nispa nisunman.
87 *Quntay* - Isku-hina mikunata chayta ninku.
88 *Hullq'i* - Mana kiruyuqta chayta ninku. Paucartambopi **"mullmu"**.
89 *Ch'atay* - Maytuy-hina nisunmanpas.

228 LARI. A los lareños: "Lareños donde se hace bailar a los muertos".

229 MADRIGAL. A los de Madrigal: "Madrigaleños campana rajada".

XIV Cómo Mayta Capac puso los nombres a cada uno de los pueblos

230 A Chivay lo llamó "**Chimba**" ('el otro lado del río') o "Aquella Chimba".
Ahora, desde que vinieron los españoles, su nombre es Chivay.

231 A Yanque lo llamó 'Tristeza' (de '**Llaki**'). Desde que vinieron los españoles se llama Yanque.

232 A Achoma la llamó '**Hach'u**' (una interjección que se dice al botar la coca de la boca). ¿Por qué? Porque en ese pueblo el Inca botó al suelo la coca que estaba mascando diciendo '*hach'u*'. Ahora tiene el nombre que los españoles le pusieron: Achoma.

233 A Maca le puso el nombre cuando, estando allí, vio una pelea. Entonces dijo: "Peleen bien" ('**Maqay**' es 'pelear'). Hasta hoy; y también los españoles, le llaman Maca.

234 A Pinchollo el Inca le llamó '**Pichilu**' ('pene'). Eso fue porque allí el Inca se sacó la pichula y orinó. Ahora se llama Pinchollo.

235 A Coporaque lo llamó "Vagina (de mata) Abultada"[22]. Eso fue porque allí entregaron al Inca una mujer para que durmiera con ella.

236 A Ichupampa le llamó también **Ichhupampa** porque allí hay bastante paja ichu en sus pampas.

237 A Tuti le llamo "Anochecer" (en quechua "**Tutayaq**"). Ahora es Tuti.

238 A Callalli le llamó "Empieza" (en quechua "**Qallarin**").

239 Y a Tisco le llamó "Saltamonte" porque allí hay muchos saltamontes (en quechua **T'ishku**). Ahora se sigue llamando Tisco.

240 A Caylloma le llamó "Esta Cabeza de Pene" (en quechua **Kay-ullu-uma**)[23].

---

22 Como todos los anteriores este nombre también está asociado a un juego de palabras: Coporaque se parece a **Qupuraka**: ('qopo' se puede traducir como '*[mata] abultada*' y 'raka' es '*vagina*').
23 'kay' = '*esta*'; 'ullu' = '*pene*'; 'uma' = '*cabeza*'.

228　LARI Lareñokunata: Lareño aya tusuchiy.

229　MADRIGAL Madrigaleñokunata: Madrigaleño raqra campana.

XIV Ima nispas Inka Mayta Qapaq sapa llaqtata suticharqan

230　Chivayta suticharqan Chimpa nispa; utaq Chaqay Chimpa. Kunantaq ispañulkuna hamusqanmanta sutin Chivay.

231　Yanqueta suticharqan LLAKI. Kunankamataq Yanque, ispañulkuna hamusqanmanta.

232　Achoma suticharqan HACHU; imarayku? Kuka akullisqanta pay chay llaqtapi wischurqan "hachu" ñispa. Kunankamataq ispañulkuna suticharqan Achoma.

233　Chaymanta Macatataq suticharqan maqanakuqta rikuspa: "Allinta Maqay". Kunankamaraq ispañulkuna sutichasqan Maca.

234　Pinchollota suticharqan PICHILU. Inka ispaspa hurqurqan pichilunta. Kunankamataq Pinchollo.

235　Coporaqueta: QUPU RAKA, warmiwan puñuspa. Kunankamaraq Coporaque.

236　Ichupampata kaqllata ICHUPAMPA. Imarayku? Ancha ichu kaptin pampapi.

237　Tutita, TUTAYAQ. Kunankamataq Tuti.

238　Callallitataq, QALLARIN. Kunankamataq Callali.

239　Tiscotataq, T'ISKU, ancha *t'isku*[90] kaptin. Kunankamataq Tisco.

240　Cayllomatataq KAY ULLU UMA. Kunankamataq Caylloma.

90　*T'isku* - Huk simipi **'aqarway'**, **'ch'illiku'**. Castillanupi *'saltamontes'*.

XV Visita de Mayta Capac al valle de Colca

241   En Chivay, el Inca, desde la *chimba*, preguntó a los comuneros:- ¿Qué quieren ustedes los de la chimba?
Los comuneros contestaron:
- Queremos bastante comida.
El Inca dijo:
- Que haya cebada, que haya quinua.
Por eso ahora en Chivay hay bastante cebada y bastante quinua.

242   En Yanque el Inca preguntó a los comuneros:- ¿Qué quieren aquí?
Los comuneros, todo sobrados, le contestaron:
- No queremos nada.
Así dijeron porque allí crecía de todo y tenían bastantes productos. También brotaba bastante agua de los manantiales. Entonces el Inca se molestó y dijo:
- Gente ociosa, *nada* necesitan; entonces *nada* tendrán, ustedes se lo han buscado-. Y el Inca secó los manantiales. Por eso hasta el día de hoy los yanqueños roban el agua de Chivay. El agua llega a Yanque de Huaranccate, un cerro que está en una estancia perteneciente a Chivay. Los yanqueños, armados de huaracas hicieron una guerra en Chivay para conseguir esa agua. En esa guerra, donde incluso hubo muertos, ganaron a los chivaeños. Por esa razón continúan quitándoles el agua.

243   Cuando el Inca llegó a Maca preguntó de igual forma a los comuneros, dijo:- ¿Qué quieren?
Ellos rápidamente contestaron:
- Queremos agua.
Querían sólo un poco, lo suficiente[24]. Por eso les dejó agua en un cerro. Y por eso hasta ahora se desliza agua que sale desde el interior del cerro hacia el río y alcanza para todo el pueblo.

244   Después, en Pinchollo, el Inca también habló con el pueblo: -¿Qué quieren?- les dijo.
Cuando los comuneros iban a hablar el Inca soltó un pedo que sonó "puff". Por eso es que, hasta el día de hoy, allí hace mucho viento. Los comuneros se asustaron y no dijeron nada.

---

24   No querían mucho porque los terrenos de Maca eran (en 1987) muy movedizos y mucha agua hubiera ocasionado mayores problemas. Recientemente este pueblo fue destruido a consecuencia de la debilidad del terreno y de los temblores provocados por la actividad volcánica del Sabancaya.

XV Inka sapa llaqtata purispa llaqta runakunata tapurqan

241 Chivaypi tapukurqan runakunata:
- Imatam munankichik chaqay chimpapi?- nispa rimarqan chaqay chimpamanta.
Runakuna nirqan: - Achkata mikuyta munayku.
Inka nirqan: - Kachun siwara, kachun kinwa.
Chayraykum kunankama achka kinwa achka siwara.

242 Yanquepi Inka tapukurqan runakunata:
- Imatam munankichik? Llaqta runakuna utiyllaña nirqanku:
- Mana imatapis. Wiñarqan imaymana mikuy huntasqa chayrayku. Yakupis urqukunamanta achka pukyukuna tuqyarqan yaku unu. Hinaspa Inka piñarikuspa nirqan:
- Qilla runakuna, mana imatapis munankichikchu; chayqa qamkunamanta. Pukyukunata ch'akichipurqan Inka. Chayraykum kunankamapis yanqueñokunaqa Chivayllamantaña yakutapis suwakunku. Yanqueman yakuta hamun huk urqu sutiyuq Huarangandemanta. Chay urqu kachkan Chivay istanciapi. Chay yakuta aparqanku Yanque runakuna Chivaypi guirrata ruwaspa, warkanakunawan warkanakuspa. Wakin runakunapis wañuspa yanqueñokuna guirrata ganarqanku chivaeñokunata, chayrayku.

243 Macaman Inka chayaspataq tapurqan kaqllatataq runakunata:
- Imatam munankichik?
Nirqanku:
- Yakuta munayku, pisipachallata.
Chayrayku wakin yaku unuta urqu ukupi saqiran. Chayraykum kunankamapis chay urqu ukupi yaku unu llapan llaqtata mayu laduman suchuyachipuchkan.

244 Hinamantataq Pinchollopi llaqta runakunawan parlasqa:
- Imatam munankichik?- nispa.
Llaqta runa rimanan kachkaptin Inka supiyukusqa, "tir" nispa. Chayraykum kunankamapis manchana wayra. Manchakuymanta mana imatapis rimasqakuchu.

245   Cuando el Inca llegó a Cabanaconde le atendieron muy bien. Allí los comuneros le dijeron:- Nosotros queremos ser buenas personas, también queremos buenos productos de la tierra.

Entonces el Inca sacó de su alforja un puñado de maíz y se lo dio al comunero alcalde diciendo:

- Esto comerán los comuneros del pueblo.

Por eso hasta ahora crece allí un maíz rico y suave; y también por eso los lugareños tienen una cara linda y también hablan bonito.

246   A Tapay ya no alcanzó a ir y tampoco los comuneros se llegaron a reunir. Si el Inca hubiera hablado con ellos, la fruta que allí crece, sería aún más sabrosa.

247   Cuando el Inca llegó a Tisco dijo:- ¿Qué quieren aquí?

Los comuneros contestaron:

- Queremos vestirnos bien.

Por eso el Inca dejó entreabiertas bastantes minas de oro y plata[25] para que en el futuro se descubran. Se dice que en esos lugares, actualmente, puede haber oro y plata.

248   Después bajó al pueblo de Sibayo. Allí preguntó a los comuneros y ellos dijeron: - Queremos comer plantas de las que crecen en el agua.

Entonces el Inca dijo:

- Ustedes tendrán *chacras* en la Mar-Laguna.

Por eso los sibaeños, hasta ahora y cada año, en la Mar de Mollendo, cosechan cochayuyo, *patas de pájaro*, vasijas rotas, objetos agrietados, y tantas otras cosas que crecen en la Mar.

También en Sibayo, hasta ahora, se cuentan todo tipo de historias sobre el Pueblo Antiguo.

249   En Callalli preguntó de la misma manera a los comuneros:-¿Qué quieren?

Allí los comuneros dijeron:

- Queremos casas bien grandes.

Por eso el Inca mandó hacer grandes palacios. Dicen que esos palacios se han convertido en esas grandes rocas, que hasta el día de hoy, allí aparecen. También crecía en Callalli gran cantidad de arbustos de tola destinados a

---

25   Para la asociación de la vestimenta con la riqueza se puede ver entre otros Murra, (1978).

245 Cabanaman chayaspa manchana allinta Inkataqa hapisqaku. Chaypi
runakunaqa nirqanku:
- Ñuqayku munayku... allin runa kayta munayku, allin mikuytataq munayku.
Hinaspa Inka alfurjanmanta allin *hachi*[91] sarata varayuq runaman qusqa:
- Kayta llaqtaruna mikunqa- nispa.
Chayraykum kunankamapis achka sara wiñan, miski sara, qapya sara.
Chayraykutaq runakunapis sumaq uyayuq runakuna, rimayninkupis sumaq.

246 Tapayta manaña allintañachu yaykusqa nitaqmi runakunapis allintachu
huñukusqa. Sichus Inkam llaqtakunawan parlanman karqan chayqa
frutakunapis aswan sumaq kanman karqan.

247 Tiscoman chayasqa Inka chaypi nisqa:
- Imatam munankichik?- nispa.
Chaypis runakuna nisqaku: - Allinta p'achakuyta munayku- nispa.
Chayrayku Inka achka minakunata kicharisqa saqirqan quri qullqi qipaman
rikurinanpaq. Chayrayku kunan chay *chiqas*kunapi kachkanmansi quri qullqi.
Ahinam chay.

248 Chaymanta urayamurqan Sibayo llaqtaman. Chaypi tapurqan runakunata.
Hinaspa llaqta runakuna nirqan:
- Yaku ukupi wiñaq sachakunata mikuyta munayku- nispa.
Hinaspa Inka nirqan:
- Lamar-quchapi chakrayuqmi kankichik kunanmanta- nispa.
Chayrayku kunankamapis sibaeñokunaqa Mollendo Lamar-quchapi sapa wata
kusichakunku quchayuyuta, *pisqu chakikuna*ta[92], kallana pakisqakunata,
imaymana Lamar-quchapi wiñaqkunata. Kaqllataqsi Sibayopipas kallantaq
kunankamapis Machu Llaqta imaymanamanta rimayniyuq.

249 Callalli: Chaypipas tapukullarqantaq runakunata:
- Imatam munankichik?- nispa.
Chaypi nirqanku runakuna: - Munayku allin hatun wasikunata.
Chayrayku Inka hatun palaciukuna ruwachirqan. Kunankamapis chay
palaciukuna qaqamansi tukupun.
Kaqllataq achka t'ulakuna wiñarqan sachanpi imaymana mikunakunayuq

---

91 *Hachi* - Huk runasimipitaq 'hapt'i'. "Hach'i" rimankutaq ičhaqa hukniraqta: "Wallpaman sarata
   hach'iyuy" 'Dale un puñado de maíz a las gallinas'(Chumbivilcas-Antabamba). *"Jach'i - puñado
   (granos de harina), medida para cosas menudas"* (Büttner-Condori, 1984:65).
92 *Pisqu chaki* - Huk sacha utaq mallki la mar-quchamanta, quchayuyuhina.

dar toda clase de productos. Pero la gente de Callalli no dejó en claro esto en sus pedidos al Inca. Recién ahora la gente se pregunta por qué dirán que los arbustos de tola hubieran podido ser comida de gente. En sus raíces hubiera habido papa, oca, olluco, año; y en sus plantas hubiera crecido toda clase de frutas.

250 Cuando el Inca llegó al pueblo de Caylloma habló también con los comuneros que allí vivían. Ellos le dijeron:- Que sea la voluntad del Inca.
Por eso el Inca allí no dejó nada, ni arbustos ni nada para sembrar. Hasta ahora los cayllominos se mantienen con la bosta que recogen. Recogen el excremento de llama con unas agujas de arriero llamadas *pitanas* y con eso cocinan ya que allí no crecen arbustos ni árboles.

XVI Sobre los Incas

251 También cuentan que el Inca fue a Tuti. Allí había todavía runas-comuneros de la época de los gentiles[26]. Y allí fue donde los runas-comuneros del Pueblo Antiguo creyeron más en el Inca. El Inca llegó a quedarse un buen tiempo en ese lugar y con mucho agrado colocó toda clase de árboles, arbustos y plantas que los veía desde el cerro de Pumunuta. Hasta ahora hay en Pumunuta una cueva, y en el interior profundo y oscuro de esa cueva, dicen que cuelga una *coronta* de maíz del tamaño de un hombre grande. Algunas personas también cuentan que fue en Tuti donde se empezó la agricultura, a partir de la visita del Inca[27].

---

26 "El gentil es como un Dios, la gente antigua cree en ellos. Los gentiles son muy antiguos, son los antepasados del pueblo. Antes de los españoles y de los incas, hace muchísimo tiempo. Ellos se quemaron al salir los Dos Soles. Cuando salieron los Soles los gentiles se quemaron. En el interior de la tierra están viviendo los gentiles, sus huesos. Están en el interior de la tierra sentados con sus huesos. Antes no se enterraba a los muertos tendidos como se hace ahora, se les enterraba sentados, colocados en un cántaro, envueltos en paja iru o ichu, o en alguna planta, sentados y bien adornados con buenas ropas. Por eso es que uno no puede jugar con los gentiles. Hasta el día de hoy los gentiles siguen viviendo. No pueden caminar, no pueden hablar, pero sus oídos sí escuchan todo lo que puedes estar haciendo. Así es como te puede agarrar. ¿Cómo te agarra? Te deja inválido de un brazo o del pie, o te da alguna enfermedad que te enflaquece, no puedes engordar de ninguna forma, te secas y te quedas igual que el gentil. Así de secos como están sentados esos muertos antiguos, así de la misma forma te secas. Por eso de los que así les ocurre dicen: "están agarrados por el gentil". "El gentil ha agarrado a este pobre hombre" dicen. Así es esta enfermedad cuando te agarra el gentil, ni siquiera puedes hacer el amor, nada..." (Alejo Maque).

27 El papel del Inca es aquí el de un héroe cultural: el que enseña, el que da la cultura. Este fue el papel del héroe Viracocha (Urbano 1981; *runa wallpaq* en Itier 1993), de Cuniraya Viracocha (Taylor 1987) y de los incas tal como aparece en Garcilaso (1991). En las tradiciones orales modernas este papel continúa siendo asumido por los incas (Valderrama-Escalante 1992, Chirinos(ed) 1994b).

kananpaq hinaspa chayta manam chiqancharqankuchu chay Callalli runakuna mañarikuyninpi. Chayraq kunankamapis runakuna tapurikunku imaraykus chay sacha t'ulakuna kanmansi karqan runakunap mikunanpaq. Sapinpi kanman karqan papa uqa ulluku añu, yuranpitaq kanman karqan imaymana frutakuna.

250   Cayllomaman Inka chayaspa, chaypi tiyaq runakunawan rimarqan. Hinaspa runakuna nirqan:
- Munasqayki kachun.
Chayrayku Inka mana saqirqanchu ima sachakunatapis nitaq tarpuykunatawanpis. Chayrayku kunankamapis cayllomeñokunaqa ucha qachi kanku. Llama uchata pallanku huk *p'itana*wan[93] waykukunankupaq mana sachakuna kaptin.

XVI Inkakunamanta

251   Tutitapis hamurqansi Inka. Chaypi karqanraqsi *gintil*[94] ayllu runakuna. Chaypiqa aswanpis runakunaqa allinta iñirqan Inkapi, Mawka Llaqta Tutipi. Unayta imas tiyarqan Inkaqa; sumaqtas churarqan imaymana sachakunata. Chay sachakunata qawarqan huk urqu Pumunuta sutiyuqmantapacha. Chay Pumunutapis kunankamapis huk qaqa tuqu manchana uku, tutayaq uku, wanturayachkan huk sara *thulu*[95]; huk hatun runa sayay. Hinallataqmi kunankamapis wakin runakuna rimachkanku Tutipiraqsi tarpuyqa qallarikurqan Inkap hamusqanmantapacha.

---

93   *P'itana* - Huk mitruhina sayaynin, hierrumanta ruwasqa, huk awja yawrihina.
94   *Gintil* - Ayakuchupi ninku **'wari runa'**. "Gintilpis huk Diuspas kanmanhina chay ñawpaq runakuna iñinku. Chay gintil karqan aswan ñawpaqta huk generacion llaqta. Manaraq ispañulkuna hamuchkaptin, uku may kururaq... manaraq inkakunappis... Chaypi ruparqanku iskay inti lluqsimuptin. Iskay inti lluqsimusqa hinaspa rupasqa chay gintilkunata. Allpa ukupi chay gintilkuna kawsachkanku. Tulluntin allpa ukupi pampasqa tiyachkanku. Mana kunanhina wischurayasqatachu ayata pampaqku sinu tiyachkaqta, puyñu ukuman churaspa. Utaq ichuman utaq iruman, imamanpis sachaman k'iluspa sumaqta p'achan p'achayuq tiyachkaqta. Chayrayku gintiltaqa mana pukllapayawaqchu. Kunankamapis gintilqa kawsachkallanpuni. Chayqa mana puriyta atinchu, mana rimayta atinchu piru rinrinku uyarichkan ima ruwasqaykitapis. Hinaspa hapisunki, imaynata hapisunki? Makiyki ñukuyanqa utaq chakiyki ñukuyanqa utaq ima unqunki hinaspa tuqtiyanki, manam iman kaq wirachu kanki, ch'akinki pay kaqlla, gintil kaqlla. Imayna ch'akisqa kachkan ñawpa ayakuna tiyachkan, anchay kaqlla ch'akiyunki. Chaymi chay "gintilpa hapisqan" ninku "Gintiltaq hapin kay runallataqa" ninku. Arí, chaymi chay hapiy: mana witiychu, nada.." (Alejop willakusqan).
95   *Thulu* - Aymaramanta: "'*thulu*' '*marlo de maíz*'" (Büttner-Condori 1984:221). Huk qichwa simipitaq: **'qurunta'**.

252　Empezó a crecer de todo, las papas se cargaban con guaracas[28], lo mismo el *año* y la *oca*. También se cuenta que a partir de entonces empezaron a domesticar toda clase de animales: llamas, alpacas, guanacos y vicuñas; todos ellos animales de gran tamaño y enorme fuerza. La gente de ese tiempo dicen que alcanzaba a vivir hasta 150 años. ¿Y cómo podía suceder eso? Porque la gente comía bien; comía carne y toda clase de buenos productos. Por eso la gente de esos tiempos era enormemente fuerte.

253　La siembra no se hacía de cualquier forma, no se podía sembrar en un día cualquiera. Para elegir el día de la siembra debía mirarse la luna y las estrellas; las estrellas llamadas Ojo de Llama o las Cabrillas. Estas estrellas aparecen de noche en el cielo. Si el Ojo de Llama o las Cabrillas lucen como granos es que será un buen año; en cambio, si aparecen pequeñitas, es que será un mal año.

254　De la misma forma, si el zorro aúlla con fuerza en el mes de agosto es porque será un buen año; en cambio, si aúlla débilmente es que será un mal año. Igualmente con las algas del fondo de los ríos: si lucen de un verde intenso es que será un buen año, pero si no es así, será un mal año.

255　Todo esto no son palabras vanas, eran verdades muy ciertas para los hombres del tiempo antiguo, como si hubieran sido extraídas de un libro. Así eran.

256　Así los incas, con otras muchas cosas que supieron, fueron gente muy sabia. No eran como nosotros que sabemos leer castellano. Tampoco supieron leer en quechua. Pero ellos sabían leer en los *quipos* hechos de muchas clases de cordeles y teñidos con extractos de plantas; sabían leer en los *kintus* de coca; en las hojas de coca; en los cantos de los pájaros; en el humo que se produce al hervir la olla; en todo eso supieron leer. También leían en las formas de los orines cuando fermentan en el salitre marino; en las Lagunas-Madre; en cualquiera de esas cosas supieron leer.

257　"Cuando un cóndor te revolotea al atardecer es porque alguien va a morir". Así como en este dicho, ellos sabían leer en el comportamiento de cualquier animal; también en las plantas o en el hielo de los estanques. Por todo eso y otras cosas más los incas eran tremendamente sabios.

28　Por ser las papas tan grandes se las ataba con guaracas como se hace con la leña.

252   Chaypi imaymana wiñayta qallarichkaptin; papapis kaq warakapi qipina[96].
Añupis, uqapis kaqllataq. Uywakunapis kaqsi, llamapis, paquchapis wanakupis
wikuñapis; manchana hatun uywakuna, kallpasapa uywakuna. Runakunapis
chayaqkus pachak pichqa chunka watayuqkama. Imarayku? Allinta mikuqku;
aychatapis ima mikunatapis allin puqusqata. Chayrayku paykunaqa manchana
allin kallpasapa karqanku.

253   Chaypiwanpis tarpukunataqa mana yanqa punchawkuna tarpunachu kaq;
aswanpis killata qawaspa, chaskata qawaspa, Llama Ñawi chaskata qawaspa
utaq Cabrillata qawaspa. Chaykuna intirun rikukun hanaq pachapi, tuta uras.
Chay Llama Ñawi chaska, Cabrilla nisqa, sichus ima sumaq granu rikukun
chayqa, allin wata kananpaq; sichus chusu chayqa, mana allin wata kananpaq.

254   Kaqllataqmi atuq agustu killapi claruta waqan, allin wata; sichus mana
clarutachu waqan, mana allin watachu. Kaqllataqmi mayupi laqu ima sumaq
qumirllaña, chay allin wata; sichus mana, mana allin watachu.

255   Kaykuna mana yanqa rimaychu, chiqaymi kaq ñawpa runakunapaq; kay
huk qillqahina willaq. Chayrayku imakunatawanpis astawan inkakunaqa kaqku
allin yachayniyuq umasapa runakuna.

256   Mana ñuqanchik-hina, castillanumanta liyiy yachaq, ni qichwamantawanpis
liyiyta yachaqkuchu. Aswanpis liyiyta yachaqku kipuspi, imaymana
qaytumanta sachakunawan tiñisqa; kuka kintukunapi; kuka laprakunapi; pisqu
waqaykunapi; qusñikunapi; mankap timpuchkan, chaykunapi. Ispay puquwan
*ch'unchu qullpa*wan[97], Mama Quchakunapi; yaqa imaymanapi liyiyta
yachaqku.

257   **Kuntur** tutayaykuyta muyupayasunki wañunapaq kaq. Yaqa kaymanhina
imaymanapi liyiyta kaq uywakunamantapis; utaq sachakunamantapis; utaq
chullunku[98] yakumantapis. Chayrayku kaykunata hukkunatawanpis
manchanata yachaq.

---

96   Ancha hatun papa kaptin warakapi, yamtata hina qipimuqku.
97   *Ch'unchu qullpa* niypacha (ninanta nin) huk qullpa lamar-quchamanta.
98   *Chullunku* - Ayakuchupi ninku **"ritisqa"** nispa.

258 ¿Cómo hay que hacer para que los alimentos produzcan bien en las punas? ¿Cómo hay que hacer para que no les caiga la helada? Los incas ahuyentaban la helada quemando plantas. También ofrecían *irantas* en un atado ritual al *awki* Ausangate o hablaban con el mismo *awki* Helada. Cuentan que la Helada hablaba con el Inca, solía hablar con él silbando en el viento. También la Madre Laguna hablaba con él. Pero lo más querido por el Inca, para producir buenas cosas -todas las que se producen- era la Madre Tierra.

259 También querían a la Helada. ¿Por qué la querían? La Helada malogra los productos, las cosechas. Siendo así, el Inca hablaba con ella para que eso no ocurra y la hacía desaparecer. Como ejemplo del valor que puede tener la helada les doy el siguiente: Si eres una persona piojosa, con montones de piojos en tu ropa, entonces haz lo siguiente: primero remojas tu ropa, después la dejas afuera para que le caiga la helada. Entonces verás que tus piojos mueren hinchados por congelamiento, hasta las liendres se mueren. Es la verdad.

260 El Inca también amaba al Viento para hacer reverdecer a otros productos. Los excrementos u orines de llamas, alpacas o cualquier otro animal eran guardados para ser utilizados como abono. Ellos también sabían qué cosas podían curar las enfermedades.

261 Actualmente, los que hablan castellano u otros idiomas ya no saben lo que supieron los incas. Ya no pueden hablar con la Madre Tierra; ni con la Lluvia, ni con el Agua; ni con las Nubes; ni con la Helada. Esa gente sólo sabe de química. Con eso los cultivos no dan bien; ni tampoco las personas; ni los animales; ni cualquier otro alimento. Si esa gente tan inteligente que sabe de química, utiliza esos productos químicos, es en vano. ¿Por qué es en vano? Porque al comer lo producido con esa química ya no vivimos lo que vivían los incas. Ellos vivían 200, 150, ó 100 años. Por el contrario la gente actual apenas llegamos a 80, 70 ó 60 años.

258 Imaynatas punakunapi allin mikuykunanpaq, mana qasa qasananpaq? Qasatapis manchachiqku huk sachakunata rupachispa, utaq awki Awsangatiman misan qipipi *iranta*kunata haywarispa, utaqsi qasa awkiman parlaspa. Inkapaqqa qasapis parlaqsi, wayrapis *khuyu*kuspas[99] parlaq. Kay pachamanta Pacha Mamakunapis parlaqsi; Mama Quchakunapis rimaqsi. Chayraykus inkakunaqa aswanta munakuq Pacha Mamatapis, allinta kawsaykunata, wakichinanpaq llapan kawsaykunata.

259 Qasatapis munakuq, imarayku? Chay kawsaykunata malugraq utaq mikuq ima kawsaypis chayqa, qasawan parlaspa qasa wañuchiq. Imaynatas? Por ijimplu sichus qam usasapa runa manchana usayki; chay ukuncha p'achaykita yakuman challpuruspa qasaman churanki. Usaykikuna wañurunqa tinri tinriraq; chiyankunapis ima. Ahinam chay.

260 Wayratapis munakuq chay kawsaykunata sumaqta llanllachinanpaq. Wakin kawsaykunaqa, llamakuna paquchakuna utaq ima uywakunapis, akaq utaq ispaq, chaykunaqa wanumanta pasaq. Yachaqku kawsaykunata unquykunamantapis imaynata hampiytapis.

261 Kunankamaqa manam chay castillanu rimaqkuna utaq wak idiuma rimaqkuna inkakunahinaqa yachanñachu. Ni Pacha Mamawanpis rimayta atinkuchu nitaq parawanpis nitaq yakuwanpis nitaq puyuwanpis nitaq qasawanpis. Aswanpis paykunaqa riqsinku quimicakunallamanta. Kawsaykunaqa kaqlla, mana allintachu qun, nitaq runapis nitaq ima uywapis nitaq ima kawsay mikunatawanpis. Sichus churanku chay quimicamanta yachaqkuna, umasapa runakuna, yanqa. Imarayku yanqa? Chay kawsayta mikunchik manaña ñuqanchik kawsanchikñachu inkakunahina, iskay pachak wata, pachak pichqa chunka wata, utaq pachak wata; aswanpis kawsanchik ñakay kunan runakunam pusaq chunka wata, qanchis chunka wata, utaq suqta chunka wata.

---

99   *Khuyuy* - Ayakuchupi '**sukay**' ninku. Huk ladukunapi "**huywiy**".

Ceremonias y costumbres de las punas

XVII Palabras de las punas

262   Hay gente en estos tiempos que se anda preguntando cómo viven en las alturas; si creen en la Madre Tierra u otras creencias que pudieran tener. Yo, *Khunku*, les voy a contar en este libro tal como los antiguos abuelos a mí me contaron.

263   No puede haber puna allí donde hay pueblos o comunidades. La puna, más bien, se confunde con la nieve de los cerros, está asociada a la lluvia, a las nubes, a las peñas y rocas, a muchas clases de plantas que sirven para leña, a los manantiales, a los bofedales, a las queuñas; y también a los diferentes tipos de paja como son la *chilliwa*, el *iru*, y el ichu. En la puna vivían y viven hasta ahora runas comuneros. Desde los tiempos del Inca.

264   ¿Cómo aparecieron los animales de las punas? El Inca Manco Capac y la Inca Mama Ocllo aparecieron del centro de un pequeño Mar-Laguna llamado Titicaca. Desde allí dispusieron que surjan alpacas de todas clases; unas alpacas llamadas *Tandalli*[29]. Tandalli es el nombre [sagrado] de las alpacas.

265   De la misma forma que aparecieron los incas, también aparecieron toda clase de animales. Las mujeres pasteaban esos animales y los hacían dormir en los barrancos. Día tras día los incas antiguos pasteaban junto a sus perros, zorros, gallinas, perdices, *kibios*, cernícalos, gavilanes, *qeqetas*, *aqchis*, cóndores, *akakllos*, *pukus*, y otros muchos animales.

266   A todos estos animales día tras día los criaban. ¿Cómo los criaban? Así los criaban: Cuando los animales aparecieron en el lago, los incas los nombraron diciendo "*Tandalli* que nos das vida". Se apropiaron de esos animales, abrieron el *atado ritual* y les dieron ofrendas siguiendo los ritos para que la vida fuera buena.

267   En el mes de agosto o setiembre, y en febrero; y también a veces en otros meses; les hacen ofrendas llamadas *irantas*, con *wiraqaya*[30], kunuka, in-

---

29   En Bertonio encontramos: "**Tantalli.** Cuña: Estaca, o clavo remachado para que no se salga. **Tantallitatha.** Affixarse Fortificarse alguna cuña de suyo por algun caso. **Tantallitaatha.** Remachar." (1984:336 segunda parte). No sabemos si estas glosas guardan relación con *Tandalli*.

30   Una planta de la puna usada en ceremonias. En Chumbivilcas *willkaquya*. "La wiraqaya la queman en el fuego y al derretirse su grasa hace un ruido como el de otra planta de puna llamada 'yarita'. Su grasa se quema sobre el fuego ardiente, en ese fuego rápidamente se quema esa grasa, se derrite lindo. Por eso le llaman wiraqaya (wira=grasa). La wiraqaya se ofrece en la *tinka*." (Alejo Maque).

Puna rimaymanta

XVII Puna rimaymanta

262   Achka uku kunan timpu runakuna tapukunku imaynas kay Pacha Mamapi, puna ladukunapi tiyanku utaq iñinku imakunapipas. Ñuqa Khunkuman willawasqankumanhina willarikusaq kay qillqapi imaynatas ñawpa tatalakuna willawanku ñuqata.

263   Huk punaqa manas llaqta ukupiqa kanmanchu; aswanpis urqukunapi ritiwan kuska; parawan kuska, puyuwan, qaqakunawan, imaymana sachakunawan utaq yamtakunawan waykukunapaq, pukyukunawan, uqukunawan, qiwñakunawan, chilliwakunawan, irukunawan ichukunawan ima. Chay ukupiqa huk runa ayllukuna tiyarqan utaq tiyan kunankamapis; inkap timpunmantapacha.

264   Imaraykus chay uywa rikurimurqan chay punakunapi?
      Inka Mama Uqllu, Inka Manqu Qapaq rikurirqan lamar-qucha chawpinpi, huchuy lamar-qucha Titi Qaqa sutiyuq. Rikurichimurqan chaymanta imaymana rikchaq paquchakunata, huk sutinpi *Tandalli*kunata -Tandalli ninku paquchata.

265   Imayna chay Inka qari warmi rikurirqan, kaqllatataqmi imaymana uywakunatapis rikurichimurqan, Inka warmikuna michinanpaq, *waraya*pi sapa tuta puñuchinanpaq. Ñawpaq inkakunaqa sapa punchaw michiqku allqunkupis, atuq, wallpankupis, pisaqa, kibiu, *k'ili*[100], wamancha, qiqita, allqamari, kuntur, akakllu, puku ancha achka kaqkunapiwan.

266   Chay uywakunata michiqku sapa punchaw, imaynata? Ahinata: Uywakuna quchamanta rikurimuptin paykuna sutichaqku "Tandalli kawsay" nispa. Chayta paykuna hapiqku, misa qipita paskarispa. Tinkaqku imaymana iñiyninkunawan, allin kawsay kananpaq.

267   Agustu killapi, sitimbri killapi fibriru killapi, may chiqanpiqa wak killakunapipas haywakuqku *wiraq'aya*kunata[101] *kunuka*kunantinta,

---

100 *K'ili* Aymaramanta *'k'ilik'ili'. Zool. cernícalo; v. k'illi-k'illi* (Büttner-Condori 1984:108). Wak qichwasimipi **'killichu', 'k'illichu', 'k'illinchu'.**

101 *Wiraq'aya* - Aymaramantapas kanman kay simiqa: "'*Juyra-q'uwa' bot. planta aromática; sin. WIRA Q'UYA"* (Büttner-Condori, 1984:89). "Wiraq'ayata rupachinku nina sansapi, anchay yarita waqayhina chullutatan rupaspa. Ninaman churanku hinaspa utqayllata rupan chay wira, sumaqta chullutatan. Chayrayku wiraq'aya sutichanku. Chay wiraq'ayata haywakunku tinkakuy ukupi." (Alejop willakusqan).

cienso, y kintus de coca. Si esos o cualquiera otros animales se empiezan a morir, hacen todas las *tinkas* que sean necesarias e incluso preparan una comida especial a base de la sangre de la alpaca, esto se llama *wilaja.*

268 En la *tinka* del Tandalli sacrifican una alpaca. Esa alpaca es asada en su totalidad delante de la *kandaya.* Kandaya se dice a una especie de altar donde se ponen las ofrendas, debe estar orientado hacia donde sale el sol.

269 Ese animal debe de ser de los mejores animales, bien escogido, un animal bien querido, eso le ofrecen a nuestro Padre. ¿Cómo lo sacrifican? Después de degollarlo asan la carne en una brasa de carbón o de bosta de llama, sin ningún condimento y con muy poca sal.

270 Una vez que la carne está asada, todo el ayllu, la familia, hace la tinka. Después de habérselo comido todito deben cascar los huesos hasta dejarlos pelados.

271 Cuando han terminado de comer y de cascar los huesos, esos mismos huesos los vuelven a reunir, toditos, en una liclla o en la llamada mesa del atado ritual. No debe faltar ni un hueso, entonces los untan de grasa y los colocan pegándolos, así como si estuvieran formando el esqueleto nuevamente, los pegan hasta dejarlos en la misma forma que tenía el animal.

272 Una vez que han formado el esqueleto ponen semilla de coca, hojas escogidas de coca y kunuja, y dan tres alientos "ha ha" diciendo.

273 Entonces el hombre sabio que está encargado de poner la wiraqaya se quita el sombrero y lleva el esqueleto junto con dos hombres al altar kandaya.

274 En el altar debe haber bastante fuego. Entonces sobre ese fuego colocan el esqueleto, todo el esqueleto lo colocan allí.

275 Una vez que han colocado el esqueleto allí, con vasos pequeños, rocían vino sobre él y dicen: "Ay Padre, ahora damos alientos a este animal para que

incinsuntinta kuka kintuntinta. Sichus chay uywakuna utaq wak uywakunawanpis qipaniqkunaman rikurirqan chayqa, haykan tinkakuykunapiqa *wilaja*ta[102] ima ruwaqku.

268   Paqucha tandallita tinkaqku chayqa, huk paquchata sipiqku llapallantataq *q'aspa*qku[103] kandayap ñawpaqinpi. Chay kandayaqa sutin huk altarhina; ufrindata qunapaq, Dius Hanaq Pacha Inti lluqsimunan laduman.

269   Chay uywa kanan allin uywa, allin akllasqa, allin munasqa uywa, chayta haywarinku Tatanchikman. Imaynata nakarunku?, nakaruyta tukuspa, aychanta mana cundimintuyuqta pisi kachichallayuqta brasa sansapi, *t'iqa*pi, utaq ucha t'iqapi, chaypi q'aspanku.

270   Maypachachus chayarqun chay aycha hinaqa intiru pikuna ayllukuna chaypi tinkachkanku, anchay intirukuna mikuyta tukunanku. *Khachka*nanku aychata tulluta qalallata saqinankukama.

271   Maypachachus tulluta qalallata saqinku chaymantataq tulluta huñunku wakmanta qalata huk lliklla patamanpis o misa qipi patamanpis ama huk tullutapis chinkachispa. Hinaspataq llutanku wirawan, tulluta *k'aska*chinku[104], imaynatas huk isquilitu furmakun ima animalmantapis, kaqllata.

272   K'askachiyta tukuspa, kuka rurukunawan, kuka lapra kintukunawanpis, o kuka laprakuna ninku, anchaykunawanpis, *kunuka*kunanpis yapahataspa apanku samakuspa. Llapa runakuna samakunku "ha ha" nispa kimsakama.

273   Hinaspataq sumbrirunchanta chutikuspa huk runa, chay yachayniyuq runa, chay wiraq'aya churaq runa, apan huk iskay runawan; chimpan kandayaman.

274   Chay kandayapitaq achka ninan rawranan. Hinaspataq chayman churan, chay rawrasqa nina pataman kandayapi churanku chay isquilituta, chay uywap tullunta qalallata churanku.

275   Hinaspataq qalallata chay tullunta, chay rawrasqa pataman churaspa, hinapataman hichanku huchuy qiruchapi vinuchawan. Challanku: "Ay Tayta,

---

102 *Wilaja* - Aymaramanta **'wila'**; runasimipitaq 'yawar'. Bertoniop librunpi tarinchik: " *'Vilacatha'. (di)z que Sangrar el carnero para cocer su sangre."* (1984:386). (Llamata yawriwan turpun yawarta yanunanpaq utaq waykunanpaq). Ichaqa Alejop nisqanhina mana chaynatachu chaypi ruwanku.
103 *Q'aspay* - Ayakuchu ladupi **'kankay'** ninku.
104 *K'askay* - Ayakuchupi **'laqay'** ninku.

se reproduzca más, para que al año siguiente tengamos más animales, te agradecemos Señor". Así diciendo rezan y oran.

276 En ese fuego colocan también las demás cosas, los granos de maíz y todo lo demás. Entonces, si el Dios Tayta en el Alto Cielo recibe bien la ofrenda, los granos de maíz allí colocados deben reventar tres veces, así como cuando los tostamos. Uno revienta, "tiq" diciendo, otro también "tiq" y otro más "tiq". Si revientan así, tres veces, entonces dicen: "Allí está, gracias Dios Tayta por habernos recibido".

277 Allí ponen maíz colli, q'achi[31] o moteado, cada uno de esos maíces tiene su propio significado. Son para que Tayta Dios nos diga, para que nos haga escuchar. Si ninguno de los maíces colocados revienta entonces significa que la wiraqaya no ha estado bien colocada ni se ha alcanzado bien la ofrenda. Por eso no se debe poner mucho maíz. Pueden ser diez maíces, o seis o a veces hasta doce maíces, así es.

278 Cuando terminan de quemar el esqueleto se van hacia la *mesa de las ofrendas*. Esa *mesa* debe ser de una piedra plana y a su lado debe haber unos asientos de piedra a manera de banca. Sobre la piedra plana abren el llamado *atado de la mesa ritual*, el *atado* que se carga en una lliclla. Sobre la *mesa de las ofrendas* alzan todo el contenido del *atado ritual*. Allí, de una de las chombas de chicha, en un pequeño plato o vaso sacan el llamado *ojo de la chicha* y con eso rocían a los animales dando vueltas alrededor de ellos. A eso le llaman *chuyanchan*, purificación. La esposa del dueño de los animales toca un tamborcito y los demás van echando ese *ojo de la chicha* a la cabeza de los animales mientras dan vueltas alrededor de ellos.

279 Entonces abren el corral para que los animales se vayan a comer y allí les arrojan flores de la puna, flores blancas, claveles y otras flores parecidas, como la llamada *tiski*[32]. También les arrojan flores de chilliwa y esa comida llamada *juyu* hecha de maíz molido con higos y duraznos, y, al menos en febrero, todos los frutos que maduran en esa época. Todo eso les tiran con confetis. Y antes de que los animales salgan del corral ponen en el piso tres vasos de madera (queros).

---

31 Un maíz de color claro, ni amarillo ni blanco pero clarísimo. (Alejo Maque).
32 Flor pequeña en forma de grano de cebada que crece en la puna (Alejo Maque).

kunanqa samayakamuyku kay uywata, astawan mirananpaq, watamanpis achka uywa kananpaq, agradicikuykiku Siñur" nispa rizakunku orakunku.

276   Hinamantaq hinaqa chay sara granukunawan imaymanawan. Hinaqa chaymanta sichus Tayta ricibin Hanaq Pachapi allinta chayqa kimsakama tuqyamun chay sara. Kay hamkakuchkankihina tuqyamun anchaynata. Huk tuqyamun "tiq" huktataq "tiq" "tiq" tuqyamun, chay kimsakama tuqyamun sara chayqa, "Chayqá, diuspagarasunki Taytáy, ricibichkawanchik".

277   Sarata churanku kullita, q'achi[105] sarata utaq chiqchi sarakunata. Chay sapa sara significaduyuq. Chay Tayta willawananchikpaq chay sarata, uyarichiwananchikpaq. Sichus mana tuqyanchu mayqin sarapis chayqa, mana allin wiraq'aya churasqachu, nitaq allin haywasqachu chay ufrinda nisqa. Chayrayku mana achkatachu sarata churanku. Kanmancha chunka sara o mayninpi suqta sara, o chunka iskayniyuq sara, ahinalla.

278   Chayta rupachiyta tukuspa chimpayapunku chay misaman, chay haywana misapi. Chay misa sutiyuq kanan palta rumimanta, ladunkunapitaq rumimanta tiyakunapaq bancahina. Chay palta rumi patapi paskarinku misa qipi llikllapi qipichasqa. Chay haywana misapi huqarinku qalallata chay misa qipita. Hinaspa uywakunata chaqchunku. Chay ñawi aqa hurqunku. Chay patallanta hurqunku huk p'ukuchaman utaq qiru qiruchaman, puyñumanta urpumanta; chuyanchan ninku chayta. Hinaspa chaywan chaqchuspa muyunku uywata i warmi, chay qarinpa uywayuq warmin chay, huk cajata[106] tukakuspa purin. Uywata muyunku wakintaq hichakuspa uywakunap uman pataman.

279   Hinamantataq warayata kicharinku uywakuna ripunanpaq, mikunanman lluqsinanpaq. Chay pataman hichanku chay puna t'ikakuna[107] kan, imaymana yuraq t'ikakuna, anchay clavilpa partinmanta. Anchay t'ikakunawan, t'isqikunawan[108], chaykunawan. Chaymanta chay chilliwa t'ikakunawan, huyukunawan, saramanta kutasqa chay huyu sutiyuq, chay higusniyuq, duraznuyuq ima, lliw rurunpis chay fibriru killapi al minus; chaykunayuqta cunfitisniyuqkunata hichanku. Waraya punku manaraq lluqsichkaptin chaypitaq churanku kimsa qiruta.

---

105   Q'achi - Nitaq qillu nitaq yuraq, chuyakama culurniyuq.
106   Caja - Huk simipi: **'tinya'**, **'tintinila'**.
107   T'ika - Huk qichwa simipi **'wayta'** **'sisa'** nispa ninku.
108   T'isqi - Huk huchuy wayta huk siwara mujuhina punapi wiñaq.

280　Cada tinaja de chicha es para alguna ceremonia dentro de la *tinka*. Entonces hacen otra purificación. De la parte de arriba de la chicha sacan la grasa que es como una plata amarillenta, esa parte la bajan y la colocan al piso en los *queros* antes de que los animales salgan del corral. Cuando terminan de dar vueltas alrededor de los animales, los botan del corral, y ellos, con sus patas, pisan esos queros; y al pisarlos, los tiran al suelo. Entonces, si al caer los queros lo hacen apuntando hacia el lado por el que sale el sol, significa que será un buen año. Pero si no los tiran hacia el lado de la salida del sol, entonces no es bueno, es una mala tinka. Los animales tiran los queros según la voluntad del Tayta Dios. Si al Tayta Dios le parece que ha sido una buena tinka entonces los arrojarán hacia el lado de la salida del sol. Pero si no es así los tirarán hacia otro lado. Así creen los runas-indígenas.

281　Una vez que terminan, ante el altar-kandaya, beben y tinkan los huesos con chicha y vino. Después los entierran junto con todas las otras ofrendas de la mesa del atado ritual.

282　Tras hacer este rito, al año siguiente debe nacer una alpaca igual a la que fue sacrificada. Tanto si es macho como si es hembra, como si es *chullumpi*[33].

283　También ocurre lo mismo cuando el cóndor come un animal, al año siguiente nace un animal idéntico al que el cóndor comió. El cóndor alaba hermosamente dando alientos de alabanza dirigidos al Cielo de Dios y del Sol. El cóndor emite ruidos imitando al animal que ha comido. Si comió una llama entonces dice "in in". Si comió un burro dice "hih hih".

284　¿Por qué el cóndor alaba hacia el lado de la salida del sol? El cóndor ha sido creado, o ha nacido a este mundo por mandato de Dios, para que dé vueltas alrededor de la Pacha Mama. El cóndor es un apu, es como un jefe. Es como decir el Presidente de la República para todos los animales con alas;

33　"Le dicen chullumpi a una alpaca de tres o de dos colores. Uno de sus colores no se iguala con el de ninguna de sus congéneres, es un color diferente muy bello, esa alpaca es la alpaca chullumpi. Puede ser negra y blanca, o negra y un color amarillento o negra y marrón, hacia cualquier lado de la alpaca, pero es un color que no se iguala con ninguna otra alpaca, a esa alpaca le dicen chullumpi. La alpaca chullumpi no se iguala a ninguna otra alpaca, es una alpaca sumamente hermosa." (Alejo Maque).
"Igualmente este nombre designa un ave que vive en las lagunas de la puna alta. (...) Las aves acuáticas que también se denominan *chullumpi*, representan la relación existente entre estos seres y las lagunas y manantiales, que son las vías de comunicación que conectan este mundo con el interior. Esta observación hace alusión al comportamiento de las alpacas que prefieren lugares húmedos como los pantanos y bofedales (...) Además debemos recordar que en los mitos las alpacas regresan al mundo interior a través de las lagunas y las que se quedan en este mundo, tratan de volver al mundo interior por estas vías de comunicación." (Flores Ochoa 1988:243).

280 Sapanka puyñu imaymana chay tinkay ukupi ruwanapaq. Chay huk
chuyanchan nin, anchay aqap simin puyñup urpup uman patapi kachkan
qullqi, qullqi qillu, anchayta apaqaspa tiyachinku chay warayap punkun
manaraq uywa lluqsichkaptin. Muyuyta tukuspa qarqurunku hinaqa
wischukun, sarun chakinkunawan. Uywa sarunhinaqa wischun chay
qirukunata. Hinaspa chay qirukuna sichus lluqsin, wischukun inti lluqsiy
laduman chayqa, allin wata. Mana inti lluqsiy ladumanchu wischukun chay
qirukuna chayqa, mana allinchu, mana allin tinkasqachu. Uywakuna
chakinwan saruspa chay wischunanku. Arí, wischukun Taytap munasqanman
hinayá. Sichus Tayta munan "allinta tinkakunkichik" niq-hina, chayqa pay
inti ladup lluqsinmanmi wischukun. Sichus mana chayqa wak laduman
wischukun. Chayrayku iñinku ahinata.

281 Chayta tukuspa, chay kandayap ñawpaqinpi aqachakunawan, uvasmanta
upyanakunawan chay misa qipimanta, kaqkunawan ima pampaqku, sapa
tinkarispa upyarispa.

282 Chaymantataq watamanta huk paqucha paqarimun chay paqucha nakasqanman
kaqlla. Sichus urqun karqan kaqlla; sichus china kaqlla; sichus *chullumpi*[109]
kaqllapuni.

283 Kaqllataqmi kuntur mikuq ima uywatapis, wataman lluqsimun kaqllapuni.
Kuntur ima sumaqta samakuq Inti Dius Hanaq Pachaman. Chay animal
mikusqan waqayninmanhina waqanallantaq kuntur. Sichus llamata mikun
"in in" nispa waqan; sichus asnu "hih hih" nispa waqan. Paypis criyin.

284 Imarayku kuntur samakuq inti lluqsiy laduman? Chay kuntur Diuspa kamasqan,
o Diuspa paqarichimusqan kay pachaman, kay Pachamamapi muyunanpaq,
chay kuntur. Chay kunturqa huk apu, apu sutiyuq, huk jifihina. Kunan kay
Perú llaqtapi huk Presidente de la República, ahina chay apu, intiru pharayuq,

---

109 "Chullumpi ninku huk kimsa culurniyuq utaq iskay culurniyuq paqucha; chay huk kaq culurnin
manam igualanchu mayqin kaq paquchakunap masinmanpis, hukniraq sumaq munay culurlla, anchay
chullumpi sutiyuq. Yanayuq yuraqniyuq, utaq yanayuq qilluyuq, u yanayuq ch'umpiyuq ahina, may
ladumanpis, pero huk chay culur manam chay wakin paqucha masinman igualchu, chay chullumpi
ninku. Chay chullumpi paquchaqa mana igualakunchu chay wakin paqucha masinman, hukniraq,
sumaq munay paquchalla, arí". (Alejop willasqan).
Kaypi qawachiyku huk takichata, "uywa chuya taki" Flores Ochoap pallasqan:
*"Chullumpi, chullumpi/ Chullumpi, Chullumpi./ wanasullay wanasuwan/ nakay wanasu/ wanasullay
machu/ chullumpillay machu/ kaytachus maytachus/ pasanman karqan/ quri kargachantin/ qullqi
kargachantin/ sut'i riqsiyllapunis/ pasanman karqan/ quri kargachantin/ qullqi kargachantin/ quri
purwananwan/ wischuykusqa qullqi puruwananwan/ wischuykusqa/ sut'i riqsiyllapunis/ pasanman
karqan/ kaytachus maytachus pasanman karqan."* (Flores Ochoa 1988:243).

para el killichu, el huamancha, el keketa... Es el jefe de todos ellos en las altas punas de la sierra. El jefe de la sierra es él. El se hace respetar bien por todos esos animales con alas.

285 Por eso el cóndor agradece mirando hacia arriba. Mirando hacia la salida del sol agradece por el animal que se ha comido. Así dicen: cuando el cóndor come cualquier animal le agradece al Dios Tayta como si le dijera: "Gracias, por este animal que me he comido". Así, igual, el cóndor alaba. Así, por haber alabado al Dios Tayta, al año siguiente vuelve a nacer un animal idéntico al que comió. Si ese animal era moteado, volverá a nacer uno igual, moteado, con blanco, con negro, volverá a nacer igual. De una cría se formará un animal igual al que se comió.

286 En cambio si un zorro, *keketa* o *aqchi* come algún animal, ya no se hace lo mismo. Esos animales son comedores vulgares, no agradecen. Por eso no vuelve a nacer un animal igual.

287 Hasta el presente la gente de las alturas, la gente de las punas, sigue criando toda clase de animales: alpacas, llamas, ovejas, burros, vacas, cabras, y a veces mulas. También hay guanacos y vicuñas, pero ya no los crían. En los tiempos del Inca, hasta a esos animales se les pasteaba.

288 A las alpacas se les pastea en buenos bofedales, allí donde brotan bastantes manantiales. La alpaca debe comer toda clase de plantas que crecen en los bofedales, como la *chilliwa*. ¿Por qué en los bofedales? Por lo siguiente:

289 Cuentan que de la Mar-Laguna salieron las patas delicadas de la alpaca. Por eso se les tiene por parientes de los peces. Esa es la razón por la que se las debe pastear en bofedales. Si no se lleva las alpacas a los bofedales comienzan a morir poco a poco.

290 Las alpacas salieron con patas delicadas de la Mar-Laguna. ¿Por qué? La alpaca tiene una lana muy bonita, una lana muy fina. De su lana se hace ropas para que la gente se abrigue, esa lana no pica, no tiene cositas que hincan. Por eso es una lana fina. La lana de la llama no es así, y tampoco las patas de la llama son como las de la alpaca. ¿Por qué son delicadas las patas de la alpaca? Porque igualmente su lana es fina y por eso sus patas son delicadas. La alpaca no es como la llama que puede caminar en cualquier parte. Si la alpaca comiera y caminara junto a la llama, por cualquier

chay kili, wamancha, qiqita chaykunap jifin altu punapi, sierrapi. Sierra chaypi jifi pay. Pay allinta rispitachikun llapa chay wakin pharayuq uywakunaman.

285 Chayrayku pay agradicikun wichayta qawarispa, inti lluqsiy laduman qawarispa agradicikun ima uywa mikusqantapis. Arí kuntur mikun ima uywatapis, chayqa agradicikun Dius Taytaman: "Diuspagara kay uywata mikuni" nispa. Hina kaqta kunturqa samakun. Hinaqa samakuspa chay wataman kaqllataq lluqsimun ima uywa mikusqanpis utaq paqarimunpis. Sichus karqan chiqchi, chay kasqan chiqchi lluqsimun. Yuraqniyuq, yanayuq, kaqlla paqarimun, huk uñachanmanta; kaqllata wiñan chay kunturpa mikusqanhina.

286 Sichus atuq mikuq ima uywatapis, chayqa manam. Ni qiqitakunapis, aqchikunapis; manapuni kaqllaqa. Chaykunaqa yanqa mikupakuq, mana agradicikunchu, chayrayku mana kaqllachu paqarimun.

287 Kunankamapis rikuchkanchik-hinaqa, altus runakunaqa, puna runakunaqa utaq istancia runakunaqa michichkankupunim imaymana uywakunatá: paquchata llamata uwijata asnuta wakata kabrakunata, may chiqanpiqa mulakunata ima. May chiqankunapiqa kanmi wanakukuna wikuñakuna, chaykunaqa manaña michiqniyuqñachu. Inkap timpunpiqa michinan kaq chaykunapiwanpis.

288 Paquchakunaqa michikunmi allin uquyuqpi. Achka pukyukuna tuqyamun anchaykunapi. Paquchaqa mikunan uqupi imaymana wiñaq sachakunata chilliwakunata. Imarayku uqupi? Kayrayku:

289 Chaki chuchullunkuna wawalla lamar-quchamanta rikurimusqa, chayrayku challwa parti. Chayrayku sichus mana uquyuqpi paquchakunata uywanku chayqa, pisi pisillamanta wañun.

290 Chay paquchakunaqa wawa chakillayuq lluqsimurqan lamar-manta. Imarayku? Paquchaqa aswan sumaqlla millwan, aswan finu millwayuq. Chay millwamanta ruwakuqku ukuman runakuna p'achakunanpaq, ama kichka kichka kananpaq, chay finu millwa. Llamap millwanqa mana chayhinachu, llamap chakinpis ni chayhinachu. Imarayku wawa chakilla? Chay paqucha millwanman finu kaptin hinaspa chakinpis dilicadu, mana llamahinachu purin maytapis. Chay paqucha sichus llamawan kuska mikunman may urqukunapipis chayqa, paquchap chakinqa raqrayta yaykun. Hinaspa ch'akipun ch'akiyun. Hinaspa

cerro, se le rajarían "los pies", se les secarían poco a poco y sería como si estuvieran llorando sangre, ya no pueden caminar, les sale sangre de esas rajaduras. Por eso la alpaca es el más apreciado de todos los animales que comemos. Es el más delicado de todos, más que el guanaco, la vicuña, la llama o el camello.

291 Por eso es que los incas la hicieron nacer del Mar-Laguna. Los incas dando alientos y alcanzos pidieron al Tayta Dios y por eso los manantiales aparecieron para las alpacas, para las alpacas especialmente. Por eso reventaron los manantiales.

Sobre los manantiales

292 Cuentan que el agua viene de La Mar-Laguna. A través de los cerros viene esa agua y corre por todas las estancias y pueblos de Caylloma. Desde La Mar-Laguna sale el agua, revienta. Por eso ahora se está secando, muchos manantiales se están secando por todas las estancias. ¿Por qué ocurre esto? Porque no hay lluvia, porque no hay nieve en los cerros, dicen los mistis.

293 Puede ser que sea cierto. La nieve de los cerros se derrite con el calor y se convierte en agua y así los manantes revientan en cualquier parte. Pero si ahora no se hacen ofrendas como en el tiempo de los incas, si no se acuerdan del Tayta Dios, entonces por más que llueva los manantes se secarán de todas maneras. En cambio el Dios Tayta nunca va a secar el agua de La Mar.

294 Los manantes vienen sobre todo de La Mar-Laguna, eso dicen. Mis abuelos me han contado. En los tiempos de los incas siempre hablaban de que el agua de los cerros viene desde La Mar-Laguna.

295 Y es por eso que los manantes se secan. Así es que antes, los incas traían de La Mar-Laguna en cántaros nuevos, completamente nuevos traían la espuma de La Mar con agua. La llevaban a las estancias y hacían tinkas a las orillas de los manantiales. Así nuevamente reventaba el agua de los manantes, nuevamente salía agua.

296 Hay algunas personas que creen en eso y siguen trayendo esa agua de La Mar. Esos manantes son de mucho respeto, muy queridos, no se debe jugar

yawarta waqanhina mana puriyta atinchu, chaki raqrakunamanta yawar lluqsimun. Chayrayku paqucha aswan munana intiru kay runakunap mikunan uywakunamantaqa. Aswan dilicadu intiru, wanakumantapis, wikuñamantapis llamamantapis utaqchus chay camillumantapis.

291 Chayqa, chayrayku chay lamar-quchamanta paqarichimurqan chay inkakunaqa, anchay chay inkakunapis huk samakuspa haywakuspa, mañakurqan Taytachamanta, chayrayku pukyukuna rikurirqan paquchapaq, *especialmente*. Chayrayku chay pukyukuna tuqyamurqan.

Pukyukunamanta

292 La-Marpachamantas hamuchkanman yaku, urqu ukunta hinaspa chay istanciakunaman, tukuyhina kay Kaylluma istanciakunaman, wak llaqtakunapi istanciakunamanpis purichkan. Chay La-Marpachamanta yaku lluqsimun, tuqyamun. Chayrayku kunan ch'akipuchkanña achka pukyukuna hinantin istanciakunapi. Imarayku nin manam para chayanchu? "Chayrayku mana urqukunapis ritinchu" nispa mistikuna rimanku.

293 Mayninpi chiqaypis kanman; ritin urqukunapi, hinaqa rupaywan chay riti chullun, hinaqa kaqllata lluqsimun yaku, pukyu tuqyamun mayqin urqupipis. Piru sichus manataq haywakuchkankuchu inkakunap timpunpihina, mana yuyarichkankuchu Dius Taytata chayqa, manallapuniyá, ch'akipullanqapuni paranqaña urqukunapis chaypis. La-Marmantapis mana yakuta ch'akira-chimpunqa Dius Tayta.

294 Pukyukuna mastaqa hamun La Mar-Quchamantapacha nin chay, may tatalay willawaq. Inkakunap timpunpi rimakuqkupuni yakuqa lluqsimun urqukunapi pukyumanta, lamar-quchamantapacha hamun.

295 Chayrayku pukyu ch'akiq. Mayninpi inkakuna puriq La Mar-Quchaman. Hinaspa La Mar-Quchamanta sumaq allin arisqa, allin arisqa urpuchapi, musuq urpuchapi, mana aqa, aqasqa, mana imanasqacha; anchay urpuchapi musuqchallapi apamuqku La-Mar pusuquta yakuntinta. Hinaspa chayta istanciaman apaspa tinkaqku chay pukyu patapi. Hinaspa wakmanta tuqyayta qallarimuq yaku chay pukyumanta.

296 Mayninpi chay wakin iñiq runakuna apamuchkankupuniraq chay yakuta La Mar-Quchamanta. Chay pukyu, yaku tuqyamuchkan urqupi, istancia

con ellos. Si a las orillas de un manante juegas o te burlas, o si se te ocurre lavar una olla tiznada, si metes esa olla tiznada al manante, entonces ese manante se seca inmediatamente. Ya no sale agua.

297   O si juegas mucho a su lado y te burlas, entonces rápidamente brotan granos en tu cara, toda clase de granos. De eso no te pueden salvar ni los doctores ni nadie. Y si vas a un curandero, (a un curandero así como yo) entonces inmediatamente debes pagar con una *wiraqaya*, haciendo una cría de un animal. Con sebo, calentándolo en tus manos debes hacer una cría, y así debes pagar al manantial. Con sebo del pecho de llama debes hacer esa cría, una cría de oveja o una cría de llama y con eso debes pagar. Se puede hacer cualquier cría, pero la mayor parte de las veces se hace una cría de llama. Con eso te cura del manantial, o sea tu cara se cura de esa sarna que le agarró. Y después otra vez vuelve a brotar, linda, el agua...

298   Yo me hice curar una vez, a mí también me agarró el manantial. Yo no creía: "¿qué será eso?, debe ser mentira, ¿cómo me va a agarrar un manantial?" decía yo. Así, una vez oriné hacia el hueco donde brota el agua. Después me llené de granos por todo el cuerpo. Allí no te puede salvar ni un médico.

299   Es así que la Madre Tierra vive como si fuera una persona. Está permanentemente viva hasta ahora. Y por eso es que a veces ya no llueve ni revienta agua de los manantiales ni tampoco los animales se reproducen como deben.

Sobre otros animales de la puna

300   Otros animales comen diferentes pastos que la alpaca. Las llamas comen la paja-iru y el ichu; viven bien comiendo esos pastos. También las vacas comen paja-iru e ichu; pero además comen tola; e igualmente viven bien con esos pastos. De igual forma las ovejas, los burros, y las mulas.

301   Si las ovejas comen una planta que crece en la puna llamada *garbancillo*, les agarra una enfermedad que les hace "dar vueltas la cabeza"; y con eso se mueren. También los burros o mulas que comen la leña que comen las vizcachas (ese animal era el cuy de los incas) con pelo y todo mueren: el burro por ser burro y la mula por ser mula.

ukupi, chay pukyuqa sinchi rispitana, sinchi munana, mana pukllanachu chay pukyuwan. Chay pukyupatapi, pukllanki, burlakunki, utaq qhilli mankata tiznayuqta apanki... hina chay manka tiznayuqta winanki pukyuman, hinaqa chay pukyuqa utqayllata ch'akirapun. Manaña yaku lluqsimunchu.

297 Utaqchus pukllanki sinchita burlakuspa chaypis uyaykipi utqaylla hatarimun imaymana granus. Mana chayta ni ducturpis ni pipis salvasunkimanñachu. Sichus chay hampiq tatalla, hampiq runa (mas o minus ñuqahina hampiq tatalla) chayqa, utqayllata pagana chayman huk wiraq'ayata uñakunallata ruwaspa. Wirata quñichispa makiykipi huk uñakunallata ruwanayki, hinaspa paganayki chayman. Huk wira untuhina. Anchay untuta uñallata ruwanki, uwija uñallata utaq llama uñallata, hinas chayta paganku.
Ima uñallatapis ruwanki piru aswanta churanki llama uñallata. Chaywan chay pukyu hampisunki; uyayki alliyakun chay sarna hapisqan. Hinamanta wakmanta yakupis sumaqta tuqyamun.

298 Ñuqatapis hapikuwarqan pukyu. Manam ñuqa criyinichu, "ima... yanqa ninku... iman chay pukyu hapiwanman" nispa ñuqa chay tuqumanta lluqsimuchkan yaku, anchayta ispahatarqani yaku ispayta...
Hinamanta lliju intiru cuirpu lliju granus huntaywarqan. Chayqa manam chaypiqa ni medicopis salvasunkimanchu.

299 Chayqa kay Pachamamaqa kay runahinayá kawsachkan. Kawsachkanpuni kunankamapis. Chayrayku mayninpi manaña ima kaqñachu ni parapis chayanchu ni pukyukunapis tuqyamunchu nitaqmi uywakunapis iman kaqchu miran.

Wakin uywakunamanta

300 Wakin uywakunataq imayniraq sachakunawanpis kawsallanmi. Llamapis iruta, ichuta mikuspa allinta kawsan. Wakapis iruta ichuta t'ulata ima mikuspa allinta kawsan. Kaqllataq uwijapis asnupis mulapis.

301 Sichus uwija mikun huk sacha sutiyuq punapi garbansu, chayqa uma muyuy hapin; hinaspa wañun chay uwija. Kaqllataq asnupis mulapis; sichus wiskacha yamtata (chay wiskachapis inkakunap quwin karqan) chay yamtata asnu mula mikun millwantawan, chayqa wañullantaq: asnupis, asnu kayninpi; mulapis, mula kayninpi.

302   Si hay gente que no cree en lo que aparece aquí escrito, descreída, y llevan a su burro o mula a comer esta leña de vizcacha con pelo y todo, entonces ¡sabrán lo que es bueno!

303   ¡Hagan lo mismo con las alpacas! Si las crían en alfalfares, sus dientes les crecerán como al mismísimo Drácula. Igualmente: si no las pastean en los bofedales poco a poco morirán, cuando ya no puedan ni caminar.

304   Así son estas historias que hasta llaman al llanto al terminar de contarlas. Yo, en mi condición de Khunku de las alturas, ¡cuántas veces no habré pasteado esos animales! Unas veces comido y otras de hambre, pero siempre ahí, en los cerros; acompañado del frío, del viento, la lluvia, la nieve.

XVIII   Cómo hacer para que las alpacas aumenten

305   Para hacer aumentar a las alpacas hay que hacerlas aparear en los meses de setiembre o agosto. En otras palabras, hay que hacer "tirar" a las alpacas hembras con las alpacas machos.

306   Para ello, hay que criar alpacas hembras y alpacas machos en estancias separadas. ¿Cómo se les hace aparear?

307   A todas las alpacas hembras hay que llevarlas a un corral ceremonial (kullun). Cuando todas están ahí reunidas no hay que dejar de ponerles una *iranta*.

308   Al lado de la iranta siempre debe haber chicha masticada *muqchi o muku*[34] con *ojos de oro y plata*[35]. Esos ojos de oro y plata de la chicha se extraen a un *vaso de plata*[36] para rociar a las alpacas.

309   Después se hace un *juyu* de maíz, al que se le añaden higos. Se continúa sacrificando una alpaca para hacer la *wilaja*. Debe haber una tinaja para la alpaca hembra y otra tinaja para la alpaca macho. Así, al momento que se coloca a las alpacas en la mesa ritual, se empiezan a cruzar. Las alpacas machos se sitúan tras las alpacas hembras.

---

34   En Guaman Poma (1980) se encuentran descripciones sobre estas formas de preparación de chicha masticada. La chicha 'muqchi' es a base de la harina que se enjuaga en la boca y se escupe. El 'muku' es el maíz que se masca en la boca y se escupe. En ambas formas de preparación la saliva actúa como fermento.

35   'Los ojos de oro y plata' de la chicha se forman al añadir sobre ella grasa. A esa especie de burbuja que se forma le llaman así y tiene un importante valor ritual.

36   Al igual que cuando se habla del 'libro de oro' y 'el libro de plata', este 'vaso de plata' es llamado así, pero no significa que sea realmente de plata. Tal denominación obedece a su valor ritual y quizás a razones históricas.

302   Sichus mana iñiyniyuq runakuna kay qillqapi mana iñinkuchu, chayqa asnuykichikta mulaykichikta apaspa mikuchiychik chay wiskacha yamtata millwantawan; chaywan yachankichik allin yachankichuta.

303   Kaqllatataq ruwaychik paquchawanpis. Paquchata uywanki alfapi, kirunkuna wiñarqunqa draculap kirunhinaraq; utaq mana uqupichu michinkichik, wañunqa chay paquchakuna mana puriyta atispa.

304   Ahinam kay willaykuna waqaspapis tukukunapaqraqmi. Ñuqa Khunku kayniypi may uywa michisqayqa mikusqa mana mikusqa urqupipis chiriwan kuska wayrawan kuska parawan ritiwan kuska.

XVIII   Paquchakuna mirananpaq

305   Paquchakuna mirananpaq sapa agustu killapi, sitimbri killapi *ikha*china[110], huk simipiqa witinachina; paqucha urqukunata china paquchawan.

306   Chaypaqqa china paquchata huk astanapi uywana; urqu paquchatapis kaqllatataq huk astanapi uywana. Imaynatas ikhachina?:

307   Huk *kullun kancha*[111] sutiyuq chayman apana llapan china paquchakunata; ñachus chay ukupi qalaña china paquchakuna hinaqa churakunapuni irantataqa.

308   Chay irantawan kuska kananpuni aqa sutin *muqchi* aqa, utaq muku aqa; ima sumaq qullqi quri ñawi ñawiraq. Chay qullqi quri ñawita, huk qullqi qirupi hurqunku challanapaq.

309   Chaymanta huyutapas ruwanku sarallamantataq, higusniyuqta. Wilajatapis ruwallankutaq huk paquchata sipispa. Huk urpu aqa kanan urqu paquchakunapaq; hukkaqtaq china paquchakunapaqtaq. Maypachachus chawpi misapi runakuna tiyarachichkanku chayqa, paquchakunaqa ikhakuchkallanmi; urqu paquchakunata china paquchakunaman qatiyunku.

---

110 *Ikhay* - Uywapura siqanakuy. Kanmanpas aymaramanta. Bertonioppi tarinchik: "*'Iquicchuquisitha'*. *fornicar los niños y niñas / 'Iquikhtata' fornicaria ramera*" (1984:144-5). *'Fornicar'* runasimipi nisunman **'witiy'**. Antabambapi tarinchik 'ikhay': **"wawa puñuchinapaq"** chaypi nikun.
111 *Kullun kancha* - Huk **'kancha tinkanapaq'**.

310   Momentos antes de que los machos penetren a las hembras, unas personas las hacen parar y traban sus patas con *chiwiqueña*[37]. Así los machos las penetran diciendo "¡ococo! ¡ococo![38]". Los que están ahí parados deben tocar, acariciando, por donde pare la hembra, y también el miembro del macho para ver si entró o no la semilla.

311   Al terminar sueltan a las alpacas, a hembras y machos, dejándolas salir al campo abierto. En ese momento las rocían con *juyu*, con confetis, o con agua bendita sábila y palma[39] para evitar las murmuraciones de la gente.

312   La llamada sábila y la palma las remojan en agua y con eso rocían a los animales. ¿Por qué les echan con eso a los animales? Eso lo hacen para contrariar las habladurías de la gente. A veces los vecinos de tu casa, lo que llaman colindantes o vecinos de tu comunidad, tienen envidia entre ellos, dicen por ejemplo: "él tiene bastantes animales y yo tengo poquitos nomás". Por eso hacen eso.

313   También puedes masticar la sábila en tu boca y deshaciéndola menudito con los dientes la escupes diciendo "que regrese, kuti, kuti, que regresen las habladurías de la gente". ¿Por qué dices "kuti" (regrese)? Para que las malas palabras de la gente le regresen, o sea, que a ellos mismos les regresen sus malas palabras. Por eso hacen así con la sábila y la palma, para defenderse de las habladurías de la gente, para contradecirlas.

314   Cuando esto termina se come la *wilaja*, toman chicha hasta emborracharse y también bailan. Empieza la alegría. Así es el apareamiento o cacherío que se hace entre las alpacas.
      Esta costumbre se realiza cada año en febrero o agosto. Hasta ahora se sigue haciendo en algunos lugares.

---

37 Sabemos que la *chiwiqeña* es una soguilla. El término probablemente es aimara y relacionado a su vez a *puruwana*: "*Puruwana* son las sogas sagradas que se usan en las ceremonias, se las guarda en el atado mágico junto a las *illa*. Las confeccionan de la fibra de animales que no se trasquilan durante dos o más años, con el fin que les crezcan mechas largas, buenas para este propósito." (Flores Ochoa 1988:244).
38 Esta onomatopeya parece asociada a 'uqhu', 'bofedal'.
39 Sábila y palma son dos plantas.

310 Manaraq urqu paquchakuna yaykuchkaptin wakin runakuna sayarachichkan china paquchakunata qipa chakinta tinkusqa *chiwiqiña*wan[112], hina urqu paquchaqa yaykumun "uququ-uququ" nispa. Chay sayaq runakunataq *llamkha*nan[113] utaq llaminan china paquchap wachananta, urqu paquchap ulluntawan; sichus yaykuchkanchus icha manachus urqu paquchap mujun.

311 Chayta tukuspa qatirparipunanku chinantinta urquntinta, huyuwan chaqchuspa. cunfitiskunawan ima; utaq agua binditawan palmawan sabilawan ima, tuqaspa runap siminpaq.

312 Chay sabila chay palma sutiyuq, chaykunata chaqchunku yakupi challpusqata, utaqchus chay palmata chaqchuyta tukun sabilatawan yakupi challpusqawan uywap patankunaman. Chayta imarayku chaqchunku? Chaykunaqa runap siminpaq, imarayku runap siminpaq? Mayninpi wakin culindanti ninku, wakin vicinu ninku, wakin ayllu masin invidianakunku: "Pay achka uywayuq, ñuqap pisilla" nispa. Chayrayku chay.

313 Utaq chay sabilata simiykiman churakuspa kutuspa, kanispa huchuy huchuyllata kiruykiwan dishacispa, tuqanki "kuti kuti runap simin kuti" nispa... Imarayku "kuti" ninki? Paymancha chay runakunap *kamiy*nin[114] kuti*hata*chun, o sia paymanpacha chayachun chay kamiy kamisqan. Anchayrayku chay sabilawan palmawan runap siminpaq; paykuna difindikunku cuntradicinku.

314 Chay tukukuyta llapan runakuna wilajata mikunku. Aqakunatapis upyay tukunku machayunku tusunku ima; kusikuyta yaykunku. Chay paqucha ikhachiyta utaq paqucha witichiyta. Ahinam chay. Chayta ruwanku agustu killapi utaq fibriru killapi sapa wata kunankamapis may maynillanpiqa.

---

112 *Chiwiqiña* - Huk qichwa simipi kanman **'puruwana'**. Huk huchuy waska millwanmanta ruwasqa, chayta waqaychanku misa qipiwan kuska (Flores Ochoa 1988:244). Hinallataq qawarikunman (Montufar 1990:21). Huk simi taqipi (diccionariopi) (A.M.L.Q. 1995:68,414) tarikun chay simikunata, ichaqa mana allin sut'ichasqa kachkanchu.

113 *Llamkhay* - Utaq **llamiy**. Hinallataq Qusqup ladunpi ninku **'llankhuy'**, Ayakuchupi **'llachpay'**. Aymaramantapas kanman. Castillanupi: *"manosear, tocar"* (Büttner-Condori 1984: 122).

114 *Kamiy* - Hinallataq **'tratay'** ninku.

Sobre las enfermedades de las alpacas

315   No es eso nomás el cuidado de las alpacas. También hay que preocuparse
de sus enfermedades.

316   Son enfermedades de las alpacas la sarna y las garrapatas o piojos. La sarna
se les puede curar con aceite negro o aceite de comer. El aceite se mezcla
con *lecsone*[40] y con sebo añejo. Esa mezcla hay que removerla sobre las
brasas hasta hacerla casi hervir. Después con un poco de lana hay que frotar
esa mezcla quemante sobre las partes con sarna.

317   A las madres y a las crías hay que curarlas de los piojos llamados garrapa-
tas. Se les lleva a una lagunita hecha artificialmente llamada bañadero. En
esa lagunita se echan las medicinas y se mezclan con el agua. Una vez que
las alpacas se encuentran allí metidas se les remoja con esa agua.

318   Para que a las crías no les dé diarrea se les cuelga del cuello unos hilitos
rojos y toda clase de frutas. La fruta que más se emplea es el membrillo.

319   Hay muchas otras cosas para contar acerca de las alpacas. Poco a poco este
libro las contará para todos aquellos que tienen fe en lo que contamos; a
aquellos que no creen, no les dirá nada. Estas son las palabras de la puna.

¿Cómo se pastea a las alpacas?

320   Así se les pastea: Al canto del gallo el pastor hace tostado para su fiambre.
Hace tostado de maíz, tostado de trigo y tostado de habas. También tuesta
cebada para hacer el chaque de cebada. Hace la *lawa* con chuño machacado,
habas peladas, lomo o picadillo de grasas si es que no hay carne.

321   En una olla diferente se cocina los restos de grasa para los perros, en la
llamada *manka* del perro (olla del perro). Mientras el día va clareando el
pastor y los perros comen. Cuando terminan de comer el pastor se alista su
fiambre que consiste en patas cocinadas de oveja, tostado, higos, queso y
a veces chicharrón.

---

40   Lecsone es un producto químico.

Paqucha unquykunamanta

315 Chaypiwanpis manam chayllachu paqucha michiyqa. Unquymantapis llakikunallataq.

316 Paquchapi unquyqa qarachi, hamaku utaq usa. Chay qarachita hampina yana aciytiwan utaq mikuna aciytiwan. Chay aciytita chapuna lecsonewan, añiju wirawan ima. Nina sansapi *challcha*china[115] chay chapusqata; hinaspataq huk huchuy kipu millwachawan chay qarachikunatam rupachkaq challchachkaqwan qaquna.

317 Uñakunatapis mamankunatapis usanmantapis hampina hamaku sutiyuq. Qatinan llapa paquchata huk runap ruwasqan quchaman, bañadiru sutiyuq. Chayman hichanku imaymana hampikunata yakuman. Hinaspataq paquchakunata qatiykunku chay quchaman, llapan cuirpun challpukunankama.

318 Uñankunatataq ama qicha hapinanpaq kunkanmanta puka qaytuwan warkunku, imaymana frutakunata, mastaqa utaq kuraktaqa mimbrilluta warkunku.

319 Achkaraqmi paqucha unquymanta rimanapaqqa. Pisi pisillamantaqa kay qillqaqa willamunqa llapa iñiq runakunapaqqa; mana iñiq runakunapaqqa mana willamunqachu. Ahinam kay puna rimarikuy.

Michiqri, imaynatataq michin?

320 Ahinatam michin: Gallu waqayta michiqqa hamkata hamkakun *quqaw*ninpaq[116], sara hamkata, trigu hamkata, hawas hamkata. Hamkakullantaqmi siwarata akupaq, siwarata chamchupaq. Apita waykukun chuñu takayuq *hawas kisa*yuqta[117], ima sumaq wasa aychayuqta, utaq wira takayuqta mana aycha kaptin.

321 *Llukllu llukllu*llata[118] allqukunapaqpis wak manka waykullantaq allqu manka sutiyuqpi. Chaykamaqa ña punchayamunña. Chaypiqa mikuchkananña allqukunapis michiqpis. Maypachachus mikuyta tukunku chayqa, michiqqa qipichakun chuchulluta quqawninpaq, hamkata higusta kisuta utaq chicharrunta.

---

115 *Challchay* - Huk simipi **"timpuy"**.
116 *Quqaw* - Wakin **'milkapa'** ninku.
117 *Hawas kisa* - Chayta ninku allin unuyasqa utaq yakuyasqa hawasta.
118 *Llukllu* - Imapas waykuptin chay wira utaq wiswi puchusqanta.

322 Para trabajar durante el pastoreo debe llevar hilos y sogas para trenzar, y lana para torcer; tanto para las sogas como para las huaracas.

323 También lana para hilar. La lana se hila para hacer bayeta, ponchos, llicllas, bolsitas para llevar coca llamadas *chuspas* , otras bolsitas llamadas *istas* y talegas para llevar el fiambre. Para todo eso se hila y, ya después, se teje.

324 A veces el pastor lleva su flauta llamada *lawata* o *pinkullo*. Al tocarla o meter bulla con ella se alegra el corazón de los animales, o también se contenta a la Madre Tierra.

Llamas y arrieros

XIX Sobre las llamas machos y los viajeros con avíos

325 En las punas, en las alturas, las llamas se crían casi de la misma forma como las alpacas. A las llamas hembras también las tienen en una estancia y las crían como a las alpacas.

326 A las llamas de regular tamaño, cuando son machos, les dicen "macho-tierno[41]".

327 Cuando son suficientemente grandes y con fuerza sirven para cargar los avíos. Pueden llegar a cualquier pueblo tan igual como los burros o las mulas. Cargan ropas y productos alimenticios.

328 Hay muchísimo que contar acerca de la vida de las llamas. Cuentan que las llamas se hicieron pasar por soldados en la guerra con Chile. ¿Cómo así? De la forma siguiente:

329 Les pusieron flores blancas y rojas en sus orejas y mantones rojos en sus lomos. Así las arrearon hacia donde estaban los chilenos. A ellos, al verlas

---

41 En la versión quechua *ankuta*. "Qualquiera animal que sale ya de cordero" (Bertonio, 1984:19 segunda parte). Es un término clasificatorio de edad: "animales de más de dos años, productores" (Flores, 1988:126).

322   Michinapi llamkananpaqtaq warka simpananta waska simpanata millwata misminanpaq waskapaq utaq warkapaq.

323   Millwata puchkanapaq baytapaq punchupaq llikllapaq chuspapaq utaq *ista*paq[119] quqaw wayaqapaq, imaymana awanapaq.

324   May chiqanpitaq lawatata utaq pinkuylluta chayta takichispa chaqwachispa uywakunap sunqunta llanllachinanpaq utaq Pachamamata.

Llamamantawan viajirumantawan

XIX Urqu llamakunamanta aviuwan puriq runakunamantawanpis

325   Punakunapi, altuskunapi, llamakunatapis uywallankutaq yaqa paquchatawan kaqllatataq. China llamakunata achka chayqa huk astanapi uywanku, paquchatahina ikhachinku ima.

326   Chay malta llamakuna sichus urqu chayqa, suticharqanku "urqu *ankuta*kuna[120]" nispa.

327   Maypachachus allin hatunña kallpayuqña chayqa sirvin aviukuna qipiqpaq. May llaqtakunatapis asnup partinmanta, mulap partinmanta chayayta atiq, imaymana p'achakunata mikuy kawsaykunata qipiyukuspa ima.

328   Llamakunap kawsayninqa manchana achka willanan. Llamakunaqa Chilepi guirrawan kachkaspapis paykunaqa suldadumanta pasarqanku. Imaynata? Ahinata:

329   Llamap rinrinpi pukatawan yuraqtawan t'ikacharqanku; wasanmantaq puka chukukunawan churarqanku. Hinaspataq chilinukuna laduman qatimurqanku. Maypachachus chay llamakunata chilinukuna rikumurqanku karumanta

---

119   *Ista* - Chuspahina, warmikuna apakun. Aymara simimanta: *"Istalla - Prenda tejida de lana de colores, de pequeño tamaño, para guardar coca y dinero, que lleva la mujer consigo"* (Ayala 1988:98).
120   "Chay *urqu ankuta*kunaqa waynakunaña. Manaraq carganchu. Sichus carganku chayqa pisichallataraqá, waynaraq, manaraq allin kallpayuqraqchu" (Alejop willakusqan).

desde lejos, les pareció que eran soldados guerreros y escaparon. No volvieron a regresar y de esa forma los chilenos perdieron la guerra.

330   Es por eso que las llamas son muy respetadas. Por haber ganado la guerra a los chilenos y también por haber tenido la capacidad de obedecer las órdenes de los peruanos.

331   Las llamas necesitaban un mes para viajar desde Caylloma a Santo Tomás. Antes de partir, los viajeros preparaban bastante fiambre, bastante chaque, harina y otras comidas. También preparaban chicha masticada y otras muchas cosas. Antes de partir siempre se tinkaba, ofrecían *irantas* a la Madre Tierra, para que todo fuera bien durante el viaje.

332   Una vez que el viaje con las llamas empezaba, andaban con mucho cuidado por los caminos; cuidándose de los asaltantes o de cualquier cosa o pelea que pudiera suceder.

333   Para evitar el robo de las llamas o de las provisiones llevaban buenas huaracas, también cargaban piedras para ondear y llevaban perros. Eran buenos perros bravos para defenderse de los ladrones.

334   Cada vez que se cumplía un día de viaje descansaban en un lugar dispuesto para ese fin. Unos pasteaban a las llamas y otros recogían leña para la cocina.

335   Se viajaba con todos los alimentos listos para cocinar. El maíz ya debía estar molido y lo mismo el chuño; también el *chaque* listo; y la harina bien cernida para la mazamorra. Así, cocinar resultaba fácil y rápido. Una vez que comían, dormían. Sólo los perros no dormían. Ellos permanecían con las orejas atentas. Así amanecían, vigilando por si venían ladrones.

336   Cuando clareaba el día partíamos nuevamente. Algunos torcían lana y otros hilaban. Caminábamos gastándonos bromas entre nosotros.

hinaspa chilinukunapaqqa paricirqan riparakurqan paykunapaqqa suldadu guirrirukunahina. Hinaspa chilinukuna iscaparqanku, manaña astawan kutimurqankuchu, guirrata chaypi pirdirqanku chilinukuna.

330 Chayrayku llamapis manchana rispitana chilinukunata guirrapi atipasqanrayku. Kasqallantaqmi llamakunaqa peruanop kamachiyninta atisqan ruwayta.

331 Kay Kayllumamanta Santo Tomaskama killantinta purirqan viajiruwan. Manaraq purichkaspa viajita, chay viajiru runakunam achkata quqawkunata, achkata chamchuta, akuta, imaymanakunata ruwakuq. Kaqllatataq muqchi aqakunatapas aqakuq. Aviukunatapis imaymanata allchakuq. Manaraq may ladumanpis hatarichkaspa, tinkakuqpuni, irantakunatapis haywaqkupuni kay Pachamamaman, allin puri purinanpaq.

332 Maypachachus puriyta qallariq chayqa llamakunawan kuska, achka ukupunim puriqku ñankunapi suwakunamanta; utaq imamantapis churanakunankupaq; utaq maqanakunankupaq.

333 Llamankuta amam suwachikuyta munaspa, nitaq aviukunatapis, chaypaqqa, apaqku allin warkakunata, rumikunatapis qipiqku warkanankupaq allqukunatapis -allin allqukunata apaqku- suwakunata kaninanpaq.

334 Sapa urnada kanchaman chayaspa, wakin llamakunata michiramuq, wakintaq yamtata pallamuqku waykukunankupaq.

335 Chay waykukunankupaqqa imapis listullaña puriq. Sara aqallpupis *qhuna*sqallaña, chuñupis qhunasqallaña, akupis suysusqallaña, chamchupis apitapis kaqllataq. Chayqa chaykunaqa yanqa churaykunallaña kaq. Chay waykukusqankuta mikuyuspa puñukuqku. Mana allqu puñuqtaqchu, aswanpis rinripatallapi allqu apasqankupis *tuwa*sqallanpi[121] paqariq ama suwa hamunanpaq.

336 Maypachachus punchawyamuq chayqa, wakmanta puriyta qallariqku; wakin *kanti*yukuspa[122], wakin puchkayukuspa utaq khuyuyukuspa takiyukuspa, chanzakunata ima rimayukuspa.

---

121 *Tuway* - Aymaramanta. Huk qichwa simipitaq **'qaway'**, **'cuiday'**.
122 *Kantiy* - Ayakuchupi kanman **"kawpuy"**, **"chullapay"**.

337 Cuando llegábamos a un pueblo trocábamos alguno de los productos que traíamos por otros que no teníamos. Así era cómo, al terminar el viaje, los viajeros regresaban tan cargados como habían partido. En sus casas, sus esposas siempre los esperaban con chicha masticada en grandes tinajas. Después hacían la tinka a los productos que habían traído y no dejaban nunca de hacer un pago. Así nomás era la vida de los viajeros.

338 Los hombres que en esos tiempos viajaban casi no permanecían con sus esposas. Por esa razón en su casa no debía faltar nada. Debían tener la casa bien abastecida de productos de toda clase para que nunca les faltara nada, tanto a sus esposas como a sus hijos.

339 Por esa vida que llevaban, sus hijos no iban a la escuela. Pero aunque fueran a la escuela, no conseguían aprender a escribir. ¿Por qué no aprendían?

340 Cuando terminaron de hacer los *yachay wasi* (escuelas de los incas) eran los incas los que enseñaban a la gente de esos tiempos. Cuando esa gente antigua desapareció, los españoles ya no enseñaron a sus hijos los saberes de los incas, sino más bien los saberes de los españoles.

341 Si había alguno de esas gentes antiguas que aprendía las letras y sus usos, entonces lo colocaban de juez, de gobernador o de cura. ¿Para qué hacían eso? Para que enseñe a los comuneros indígenas como él las costumbres de los españoles. Por ejemplo: Si algún indígena robaba un cuy o una gallina lo metían a la cárcel por bastantes años. Sin embargo, los españoles robaban bastante, tanto tierras, animales, como plata. Y a esos españoles no los metían a la cárcel; por el contrario, las autoridades los protegían.

342 Hasta el día de hoy siguen ocurriendo esas cosas. Así también se cuenta que a la llegada de los españoles, los viajeros de esos tiempos fueron forzados a trabajar en las minas. Día y noche permanecían en las minas atados a unos lazos y aporreados con palos hasta encontrar la muerte.

343 Ese debe ser el motivo por el cual antes de la llegada de los españoles se dice que en Caylloma habitaba mucha gente, mucha más de la que actualmente vive. Recién ahora hay ya casi tanta gente como la que hubo en ese tiempo. Sin embargo, ahora ya no viajan como antes. Ya no se viaja con llamas, burros o mulas como lo hacían antiguamente. Ahora más bien sólo se viaja en carros[42]. Esto no es todo lo que se puede contar acerca de los viajeros, queda mucho por hablar acerca de la gente de los tiempos antiguos.

---

42 Por 'carro' hay que entender todo tipo de vehículo, aunque en la sierra viajan mayormente camiones y omnibuses.

337 Maypachachus chayaqku mayqin llaqtamanpis, chayqa chalaqku ima apasqankutapis huk kawsaykunawan mana apasqankunawan. Kaqllatataqmi kutimunku, imaynas purirqanku chaynallatataq. Maypachachus wasinkuman chayamunankupaq, warmikunam suyananku kasqallantaq; hatun urpukunapi muqchi aqayuq. Maypachachus chayamuqku chay kawsaykuna apamusqankuta tinkaqku irantakunatapis haywakullaqkupunitaq. Viajirup vidanpis ahinalla kaq.

338 Viaji puriyllan ñawpaq runakunaqa kaq manapunim warminkuwanqa tiyaqkuchu, chayraykum wasinkupiqa mana imapis faltaqchu. Huntasqa imaymana kawsaykunapis warminkunapaqqa wawankunapaqqa kaq.

339 Chayrayku manam wawankunaqa iscuilaman puriqkuchu. Puriqku chaypis, mana qillqayta yachaqkuchu. Imarayku:

340 Chay yachay wasi ruway tukusqa kaptin inkayá yachachiq ñawpa runakunata. Maypachachus ñawpa runakuna chinkaripuptin wawankunata chay misti ispañulkuna manaña yachachiqku inkap yachaynintachu, aswanpis ispañulkunap yachayninta.

341 Sichus mayqin ñawpaq runap wawan yachaq allinta chay qillqakuna iñiyta chayqa churaqku gubirnadurpaq, juizpaq, curapaq. Imapaq? Runamasinkunata kaqllata ispañulkunap iñiyninta yachachinanpaq. Sichus suwakuq mayqin runapis huk quwita, huk wallpata chayqa carcilman puriq chay runa achka watata. Ispañulkuna suwakuq achkata, allpatapis uywakunatapis achka qullqikunatapis. Chay ispañulkunaqa manam carcilmanqa puriqchu; aswanpis paykuna favur kaq auturidadkunaqa.

342 Kunankamapis may mayninpiqa chayta iñichkankuraqmi. Chayraykutaqsi chay ispañulkuna hamusqanmantapacha llamkachirqanku chay viajiru runakunata minakunapi tuta punchaw lazukunawan kaspikunawan suqaspa wañuyta tarinankukama.

343 Chayrayku kay Kaylluma llaqtapipas ñawpaq manaraq ispañulkuna hamuchkaptin kunankamapis aswan achka karqanku Kayllumapi. Kunankamaqa yaqaña achka runa kachkallantaq, manañam ñawpaq-hinaqa viajikunataqa iñipunkuñachu llamapi asnupi mulapi. Aswanpis carrukunallapiña kuraktaqa utaq anchataqa. Chaypiwanpis achkaraqmi rimayqa ñawpa runamantaqa.

XX Sobre los arrieros

344 Hace mucho, ¡en qué tiempos antiguos todavía! los llamados arrieros o viajeros, ésos que viajan con provisiones, en los tiempos de los incas todavía, viajaban con llamas. Viajaban bien lejos. A veces, iban a distancia como de Cuzco a Lima, viajaban lejos...

345 En las llamas llevaban de todo. En los tiempos de los incas, el viajero no iba desde el principio hasta el final del viaje, sino que hacían como los *chasquis*. En un turno irían como desde Cuzco hasta Caylloma, y de Caylloma, relevándose, iban otros diferentes hasta Majes. Hacían como los chasquis. Viajaban con diez o, a veces, hasta cuarenta llamas. Viajaban desde el Cuzco hasta donde las llamas se cansaran, desde allí, descansando, esas llamas regresaban; y allí, otras llamas esperaban para continuar el viaje. Así viajaban.

346 También en esos lugares, así como en las aduanas, controlaban a las llamas. Un Inca las controlaba y las revisaba así como los doctores. Veían si tenían sarna, si estaban bien o no, cúal de ellas ya no servía para el viaje... y tras revisarlas nuevamente las cargaban con las provisiones. Así las hacían llegar desde la costa hasta Cuzco. Incluso traían pescado. Traían rápido porque venían al trote. Al que arreaba las llamas también lo relevaban. No iba siempre el mismo. Si no hacían así, no habrían llegado tan rápido. Así era.

347 Pero después, cuando llegaron los españoles al Perú, ya no fue igual. Los que viajaban por los caminos, la gente que viajaba con provisiones, ya no viajaba para su propio provecho... Por el contrario, comenzaron a viajar para los españoles. ¿Cómo así? Los españoles los obligaban a cargar hasta la costa en llamas como a los chasquis. Pero, ¿qué cosa les obligaban a cargar? Les obligaban a cargar las riquezas de los incas del Perú. Todos los tejidos, las cerámicas, toda clase de riquezas les obligaban a cargar engañando a la gente, pagándoles con dinero de España. Y no sólo eso, sino que además les obligaban a abandonar sus ropas y les obligaban, a la fuerza, a vestir con los trapos viejos de los españoles, con la ropa de mestizos. Con esas ropas, los incas arreaban a los animales y al volver de la costa, igual. En los barcos desde España llegaban esas ropas viejas y provisiones de alimentos de los españoles, todo eso nuevamente lo traían en cargas.

XX Viajirukunamanta

344 Unay may ñawpaq timpunmantapacha chay arrirukuna sutiyuq, viajirukuna sutiyuq, chay aviuwan puriq runakuna sutiyuq, chaykunam mayhinam inkakunap timpunpiraq puriqku llamapi. Karuta riqku. Mayninpi Qusqumanta asta Limamanhina. Karuta riqku.

345 Chaypi apaqku llamapi imaymanata. Chay inkakunap timpunpi viajiruqa riq mana asta qallariymanta asta chayanankamachu, sinu ahina kay chaskitahina ruwaqku. Huk tipillaman hamuqku Qusqumanta kaykama. Kaymanta purinman asta Majeskama. Ahina, huk chaskihina ruwarqanku. Llamakunapis huk chunka llamapi utaq tawa chunka llamapi hamunku. Qusqumanta hatarimunku: maykama saykurirun llama, chaypi samaspa kutipun kasqanta llaqtanman. Chaymanta chaypi suyallantaq wak llamakuna. Chaymanta puririllantaq. Ahina puriqku.

346 Chaypim sapa kay chayaspa kaq kay aduanas nichkanku, anchayhina cuntrulaq chay llamakunata. Yupaq i rivisaq chay huk inka, ducturhina. Ima qarachiyuqchu kachkan, allinchu kachkan manachu. Mayqinkuna**chá** manapis valinqa chayta rivisaspa cargaq wakmanta kachichay aviuta. Ahinapi chayachimuqku paykunaqa asta lamar-quchamantapis asta Qusqukama. Chayachimuqku asta challwakunatapis. Utqaychallata, hunyata hamuchiqku. Kasqan chay llama qatiqpis cambiakuqkuyá. Mana kikinchu riq. Mana chayqa mana utqayllachu chayamunman. Ahina kaq.

347 Chaymanta maypachachus ispañulkuna chayamun kay Perú llaqtaman, anchaypiqa chay ñan puriq runakunaqa, chay aviuwan puriq runakunaqa, manaña puripurqankuchu paykunapaqpachachu. Aswanpis puriyta qallarirqanku ispañulkunapaq. Imaynata ispañulkunapaq? Ispañulkuna lamar-quchakama qipichirqan llamakunapi, ahina chaskipihina. Imata qipichirqan? Chay Perú llaqtapi inkakunap kaqninkunata. Chay imaymana awasqankunata, imaymana chay allpamanta llutasqankunata, imaymana kaqninkunata apachirqanku asta lamar-quchakama ingañaspa. Chay Ispaña qullqita quspa. Mana chayllatapaschu, sinu a la fuirza p'achankunatapis saqichispa. Chay Ispañamanta *thanta*[123] saqsa p'achakuna, mistikunap p'achanwan a la fuirza p'achachispa. Anchay p'achayuq puriqku, chay inkakuna qatiqku llamata. Kutimuspa kaqllataq, chay barcupi chayamurqan chay thanta p'achakunapis Ispañamanta ima mikunakunapis imapis, chaykunata kasqanta kutichimullantaq cargapi asta chayamunankama, Qusqumanpis o wak hinantin

---

123 *Thanta* - Ayakuchupi **'latapa'**.

Las llevaban para todo el Perú. Las llevaban hasta Potosí, hasta el Alto Perú, lo que ahora dicen Bolivia. Así viajaban por todos lados las pobres llamas.

348 Por eso es que las patas callosas de las llamas son muy diferentes a las de las alpacas. La alpaca no carga ni siquiera un poquito. Por eso, las llamas, así como los soldados valientes, viajaban lejos. También las controlaban, pero ya no eran los incas los que ahora las controlaban, sino que eran los españoles.

349 Después desaparecieron los españoles, los expulsaron del Perú. Entonces esos viajeros con provisiones, los arrieros, nuevamente comenzaron a viajar para ellos mismos. Aquellos descendientes de los incas que no habían muerto, sus hijos y sus nietos, ésos, los que se habían salvado, nuevamente, comenzaron a viajar para ellos mismos, siempre en llamas.

350 Los caballos que trajeron los españoles se quedaron en el Perú, y también los burros. Del cruce del caballo y el burro sacaron la mula. Esa que llamaban mula tenía mucha fuerza. Por eso viajaban con mulas y llamas. Los antiguos campesinos se dieron cuenta de que la mula tenía mucha fuerza y por eso también viajaron con mulas. Por esos los antiguos peruanos siempre quisieron reproducir a las mulas. Y en ese afán viajaban siempre con mulas. ¿Hasta dónde viajaban con las mulas?

351 En ese tiempo ya se cultivaba caña de azúcar en las montañas de la selva y en los valles de la costa. Moliendo la caña en los ingenios se sacaba una bebida alcohólica. Ese cañazo lo llevaban a todos los pueblos cargándolo en unas mallas a manera de fardos llamadas *chipas*, ¿qué son esas chipas? Son una especie de redes hechas de cuero. Allí metían el alcohol, no lo traían en latas, ni en tinajas ni en chombas. Sino que hacían odres cosiendo de la piel del venado. Mataban a los venados y con cuidado les sacaban la piel, sin retacearla la sacaban dejando aparte la carne y los huesos. La piel del venado quedaba como una bolsa. Por el lado del cuello era como decir su boca, era como un cilindro. Allí, vertían el llamado cañazo y lo cargaban en las mulas.

Perú llaqtakunamanpis chayananpaq. Asta Putusi, Alto Perú ninchu, ima ninchu chay Bolivia, kunan ninku, anchaykunakama. Hinantinta pubri llamataqa purichiqku.

348   Chaymi llamap *phapatu*nqa[124] mana paquchap-hinachu. Chayqa paquchaqa manapuniyá carganachu ni chikantapis. Chayqa llamaqa chay qari suldaduhina purin karuta. Cuntrulaqku chaypipis. Manaña inkapurañachu cuntrulanakuqku. Aswanpis ispañulkunaña cuntrulaq.

349   Chaymanta chay ispañulkuna chinkapun. Qarqupunkuña kay Perú llaqtamanta. Hinaqa chay viaji puriq aviuwan, viaji puriqqa, wakmanta puriyta qallarirqan paykunapaqpacha. Chay inkakunap, chay mana wañuqkuna, chay churinkunapis, ñitunkunapis, chaykunam, salvakuqkuna, wakmanta puriyta qallariqku paykunapaqpacha. Llamapiraq llamapiraq.

350   Hinamantaqa ispañulkunap kawallun kaypi quidarqan, Perú llaqtapi, mayninpi chinkaspapis imanasqapis, asnupiwanpis. Chayqa chaypi kawalluwan asnuwan tupanachispa hurqurqanku huk mula sutiyuqta. Chay mula sutiyuq wapu kallpayuq karqan. Chayqa rirqanku mulapiwan llamapiwanña. Chayqa chaypi chay ñawpaq campisinukuna ripararqanku allin mulaqa kallpayuq kasqanta. Chayrayku mulataqa mirayachiytapuni munarqanku kay ñawpaq peruanokuna. Hinaspa mirachiyta munaspa chay mulapikama riqku. Maykunata riqku mulawan?

351   Chay pacha ña kaqña tarpusqakuna, chay muntaña nisqa sutiyuqpi o valli nisqa sutiyuqpi, ña kaqña chay caña tarpuy. Chay cañata inginiaspa, kutaspa, chay machana unu lluqsimuq. Chayta inginiakuqku machana unuta. Kunan yaqa qipamanña chay machana unuta mulapi qipimuqku tukuy hinantin llaqtakunaman *chipa*pi. Imataq chay chipa? Qaramanta kuchusqa ruwasqa kay mallahina. Anchaypi winamurqanku, mana latapichu nitaqmi urpupichu puyñupichu. Aswanpis apamurqanku chay taruka qaramanta. Tarukata hapispa sirarqanku. Tarukap aychanta hurqurqanku sumaqllata. Ama qaranta kuchuspalla hurqurqanku aychantawan tulluntawan. Hinaspa chay tarukap qaran quidarqan kay bulsahina. Chay simi kunkan laduman karqan simihina, kay cilindruhina. Anchayman hichaspa apamurqanku mulapi chay cañazuta.

---

124   *Phapatu* - 'uywap sillun'.

352 Para ese entonces ya habían aparecido los llamados mestizos. Ya desde hace un buen tiempo existían los llamados mestizos hechos por los españoles. Así como hacen esas llamas cruzadas con alpacas, así igual, eran ya distintos esos mistis. Ni peruanos ni españoles, cruzados, ya había en ese tiempo.

353 Ellos también se organizaron. Vivían por todos los pueblos. Por ejemplo en el pueblo de Chivay vivían los mistis llamados Salinas (yo no alcancé a conocerlos), también estaban los Cáceres, los Mansilla. Bastantes de esos mistis vivían entonces. Ellos hacían que los campesinos los sientan como superiores. ¿Cómo hacían? A sus compañeros mistis los colocaban en cada pueblo, y no pudiendo trabajar como los campesinos, vivían del trabajo de los campesinos. Todos se ponían tiendas, vivían como comerciantes.

354 Los viajeros iban por chuño, maíz o por aquello que era el mayor negocio, el cañazo. Eso siempre era el mayor negocio. Porque los mistis obligaban a seguir las costumbres dejadas por los españoles. Y para hacer el *cargo*, queriendo o sin querer, de todas maneras los campesinos tenían que comprar alcohol. Algunos se traían y otros lo compraban; o el mismo *cargoyuq* iba a traerlo.

355 Pero no podían traerlo directamente hasta su casa. Si querían traer el cañazo hasta su misma casa tenían que pagar un derecho. Ese derecho se llamaba *guía*. Era como pagar una alcabala. Sólo pagando eso tenían derecho a llevarlo hasta su casa o a venderlo ellos mismos. Pero tenía que venderlo al precio que le quisiera pagar el misti, te daba lo que quería y no te quedaba más remedio que aceptar. Y así, tras pagar lo que les daba la gana, ellos lo vendían a un precio mayor. En algunas ocasiones, hasta se lo vendían a los mismos de los que habían comprado.

356 Esos arrieros de mulas sufrían mucho. A veces, cuando no tenían suficiente dinero para pagar el derecho y llevar la carga hasta su casa, entonces ya no venían por el camino. Como si fueran ladrones, daban grandes rodeos para llegar hasta su casa. Llegaban de noche, en silencio, sin meter bulla. Llegaban y deshacían la carga. Así, haciendo de todo, venían.

357 Así sufrían los campesinos. Por ejemplo, para traer cualquier cosa desde Arequipa o Majes hasta aquí, a Caylloma, antes no había carretera ni nada. Llegaban haciendo de todo: descansando, acampando, y, a veces, hasta sufriendo por la poca comida.

352   Chaypiqa rikurimurqanña, kanpuniña chay ispañulkuna ruwasqan mistizukuna sutiyuq. Kay llama*chuqa* paquchawan ruwachkan anchayhina. Hukniraq mistikunaña. Nitaq peruano nitaq ispañul. Cruzaduña. Anchaykuna karqan.

353   Hinaspa chaykunañataq huk urganizakurqanku. Hinaspa hinantin llaqtakunapi tiyarqanku. Kay Chivay llaqtapi tiyarqan chay huk mistikuna Salinas sutiyuq nispa ninku. Mana ñuqa riqsirqaniñachu. Chaymanta Cáceres sutiyuq nispa nirqanku. Chaymanta nirqanku Mansilla sutiyuq nispa nirqanku. Chay achka anchaymanniraq runakuna tiyarqanku. Hinaspa chaykunaqa, allinta rispitachikurqanku chay campisinukunaman. Imaynata? Paykuna sapa llaqtapi huk chay misti masinkuta churaqku. Hinaspa chay misti masinkuqa mana campisinukunahina trabajayta atispa, paykunaqa chay campisinu llamkasqawan kawsarqanku. Churarqanku tindata, llapanku huk kay cumirciantihina karqanku.

354   Chay viajiman riqkuna, ima chuñumanpis saramanpis puriqku. Chayqa aswan niguciuqa kaq chay cañazu nisqa sutiyuq. Chaypuni aswan niguciuqa karqan. Purqui chay mistikuna ubligaqkupuni chay ispañulkunap saqisqanta iñiyninta, chay cargu ruwayta. Chayqa munay mana munay chay cañazutaqa campisinukuna rantiqku. Wakintaq apamuqku, wakintaq chay cargu ruwaqkuna rantiqku o bin chay carguyuqpacha purispa apamuqku.

355   Chayqa manayá wasinman ni chiqaypachu chayachimuqku. Sichus wasinman chayachiyta munaspaqa huk derecho pagana kaq. Chay derecho sutiyuq guía niqchu, yaqa ahina hinaman. Chay derecho huk alcabalahina pagana kaq. Chayta pagasparaq wasinta apaqkuna kaq. Utaqchus paymanpacha vindina kaq. Chay mistitaq munasqan qullqita quripuq: qam kasunki. Hinamantataq munasqan quripuspataq paykunaqa aswan priciupiña vindiqku. Paykunamanpachataq chay apamuqpachataq mayninpi rantikuq ocasionpiqa chayqa aswan maspi.

356   Chay mulapi riqkuna, anchaykuna sinchi nisyuta sufriqku. Si mana mayninpi qullqinku kaqchu wasinku derecho chayachinanpaq chayqa, mana ñannintachu hamuqku. Kay suwahina karu ñanninta, karutapuni muyuspa hamuqku. Wasinkuman chayaqku tuta, chinlla, ama bullata ruwaspa. Chayaqku i paskaqku chayraq ahina imaymanaspa ruwaqku.

357   Chayqa ahina chay campisinukunaqa sufriqku. Kunan kay Kaylluma llaqtaman, asta kaynamanta Arequipamanta chayachimunanpaq imatapis. Utaq chay Majes sutiyuq chaykunamanta chayachimunanpaq mana carritirapis imapis kaqchu, chayqa imaymanaspas, samaspapis qaynaspapis, mayninpi asta mikuymantapis pisipaspapis, chayamuqku.

358   Por ejemplo: una vez, un viajero que venía por detrás de las alturas de Yanque, más allá de Chivay, por el sitio llamado Umahala, se perdió. Ya no pudo encontrar el camino, y estando así ya no aguantó el hambre y quedó tirado en el camino. Las mulas se fueron por su lado cargadas de los odres. De los lomos de las mulas comenzaron a caerse los odres por todas partes.

359   Así caídas y esparcidas por todas partes las mulas se quedaron comiendo por los cerros. Allí un pastor campesino encontró uno de esos odres. No había nadie y las casas estaban lejos por lo que el hombre pensó que el dueño estaría por allí cerca: "qué rico cañazo" se dijo y no pudiéndolo sacar a ningún recipiente lo mordió por la parte cosida de los pies. Pero cuentan que tampoco pudo morderlo: "Mis dientes no pueden, se resbalan" se dijo y desató el odre por su boca y tomó. Tomó bastante, se lo tomó como si fuera chicha. Al tomar tanto ya no podía ni levantarse y se tiró al lado del mismo odre, borracho. Allí mismo lo encontraron familiares del dueño de las mulas. Entonces se lo llevaron y le quitaron sus animales a través de la justicia. Lo acusaron a los cobradores de los impuestos de haber robado los odres a su familiar. Dijeron que él había arreado a las mulas lejos y que había querido robarle. Cómo le habrá castigado la justicia a ese pobre hombre, ya que el viajero había incluso muerto.

360   Así, se sufría mucho. Los arrieros viajaban sin descanso, a veces hasta marido y mujer. Llegaban hasta Arequipa. Desde aquí llegaban hasta Arequipa, a pie nomás, no había carretera. También iban a pie hasta el pueblo de Caylloma porque tampoco había carretera. Traían de todo pero lo que más traían siempre era cañazo, siempre cañazo. ¿Por qué? Porque era lo que más plata daba.

361   Y algunas veces lo traían para venderlo, a las estancias siempre los llevaban de noche y los cambiaban por animales degollados, alpacas, llamas, u ovejas. Así solían hacer el trueque. Todo eso que cambiaban igualmente lo solían traer en mulas. Las traían en cargas y sólo con eso vivían. Esa carne la

358   Por ijimplu, huk pacha chaqay Umahala sutiyuq sutin kay Chivay qipapi,
       Yanque altusnin, anchay qipapi- chaypi huk pacha chayna chinkakuspa,
       amaña ñanninta yaykuyta munaspa, hamusqa. Hinaspa mikuymanta kayuspa
       mana aguantasqañachu. Hinaspa wischukusqa chay viajiru. Mulakunataq
       sapan puriyta purimusqa chay udri cargantin. Hinaspa chay mulap wasanmanta
       halaqasqa kayniqpi chayniqpi.

359   Hina halaqaspataq wischu wischu kasqa. Mulakunataq mikuyusqa chay
       urqukunapi. Hina mikusqa, wakinqa udrita katatasqa asta tuqyachinankama
       mikusqaku chaypi. Hinaqa chaypi huk campisinu uywa michiq tarikusqa udrita.
       Mana imapis kasqataqchu, wasinman karutaq. Hina chay nisqa "kay kaypichá
       kachkan chay runan" nispa. "Achalaw cañazu" nispa. Mana imapi hurqukuyta
       atispa hukmanta kanirusqa nin chay huk chay *chuchullu* ladun, anchay sirasqa
       chayta kanirusqa. Mana kaniyta atiptinsi, "mana kiruwan atinchu
       q'*awitiya*chkan[125]" nispa. Mana atiptin siminta paskaruspa upyarusqa.
       Upyarusqa achkata, waqtayusqa aqatahina cañazuta. Sumaq cañazu kaq
       ñawpaqqa. Chayqa chayta waqtayuspa mana sayariyta atisqachu. Hina
       wischurayasqa chay udriwan kuska, machasqa. Chaypi tarisqaku chay mulayuq.
       Chay mulayuqpa wakin ayllunkuna tarisqaku wischurayaqtahina. Astawan
       payta apamusqaku, uywanta qichuchisqaku kay justiciapi. Purqui chay guía
       cubraqman, impuesto cubraqman, willasqaku: "kay runam suwachkasqa kay
       aylluyta udrinta" nispa. "Mulantataq qatirparisqa karuman; hinaspataq pay
       suwayta munasqa" nispa. Chayqa justicia imaynataraqchá castiganman karqan
       manataq chay viajiru kawsarqanñachu chayqa.

360   Ahinam sufriqku kuyayta. Mayninpi qari warmi puriqku. Arequipamanpas
       chayaqku. Kaymantapacha chayaqku Arequipaman, chakillapi, mana carritira
       kaptin. Kaymantapacha chayaqku asta Kaylluma mana carritira kaptin. Chayqa
       mayninpipis apakamuqku chay imaymanata. Piru mastaqa niguciaqku
       chaynatapuni, cañazutapuni. Imarayku? Chay cañazu aswan niguciu kaqpuni,
       chayrayku apamusqa karqanku.

361   Mayninpi vindinapaq apamuqku chayqa, tutallapuni chay istanciakunamanpis
       apaqku hinaqa, chalamuqku nakanawan. Chay udri traguta chalaqku
       istanciakunapi nakanawan; paqucha nakanawan utaq llama nakanawan utaq
       uwija nakanawan. Ahinata chalamuqku kasqaku. Chaymantataq apakamuq
       kasqaku anchaytaqa kasqan chay mulakunapi. Cargayusqata chayachimuqku.

---

125   Q'*awiy* - Aymaramantapas kanman, huk simipitaq: **'khamuy'**, **'kachuy'**.
       -*tiya*- - Simi huntachiq: *"imatapas rurakuptin, achka kutita rurakun, mayninpi yanqallamanta"*
       ninanta nin.

secaban haciendo *charqui* y regresaban nuevamente para volver a traer especialmente, esa bebida alcohólica, el cañazo. Así era la vida de los arrieros.

362 Pero hasta ahora ocurren esas cosas. Ya desapareció eso de viajar por los caminos, pero puede ocurrir que sin nigún motivo cualquier día te detenga la aduana e imprevistamente te revise las cargas, revisan los carros. Y si no es nacional, si no tiene factura, inmediatamente te lo quitan. Igual que antes, pero dicen que los abusos eran aún peores.

363 Eso me ha contado la gente antigua de la provincia de Caylloma y yo, eso que me han contado lo estoy haciendo poner en este escrito. Porque siempre sigue habiendo injusticia. Pero ellos dicen que no es injusticia. Más bien dicen que es un control porque a veces los pequeños intermediarios o pequeños comerciantes llevan cosas sin factura, cosas robadas. Se agarran las cosas y te las quitan. Si no hicieran esas cosas, el Perú podría progresar un poco más.

364 Hay siempre esos abusos. A veces algunos que llevan carne para sus familiares de las estancias o para sus familiares de Arequipa les dicen: "No, está mal, no tiene papeles del Ministerio de Agricultura, ¿qué pasa si es de un animal enfermo? Podría tener fiebre aftosa... mejor es que se quede ya que no tiene papeles y así se podrá mandar que la analicen" te dicen y la hacen quedar. Y como no puedes reclamar ellos se las fríen y hasta se hacen churrascos. Así es, que desde esos tiempos antiguos, hasta ahora no se pueden traer las cosas libremente y tampoco llevarlas. Siempre había control.

Sobre la coca

365 Más bien de la coca habría habido muy poco control. ¿Por qué? Porque ellos mismos sembraban coca, y en ese tiempo la gente mayor chacchaba, hasta los jóvenes y las jóvenes. Cuando vinieron los españoles la mayoría de ellos trabajaba en las minas. Y para que no les entre ese polvo a los

Hina anchaykunallawan kawsakuq kasqaku. Chaytataq kasqanta wakmanta charkispa wakmanta kutillankutaq. Chay imaymanata apakamunankupaq, aswantaqa chay machana unuta o cañazuta. Ahinam chay ñawpaq viajirukunap vidan.

362 Kunankamapis mayninpiqa kanmi riki. Chinkapunña chay ñan puriy kunankamaqa. Chayqa kunan purinku chay carrullapiña. Chaypiwanpis kanmi chay yanqallamanta: huk punchaw mana pinsaypi chay aduana nisqa sutiyuq taqwin qipikunata, carrukunatapis taqwin. Sichus mana naciunalchu, mana facturayuqchu chayqa utqayllata qichunku. Chayqa kaqlla ñawpaq, aswan piyur kaq, aswan abusuta ruwaqku nin.

363 Chaytam willawanku kay kurak runakuna Kaylluma llaqtapi. Ñuqapis chay willawasqanta kay qillqaman churarichichkani. Injusticiaqa kanpuniraq. Piru paykuna ninku mana injusticiachu. Aswanpis huk cuntrul purqui mayninpi apachkanku mana facturayuq, chayrayku: "huk suwasqata apachkanku" nispa huchuy intirmidiariukuna utaq chay huchuy cumirciantikuna sutiyuqta hapispa qichunkupuni. Sichus mana chayhinachu kanman chayqa Peruqa huk chikanta hatunyarinmanchá.

364 Chayqa kanpuniyá huk chikan mayninpi abusu nisqa. Mayninpi familiapaqpis kay istancia ladumanta apakunku Arequipa laduman aychallatapis familiapaq hinaqa: "Manam kayqa, manam papilnin kanchu, Ministerio Agricultura unquyniyuqpis kanman chayrí, fibri aftosawanpis kanman, mijur kay aycha quidachun, mana papilnin kaptin; chaymanta analizakuchun" nispa quidachispataq, manaña duiñun riclamaptin paykuna tiqtirichipunku, chay churrascukunatapis ima ruwarukunku. Ahinam chay may timpu ñawpaqmanta viajiruqa mana yanqa aparikamuytachu aparikamuq, nitaqmi yanqa aparikuytachu aparikuq. Cuntrulqa kaqpuni.

Kukamanta

365 Kukamantaqa aswanpis pisi cuntrul kanman karqan. Imaraykupi? Purqui paykunapacha kukata tarpuqku. Chay pachaqa kukataqa *llachu*qku[126] kurak ñawpaq runakuna, asta sipaskuna waynakunapis. Paykuna, chay ispañulkuna chayamuptin, achka minakunapi llamkaqku. Chayqa chay pulvu ama

---

126 *Llachuy* - Kayllumapi /llach'uy/ nispa tuqyakun. Yaqa **'akuy'** simiman tinkun, ichaqa mana kachuspa (mana khamuspa). Castillanupi: *"Masticar o mascar las hojas, sin triturarlas, para chupar el zumo"* (A.M.L.Q. 1995: 259).

pulmones chacchaban coca. Antes la coca sólo era para chacchar. Antes no hacían eso que dicen (cuando he preguntado me contaron). Por eso dicen que antes no había ese control sobre la coca. Sólo se traía coca para chacchar. En todas las casas no faltaba la coca. Siempre masticaban la coca y su *llipta*.

366 A los españoles les convenía que masticaran coca. ¿Por qué? Porque la coca da fuerza. Masticando y pasándose esa saliva de la coca, la gente tenía más fuerza. Entonces ellos mismos la invitaban cuando hacían sembrar, ellos la invitaban. Antes sólo era para chacchar.

367 Ahora ya no es mucha la gente que masca coca aquí. En los días presentes ya no chacchan mucho. ¿Y por qué? Porque ahora sí, desde hace tiempo hay un control para traer la coca desde los valles de la selva. La yunga es el lugar de la coca. Allí es donde se hace la coca. En esos sitios ya no hacen la coca como se hacía antes.

368 Antiguamente la coca se recogía y se pisaba, así como se pisa el chuño, así se pisaba, bien pisada. Por eso es que la coca venía bien rica, una rica coca, bien pisada, no era amarga, era dulce. Se chacchaba coca dulce. Ahora la traen de cualquier manera, amarga, algunas veces pasada, algunas no son ricas. Por eso es que ya no chacchan. Además, no sé, algunos cuentan que de la coca hacen algo, ¿qué será? Por eso es que no dejan la venta libre de coca y a veces no llega coca y algunos van dejando esa costumbre.

369 Sólo el alcohol llega a toditos los pueblos. Ahora sí toman alcohol en vez de coca a las horas de trabajo o cuando se termina el trabajo de la chacra, toman hasta emborracharse. Eso nomás. Y eso les conviene a los grandes. Porque es un negocio. Algunos se mueren emborrachándose pero eso no lo prohíben.

370 Pero si... (sólo digo como un comentario, algunos al preguntarles así me han comentado) se pudiera hacer una bebida de la coca, o algo así, ¿que harían esos capitalistas, ésos que venden alcohol? Así es.

pulmunninman yaykunanpaq kukata llachuqku. Chayqa akullinallapaqyá kukaqa kaq; mana imatapis ruwaqkuchu kukamantaqa (ima nispapis niqchu nispa chay tapurikuptiy willariwanku). Manasá anchay pachakunaqa kunanhinaqa karqanchu harkakuypis kukamanta. Chayqa kukataqa akullikunallankupaq apamuqku. Chayqa sapa wasipiqa kukaqa mana faltay kaq. Chayqa kukatawan lliptatawan akulliqkupuni.

366   Chayqa allin kaq ispañulkunaman kuka akullinankuta. Imaraykupi? Chay kuka fuirzata quq. Chay kuka khamusqa chuyanta *urwiy*unku[127] hinaqa huk aswan kallpayuq runakuna kaq, chayrayku kukataqa paykunapacha astawan qaraq, tarpuchispa qaraykuq. Chay akullikunankupaq. Ahinam chay.

367   Manam kunanqa achka runaña akullinkuñachu, kay punchawkuna mana akullipunkuchu kukata. Imarayku? Huk cuntrul kapun chay kuka chaqay yunkamanta apamuqku unay watakuna, yunka sutiyuq chay kuka llaqta kaq. Chay kunan mana chay kukata, maypim ruwanku kukata, anchaykunapi, manañam ima kaqtachu ruwapunku kukata.

368   Ñawpaq kukataqa pallaspa saruqku, chuñu saruyta saruqku, allin saruspa. Chayrayku kukaqa sumaq hamuq, allin sarusqa, mana hayachu, aswanpis miski. Miskita akulliqku. Kunan mana yanqa imaynatapis apamunku. Chayqa haya, wakin *qhuqa*sqa[128], wakin mana sumaqchu. Chayrayku mana akullipunkuchu. Chaypiwanpis wakin ninku, kukamanta ruwanku imatachá kanpis. Chayrayku mana kukata kacharimunkuchu vintapaq. Chayqa, mana chayamunchu kuka chayqa qunqapunku wakin.

369   Tragullaña kunan tukuy hinantinmanta chayamuchkan sapanka llaqtapaq. Chayqa traguta ichaqa kukap partinmanta llamkana uras utaq llamkay pasayta upyayunku asta machanankukama. Chayllam, chay hatun hatun runakunaman cunvinin. Purqui huk nigucium. Wakin machaspa wañuchkanku chaypis mana chaytaqa pruhibinkuchu.

370   Sichus rimaykunapi (chaynata tapurikuni pitapis chayna ahina huk cumintariuhina). Chaykuna ninku: sichus tragumanta atirunqaku kukatahina ruwayta, imatapis chayqa, imananqaku chay hatunkuna, chay tragu vindiqkuna?... Ahinam chay.

---

127   *Urwiy* - Kanmanpas huk simipi **'millpuy'**. Castillanupi: *'pasarse un líquido'*.
128   *Qhuqay* - "Manan culurniyuq tukusqa". Ayakuchupi **'kutiy'**.

Alpacas, cerros, sirenas y otras leyendas

XXI La joven, el joven, la suegra y las alpacas

371   Hace mucho tiempo vivía en una estancia una joven que tenía una cantidad enorme de alpacas. Vivía sola con su mamá, no tenía esposo. Tenía un vecino que a su vez era un joven soltero.

372   La madre de esta joven era una mujer muy mala y de ninguna manera quería que la joven se casara.

373   Un día, el joven vecino -que era un pobre campesino que pasteaba animales ajenos- se conoció con la joven mientras pasteaban los animales. Allí deseó que la joven fuera su mujer. Así, empezaron a amarse a escondidas y la joven quedó embarazada.

374   Bueno, ¿pero por qué esta joven poseía esa cantidad tan grande de alpacas? Por lo siguiente: Del lugar denominado Mama Qucha[43] salieron, destinadas para esa joven, unas alpacas sagradas, llamadas *Khuya*. Y también le fue enviado a la joven un hermoso tamborcito o caja.

375   Mientras las pasteaba, al tocar la joven ese instrumento, las alpacas "Khuyas" se reproducían enormemente. La Mama-Qucha también habría ordenado, siendo que la joven ya tenía hombre, que el hijo que tuviera fuese una rana.

376   Así, la joven dio a luz una rana. El niño-rana no debía ser visto ni por el joven ni por la madre de ella.

377   Una vez que dio a luz ya no salía a pastear, sino permanecía todo el día en la casa cuidando a su hijo-rana. Por otro lado, el joven comenzó a hacer continuos viajes. Y las alpacas, por sí mismas, salían de los corrales donde dormían, y sin que nadie les ordene iban a comer a los bofedales. Cuando atardecía, la joven tocaba su instrumento que sonaba "tin, tin, tin". Al escucharlo las alpacas, por ellas mismas se reunían y regresaban en tropel a los sitios donde dormían.

---

43   En quechua "Laguna-Madre", laguna situada en las alturas de Chivay.

Liyindakuna

XXI Pasñamantawan, maqtamantawan, suigramantawan, paquchamantawan

371 Unay kitis huk pasña manchana achka paquchayuq tiyasqa huk istanciapi, mamanpa ladunpi, sapan mana qariyuq.
Pasñap vicinuntaqsi kallasqataq huk maqta mana warmiyuq.

372 Chay pasñap mamantaqsi manchana phiyu warmi kasqa, mana chay pasñata qariyuq kananta munasqachu.

373 Hina huk punchaw chay maqta, mana imayuq michipakuq runa, chay pasñata sapa michinaman taripaspa, munakusqa warminpaq. Paka pakallapi munanakuspas pasñaqa wiksayuq rikurisqa.

374 Hinas chay pasñaqa imaraykus paquchayuq karqan?: Huk Mamaqucha[129] sutiyuq, chay Mamaquchamantas lluqsimusqa karqan "Kuya" nisqa paquchakuna, chay sipaspaq utaq chay pasñapaq. Chay pasñapaqtaqsi apachimusqa huk sumaq tintinata utaq chay caja sutiyuq nisqa chayta.

375 Chayta tukaspa michinanpaq chay kuya paquchakunamantas manchanata mirasqa karqan. Mamaqucha kamachillasqataqsi karqan chay pasña qariyuq kaptin, huk kayra wawayuq kananpaq.

376 Ahinallasari wiksayuq rikuriq chay maqtapaq chayqa, manas wawanqa qawaykunachu kaq maqtapaqpis nitaq suigranpaqpis.

377 Maypachachus chay pasña utaq chay sipas unqukuq chay kayra wawata chayqa manañas pasñaqa uywa michiqqa puriqñachu. Aswanpas wasillapiñas tiyakuq chay kayra wawata *musi*spa. Chay maqtataqsi viajillapipunis sayaq. Paquchakunaqa payllamantas sapa punchaw warayamanta lluqsiq michinaman, uqukunapi mikukamun. Maypachachus tardiyaykuchkaqña chayqa, pasñaqa chay cajallatas tuka*raq*[130]: "tin, tin, tin" nispa. Hinaqa chay paquchakunaqa chayta uyarispa paykunallamantas *hunya*mpuq.

---

129 Chay qucha, Mamaqucha sutiyuq, Chivaypa altusninpi kachkan.
130 -ra- Aymara simi huntachiq. Qawayuruy ñawpaq kaqpi 28 nutata.

378   La mamá de la joven, que vivía en otra casa, ya sabía que su hija se había juntado con ese muchacho y también que había quedado embarazada, aunque no la vio dar a luz. Como ya no veía a su hija pensó:

379   "¿Por qué será que mi hija ya no sale a pastear? ¡Tanto se habrá encariñado con su hijo que está todo el día cuidándolo en la casa!?"
Pensando esto, un día la engañó:
- ¡Oye hija! ¡Los ladrones están arreando a las alpacas!- le dijo.

380   Al escuchar esto, la joven se apuró para ir ver a las alpacas; a su hijo lo envolvió con cariño en una manta y lo dejó en la casa.
Mientras, la madre de la joven entró a la casa a ver al niño. Al desenvolver la manta encontró una rana, entonces la mató aplastándola con una piedra.

381   Cuando las alpacas *supieron* la muerte de la rana, todas se fueron a la Mama-Qucha. Así, de la misma forma como salieron, desaparecieron allí. La joven, tras eso, desapareció igualmente en la Laguna-Madre siguiendo a las alpacas. También los manantiales de los bofedales se secaron. Y se dice que, por eso, ahora llueve poco.

382   Hay unas pocas creencias que guardan muchos secretos acerca de la vida de las alpacas. Si desaparecieran, también desaparecerían las mismas alpacas.

383   Así como éste, hay bastantes cuentos tanto sobre alpacas, como personas, como ranas[44].

---

44   Un cuento recogido y traducido por Gow y Condori [1976] nos dice así: "El Cuento de María Huamanticlla y un pobre hombre":
El Ausangate tenía una hija y dicen que había un hombre pobre. Ese pobre hombre andaba allí en la rinconada. Caminando, caminando se encontró con la chica. Había sido la hija del Ausangate, dicen. Su nombre era María Huamanticlla. Con ella vivía el joven. Los dos vivían juntos.
Así pues, María Huamanticlla quiso traerlo donde su padre el Ausangate. Su hermano era Wayna Ausangate. Tenían varios hermanos llamados Parcocalla y Parpacalla. Allí ellos andaban y andaban y dijeron a ese joven que se presentara a su papá. Pero ese joven no sabía cómo presentarse. Entonces el joven se escondió en la casa del Ausangate. Su padre Ausangate y su madre existían. Entonces su mamá dijo:
¿Qué cosa está apestando? ¿qué puede estar apestando?"
"Anda vete," dijo la chica al joven. "Vas a esperar donde pasteamos, donde están nuestros animales, allí nomás vas a estar."
Así mandó al joven. El Wayna Ausangate, su hermano, también se fue allí. El joven estaba arreando los animales.
"Carajo, ¿a dónde los estás llevando?" dijo el hermano.
"Estoy comprometido con tu hermana," contestó el joven.
"¿Podrías vivir conmigo? A ver, vamos." Lo llevó donde su hermana.
"¿Conoces a este hombre?" dijo a su hermana.

378 Hinataqsi chay pasñap mamanqa huk wasipi tiyaspa, ña yachaqña maqtawan tiyasqanta, wiksayuq kasqanta. Aswanpis mana unqukuqta rikuqchu. Hina mana rikuspa chay pasñap maman nin:

379 "Imarayku ususiy manaña uywa michiq lluqsinchu. Imayna munanapunitaq chay wawa chaytaq anchata musin chay wawata wasillapi". Hina huk punchaw ingañasqa ususinta:
"¡Yaw ususiy! ¡paquchakunatam suwaña qatichkan!" nispa.

380 Hina utqayllata chayta uyarispa chay pasña pawasqa paquchaman. Wawanta sumaqta llikllawan k'iluspa[131] saqisqa wasipi. Chaykama chay pasñap maman yaykusqa wasita chay wawa qawaq. Hinaspa chay llikllata paskaruspa qawaykuspa tarisqa huk kayrata. Hina chay kayrataqa sipisqa rumiwan chaqispa.

381 Chaymanta chay paquchakunaqa, chay kayra wañusqanta yachaspa ripusqaku qala paquchakuna. Kasqanta chay Mamaquchaman chinkayapusqaku. Hina qipantapis chay pasña ripullasqataq; kuska paquchakunawan chinkayapullasqataq Mamaquchaman. Pukyu uqukunapis chakipusqas. Chayraykus manaña parapis iman kaqñachu.

382 Pisi sicritukunallañas kachkan paquchap vidanmanta. Sichus kay iñiykunatawanpis chinkachipunkuman chayqa, chinkapullanqataqsi qala paquchakuna.

383 Ahina achka kachkan chay altus paquchakunamanta runakunamantawanpis utaq kayrakunamantawanpis[132].

---

131 K'iluy - Aymaramantapas kanman. Huk simipi nisunman: **'pintuy'**, **'maytuy'**, **'pistuy'**.
132 Hinallataq Lauramarca distritopi, Paucartambopi, kay wichayninpi rimasqanmanhina tarinchik:
MARIA WAMANTIKLLA HUK PUBRI RUNAWANPIS
Awsangatip ususi kasqa. Huk qaris kasqa, wakcha runa. Chay wakcha runa purisqa chay kuchu wichayta. Purichkaspa purichkaspa tupapusqa pasñawan. Chaysi kasqa Awsangatip ususin. Maria Wamantiklla nisqa sutiyuq. Chaywan tiyapusqa, Hinaspa kuska tiyanku.
Hinaspas chayachisqa taytanman, Awsangatiman, Maria Wamantikllaqa. Turantaq kasqa Wayna Awsangati. (...) Chayqa qatimuchkasqa uywankuta maqta.
- Karaju; maytam qatimuchkanki?- nisqa turanqa.
- Panaykiwanmi cumprumitikapuni- nispa nin maqta.
- Ñuqawan puriwaqchu?- nispa tapun turan. - ¡Awir haku!-
Pasachisqa pananman.
- Kay runata riqsinkichu? nispa nin panantaqa.
- Arí riqsinim. Qayninpunchawmi kay runawan parlani. Chaymi kacharini uywa michiqta- nispa nin pananqa.
Kimsa ñañas kanku - Maria Wamantiklla, Juana Sakapana, Tomasa Kinchu. "Ñuqaykuwan puriwaqchu? Kallpayki kanchu?" nispa tapun wayna Awsangati. "Kallpay kanmi; yastá listu".
Tardinqa uywata huñuyunku. Chaymantas paykunawan purimpun chay ruwal Awsangatiman. Chay altunta hatarispa yana puyupi purin anchaypi riki chay Awsangatip familianqa.

XXII Sobre los cerros que se abren

384   Hay unas historias sobre casas enormes que se abren en los cerros o en las peñas, a veces también se descubren pueblos enormes; también lagunas enormes, grandes caminos o grandes canchones para animales. Se abren para que la gente que vive los vea. La gente a veces camina por algún sitio cualquiera, cerca de lagunas sagradas, por los ríos, cerros, por las montañas de la selva o por cualquier otro lado.

385   Es en la llamada *mala hora*. Sí, en esas malas horas, cuando caminas borracho reuniéndote con hartas personas o tú solito se te puede aparecer una casa enorme, como del tamaño de una iglesia. Miras por la puerta al interior y ahí adentro hay una hermosa claridad. Como si fuera el mismo día, como si fuera la misma luz del sol, esa luz está alumbrando. En el interior, hay toda clase de cosas como para colmar tus deseos. Todas las cosas que más te gustan están ahí. Si eres un borracho ahí hay toda clase de bebidas, de toda clase de marcas. Si te gusta vestirte bien hay también toda clase de ropas, y si te gustan las mujeres hay también montones de mujeres que están ahí bailando. Esas mujeres te llaman: "Ven pues" te dicen, "entra, no tengas miedo, ¿acaso no eres hombre?"

"Sí, lo conozco. Antes de ayer he hablado con este joven. Por eso lo he mandado pastear los animales," dijo su hermana.

Eran tres hermanas: María Huamanticlla, Juana Sacapana y Tomasa Quinchu.

"¿Puedes vivir con nosotros?" le preguntó Wayna Ausangate. "¿Tienes fuerza?"

"Sí, tengo fuerza y estoy listo."

En la tarde juntaron los animales. Desde esa fecha andaba con ellos y con el Apu Ausangate. Por la altura, en una nube que estaba levantándose, viajaba la familia del Ausangate.

"Voy a viajar en llama," dijo el joven.

Pero no era llama. Era una vicuña, la cría del Ausangate. Entonces arreando la vicuña la cargó y se fue. No sé donde se cansó la vicuña. El joven, degollándola, la vendió toda, todo el pescuezo, todo. Con eso se compró algunas cosas. Así llegó donde el Ausangate.

"¿Dónde está esa vicuña?" le preguntó su mujer, María Huamanticlla.

"Esa vicuña se cansó. Entonces, degollándola, la he vendido."

"¿Dónde esta el pescuezo?"

" Todo lo he vendido."

"¿Para qué lo has vendido? Contigo no podemos estar bien." Entonces María Huamanticlla llamó a sus animales:

"Doña Pascuala, vamos," dijo asustando a los animales con su manta.

De inmediato, carajo, los animales se tiraron a la laguna. Cuando se tiraron los animales, ahí mismo corrieron. El joven, llevando una soga, los sobaba con una honda. ¡Nada! No se salvó ni uno solo. Corría a un lado y a otro. No imaginaba que la mujer también iba a entrar a la laguna. Así, cuando terminaron de entrar todos los animales, la chica se tiró a la laguna. Se metió adentro. Entonces el joven llorando se fue. (...)" (Gow-Condori [1976] 1982:50-51).

Asimismo encontramos que en Yauyos (Lima) estas creencias están no solamente asociadas a las alpacas, sino también a las ovejas: "Los animales son prestados por sus dueños, los espíritus de las lagunas, a los que los crían, pero si éstos no observan el culto asociado con el lugar de origen, el verdadero dueño se los quita. Tradiciones análogas sobre el origen de los rebaños se encuentran en los procesos de idolatrías y en el manuscrito quechua de Huarochirí." (Taylor 1994:106).

XXII Urqu kicharisqanmanta

384 Chaymanta chay willakuykuna kallantaq imaynas chay qaqakunapi utaq urqukunapi kicharikun manchana hatun wasikuna. Mayninpi manchana hatun llaqtakuna. Mayninpitaq manchana hatun quchakuna, hatun ñankuna, utaq hatun uywa warayakunapis. Chay kawsaq runap ñawin rikunanpaq. Chay kawsaq runa mayninpi purichkan may ukupipis. Mama quchap chaykunapi, mayukunapi urqukunapi muntañakunapi maypipis.

385 Chay sutin mala ura sutiyuq. Arí, chay phiyu ura sutiyuq anchay uras, sichus machasqa purinki achka runawan huñuyukuspa utaq sapachallayki purinki, hina rikurisunki huk hatun manchana wasi iglisiahina sayay. Chay punkunta qawayuptiyki chay ukupi kay luz kancha sumaqta kanchachkan. Punchawhinaraq, intiwanhinaraq kanchachkan luz. Chay ukupi imaymana sunquykipaqhina munasqayki kachkan. Iman gustuyki chaykuna ima sumaq kachkan. Machaq runa kanki, tragu imaymana clasi kachkan, imaymana marcayuq. Sichus p'achakuq, allin p'achakuyta munanki, imaymana p'acha achka kachkan, sichus qam warmiwiksa kanki; warmikuna imaymana achka warmikuna tusuchkanku chaypi. Waqyamusunki chay warmikuna: "Hamuyyá, yaykumuyyá, ama manchakuychu, qarichu kanki icha manachu?".

- *Llamawanchá viajasaq" nispa nin maqta.*
Piru mana llamachu. Wikuña kasqa. Chayqa chay wikuña qatirikuspa maqtaqa, kargamun purin.
Hinaspa maypichá pisiparusqa wikuñaqa. Chay maqta ñakarapusqa vindirapusqa qalata, qala kunkan llapanta. Chayqa chaywan rantimun imatapis. Chayqa chayampun Awsangatiman.
"Maypim chay tiranti machu?" nispa tapusqa Maria Wamantiklla warminqa.
"Tiranti machu pisiparipunmi. Hinaspa ñakarapuspa vindirapuni."
"Chayri maytaq wayna tirantiri?
"Qalata vindirampuni."
"Kayta imapaq vindirapurqanki? Manam qamwanqa runa kasunmanchu."
Chaymanta Maria Wamantiklla nisqa animalkunata:
"Doña Pascuala vamos" nisqa llikllachanwan maywirirun.
Huktas karaju dalin uywa quchaman. (...) Maqta waskata aysarirakuspa warkawansi waqtan. Manas karaju. Manas salvanchu huktapis. Kay ladumansi tiran, chay ladumansi tiran. Manas pasñapas quchaman pasayunanpaq pinsanchu. Hina uywa quchaman yaykuyta tukuyaramuptin hinaspa pasña pultin quchaman pasayarapun.
Hinaspa maqtaqa waqayuspa puripusqa. Maypichá llaqtan, maypichá wasin, qala uracha chayapusqa.(...)" (Gow-Condori, 1982:50-51).

386   Si te gustan los animales, lo mismo, hartos animales, lindos y brillosos animales caminan por ahí adentro. Si te gusta el dinero, así como en esos sitios que llaman bancos, hay montones de personas que reparten dinero a otras personas, así, a tu vista; a algunos les dan harto y a otros poco. Y tú piensas: "bueno que me den a mí también". Entras y ya adentro hablas: "Aquí está el cheque" o también eso que llaman letra, (pero antiguamente no decían así), y dices: "A mí también denme plata, a cuenta del animal que me van a comprar o de los granos que me van a comprar o de lo que me van a comprar tejidos, denme plata, préstenme". Entonces te dan, y si ese rato sales y te caes o te tropiezas, entonces rápidamente se cierra todo para siempre, se cierra esa casa enorme o esa gran laguna o eso que apareció bello para tus ojos, ese gran pueblo. Se queda en silencio para siempre y tú desapareces de una vez por todas, ya no vuelves a ver a tu familia, desapareces.

387   Los cerros se abren y se convierten en casas, en pueblo o en canchones de animales, en todo eso se convierte el interior de los cerros. Sobre todo eso, pienso: Es posible que sea cierto. ¿Por qué, si no, la gente antigua hacía siempre ofrendas a los cerros?

388   Ese cerro, el corazón de ese cerro, siente afecto cuando le hacen ofrendas, cuando le dan alientos, o cuando le ponen la wiraqaya. Por eso es que yo pienso que puede ser cierto. A veces los cerros-apus hablan entre ellos. De acuerdo a eso, todos los cerros hablan siempre entre ellos. En Arequipa hay un cerro, el Misti. Ese cerro dice que, así como el Inca-rey, ordena, ordena a toditos los cerros cercanos a Arequipa. Los demás cerros son como sus hijos, igualmente hay otros cerros que son varones y otros que son mujeres.

389   Por eso, cada vez que nacemos de nuestras madres un cerro es nuestra madrina y otro cerro es nuestro padrino. Por eso es que los antiguos incas hacían ofrendas diciendo padrino y madrina. Los incas no mencionaban al Dios Tayta sino sólo al cerro padrino y al cerro madrina.

390   Al cerro se le da ofrendas según sea lo que pida, si es que crees. Vas con algún pensamiento, y, así como te digo, si quieres poseer algo, de pronto,

386   Sichus uywa sunqu kanki, uywa manchana, ima sumaq *q'achiy q'achiy* uywakuna puriyachachkan chay ukupi. Sichus qullqi qullqi sunqu kanki, bancu sutiyuqhina, qullqi. Chay qullqi rakiq runakuna achka chay ukupi qullqita wak runakunaman rakichkan ñawiyki rikunanpaq, wakinman achka, wakinman pisilla. Qam ninki ñuqamanpis quwachun. Bulsikuchaykita hapiykukunki hinaspa yaykunki chay ukuman. Chay ukuman yaykuspataq qam rimapayanki: "Kaypim kachkan cheque" utaq kunan timpu letra ninku (ñawpaq timpu mana chaynatachu niqku): "Ñuqamanpis quway qullqita, uyway rantiwanayki cuinta, granuta rantiwanayki cuinta, awasqakunata rantiwanayki cuinta, quway qullqita, manumuway" nispa. Hinaspaqa qusunkiyá. Sichus chay uras lluqsimpuchkaptiyki *laq'a*kunkipis[133] utaq urmankipis chayqa utqayllata wichqarakapun wiñaypaq chay hatun wasi nisqa, hatun qucha nisqa, hatun llaqta nisqapis. Chayqa chin tukukapun wiñaypaq. Qamtaq hukkamapaq chinkapunki, manaña tupankiñachu aylluykikunawan. Hukkamapaq chinkapunki.

387   Imaynatas kicharikun chay qaqap wasikuna? Wasikunaman tukuspa, llaqtaman tukuspa, urqukunapi utaq kancha warayakunaman tukuspa urqup ukunkunapi. Anchay. Chay ñuqa nini: chiqaypaschá kanman nispa. Imaraykutaq ñawpaq runakuna haywakuqkupuni urqukunaman?

388   Chay urqup sunqunmanta kuyamun chay runakunaman, chay llaqta runakunaman. Chiqaypaq. Imarayku kuyamun? Haywakuptinku, samakuptinku, wiraq'ayata churakuptinku. Chay, chiqaypaqpis niymanmi ñuqa chayqa. Mayninpi urquwan huk urquwan parlanku. Kay simipi huk kay hinantin urqukuna parlaqkupunis. Arequipapi huk hatun urqu kan, Misti sutiyuq. Anchay urqus allin kay Inkariyhina chay urqu kamachin... llapan hinantin urqukunata kamachin Arequipa qayllakunapi. Chay wakin urqukunataqsi kanman irqinkunapis-hina wawankunapis-hina. Kasqan wak urqukuna warmi, wak urqukunataq qari.

389   Chayrayku sapa ñuqanchik paqarimunchik mamanchikmanta chayqa huk urqu warmi madrinanchik, huk urqu qari padrinunchik. Chayrayku chay ñawpaq inkakunap timpunpipis haywakuqku padrinu madrina nispa urquman. Chay inkakuna mana Dius Tayta nirqankuchu sinu "padrinu madrina" nispa, "urqu padrinu, urqu madrina" nispa.

390   Chay urquman alcanzakun, imata munanhina, iñinki chayqa. Ima pinsamintuwan purinki, nichkaykihina imayuq kayta munanki chayqa,

---

133 *Laq'ay* - Huk simipi nisunman **"urmay"**, **"uyampamanta urmay"**.

mientras caminas, se abre un cerro como si fuera la boca de una persona, pero enorme. Adentro hay toda clase de cosas según tus deseos. Si antes de entrar por la puerta por algún motivo te caes, entonces ya nunca entras pero tampoco te mueres. Dices: "¡Oye! ¡Qué es esto! ¡Qué encanto es éste!".

391   Pero si entras haces el papel del feto. ¿Qué es el feto? A veces, si a los cerros no les dan sus ofrendas, no les pagan, ni les dan alientos, entonces tú eres el feto [que servirá de pago]. O sea tú mismo eres el pago para el corazón del cerro y te pudres para siempre en el interior del cerro. También tus huesos, todo, desapareces... Tu familia te pierde para siempre.

392   Ahora también puede ocurrir. ¿A veces no escuchas de personas que desaparecen? Nadie sabe dónde se han perdido. Buscan por todos lados, e incluso con la ciencia de ahora, con la radio o con lo que sea los hacen llamar y no aparecen por nada, ¡pluff! desaparecido del todo. Así, hasta ahora como digo, siguen desapareciendo en los cerros silenciosos o en cualquier otro lugar silencioso, siguen desapareciendo.

393   A veces también se abren tiendas en los cerros y ahí, ocurre lo mismo. Antiguamente también debía haber tiendas para comprar. Antiguamente, en los tiempos de los incas, seguramente no para comprar con plata pero sí para hacer trueque. Llevabas algún producto y lo cambiabas por otro. Cuentan también que es la Santa Tierra la que hace aparecer todas esas cosas. Algunos dicen que eso es un *encanto*. Un encanto o una maldición de la parte del demonio, que se abre para que tus ojos lo vean. En castellano dicen "espejismo" a algo que sólo son ilusiones que aparecen a tus ojos. Pero en el espejismo no vamos pues a desaparecer. Más bien nuestros ojos ven en falso, pero, mientras, ya estás entrando y después, rápidamente, desapareces.

394   Cierta vez ocurrió, no hace tanto tiempo, yo tendría más o menos unos 16 años: venían unas personas que tocaban de pueblo en pueblo y hacían bailar a la gente, los llamados músicos. Tras haber tocado, adornados con sus regalos, los músicos se fueron como habían venido, de un pueblo al otro. ¿Qué ocurrió cuando regresaron?

qunqayllamanta purichkaptiykihina huk urqu kicharikun kay runap siminhinaraq, hatun. Chay ukupi ima sumaq munasqaykimanhina, chay ukupi rikusqaykimanhina kachkan. Si manaraq yaykuchkankichu punkunta imaynapipis *laq'a*rukunki chayqa utqayllata llavirukun, chayqa manaña yaykunkichu wiñay nitaq wañunkipastaqchu. Hinaqa: "Yaw! imataq kayri? Kayqa ima incantuchu, imataq kay!"

391   Chayqa sichus yaykuyunki chayqa sullumantayá pasanki. Imataq chay sullu? Chay mayninpi chay urquman alcanzakunkuchu, mana pagakunkuchu mana samakunkuchu chaypachaqa, qam kikiyki sullu kanki. Qam kikiyki paguta chay urquman sunqunpaq-hina wiñaypaq chay urqup sunqun ukupi ismunki. Tulluykipis qala mana kapunqachu imapis. Chayqa aylluykikuna chinkachisunki wiñaypaq.

392   Kunanpas kanmanraqmi. Mayninpi uyarinkichu runa chinkan. Mana yachakunchu mayta chay runa risqanta. Maskanku hinantin asta kunan kay cienciapi radiupipis may imapipas waqyachinku; manapuni rikurinchu, chin qala, paw. Chay kunankamapis mayninpiqa chin urqukunapi, chin maykunapipis, ñaqa nichkanimá, chinkanpuni, arí..., chinkanpuni.

393   Mayninpi tindapis kicharikun chayqa kaqllataq-á. Mayninpi tindaqa ñawpaqmantapis kallarqanpuni rantikunapaq. Ñawpaq unay, chay inkakunap timpunpiqa, ichapaschá mana qullqiwanchu, aswanpis chalana: Qam apanki huk kawsayta, huk kawsaywan chalakunki. Chayqa ahinallayá, imaynam kanpis rikurichiq chay Pachamama Santa Tirra ninku. Huk siminpitaq ninku: "incantum chayqa". Incantu, malisiún. Chay saqra parti chaynata ñawiyki rikunanpaq kicharichin. Kay castillanupi ninku "espejismo" nispa. Anchaynata ñawiyki rikunallanpaq. Piru manayá espejismopiqa chinkachwanchu, manamá. Aswanpis yanqalla ñawinchik rikun, chaypachaqa yaykuyunki hinaqa utqaychallata chinkankichá.

394   Huk pacha kunan, manam tantu unayraqchu kanman. Ñuqa kachkaymanchá karqan chunka suqtayuq-hina, chay, hamusqaku huk llaqtamanta huk llaqtaman tukaqkuna, runa tusuchiqkuna, chay musicu sutiyuqkuna. Hinaspa tukayta tukuspa, *q'aywi*sqakama[134] chay tukaqkuna kasqanta kutimpusqaku chay huk llaqtamanta llaqtan laduman. Chayñataq kutimpuptinku, imam sucidin?

---

134   *Q'aywiy - "Achalay utaq adurnay imaymana frutakunawan, carguyuqkuna chayta ruranan"*. Manam yurimusqanmanta (paqarimusqanmanta) yachaykuchu.

395   Dicen que en un cerro apareció un hermoso pueblo. Las casas que estaban a la entrada de ese pueblo eran unas casas enormes y en los enormes patios de esas casas estaban bailando. ¿Y quiénes bailaban? Estaban celebrando un matrimonio. Entonces los músicos al verlo se dijeron: "Vayamos a ver qué pasa, ¿qué pueblo es éste?". Mientras estaban viendo una mujer cargada de una chomba, tinaja, de chicha les dio alcance y se llevó adentro a los músicos. A los músicos les gusta mucho tomar chicha y trago.

396   Así los músicos, cuando ya estaban lejos del lugar de donde venían, entraron al interior de ese cerro. Pero ellos no se dieron cuenta de que era como la boca de un cerro que estaba abierta. Para ellos, el cerro no era un cerro, ni la puerta de ese cerro era una puerta. Para ellos, ese cerro era una pampa, y el pueblo que aparecía estaba en una linda y hermosa pampa. Allí estaban bailando celebrando ese matrimonio. La mujer cargaba la chicha y al entrar los músicos, en su ilusión, se imaginaban que estaban tomando.

397   A uno de los músicos le entraron ganas de hacer el dos y no entró junto a los demás sino que les dijo: "Ustedes vayan entrando a la casa, yo voy a hacer el dos, vayan llevándome mi instrumento". Y así diciendo se fue a hacer el dos tras una peña. Cuando terminó, regresó... Ya no estaba el pueblo. Sólo había un cerro. Se fue hacia la puerta o casa que en verdad había visto: no había nada, había desaparecido. Había un cerro cualquiera. una peña cualquiera: "¿Dónde está? ¿Qué es esto? ¿Acaso estaba durmiendo? No pues... ¿O tal vez soñaba?... no pues, si además me acuerdo de haber cagado...". Y regresó y ahí estaban sus heces, tras la peña: "¿Y mi instrumento? Se los di pues... ¿dónde?". No estaban, no había nada.

398   "¿Dónde estarán?". Comenzó a dar vueltas. "¿Por dónde era? De repente por este lado, ¿o por éste?". Nada. "¿Acaso me fui lejos a cagar? No pues, aquicito nomás, ¿dónde pues?". Silencio. "¡Ayyy!". Se puso a llorar. Así harto ya de llorar se fue. Tomó el camino a su pueblo y empezó a caminar. Cuando llevaba unos cien pasos caminados, sintió apenitas que tocaba la música del matrimonio, se sentía lindo: "¡Ya!, ¡ahí están!". Regresó, pero a medida que se acercaba la música cada vez se sentía más y más lejos.

395   Huk urqupis ima sumaq llaqta rikurin, chay llaqta yaykuna wasipitaq manchana
hatun wasipi, hatun patiyuyuq wasipi, tusuyuchkasqaku; pikuna? Huk
matrimuniu tusuyuchkasqa. Hinas chay musicukuna: "Qawarikusun, imam
mayqin llaqtataq kay llaqta" nispa qawakunku. Hinaspa qawakuptinku hukkaq
warmi aqa qipintin ayparamun. Hinaspa pusayun musicukunataqa.
Musicukunamanqa gustanpuni aqa, gustanpuni chay waqchu utaq tragu.

396   Hinaspa chay musicukunaqa ñataq karutaña purimurqanku chayqa, hinata
yaykuyunku chay ukuta. Mana paykuna riparakunkuchu urqup siminhina
kicharayasqa kasqanta. Paykuna ñawinkupaq mana urquqa urquchu. Nitaqmi
chay punkupis paykunapaq punkuchu. Con tal que paykunapaq pampa, huk-
hina pampa tukukapun chay urqu paykunap ñawinkupaq. Llaqtataq pampalla
pampa llaqta ima sumaq. Chaypi iman kaq matrimuniu tusuyuchkan. Chay
warmi aqata wantuyun, aqata chay ukuta yaykuyuspa waqtarichkanku
paykunamantaqa.

397   Hinas hukkaq musicu ispanayachikurqan hatun ispayta. Hatun ispayta
ispanayachikurqan hinaspa manam yaykurqanraqchu: "Qamkuna
yaykuchkaychikña chay wasiman" nispa. "Ñuqa isparakamusaq,
tukanallaytawan apayapuchkawaychikña" nispa. Hinas chay huk qaqa qipallapi
tiyarukuspa ispakuchkarqan. Hinaspa ispakuyta tukuspa kutirun: manam
kapunchu chay llaqta. Nitaqmi chay wasikunapis ima matrimuniupis imapis
kapunchu. Yanqa urqu. Chay punkuchu chiqan rikusqanman, chay wasi
chiqan rikusqanman chimpahatan, manan imapis kanchu; chin, qala. Yanqa
qaqa, yanqa urqu: "Maytaq, imataq kay, puñururqanichu, manamá. Icha
musqukurqanichu, manamá; ispakusqayta yuyachkani" kutirin. Ispasqan
kachkan iman kaq qaqa qipapi: "tukanayri? apachirqani, maytaq" mana
kanchu, qala.

398   "Maysi", muyurin, "may laduchu karqan, kay laduchu icha, kay laduchu?",
mana..., muyurin, mana kanchu. "Manamá karupichu ispaniqa; manamá,
kaychallapimá", maytaq, chin. "¡Ayyy!" waqayta yaykun. Ahina
waqachkaptin, waqayta saksayta tukuspa ripun. Ñanta hapin llaqtan laduman.
Puriyta qallarin. Maypachachus ña huk pachak, iskay pachak
*charqa*risqanpi[135], huk puririsqanpi, uyart'*atan*[136] chay matrimuniu tukayta
tukayuchkanku ima sumaqta: "Ya, ¡chayqá!" kutirimun. Sapa hamuriptin

---

135 *Charqay* - Huk simipi **'ichiy'**, **'tatkiy'**. Kay simita tarinchik kay librukunapi: Lira (1982:46), Ayala
(1988:80), A.M.L.Q. (1995:53).
136 -*t'ata*- - Aymaramanta simi huntachiq: imatapis rurakuptin, huk chillmillaypi utaq qimchillaypi
chayta rurakun.

Cuando ya se acercaba al cerro: silencio, no había nada, todo se hizo silencio. Se volvió a ir, volvió a escuchar la música y volvió a regresar, tampoco había nada. Se volvió a ir y volvió a escuchar la música: "Que sea lo que sea, ¿qué será eso?" y se fue corriendo.

399   Cuando ya estaba lejos, comenzó a sentir la música más fuerte en sus oídos. Así es eso que llaman *encanto*. Así son esas tiendas o casas que se nos abren en los cerros. Esta es la historia.

XXIII   La walqa walqa

400   En Caylloma a veces dicen "apu" y a veces dicen "cerro". Pero en Caylloma más se dice "cerro". También dicen *awki* o *apu awki*. Pero de todas manera más dicen *cerro*.

401   Aquí en Caylloma están los *cerros* Sabancaya y Walqa-walqa que no hace mucho castigaron a un pueblo. Dicen que Walqa-walqa es la mujer del Sabancaya. Así, si los miras bien, puedes ver que Walqa-walqa está sentada como una mujer con la pollera extendida. Y al lado de Walqa-walqa están sus hijitos, niñitos pequeños y grandes. El Sabancaya es un hombre, es el marido de Walqa-walqa. Sus guagüitos están ahí, ésos son sus niños.

402   ¿Por qué está humeando ahora? ¿Por qué dicen que humea? Según lo que te cuento humea porque ya se está haciendo muy viejo y tiene hartos hijos. Por eso se molesta mucho. Y así, por molestarse tanto, puja, como los viejos, no como los jóvenes, puja diciendo "ayhh ayhhh ayhhh", como los enfermos. De su boca sale... como reniega tanto sale eso a manera de humo, cuando se queja... De la boca de ese Sabancaya varón sale su aliento, porque reniega demasiado.

403   La mujer de él, Walqa-walqa, andaba preocupada por eso, ella es todavía joven, es menor que el Sabancaya. La tomó siendo aún joven y por eso tiene tantos hijos. Ella se preocupaba mucho y no sabía qué hacer: "Habrá que buscarle hierbas que le curen" pensó. "Hay que curar a Sabancaya de sus enfermedades". Y se fue a buscar remedios[45] al pueblo de Maca. "Debe haber remedios en el pueblo, iré con mis pobres hijitos" dijo y vino con uno de sus hijos. Al del medio y al mayor los dejó cuidando a los más chicos. ¿Y a dónde decidió ir? Al pueblo de Maca.

---

45   Casi siempre hierbas, que pueden ser de tres clases tal como se narró en el relato de "La mujer curandera": Remedios de los cerros, de la selva o del mar.

tukaynin as karupiña, aswan karupiña, aswan karupiña. Maypachachus chay urquman chimpahatan; chin, qala, chin karapun. Pasallantaq wakmanta tukayta uyarillantaq, kutirimullantaq... Nillataq imapis kanchu. Pasallantaq wakmanta tukayta uyarin: "Hina kachun, imachá chayqa" . Truti pasapun.

399 Karupi kaptin aswan fuirti rinrinpaq tukatatan. Ahinam chay incantu nisqa sutiyuq. Utaq chay tindakuna, wasikuna kicharikun chay urqukunapi, qaqakunapi chay. Ahinam.

XXIII Walqa walqa

400 Kayllumapi mayninpi ninku *apu*kuna[137], mayninpi ninku urqukuna. Masta kay Kaylluma ladupi urquwan sutichanku, urqu. Awkitapis ninku mayninpi, awki apu ninku. Piru masta urqutapuni.

401 Kay Sawankaya, chay Wallqa-wallqa, chay kunan manaraq unaychu huk castigu nisqata churamurqan huk llaqtaman. Chay Wallqa-wallqas Sawankayap warmin. Chayrayku allinta kunan qawawaq rikuwaq, tiyachkan warmihina pulliran mastatatasqan. Ladunkunapi Wallqa-wallqapi uñakuna huchuy hatun irqichankuna. Sawankayataq huk qarin. Chay Wallqa-wallqap qarin. Chay uñachankuna chay kachkan, irqichankuna.

402 Imaraykum qusñin nispa ninku. Willasqayki huk ratuchaman qusñin purqui ña machuchaña i wawankuna achkaña. Chayrayku piñakun sinchita pay. Piñakuspa *arqhi*chkan[138], "ah ahh" nispa yuyaqhina, yuyaqkuna mana waynahinañachu. "¡Ay ay ay!" nispa unquqhina. Chay siminmanta, sinchita rinigan hinaqa, lluqsimun qusñi. Chay Sawankayap siminmanta lluqsimuchkan chay samaynin sinchita nisyuta rinigaptin.

403 Hinaspa chay llakisqa Wallqa-wallqa, warmin, warmaraq. Sawankayap sullkan Wallqa-wallqa. Warmallata hapirusqa karqan. Chayrayku achka wawayuq. Hina llakikun sinchita "imanasaq" nispa nin. "Hampitachá riki maskamuna kanqa; kunan chay Sawankaya chay unqusqanmanta hampina kachkan". Chay hampiman hatarimun Maqa sutiyuq llaqtaman. Chay wakchan wawaykunaman rirusaq- nispa hamun huk irqichantin. Chay chawpi irqichanta, chay kurak irqichantawan wakin ñutu irqichatawan saqiyuspa. Hukkaq irqichanwan hamun, mayman? Maqa llaqtaman.

---

137 *Urqu* utaq *apu* - Ayakuchupi ninku **'wamani'**, Ancashpi **'hirka'**, Boliviapitaq 'achachila'.
138 *Arqhiy* - Wak ladupi ninku **'qistiy'**. Castillanupi: *"pujar, quejarse"*.

404   Así esa mujer llegó con su hijo al pueblo de Maca cuando algunas personas estaban en una fiesta, algunos estaban en un matrimonio y otros en un cumpleaños, otros en las chacras, en el campo o haciendo algo en sus casas. Así.

405   Walqa-walqa entró a la casa de una mujer. Esa mujer miró de arriba abajo a Walqa-walqa y se asqueó. También miró a sus hijos y le dieron asco. ¿Por qué se asqueaba? Tanto Walqa-walqa como sus hijos habían ido convertidos en personas, en una señora con sus hijos. La mujer, Walqa-walqa, andaba horriblemente vestida. Era una mujer con una ropa toda andrajosa, toda rota y con *carcas*, o sea sucia, muy sucia, con la ropa inmunda. Su cabeza llena de piojos, hartos piojos, y su cuello grasiento, asquerosa. Su cara estaba como si le hubieran pasado brea, toda llorosa, seguro que lloraría por su esposo. Así estaba, demasiado sucia, y sus ojos llenos de legañas, su boca toda rajada, hasta con sangre. Y su hijo estaba igual: con la ropa vieja, con mocos y su cara como si la hubieran frotado con goma. Porque ese niño se limpiaba los mocos con la mano, así llevándoselos con la mano hacia un costado... Por eso estaba asqueroso. En la frente tenía llagas, le salía pus de la frente y también las manos estaban todas rajadas.

406   Así, Walqa-walqa se había dirigido a la casa de esa señora. Esta señora era joven y estaba un poco tomada, Walqa-walqa le dijo a la señora: "Señora... un favorcito... estoy pasando por aquí, buscando, por favor, ¿no tendrá algunos remedios para curar?" y por su nombre comenzó a decirle cuáles quería. Y también le rogó: "Quizás también tenga algo de comidita, deme por favor, por mis hijos, están muy cansados, también mi esposo está enfermo, por eso estoy viniendo" Pero no le dijo de dónde venía.

407   La mujer la miró de arriba abajo y le dijo: "Qué comida ni qué comida, qué medicinas ni qué medicinas ¡fuera de mi casa, asquerosa! ¿ni siquiera puedes lavarte?, siendo joven todavía caminas de esa manera... y tu hijo igual... ¿ni siquiera le puedes sacar los piojos? Ni siquiera se pueden sacar los piojos" La maltrató. "Ya mamá, entonces me iré" le dijo Walqa-walqa respetuosamente.

408   Cuando ya se estaba yendo, de una esquina apareció una señora viejita:
- Mamita, ¿a dónde están yendo?, ¿qué están haciendo por este pueblo? ¿estás enferma?

404   Hina chay Maqa llaqatataq hamuspa, chayamuspa, fista ukupi kachkarqanku wakin runakuna. Matrimuniupi, wakin cumpliañupi, wakin chakrapi, wakin kampupi, wakin wasi ruwaypi.

405   Hinaspa Maqa llaqtaman chayamuspa chay Wallqa-wallqa warmi irqichantin huk warmip wasiman yaykuyun. Chay warmi chay Wallqa-wallqata qawahatan hinaspa millarikun. Churichantapas qawaykun, millarikun. Imarayku millakun? Chay Wallqa-wallqa huk warmiman tukuspa hamusqa, churichanpas huk runa uñaman tukuspa; hina chay Wallqa-wallqa kasqa pasaq millay p'achasqa warmi. Thanta p'achayuq warmi. Lliki lliki p'achayuq warmi. Karkataq, qhilli, sinchi qhilli, nisyu qhilli p'achayuq. Chukchantaq manchana usasapa, achka usayuq, sinchi wiswi wiswi chukchayuq, millay. Uyankunapis briyawan llutasqahina. Sinchi waqasqa, qarinmantachá waqaran ahina. Hinaspa sinchi qhilli. Ñawinpas *ch'uqñi*[139], ch'uqñi ñawiyuq. Siminkunapis raqra-raqray. Yawar simintin. Churichanpis kaqllataq. Thanta irqi, *qhuña*sapa irqi. Ahina uyaman llutasqa gumahina. Purqui chay irqicha pichakun ahina makinwan, kay laduman chay laduman. Chayrayku hukkama millakunapaq-á. Ankay *mat'*inpi[140] llaga, qiya lluqsimuchkan mat'inmanta. Makinkunapis lliju raqra makikuna.

406   Hina chay Wallqa-wallqa, chay huk siñura kasqa karqan sipaspacha siñura. Hinaspa huk chikan upyarisqa riki, pisi upyarisqa. Chayqa siñurata nin: "Mamáy siñura, ama hinachuyari, kayhina muyuchkani kay llaqtapi. Ama hinachu, manachu imaynapi hampita uywanki?". Sutinmanta nin, "kayta chayta" nispa. Chay hampita sutinmantakama huqarin. Chaymanta: "mikunallaykipaq icha kachkan, qurikuchkaway, kay wawayrayku, ñutu wawaykuna kan, qariypas mana allinchu. Hina kunan uraqamurqani" nin. Mana maymanta uraqamurqani ninpaschu: "Hamurqani" nispalla nin.

407   Anchay warmi qawahatan: "Mikuyta ni mikuyta, ni hampi ni hampi: lluqsiy wasiymanta ima kay qhilli warmi, manachu mayllakullankipis imachu, huk sipas warmi chayna puriyachachwanri, kay irqiykipis kayna, manachu hampillawaqpis usantapis qawaspa..., usaykichiktapis qawakuwaqchik" nispa kamiyun chay Maqa llaqtapi tiyaq warmi. Hinamanta: "Ya mamáy, nispaqa risaq" rispitusa.

408   Anchayta lluqsirapuchkaptin huk isquinamanta rikurirqamun nin huk wasimantañataq huk yuyaq warmi, yuyaqpacha warmilla. Hina:

---

139   *Ch'uqñi* - Ayakuchupi **'witqi'** utaq **'wiqti'**.
140   *Mat'i* - Ayakuchupi ninku **'urku'**.

- No... mi esposo está enfermo. Hace tiempo que está enfermo, ¿qué puedo hacer?, ésta y aquella medicina está esperando que le lleve. Por eso estoy viniendo. También debo llevar algo de comida, pero no tengo plata. Esta gente no me ha querido dar, ¿qué voy a hacer?

- Vengan a mi casa, comerán algo a la pasada.

409   La señora mayor la llevó a su casa y le dio comida, le dio chicha y comida. También le dio algunos alimentos crudos para que se lleve. Le dio de comer buena comida, rica. También le dio algunas de las medicinas que tenía. De los veinticinco remedios que buscaba le dio uno o dos. Walqa-walqa al irse le dijo: "Ya mamita, tú si eres una buena persona" y diciéndole le besó en la cara y se fue con sus hijos.

410   Después ella habló para sí: "Que estén así para siempre toda esa gente, que toda esa gente que no cree viva para siempre, que tengan siempre comida, que tengan siempre comida y buenas cosas o malas cosas... esa gente tan mala..." Mientras así iba diciendo, la dueña de la casa se volteó por un momento y cuando volvió a mirar, de pronto, había desaparecido, por la pampa estaban las huellas de sus pies desnudos; unas huellas grandes de la mujer y las huellas pequeñas de sus hijos. Allí estaban y un poco más allá habían desaparecido, ya no había nada... ni un rastro, desaparecieron las huellas del camino por el que se estaban yendo.

411   Después de un buen tiempo, de pronto "¡¡Bluummm!!" todo el pueblo se empezó a derrumbar. Todos, esa gente que estaba emborrachándose, esa mujer mala que no le dio nada, en un momento, así como se desparrama el sapo con una pedrada, esa gente mala se hizo tiras, hasta su sangre, hasta sus sesos se desparramaron por todas partes. Se esparcieron como no sé qué cosa...

412   No era pues una persona, era Walqa-walqa. Convertida en persona, había venido con sus hijos. Su marido se molestó mucho por lo ocurrido: "Aun estando yo enfermo no han atendido a mi mujer" diciendo se molestó e hizo desaparecer el pueblo de Maca.

- Mamalláy, maytataq kayta hamunkichikri?- nispa. -Imamanta kaykunata hamunkichik?, unqunkichu?.

- Manam, qariy mana allinchu; unquykun unayña, unayña unquykun; imanasaq? kay hampita, chay hampita apamuni; "apamuwanqa" nispa niwarqan; hinaspa kunan hamurqani; mikuyllatataq kaqta apakunaypaq; mana qullqiykupas kanchu; kay runakunam manam quriyta munawankuchu; imanasaqmi?- nispa.

- Haku wasiyta, chaypi mikuyatamuychik.

409   Chay mamalla apan wasita. Hinaspa mikuchimun, aqata quyun, mikunata quyun. Wakinta *chawa*pi[141] apakunanpaq quyun. Sumaq alli allinta mikuyuchin. Hampita kaqtakamaqa wakillanta qurin. Mana huntasqatachu. Iskay chunka pichqayuq hampimanta huk iskay hampillata qurin. Hinaqa: "Ya mamáy, qamqa sumaq runa kanki" nispa uyanpi mucharatamuspa pasapun chay Wallqa-wallqaqa churinchanpiwan.

410   Rimarukuntaq ahinata nin: "Wiñay kachunku chay wakin runakunaqa; chay mana iñiq runakunaqa wiñay kawsachunku, wiñay mikunayuq kachunku, wiñaypuni kachunku mikunayuqpas allin kaqniyuqpis mana kaqniyuqpas, phiyukama runakuna"- nispa nin. Hina nichkaptinsi hukllata, chay wasiyuq siñura, huk kuchuman kutirinankama: chin, qala, mana kapunchu chay Wallqa-wallqa. Chayqa pampallanqa kay qala chaki warmi, hatun warmip purisqan i malta chaki churinchanpiwan rikukusqa. Chay chayqa sayachkarqan, chaymanta, chaqayniqmanqa, mana karapunchu ima lastrupis, ni purisqa chakin kapunchu.

411   Hina hukllata unayniqllamantas: "¡¡¡Bluumm!!!" qala llaqta wischukun. Chay machaq runakunapis, chay phiyu warmi, mana ima quq warmi, utqayllata sapumanchuqa rumi challaspa challachinraq, kaqta chay phiyu runakunata lliju tirasta ruwarapun. Challachinraq ¡lliju! yawarnintapas chaqayna chaqaynataraq kasqan chay uman ñutqunmantapas. Challachin kaynataniraq, imahinaraqchá kanpis.

412   Chayqa manamá runachu kasqa, sinu Wallqa-wallqa. Runaman tukusqa hamusqa churichantin. Chaymanta astawan piñarikun qarin: "Unqusqaña kaptiypis warmita manachu atindinku" nispa piñarikuspa disaparicichin chay Maqa llaqtata.

---

141   *Chawa* - Huk simipi **'hanku'**.

413   Hubo un terremoto. Porque debajo de Maca está guardada una bacinica. Lo que orinan Walqa-walqa y Sabancaya crece más y más. Porque también ellos, así como las personas, orinan. Y todos esos orines guardados están debajo de Maca.

414   Por eso fue que el Inca dijo: - ¿Qué es lo que quieren aquí en Maca?
- Agua.
- ¿Poco o mucho? Como ese tiempo vivía aún poca gente, dijeron:
- Poco nomás, para que alcance.
- Ah ya, poco nomás, para que alcance, está bien.

415   Y como el Inca hablaba siempre con los cerros les dijo:- Ya ustedes son marido y mujer, sean testigos de lo que pide esta gente, puede ser que un día más tarde lloren arrepintiéndose de su pedido. Así nomás, así nomás, que tengan poquita agua.

416   Por eso es que esa agua está guardada hasta ahora con el poder de los cerros y con el poder del Inca-rey. Y por eso es que desde su interior se desliza el agua, cada vez más y más. Así también esa gente lloró en el terremoto. Dicen que si no fuera porque el agua se desfoga a través del interior hacia el río entonces se deslizaría todo el pueblo. Recién entonces la gente de Maca estará diciendo " ¡qué falla! ¿cómo pudieron equivocarse en su pedido al Inca?".

417   Así me contó una mujer mayor del pueblo de Maca que habló con Walqa-walqa. Una vez que fui a comprar tunas, así me contó, no quiso decirme ni su nombre. Sí, eso fue lo que me contó. No hace mucho tiempo, sí. Eso que me contó ahora yo también lo estoy contando. Cuando esto mismo les he contado a otras personas no me han creído... por lo demás, ahora ya murió esta señora, ya no existe.

XXIV Sobre las sirenas

418   Hay también historias sobre la sirena. Sirena le dicen aquí en Caylloma. Las sirenas viven en las caídas escondidas de agua o en las lagunas o también en algunos ríos donde hay ranas y se forman lagunas. Allí viven, en lugares oscuros donde hay ríos.

413   Chaypi tirrimutu kan. Purqui waqaychasqa kachkan, Maqa llaqtap ukunpi
        waqaychasqa kachkan hatun bacinica nisqa sutiyuq. Chay Wallqa-wallqap
        Sawankayap ispaynin. Chay ispaynin astawan astawanña mirachkan.
        Paykunapas kay runahina ispakunkupuni. Chayqa chay ispay waqaychasqa
        chay ukupi kachkan, Maqa ukupi nin.

414   Chayrayku inka nirqan: "Imatam munankichik kay Maqa llaqtapi?" nispa.
        Hinaspa maqiñukuna nirqanku: "Yakuta." "Achkatachu pisillatachu?". Chay
        pacha pisilla runakuna tiyarqanku, pisillaraq: "Pisipachallatayá". "Ah ya,
        pisipachallata, allinmi".

415   Chayrayku Inka urqukunawan parlarqanpuni. Hinaspa nirqan: "Ya, qamkuna
        qari warmi kachkankichik, tistigu kaychik kay runakunamanta, hinataq qipa
        punchawman waqankuman" nispa. "Hinaqa hinalla pisi yakullayuq kachunku".

416   Chayrayku chay wakin yakuta chay urqukunap pudirninwan, Inkariypa
        pudirninwan waqaychakapun asta kunan. Chayrayku ukunta suchuchkan
        yaku, aswanta aswanta, hinallataq chay runakunapis tirrimutupi waqakurqanku.
        Chiqaychus mana kunan allpa ukunta desfoganqachu mayuman chaypachaqa,
        suchuyachipunqa qala llaqtata mayuman. Chayraqchá ninqaku "ima urataq,
        hayka urataq" nispa.

417   Chayta willawarqan huk yuyaq warmi, Wallqa-wallqawan rimaq, Maqa llaqta-
        manta. Ñuqa tunas rantikuq purirqani, chay pacha willawarqan, nitaq sutintapis
        willayta munawarqanchu. Ahinam chay willawasqan. Mana unayraqchu. Chay
        willawasqanta kunan kay qillqapi ñuqapis willarikuchkani. Hinaspa chay wakin
        willasqa runakunaman manan criyiwanpastaqchu. Hinaspapis chay willawasqan
        mamallapis wañukun kunankama, mana kapunchu.

XXIV Sirinamanta

418   Sirinamanta willakuy kan. Sirina ninku kay Kaylluma llaqtapi. Chay sirina
        tiyan paqcha kuchukunapi, quchakunapi utaq tiyan mayu kayra quchapi
        ukupi. Chay tutayaq chiqa chiqa mayu kachkan, anchaykunapi tiyan.

419 La llamada sirena es una mujer hermosa, grande y de buenas carnes, o mediana, pero con una cara linda, un pelo hermoso, tiene senos y también brazos; en la parte de abajo, sus pies son como los de un pez, tiene aletas de pez.

420 Se te aparece vestida de una forma hermosa o a veces también desnuda, con la apariencia de una joven hermosa. Por ejemplo, si eres un pescador de truchas y vas a un río a pescar, a veces te encuentras solo en una *mala hora*.

421 Entonces allí, hermosamente sentada sobre una peña, en medio de un río está una buena joven, una hermosa joven, peinándose la cabeza. Es la sirena. Si ella te ve entonces te llama: "ven" te dice: "ven, aquí estoy, soy tu mujer". Y si tú no dices "Jesús" y no piensas en tu Dios te acercas a ella y desapareces rápidamente.

422 Para tu vista es hermosa, para tus ojos está hermosamente sentada sobre una peña. Pero no es una peña, sólo para tus ojos lo es, pero no es así. Cuando te acercas desapareces con ella en el río.

423 Dicen que en el interior profundo y oscuro de esos ríos está el pueblo de las sirenas. Allí te lleva y desapareces para siempre, cuerpo y alma. Allí dentro vives junto a la sirena. Dicen que en el interior hay también aire, así, vives allí con la sirena.

424 Hay muchas historias sobre la sirena. También dicen que ocurre lo mismo en las lagunas. Al borde de las lagunas las sirenas se lavan o están allí tendidas convertidas en jóvenes. Sus piernas ya son como las de una joven, así convertida es igualita a una jovencita. Igualita, sus piernas, todo. Allí la encuentras durmiendo desnuda. A veces está cubierta con una sábana blanca, con algo así, de mucha claridad, está cubierta y duerme. Tú te acercas, a veces te antojas y vas con la idea de *tirártela*, entonces inmediatamente desapareces para siempre.

425 También está en las cataratas de agua, allí donde sale agua desde lo alto de las peñas. Allí se te aparece de la misma forma. Pero siempre que hables con la sirena, desapareces. ¿Con qué te engaña? Canta, canta lindo. ¿Con qué más te engaña? Baila, baila lindo cualquier música, música de ahora también.

419 Chay sirina sutiyuq, sumaq pasña, hatun wira pasña utaq rigular pasña. Sumaq uyayuq, sumaq chukchayuq, ñuñuyuq ima makikunayuq ima. Urayninmantaq chakichankuna challwa, challwa rikrayuq.

420 Anchay rikurisunki sumaq p'achasqaman tukuspa, mayninpi qalalla, huk pasñaman tukuspa rikurisunki. Qam truchiru kawaq, mayuta rinki truchaman, challwaman, hina chaypi mayninpi sapallayki tarikunki mala urapi.

421 Hinaqa sumaqta qaqapatapi tiyaspa huk allin mayu chawpipi huk allin pasña, sumaq pasña ñaqchakun umanta. Si imaynapi rikuramusunki chay sirina, chayqa chay sirinaqa waqyasunki: "hamuy" nispa, "hamuy kaypi kachkani ñuqa warmiyki" nispa waqyasunki. Si qam mana "Jesús" nispa, mana Taytachaykita yuyarikuspa qam chimpanki chayman, hinaqa utqayllata chinkanki.

422 Ñawiykipaq sumaq, ñawiykipaq tiyachkan sumaq qaqa patapi. Piru mana qaqachu, ñawillaykipaq qaqa paricisunki. Maypachachus chimpanki hinaqa qam chinkayapunki mayuta paywan kuska.

423 Chayqa chay tutayaq mayu ukupi kanmansi llaqtanku, sirinap llaqtan, chay llaqtanta apayusunki. Hinaqa apakapusunki wiñaypaq, alma i cuirpu. Chay ukupi tiyanki sirinawan. Chay sirinakunap tiyasqan ukupi -wayrapis ima kansi- chayqa chaypi tiyanki chay sirinawan.

424 Chay sirinamanta kallantaq rimay. Chay kaqllataq chay quchapipis. Taqsakuchkan nin qucha patapi utaq kumparayachkan qucha patapi pasñaman tukuspa. Pasña chakayuq kaqllayá tukupun. Kaqlla pasñap piernan piernayuq puñuchkan qalalla. Mayninpi qatahatakuchkan -kay yuraq sabana ninku castillanupi- anchayniraqman sumaq kanchachkaqwan qatakuspa chaypi puñuchkan. Hinaqa qam chimpanki, antujakunki. Mayninpi witisaq ninki, chayqa utqayllata chay quchapi chinkallankitaq huk wiñaypaq, chinkallankitaq.

425 Kaqllataq may chay paqcha kuchu ninku, chay yaku paqchamun, qaqapatamanta uramun, chaypi kaqllataq rikurisunki. Sapa rimanki chay sirinawan chayqa chinkankipuni. Imawantaq ingañasunki? Takin, sumaqta takin. Imawantaq ingañasunki? Sumaqta tusun, sumaqta imaymana takikunata, musuq takikunata.

426 Así me han contado. Antiguamente, los que cantaban, los buenos cantores, hombres o mujeres jóvenes, si querían cantar bien iban y, a escondidas, sin dejarse ver, escuchaban los cantos de la sirena. Aprendían sus cantos y después, ese o esa joven cantaban igual.

427 Si tú o cualquiera quiere aprender a tocar bien la quena o cualquier otro instrumento, como el rondín o el órgano, entonces debes ir allí donde has visto a la sirena y dejar allí tu instrumento. Lo dejas dos días o un día y medio cerca del lugar donde has visto a la sirena. Después vuelves a traer tu instrumento. Entonces.. Antes no podías tocar, ya sea una guitarra, una mandolina, un charango o cualquier otro instrumento; pero después, apenas pasan tus manos por el instrumento, solito empieza a tocar, así como lo que ahora dicen grabadora, así sin saber cómo, comienzan a venir melodías a tu cabeza. Y mientras tocas y tocas te salen las melodías, te conviertes en un buen músico. Y así, cuando ya eres un buen músico, eres muy querido por las jóvenes, las mujeres y también por las personas que te contratan.

428 La sirena es como decir familia del demonio. Hace que te paguen bien porque a la gente le gusta lo que tocas, tocas excelentemente y por eso te pagan bien.

429 Ese instrumento que está *sirenado*, encantado por la sirena, lo puedes llevar al interior de un pueblo para tocar para un alferado, uno de esos que pasa los *cargos*. Ese hombre te puede obligar a tocar en el interior de una iglesia.

430 Si llevas tu instrumento al interior de una iglesia, entonces tu instrumento se parte, así, como si fuera un papel, se desgarra. Se raja y se parte por todos lados. Ya no suena igual.

431 Pero si no lo llevas a una iglesia y duermes con tus compañeros músicos, entonces el instrumento, como si fuera una persona, habla, ronca: "qorr qorrrr". Si es una guitarra dice: "trinnn". Cuando todos están durmiendo y dejas el instrumento sobre una mesa, al llegar la *mala hora*, si es un rondín comienza a sonar: "tlin tlin", suena igual, así como si fuera un reloj; si es una guitarra suena "tlinnnnn". Suena como si alguien la estuviera tocando en esas horas. Da miedo ese instrumento. Sí, da miedo, por eso dicen que está sirenado.

426 Chay willawaqku, chay ñawpaq unay timpupi chay allin takiqkuna, pasña takiqkuna o maqta takiqkuna, chay takiyta munaqku, chayqa chay sirinata purispa uyariqku pakallamanta ama rikuchikuspa. Hinaqa anchay takiyninta aprindiqku i kaqllata takiqku chay waynakuna o mayninpi sipaskuna.

427 Sichus qam o pipis tukayta atiyta munan, lawatata utaq ima tukanatapis sumaqllata tukayta, rundinchu urganuchu ima chaykunatapis; chayqa maypim sirinata rikurqanki anchayman circaman saqimunayki chay tukanaykita. Chay tukanaykita saqinki chay circapi, chay sirinap rikusqaykipi; hinaqa huk iskay punchawmanta utaq huk punchaw partinmanta purinki. Hinaqa apakampunki chay tukanaykita. Hina chay mana tukayta atirqankichu, yanqalla sichus guitarra o sichus mandulina o sichus charangu imapis ima tukanapis chayqa, utqayllata *llamkha*ykunki. Hinaqa payllamanta sumaqta tukatatan, kay grabadura nichkanku kunan timpu, anchayhina sumaq imaymanata umaykiman yanqallamanta hamusunki. Qam tukatiyanki hinaqa chay tukaykuna lluqsin. Allin tukaq runa kanki. Hina chay allin tukaq runa kaptiyki kusa munasqa kanki pasñakunapaq utaq warmikunapaqpis o chay runakuna valikuqpaqpis, allin pagasqa kanki.

428 Chay sirina dimuniu partiñasina kanman. Hina pagachipusunki allinta purqui allinta tukanki runap rikunantaqa, allin manchana sumaqta tukanki. Chayraykum allin pagasqa kanki.

429 Arí, piru chay tukana sirinasqata -chay sirinasqa ninku chay tukanata- sirinasqa tukanata apamunki llaqta ukuman hinaspa chay alfiradu ninku, chay cargu pasaq runakuna, mayninpi ubliganku chay tukaqkunata iglisia ukuman apayuyta.

430 Chayqa sichus iglisia ukuman apayunki chay tukanaykita chaypachaqa llikirukun kay papil nichkanku, anchayhina, llikirqarikun, mana llapanchu, piru ña raqranhina. Manayá iman kaqtachu tukapun.

431 Sichus mana apayunkichu chayqa, chay musicu masiykikunawan puñunki, hina chay tukana, kay runahina mayninpi "qurr rruq" nispa nin, sichus guitarra chayqa "¡trinnnnn!" nin. Llapan puñunku hina tukanata churatatan mesa pataman, hinaqa chay mala uraman chayamun chayqa, sichus urganilla ninku chayqa "tilín! tilín!" kaqllata suinarin, kay riluj-hina. Sichus guitarra chayqa "tlllínnn!" pipis tukarichkan ahinata suinarin chay urasninpi. Chayqa manchachikun-á chay tukanaqa. Arí, manchachikun chayqa, chay sirinasqa ninku chayqa.

432   La sirena agarra ese instrumento y se pone a tocar y tocar de todo. Todo queda en el instrumento como si hubiera sido grabado. Por eso es que los instrumentos encantados por la sirena tocan lindo.

433   En la provincia de Caylloma mucha gente ha sido encantada por la sirena. La sirena encanta a los músicos o a la gente que quiere hacerse rica, a los que quieren tener muchas mujeres o las que quieren tener muchos hombres. A esas personas encantadas les llega en algun momento la hora en que se los lleva. ¿Por qué? Porque la sirena les ha ayudado. Cuando esa persona estuvo encantada por la sirena pudo hacer muchas cosas. Ha hecho de todo, ha trabajado, algunos incluso han robado o matado o cualquier otra cosa según sea lo que pidieron a la sirena. Entonces, en cualquier momento, la sirena se llevará a esa persona como pago por el favor que le ha hecho.

434   En Caylloma muchos son los que así han muerto. Hubo un señor de Sibayo, del que no recuerdo bien su nombre, pero era de aquí, de Caylloma. Era un señor algo mayor que tocaba el arpa. Este hombre, así, descuidadamente, apenas a las justas agarraba el arpa, y el arpa inmediatamente se ponía a tocar. La gente se admiraba de este hombre: "cómo es que este artista puede tocar tan bien" decían. Aunque era un hombre algo viejo, hasta las jóvenes se enamoraban de él por lo hermoso que tocaba.

435   También hubo uno que tocaba el bajo. Ese, muy borracho, se ponía el instrumento en la boca y tocaba mejor que todos los demás.

436   Después murieron, o sea su instrumento se envejeció y ellos también murieron. Porque tienen que morir junto con su instrumento. Su instrumento se envejece y también el que lo toca muere, se enferma, se cae, o a veces también, mueren mientras tocan.

XXV   Sobre el niño tragón

437   A todos los que quieran saber cuentos en quechua, voy a contárselos tal como a mí, Khunku, me los contaron, igualito.

438   Hace mucho, antes de que los españoles llegaran al Perú, los antepasados de los incas, que en ese entonces había, eran muy pocos. Pero cada una de

432   Chay sirina tukanata hapispa imaymanata tukatiyan. Hinaqa grabadurahina quidan chay tukanapi. Chayrayku sirinasqa tukanaqa sumaqllata tukan.

433   Kay Kaylluma llaqtapi achka runakuna chay sirina incantasqa runa. Chay sirina incantan chay tukaq runata, qullqiyuq kayta munaq runata, warmisapa runa kayta munaq, utaq qarisapa. Chay runata haykap punchawpis apakapunqa chay sirinaqa, apallanqapuni. Imarayku? Chay sirina yanaparqan. Chay sirina kaptin chay runa atirqan, imaymanata atirqan. Wakin llamkayta, wakin qullqi suwakuyta, wakin runa sipiyta, wakin imatapis sirinamanta mañakusqanmanhina. Chayqa haykapllapis chay sirina favurta chay runaman ruwasqanmanta apakapullanqapuni.

434   Kay Kaylluma llaqtapi achka wañunku. Huk wiraqucha Sibayomanta karqan, mana allintachu yuyani sutinta piru Sibayo llaqtamanta kay Kaylluma llaqtamanta arpa tukaq runa mas o minus hombre runaña karqan. Hinaspa mana arpata qawaspalla, yanqalla arpata, ahinata ñakaylla hapitatan, arpaqa tukanpacha, tukayta qallarinpacha. Chayqa runakuna muspakuqku "Imaynapunim kay artista sumaqllataña tukan" nispa. Chay kusa munasqa ahina vijulla kaqpis, pasñakunapis inamurakuq paymanta, sumaqlla tukasqanrayku.

435   Wakin karqanku chay bajista ninku, anchay bajuta yanqa machasqa sinchi yanqalla ahina siminman churahatakun i chay baju intiru bajukunamanpis aswan sumaqllata tukan.

436   Chaymanta wañukapun, chay runap tukanan ña mawkayarunña chayqa wañullanqapuniña. Tukanawan kuska, tukana mawkayan, kasqan chay tukaqninpis wañullantaq, unquspa, laq'akuspa utaq mayninpi wakin tukachkaspa wañukunku.

XXV Rakraq wawanta

437   Haykam kay runasimi qichwa cuintukunamanta yachay munaqkunapaq imaynatas ñuqa Khunkuman willawarqanku, ñuqa kaqllatataq qamkunaman willarikamuykichik.

438   Unay pachas manaraq ispañulkunapis Perú llaqtaman hamuchkaptinkus. Perú llaqtapiqa inkakunap tatamamalanraq sinchi pisilla runakuna kaqku.

esas gentes tenía hartas riquezas, estancias enormes, miles y miles de animales y hasta miles y miles de chacras.

439 Entre toda esa gente poderosa había una mujer y un hombre tremendamente ricos. Dicen que no tenían hijos, pero desde que se juntaron quisieron tenerlos. Se lamentaban a todas horas, día y noche, tanto el hombre como la mujer pensando en cómo harían para tener un hijo. Pensaron hasta en comprar o robar un niño. Pero no pudieron de ninguna forma por la poca gente que había.

440 Entonces, pasaron años, y ambos seguían en esa preocupación. Cuando de pronto, sin motivo aparente, la mujer quedó embarazada. La mujer ya tendría unos 70 años cuando supo que estaba embarazada. Así, dio a luz un niño varón.

441 Desde el momento en que ese niño salió de la barriga de su madre no quiso de ninguna manera mamar de su pecho. Entonces sus padres le hicieron probar comida, y eso sí; todas las comidas que le cocinaban en un ratito se las terminaba.

442 Cuando apenas tenía una semana, ya había que degollar una oveja cada día para que ese niño comiera.Sus padres no tenían ningún temor de verlo comer así ya que eran inmensamente ricos y no reparaban en nada al tener que sacrificar tantos animales. En ese tiempo el niño era muy querido por sus padres; así como lo fue Khunku, el autor de estas líneas, cuando niño.

443 Cuando cumplió un mes sus padres ya no tenían que sacrificar una oveja diaria, sino que necesitaban sacrificar una vaca o un toro cada día. A veces, cuando no había vaca o toro por sacrificar, 10 ovejas, 5 llamas ó 6 alpacas, o cualquiera otros animales que equivalieran casi a 2 vacas o a 2 toros; siempre había que sacrificar todo eso para que el niño coma. Allí sí fue cuando los padres se empezaron a asustar. Al año, ya casi no tenían animales y por eso se preocuparon:

444 "¿Qué haremos ahora si se terminan los animales? ¿De dónde vamos a traer animales para que nuestro hijo coma?" se dijeron.

445 Cuando el niño tenía un año comía ya 10 vacas o toros cada día, pero ya estaba terminando con todos los animales y también con todos los productos de las chacras.

Chaypiwanpas sapa runa manchana achka kaqniyuq hatuchachaq istanciayuq waranqa waranqa uywayuq waranqa waranqa chakrayuq ima.

439   Chay qapaq uku runapis tarikurqan huk warmi huk qari manchana kaqniyuq, manas wawanku kaqchu. Tupasqankumantapachapis aswanpas munaqku wawayuq kayta. Tuta punchaw uraqsi waqaqku qaripis warmipis imaynatas wawata tarinkuman chaypaq. Rantiytaraqsi suwakuytaraqsi munaqku. Manapunitaqsi atiqkutaqchu ancha pisilla runa kaptin.

440   Ahina ña unaytaña wawayuq kaymanta llakikuspa iskayninku qari warmi, yanqallamanta warmi unuqyayta qallariq. Chay warmi unuq yachaptinqa ña qanchis chunka watayuq imañam kanman karqan. Hinaspataq wawa paqarimuq qarillas kasqa karqan.

441   Piru maypachachus chay wawa lluqsirqamuq mamanpa wiksanmanta chayqa, manapunis gustuqa kaqchu chay wawaqa ñunuta ñuñuspapis. Hinaspa tatamaman mikuyta mallirichiq. Mikuytapis ratullaraqsi waykukusqankutapis ratullaraqsi tukurpariq.

442   Hinaspaqa huk simanapi huk uwija nakana kaq chay wawapaq sapa punchaw mikunanpaq. Chaypiqa chay wawap tatamamankuqa manas mancharikuqpis tukuqkuchu manchana qapaq kaptinku. Uywakuna nakasqanmantapis riparaqkupastaqchu. Maypachachus chay irqi qari wawa kusa munasqa, kay Khunku qillqaq wawahina.

443   Ña killayuqña kachkaptin chayqa, tatamamanqa manaña sapa punchawpis huk uwijallatañachu nakanku; aswanpis sapa punchaw huk waka o huk turu. Mayninpi mana turu mana waka kaptin nakanapaq, sapa punchaw chunka uwijata, pichqa llamata utaq suqta paquchata utaq ima uywa mikunakunatapis yaqa iskay wakaman nisqa iskay turuman nisqa nakanankupuni chay irqi mikunanpaq. Chaypiqa tatamamanqa ña mancharikuytaña munaqku ñataq watapi imaqa qalaña uywaqa kaykapuchkaq, chayrayku llakirikuqkuña:

444   "Imanasuntaq kunanri uywa tukurukuptin, maymantataq uywakunata apamusun wawanchikta mikuchinapaq."

445   Ñataqsi chay maqta irqiqa watayuq kachkaspaqa chunka turutaña utaq chunka wakataña mikuq sapa punchaw. Chaypim ichaqa chakra kawsaykunapis uywa kawsaykunapis qala ña tukuyakapuchkaq.

446   Después, cuando casi tenía 8 años, sus padres se habían quedado muy endeudados. Entonces, conversaron largamente con su hijo:

447   - ¿Qué haremos, hijito? ¿Cómo haremos? Mejor será que tú mismo nos ayudes a conseguir alimentos de la chacra o comida de donde sea-. El papá dijo:- He escuchado por boca de la gente que al otro lado del mar puede haber animales que son casi de tu tamaño. Seguramente es cierto y puede haber animales tan grandes como tú. Si vas al medio de este mar tú verías la forma de traer a esos animales.

448   Diciendo esto, y para que su hijo no tuviera miedo de pensar en meterse al mar, sus padres lo emborracharon. Después de que tomó bastante, el mucha-cho entró al mar sin ningún temor. Poco a poco, avanzó hasta que llegó a desaparecer totalmente. Así es como, en esta historia, el joven encontró la muerte.

449   Seguramente, así como ahora, al otro lado del mar, habría habido grandes animales: como las jirafas, camellos, ballenas o leones. Y, de seguro, por eso sus padres le dijeron: - Allí puede haber animales tan grandes como tú. Ese joven habría sido pues un hombre enorme y por esa razón habría estado comiéndose y terminando a todos los animales.

450   ¿Qué dicen los que leen estas historias, gente de poca fe? *Hinachu manachu yana machu*[46].

XXVI La huella del bebe

451   Hay un pueblo llamado Chivay que es la capital de la provincia de Caylloma. De ese pueblo, como a un kilómetro, yéndose a las chacras, hay un camino que le dicen Runañan (Camino del runa). La gente antigua iba por ese camino. Ellos cuentan así:

452   Hace mucho tiempo había una mujer que andaba con muchos hombres. Esa mujer, mientras su marido estaba de viaje, y no queriendo que se entere de nada, había ido a dar a luz detrás de una gran peña que se encuentra en ese Camino del Runa. Yendo detrás de esa peña había parido un bebe, una

---

46   Juego de palabras: '¿Es o no es así viejo negro?'.

446   Hinamantaqa yaqa pusaq watayuqña chay irqi kaq chayqa, tatamamanqa manchana manu imañam rikurisqa. Hinaqa tatamaman rimapayasqaku churinta ahinata:

447   "Imanasunmi churilláy haykanasunmi, aswanchá qam kikiyki yanapawankiku chakra kawsaytapis ima kawsaytapis maymantapis apamuyta" nispa tatantaqsi nin; "uyarinim runakunap siminmanta kay lamar-quchap chimpanpi kanmansi yaqa qam sayay animalkuna. Chay uywakuna kanchá riki hatun runa kayniykipi, kay lamar-quchap chawpinpi *challpi*spa[142] imaynatapis chayachimuwaq chay uywakunata" nispa.

448   Hinaspa tatamaman amam chay churin manchakunanpaq, chay lamar-qucha chawpinta challpinanpaq mana yuyakunankama, maqtataqa machayuchisqaku. Maypachachus sinchitaña upyaruspaqa mana imatapis manchakuspa lamar-quchaman challpiyatamuspa pisimanta pisimanta hukkama chay maqta chinkapunankama. Ahinam kay qillqapi chay maqta wañuyta tarisqa.

449   Chay lamar-qucha chimpanpi kunanhina nisqapiqa kanmanchá riki karqan jirafakunachu, camillukunachu, ballinachu utaq liyunkunahinachu. Chayraykuchá "qamhina hatun uywakuna kanman karqan" nisqa maqtap tatamaman. Chay maqtapis kallanmantaqsi karqan manchana hatun runa. Chaychá riki chay tukuy uywakunatapis pisipachinmanraq karqan mikuspa.

450   Ima ninkichikmi kay qillqa rikuq runakuna utaq mana iñiyniyuq runakuna. Hinachu manachu yana machu.

XXVI Uña chakilla

451   Kaylluma llaqtapi huk sutiyuq llaqta kan, Chivay llaqta, chay llaqta capital provincia Kayllumamanta, anchay llaqtap huk kilumitruhina kan chakraman purina, anchaypi kan Runa-Ñan sutiyuq, ñawpaq runakunap ñan purinanraq. Chaypi rimanku chay ñawpa runakuna:

452   Unay ñawpa timpupis huk pampa puriq warmi karqan, hinaspas chay pampa puri warmi, mana qarin yachananta munaspa, qarin viajipi kachkanankama -chay Runa-Ñanpi kan huk hatun qaqa- anchay qaqa qipata purispa wachakurqan uñachanta utaq wawachanta. Wachakuspataqmi sumaq, sumaq

---

142 *Challpiy* - Yakuman yaykuy. Chumbivilcaspi **'ch'allpay'** ninkutaq.

guagua. Al dar a luz, había nacido un lindo bebe. Esa mujer andaba con todos los hombres y por eso se había quedado embarazada y no queriendo que su marido la mate había ido a dar a luz detrás de esa peña.

453 Era un bebe muy bonito, con la carita bien blanca, con piel delicada... Envolviéndolo con ropas nuevas ahí nomás lo dejó. Así como las vacas que paren a escondidas, así también había parido esta mujer. Y así también le daba de mamar... Cada vez que le latían de dolor los senos, o sea, cada vez que se le hinchaban de leche, iba la mujer a darle de mamar. Diciéndole cualquier cosa engañaba a su marido: "voy a ver la chacra", "traeré para los cuyes"... "iré a soltar el agua" o cualquier otra cosa.

454 Así le iba dando de mamar y el bebe se iba haciendo grande. Ya empezaba a mover su cuerpo y sus bracitos comenzaban a agitarse. Le daba de mamar y lo dejaba moviendo los bracitos. Crecía más, y de mover sus brazos ya empezó a voltear su cuerpo y a gatear. Gateaba, así como gatean los sapos, así gateaba el bebito. Entonces "¿Qué hago? ¿lo amarraré? De repente gateando se va al agua y se me muere..." se decía la mujer. Riéndose le hacía gatear tras dejarlo bien satisfecho del pecho. Cuando lo veía le cuidaba también de los piojos: "De repente le entran piojos a su cabecita" pensando, regresaba.

455 Otros vecinos del lugar seguramente la veían y ellos también cuidaban al bebe: "¿Cómo estará? ¿habrá crecido ya? vamos a ver, será ya un jovencito, ¿cómo estará?", así diciendo, lo cuidaban al bebe. A veces, cuando lloraba mucho, una vecina hasta le daba de mamar, cuando la mamá se demoraba en venir o también cuando se iba muy lejos gateando, si es que estaban allí lo cargaban, si no estaban, bueno no pues.

456 Un día, cuando el bebe ya estaba gateando bien, se había parado agarrándose de una roca. Mientras estaba allí parado algunos lo veían y de pronto, como si fuera un espejo "¡pluf!" desapareció. Así como cuando estamos mirando un espejo y algo desaparece, así. La gente que lo estaba viendo corrió a acercarse a esa roca, pero la roca estaba intacta: "habrá sido una ilusión de nuestros ojos" pensaron. Pero no era así. Se fijaron bien en el costado de la roca y había dejado las huellas de sus piececitos grabadas en la roca. O sea, ese bebito, ese guagüito, había dejado grabadas en huecos

munaylla kasqa. Tukuy qariwan karqan chay warmi, chayrayku chichu rikurisqa. Hinaspa mana qarin sipinanta munaspa, chay qaqa qipallapi unqukamurqan, wachakamurqan.

453 Hinaspa munaylla kasqa yuraq uyallayuq, qarasulla kasqa, hina musuq p'achallawan k'iluykatamun chayllapi, k'iluykatamuspa saqin. Hinas kay wakachuqa pakallapi wachan, anchaynata wakahina purisqa uñachanman ñuñuchiq, sapa ñuñun *t'akya*rimun, sapa ñuñun achka chay ñukñu huntarimun hinaspa puriq kasqa chay wawachan ñuñuchiq. Qarinta imanispapis ingañarparin: "qawaramusaq chakrata", utaq "quwipaq aparamusaq" utaq imanispapis, "yakuta chakraman kachayamusaq" nispapis.

454 Hinas ñuñuchichkarqan allin, ña as hatunpachallañam karqan. Ña haywapakullanña makinpis *wallkha*nña[143]. Hinaspa wallkhaptin saqitamun ñuñuchispa. Hinaspas wiñarin astawan wallkhasqanmanta ña ahinata tikrarikuspa lataqña, latatatanña. Chay lataspaña rin kay sapuhina lataykachanña, chay uñalla. Hinaqa "imayna, watatamusaqchu imaynataq" nispa, "anchachus yakuman latayuruspa wañurunqa" nispas nin. Hinas asikuspa latayachichkan ima alli allinta saksayuchitamun ñuñunwan. Hinaqa usallanta ima qawaratamun, "umallanpi paqta usapis yaykuruchkanman" nispa. Hina kutimpun.

455 Hinas chay uñachaqa, chay wakin vicinun rikunmanchá riki karqan ñuñuchiqta. Hina chay vicinunkuna qawarqan chay uñachata, "imaymanapunis awir, ima imaynapunis kanqa wiñanqahina, imayna, wayna ima kanqa, chay imaynapunis kanqa" nispa chay vicinunkuna qawaran chay uñachata. Mayninpi sinchita waqaptin chay vicinupis ñuñuysichirqan. Mana utqaylla maman rikurimuptin ñuñuysichirqan o sinchita karuta lataptinpis *ichu*hatapuq chaypi kaspaqa, mana chaypi kaspaqa mana.

456 Hinas huk punchaw allintaña latayta atirusqa chay uñacha, chay wawacha. Hinas chay qaqamansi hapipakuspa sayarisqa. Hina sayariptinsi, huktas qawachkanku hinas hukllatas ispijuhina ¡lapaq! nispa nirun. Kay ispiju qawakuchanchik anchayta lapaq nispa nirun. Hina uñalla chay qaqallapi sayachkarqan, chin chay uñalla "lapaq" nispalla, chayllata rikunku, qala chin. Hinas pawarinku chay rikuq runakuna, hinaspa chimparunku chay qaqaman, qaqa iman kaqlla kachkan, ñawinchikpaqchá karqan chayna" nispa ninakunku. Hina mana chaynachu kasqa, allinta qaqata qawahatanku, chaypi

---

143 *Wallkhay - Makiqa kuyuymi, puñusqanmanta utaq uchuy wawakuna chayta ruran.* Qawarikunman A.M.L.Q. (1995: 711), libruta.

sus pisadas en la roca. Se fijaron bien: "esto parece que está fresco... ¿pero acaso esto es barro? tampoco es pan, ni maíz molido, ni mazamorra, no pues... tampoco es gelatina para que lo haya grabado así" así pensaban y se asustaron. Así, asustados, dijeron: "Vamos, regresaremos una noche cuando vayamos a regar".

457 Y, en verdad, una noche habían solicitado agua para regar al alcalde de aguas. El alcalde les dijo: "Ya, les voy a dar agua". Esa noche entonces, debían ir marido y mujer a regar. Pero el marido se emborrachó y esa mujer que ayudaba a dar de mamar al niño se dijo: "Qué puedo hacer..., iré yo sola a regar..." A la mujer no se le pasó por la cabeza que las huellas del bebe iban a estar en esa roca, tampoco fue pensando en el bebe, sólo fue con la idea de regar. Cuando se iba acercando a esa roca dicen que empezó a sentirse: "je je je je je je je, ja ja ja ja ja" el bebe se reía. Los bebitos se ríen muy lindo, así igual, dulce se reía, dicen que estaba sentado sobre esa roca: "ja ja ja ja ja" se reía lindo.

458 La mujer vio de nuevo y allí estaba el bebe, esa mujer ayudaba a dar de mamar al bebe y por eso se le apareció. Se fijó bien y: "Ay qué lindo! aquí está el bebe, lo cargaré..." y se fue para atrás, para el costado... por todos lados se oía su risa: "ja ja ja ja ja ja". La imagen daba vueltas y vueltas y la mujer se quedaba al centro, no entendía nada. Se quedó confundida y escuchó desde un pequeño río que allí había: "Tinlín, tinlín, tinlín, tinlín; laa la la la, laa la la la" de allí salieron cantando y tocando bien bonito toda clase de instrumentos: "chinlín chinlín chinlín" tocando bien lindo salieron muchos niños. Hacían bailar a la mujer, uno y otro niño la agarraba de la mano y se pusieron a bailar con la mujer. Y allí, de lo que estaban haciendo bailar a la mujer volvieron a desaparecer nuevamente.

459 Mientras, la que era la mamá del bebe, al no poder encontrar a su bebito, se puso a llorar desconsoladamente. Después de algún tiempo, por alguna casualidad, la mamá se encontró en el pueblo con esa mujer que estuvo bailando con los niños: - ¿De qué lloras?- le dijo.
- Mi hijito... a ti nomás te contaré, tú eres una mujer como yo, te voy a contar, ese hijito que tenía ha desaparecido.
- ¿Dónde?

qaqa kinraypi iskay uña chakikunalla *huella*ta saqisqa, qaqapi tuqu tuqutaraq saruykusqanta saqisqa chay uñalla, chay wawalla. Hina qawaykunku "friscullasina kayqa, hina kay qaqaqa barruchu, t'uruchu manamá, nitaqmi tantachu, nitaqmi sara kutasqa mazamurrachu, manamari, nitaqmi gilatinachu riki ñitiyunanpaq kaynata, wawachaqa kallpayuqchu manamá, maypitaq kayna ñitinmanri" nispa mancharikunku. Hinaspa mancharikunhina:

- Awir kunan, huk tuta kutimusun qarpaq- nispas nin.

457 Hinachiki huk tuta qarpaq chiqaypaq valikurqankuña chay yaku alcaldita. Hina yaku alcaldita valikuptinkus, chay alcaldi nirqan: "Ya, yakuta qusqaykichik" nispa. Hinas chay tuta iskayninku rinanku karqan qarinwan qarpaq, qarin machayukun chay qarpaq runa qarin machayun. Hinaspas chay ñuñuchiysiq warmillaña rin: "imanaymantaq, ñuqallañachá risaq" nispa. Mana yuyakusqachu chay qaqapi uña wawachap chakinta kananta, nitaq yuyakusqachu wawallamanta. Aswanpis yaku yuyaypi purisqa. Hina chayqa ña qaqat(ña) chaytaña circayurun, hinallamansi hukllata -¡he! ¡he! ¡he! he! ¡he! ¡he! ¡kaq! ¡kaq! ¡kaq! kaq! nispa uñachakuna asikun, wawachakuna sumaqllata asikun. Anchaynatas sumaq miskita asirakamun, chay qaqapatapi tiyachkasqa nin, "ha, ha, ha, ha ha ha ha" nispa sumaqta asirakamun.

458 Hinaspas hukta warmi qawarirun, chaypi chay uñacha, chay warmi ñuñuysichichkarqansá chay mamanta, chayrayku. Qawahatarunhina: "¡Yaw!, kaypi chay wawallaqa kachkan achallaw qipiyukusaq" nispa. Ahinata ichuqasaq nispa nichkaptinsi, huk qipanmanta, huk kay ladumanta, huk tukuy ladumanta "ha, ha, ha, ha, ha, ha, ha..." Hinallaman ahina yastá, ahinata muyurqun, warmi chawpipi quidakapun, sunsa muspaspa. Muspaspa quidakun hinas hukta chay uray ladumanta, mayu ladumanta, huk huchuy mayulla kan, chaymanta lluqsiramunku: "Tinlín, tinlín, tinlín, tinlín; laa,la,la; laa la la". Sumaqta takiyukuspas lluqsiramunku irqikunalla tukayukuspa, wakin imaymana tukanakunayuq, wakin "chinlín chinlín chinlín", munayta tukakuspa lluqsiramunku. Tusuchinku warmillata, hukñataq, hukñataq makinmanta warmita hapispa tusuchinsi. Tusuyta yaykuchin. Hinas tusuyta yaykuchin hinas, chaymanta chinkan wakmanta chay wawakuna.

459 Chaykama chay uñachap maman kikinpunitaqsi, manaña uñachanta tarispa, waqayuq pasaqta. Hinaspa imaynanpi*cha* kanpis chay tusuq, chay uñakunawan tusuq warmilla tuparurqan llaqtapi. Hinaspa:

- Imamanta waqanki?- nispas nin.

- Chay wawachaymi karqan, qamllaman willasqayki, warmi masiymi kanki qamqa, willasqayki: karqan, hina kunan chinkan- nispa nin.

- Maypim?

- Allí.

- Aah, sí, ahora tu hijito se ha convertido en muchos niñitos-le dijo a la mamá esa mujer que le ayudaba a dar de mamar.

460 Al escuchar eso, la mujer lloró sin parar, hasta cansarse. La otra mujer le dijo: "¿Por qué lloras? Más bien, anda donde un buen curandero o donde un buen tayta cura. Quizás, ese buen curandero pueda hacer que tu hijito regrese. O quizás el tayta cura pueda venir contigo para hacer una conjuración, con una cruz de plata, agua bendita y el lazo de la cruz para que hagan una misa. Si hacen todo eso, es posible que tu hijo se vuelva cristiano, estando ya bautizado de las manos de un tayta cura".

461 Tras escuchar esto, la madre del niño hizo exactamente lo que le dijo su amiga. Su hijito, de pronto, apareció a su lado, ya caminaba bien. Allí, delante del cura, le dieron el bautismo. Al curandero lo pusieron de padrino y le dieron el apellido de su esposo aunque no era su hijo. Tras eso, la mamá llevó a su hijo delante de su marido y le dijo:

462 - Este niño tiene tu apellido, por la voluntad del Dios Tayta lo traje. Perdóname todos los pecados que cometí en tu ausencia, esposo, y yo, por mi parte, no volveré a actuar como una pecadora. Al escuchar esto el marido dijo:- Ahhh... ahhh... tú a pesar de ser mi esposa, además de mí, has dormido con otros hombres y por eso tuviste esta guagua. A pesar de eso, esta guagua no tiene la culpa de haber venido a este mundo. Por lo que lleva mi apellido y porque no conozco a su padre que sean perdonadas tus faltas, pero ya no vuelvas a caer en falta- y así estuvieron hablando bastante más, abrazándose, e incluso llorando. Así termina este cuento sobre la Huella del Bebe.

- Chaypi.

- Ahá, arí kunan wawachaykiqa achka wawachakunamanña tukusqa- nispa nin chay ñuñuchiysiq warmi wawachap mamanta.

460 Chayta uyarispataq, manchanata waqayta yaykun, saykunankama. Chay huk warmitaq:

"Imata waqanki, aswanpis allin hampiq runaman riy, utaq allin tayta kuraman. Chay hampiq runa ichapis wawaykita qamman kutichipusunkiman. Utaq tayta kura hamunman qamwan kuska kaykama. Hinaspa huk conjuración nisqa sutiyuqta qullqi cruzwan quri cruzwan, agua binditakunawan chay cruz lazuwan ima huk misatahinan ruwanan. Chaykunata ruwayta tukuspaqa ichapaschá wawayki cristianuman tukunman, tayta kurap makinpi bautizasqa kasqanta".

461 Chaykunata uyarispa kay wawachap maman kaq kikillanta ruwasqa chay warmi masinman nisqanmanhina. Chayqa wawachanqa qunqayllamanta mamanpa ladunpi rikurin ña allin puriyachaqña, hinaspa bautismuta ruwanku tayta curap ñawpaqinpi. Hampiq runatataq padrinuta churanku. Chaypi chay warmip qarinpa apillidunta churanku manañan wawan kaptinpis. Hinaspa chay warmin wawan pusaykusqa qarinman rikurin:

462 - Kay wawachata apilliduyki apilliduyuqta, Taytachap munayninpi pusakampuni, manaña qampa kaptinpis, tukuy huchayta pampachaway qarilláy, ñuqapis huchasapa kayniyta manañachá astawanqa ruwasaqñachu. Chaykunata qarin uyarispa: "Ahhh... ahhh... qam warmiy kachkaspa ñuqa patamanta huk qarikunawan puñurqanki, chayrayku kay wawayuq karqanki, chaypiwanpis mana kay wawa huchayuqchu kay pachaman hamunanpaq. Apilliduyta apasqanrayku mana tatanta riqsisqayrayku, huchayki pampachasqa kachun, amataq astawan huchallikuychu" nispa. Kayhinata aswan achkataraq rimarqanku uqllanakuspa marqanakuspa, waqaspa ima. Ahina tukukun kay uña chakilla nisqa sutiyuq cuintu.

Historias sobre el pueblo de mujeres

XXVII El pueblo de las mujeres
(Timoteo Mallcoaccha, Tuti, 14 años)

463 Mi abuelita me contó esto en el año 1983. Un hijo de mi abuelita, un tío mío, viajó a un pueblo lejano por haber tan poca comida en el suyo que no alcanzaba para todos. Por eso emprendió viaje a un pueblo lejano. Fue junto con un amigo. Este amigo le dijo a mi tío:

464 "Allá lejos hay un pueblo, un pueblo donde sólo viven mujeres. Todas las que allí viven son solteras, sean jóvenes o mayores; allí crece un maíz enorme, gigante. Vamos para allá."

465 Mi tío aceptó ir. Así se fueron. Caminaron y caminaron. Antes se viajaba a pie, en mula o a caballo, antes no había carros. Así llegaron a la entrada del pueblo. Entonces el amigo que iba con mi tío le dijo:
" Aquí sólo se puede entrar de noche, de día no se puede entrar."

466 Esperaron a que se hiciera de noche. En el centro del pueblo había una laguna; y en la laguna, una piedra. Esa piedra era una persona, un hombre. Esa piedra era varón, un macho, un hombre. Al llegar la noche entraron al pueblo. Había muchísimas mujeres. Las mujeres se los peleaban diciendo:

467 "Yo te voy a alojar, yo te voy a alojar..." Así fue que mi tío se alojó en casa de una de las mujeres. Ellas lo llevaron a recoger alimentos. Así trabajaron. Sólo trabajaban por las noches, de día no salían de la casa; ¿por qué no salían? Por la piedra. Era una piedra que devoraba y no permitía la presencia de hombres durante el día. Sólo consentía a las mujeres.

468 Trabajaban de noche. Segaban el maíz y lo recogían, hacían todas esas cosas. Pero sólo durante una semana. Los días para permanecer allí estaban contados, había un plazo. Así las mujeres dijeron a esos dos hombres:

469 "Esta piedra es sagrada, quédense sólo los días que marca el plazo, en caso contrario la piedra-macho los podría matar."

470 Llegado el plazo mi tío dijo a su amigo: "Regresemos."

Warmikama llaqtakunamanta

XXVII Warmikama llaqta
(Timoteo Mallcohuaccha, 14 watayuq)

463 Abuilitay niwarqan 1983 watapi. Abuilitaypas churin karqan qari, tiyuy
ñuqapqa. Purirqan karu llaqtata. Pisimanta mikunan karqanku, hinam manam
aypakurqanchu. Hinan purirqan. Hina purirqan llaqtata, karuta. Hina chaypi
huk amigunpiwan. (Chay tiyu abuilitaypa wawanqa kanman). Chay tiyuyta nin:

464 - Chaqay huk llaqta chaypi kan, huk llaqta warmikunalla tiyan, warmikama,
pasñakama sultirakama tiyan. Chaypi sara manchana hatuchachaq wiñan;
hakuchu purichkasun- nispa nisqa tiyuyta.

465 Tiyuyqa: - Ya pé- nin. Hina purisqaku, purinku. Purinku, pasanku, purinku,
chakipi purinku. Ñawpaq mana karru karqanchu. Mula sillapi, kawallu sillapi
purirqanku. Hinan chayanku chay llaqta cantuman. Hina llaqtapiqa chay
tiyuymanqa nin chay amigun:
- Kaymanqa yaykunku tuta yaykuyta, punchawqa mana yaykunkumanchu-
nispa nin.

466 Hinaqa suyanku tuta yaykunankama. Hinan chay llaqta chawpipi huk qucha
kasqa. Hina chay quchapi huk rumi kasqa runa, qari, qarimanta kasqa huk
rumi. Hina yaykunku. Hina warmikuna manchana kasqa. Warmikunaqa
hapin:

467 - Ñuqa qurpachasqayki, ñuqa qurpachasqayki- nispa. Hina tiyuyqa purin
warmip wasinta, qurpachachikun chaypi, hina trabajaqta apan warmikunaqa.
Hinan trabajanku, sapa tutallan trabajarqanku, punchawta mana lluqsirqanchu
warmip wasinmanta. Imaq? Chay rumi mikukuq karqan, mikukuq, manam
kachayurqanchu qarikunata. Warmikunataqa kachayurqan.

468 Hina kunan trabajaq purinku tuta, sarata kallchamunku, sarakunata
pallamunku, ruwanku chayta huk simanalla ahina punchawkuna yupasqa
punchawllata kanankupaq kasqa. Hina warmikunaqa nin:

469 - Ankayna punchawllatam kankichik, muchayuq chay rumi kachkan, chay
qarin sipirusunkichikman- nispa nin kunan chay qarikunata.

470 Hina kunan chay qarikuna, chay tiyuyqa: - Pasapusunchik- nin pasampunku.

471 Y regresaron llevándose el maíz en cargas. Llegaron a Arequipa, y de Arequipa siguieron viaje hacia Chivay, desde donde cargaron el maíz en mulas.

472 Llegaron donde mi abuela y mi tío le contó todo: "Así lo pasé, así estuve" le dijo. Mi abuelita siempre pensaba: "¿De dónde habrá traído este maíz mi hijo? ¿De dónde habrá llegado?

473 Mi tío debe haber regresando a ese pueblo, hasta ahora no viene. Mi abuelita siempre miraba el maíz que trajo y lloraba. Lo miraba como si fuera la misma foto de mi tío, así lo miraba. Ese maíz tenía los granos del tamaño de un dedo y su coronta tenía unos veinte centímetros. Así de grande era. Mi abuelita me contó esta historia que ahora compartimos.

XXVIII Pacapausa
(Jerónimo Huayapa, Ayaviri, 78 años)

474 En el pueblo de Pacapausa el juez instructor es una mujer, todas son mujeres. Todas las autoridades son mujeres. Los hombres sólo pueden entrar de noche, y asimismo sólo salen de noche. Los hombres visitan primero a todas las autoridades. Por tirárselas reciben plata. Después visitan a las mujeres ricas, éstas se disputan siempre a los hombres y les pagan bastante plata; a veces hasta quedarse pobres.

475 A ese pueblo se entra con un plazo. Si no se sale del pueblo dentro del plazo establecido, entonces mueren. Las mujeres de Pacapausa tienen maridos, pero ellos no viven allí, viven en otros lugares.

476 A sus hijos hombres no los pueden criar allí. Los crían en otros lugares. Si no hicieran eso matarían a esos niños, sólo a las mujeres se les permite vivir allí.
Hace mucho tiempo fue un batallón de soldados a ese pueblo, todos murieron. Desde entonces ya no ha ido ningún batallón.

477 A los hombres los llevan de noche e igualmente los sacan de noche. Los productos de ese lugar son mejores, también hay vino. Si las mujeres no tuvieran plata no podrían probar a los hombres. Así me contaron dos hombres ayavireños.

471   Hina chay sarata apayakamunku cargapi, hatuchachaq sara. Hina Arequipaman chayamunku. Arequipamantataq kay Chivayman. Chaypiqa mulakunapi cargakunku.

472   Hinaqa abuilitayman chayan; abuilitayman willan tiyuyqa: "Hinam pasani, hinam karqani". Abuilitayqa:
- Maymantaraq hapin? Maymantaraq hapin wawayqa chayaramun?- nispa.

473   Hina tiyuy kasqanta kutirina, asta kunankama chayamunchu. Hina abuilitay waqaspa qawan chay sarata tiyuypa futunpas kanmanhina, anchaynata qawaq. Hina chay sara yaqa didu didu sayaypas kasqa, *thulu*npas yaqa veinte cintimitrus-hinaraq, hatun kasqa. Ñuqanchik rikuchina anchaynata willawarqan abuilitay.

XXVIII Pakapawsa llaqta
(Jerónimo Huayapa, 78 años)

474   Chaypi hatun juiz warmi, warmikama. Llapa auturidadkuna warmikama. Qari chayta tutalla yaykun, lluqsimpunpas tutallataq. Chay qarikuna primiruta visitan llapan auturidadkunaman. Siqasqanmanta qullqita pagan. Chaymanta visitan qullqiyuqkunaman. Chaykuna qichun qichunraq qariman qullqita pagallankupuni. Chay pubri pubri hinalla quidakunku.

475   Chay yaykunku huk plazullayuq. Chay plazunpi mana lluqsimpunchu chayqa wañunku. Chay Pakapawsakuna qariyuq kan piru manam kikinpi tiyanchu, wakllapi.

476   Qari wawankunata manam kikinpi uywankumanchu. Wakllapi uywanku qari wawallata. Mana chayqa wawata wañuchinman. Warmillam kawsan kikinpiqa.
Chayman unay purirqan suldadu batallón, hinaspa wañukapun. Chaymanta mana batallón ripunchu.

477   Chay qarita apaykun tutalla; kaq hurqumpunpis tutallataq. Chaypi kawsaykunataq as allin alimintu, kallantaq vinu.
Sichus qullqi manam kanchu chayqa mana mallinmanchu qarita. Iskay runakuna willawarqan, Ayavireñokuna.

XXIX El pueblo donde sólo hay mujeres con sus hijas

478   Desde tiempos muy antiguos hasta hoy en día la gente habla que allá por Chuquibamba, en Arequipa, puede haber un pueblo donde sólo hay mujeres. Dicen que allí no pueden vivir los hombres. ¿Cómo es ese pueblo? Así es ese pueblo:

479   Es un valle donde se siembran cantidades de árboles y plantas. Lo que más se cultiva son frutas, que las hay de todas clases, también hay toda clase de maíz. Allí sólo pueden entrar mujeres, y de hecho permanecen allí muchísimo tiempo. Los hombres no pueden quedarse tanto, tan sólo uno o dos días para comprar o vender alguna cosa.

480   Sin embargo, cada vez que va allí un hombre, las mujeres no quieren por nada que ese hombre se vaya, todas las mujeres quieren vivir con ese hombre. En las noches pueden llevar a ese hombre a cualquier parte del pueblo. Pero en las mañanas el hombre debe permanecer encerrado dentro de la casa.

481   Hay también una laguna, en medio de esa laguna hay agua hirviente y en medio de esa agua hirviente hay una piedra con forma de pene de hombre. Si las mujeres no tienen ocasión de encontrar a algún hombre deben ir a esa laguna. En esa laguna se ponen sobre la piedra-pene. De esa manera es como las mujeres se quedan embarazadas, solamente fornicando con la piedra-pene.

482   Cuando esa mujer embarazada da a luz, ve si es varón o mujer. La Pachamama no permite que los hombres vivan. En cambio si es mujer la que nació, puede quedarse viviendo con su madre.

483   En ese pueblo todas las autoridades son mujeres, es imposible que algún hombre sea allí autoridad porque no se les permite vivir cuando nacen. Apenas en uno o dos días los matan.

484   Las mujeres de ese pueblo son sumamente hermosas, con ojos de estrellas, algunas incluso son de pelo rubio. Hay mujeres grandes y gordas y otras son flacuchentas. Cada vez que un hombre quiere a una de esas mujeres, al ser ellas tan hermosas, por nada en el mundo la quiere dejar. Al escuchar esta historia, todos los hombres desean ir donde esas mujeres, para saber si es o no cierto lo que cuentan. Así es esta historia.

XXIX Llaqta warmikama wawayuq

478 Anchatas unaypas kunankamapas runakuna rimanku huk llaqta valli chaqay
Chuquibamba Arequipa ukupi kanman. Huk llaqta warmikama wawayuq.
Manas qariqa kawsanmanchu. Chay llaqta imaynas? Ahinas chay llaqtaqa:

479 Huk llaqta vallip manchana sacha uku tarpunku. Imaymana frutakunata
mastaqa tarpunku, sarata imaymanata. Chaymanqa yaykunku warmikunallas,
unay tiyaqqa. Qarikunas manas unayta tiyaykunmanchu, aswanpis puriyta
atikunmansi huk iskay punchaw imallas, ima vindiqpas o rantikuqpis.

480 Piru warmikunataqsi sapa qari yaykuqtaqa mana kutipunanta munanchu,
aswanpis chay qariwan tiyakuyta munan mayqin warmipas. Tutaqa apanmansi
may ladumanpis qaritaqa chay llaqta ukupi. Punchawtaqsi qariqa puñun,
wasi ukupi llavirayan.

481 Kantaqsi huk qucha. Chay quchamanta yaku timpuchkan utaq tuqyamuchkan.
Chay timpuchkan chawpinpitaqsi kachkan huk qarip ullun rumimanta. Sapa
warmi mana qariwan tupanchu chayqa warmi purinan chay quchaman.
Hinaspas witiykun chay ullu rumiman warmi. Hinaqa chay warmi chichuyansi,
chay rumi ullullawan witikuspalla.

482 Maypachachus chay warmi unqupun utaq wawa paqarimun chayqa, qarilla
chayqa, manas Pachamama cunsintinchu chay wawa kawsananpaq. Sichus
warmilla chayqa, kawsansi chay mamanwan.

483 Chay llaqtapiqa qala warmikuna kanku auturidadkuna. Piru manapuni qariqa
kayta atinchu auturidadqa mana kawsankuchu chayqa. Huk iskay punchaw
pasan chayqa wañunku.

484 Chay warmikunaqa manchana ima sumaq chaska ñawiyuq. Wakinqa p'aqu
chukchayuq ima. Hatun warmikuna utaq tuqtikuna. Chayrayku sapa qari
chay warmita wayllun chayqa manapunis saqiytaqa atinmanchu nitaq
kutimpuytapis atinmanchu chay warmi ancha munana kaptin. Chayta uyarispa
tukuy runam riyta munanku chay warmikunaman yachanankupaq chiqaychus
manachus chayta. Ahinam chay.

Vida y leyendas de animales

XXX Historia del Akakllo

485   El akakllo era un pájaro con el vientre amarillento y el lomo moteado. Casi del tamaño de una gallina, aunque un poco más pequeño. Su nombre es akakllo, y es un pájaro que vuela. Cuentan que antiguamente el Akakllo viajaba por los pueblos y comunidades llevando los mandatos de Dios. A la gente del pueblo le decía:

486   "Escuchen, ustedes deben creer en lo que Dios manda, deben obedecer los mandamientos de Dios."

487   Cierta vez, Dios ordenó al Akakllo:
"Bueno, vas a decirle a la gente del pueblo que sólo debe comer *una* vez al día; así día tras día."

488   Pero el Akakllo no hizo caso de lo que dijo nuestro Dios Tayta. Por el contrario se burló de su mandato y le dijo a la gente:
"Ustedes, gente del pueblo, creen en Dios y ya saben cómo es su palabra verdadera, quién es y cómo es El. Nuevamente deben obedecer la palabra de Dios. De ahora en adelante deben comer *tres* veces al día."

489   Pero Dios no había dicho tres veces, sino más bien dijo *una* vez. Sin embargo el Akakllo dijo : "Coman tres veces por día". Cuando el Akakllo fue donde Dios, Dios ya se había enterado de que el Akakllo había mentido y le arrancó la lengua y se la puso sobre la nuca.
Desde entonces el Akakllo ya no puede hablar, ahora se las pasa gritando "¡kej. kej, kej!"; ya no puede hablar.

490   Si no hubiera mentido, hasta ahora podría hablar. Así como hablan los loros y los papagayos, así también hubiera podido estar hablando el Akakllo. Pero por haber mentido ya no puede hablar. Dios le arrancó la lengua y se la puso detrás de su cabeza. Por eso detrás de su cabeza tiene una mancha roja, como la lengua, por su engaño.

Uywa kawsaykunamanata

XXX Akakllumanta

485 Huk huchuy pisqus karqan, qillu qillu wiksayuq, chiqchi patayuq. Wasan patapi chiqchi. Wallpamanta as huchuypachalla, yaqa wallpa sayay. Chay sutin akakllu sutiyuq, huk pisqu, pawaq pisqu. Chay Akakllus, ñawpaq timpu, unay timpu, llaqta runata purirqan Diuspa kamachisqanta. Chay Akakllu llaqta runata nirqan:

486 - Yaw llaqta runakuna, qamkunaqa Diuspa kamachimusqantas iñinaykichik, Diuspa kamachimusqanta kasunaykichik- nispa nirqan huk kiti.

487 Wakmanta, wak kiti, Dius kamachirqan:
- Buinu qam llaqta runata nimunki: "Llaqta runakuna mikunkichik huk kutillata punchaw sapa punchaw"- nispa.

488 Piru Akakllu manam kasurqanchu chay Dius Tatanchikta, aswanpas Dius Tatanchikta burlakurqan, llaqta runaman llullakuspa willarqan:
- Ña qamkuna llaqta runa iñinkichikmi chayqa, ña kay iñiyninpa palabranta yachankichikmi pis Dius imaynas Dius chayna. Qamkuna kunan kasunaykichik Diuspa palabranta: "Kunanmantaqa, kunan punchawmantaqa mikunaykichik qamkunaqa kimsa kutita".

489 Piru Dius nirqan manam kimsa kutita... aswanpas chulla kutillata. Akakllu nirqan: "Kimsa kutitas mikunkichik".
Chaymanta kutirqan Diusman. Dius yacharqan chay Akakllu llullakusqanta i Akaklluta qallunta hurqurqan kay muchun pataman. Chaymanta chay Akakllu manam rimayta atinchu. Kunankamapis "¡qiq, qiq, qiq, qiq!" nispa qaparin, manam rimanñachu.

490 Piru sichus manam chay Akakllu llullachu kanman karqan kunankamapis luru papagayuhina rimanman karqan. Piru llullakusqanmanta chay Akakllu rimapunchu. Qallunta hurqurqan Dius uman qipaman. Chayrayku chay uman pata qipapi pukam, qalluhina, llullakusqanmanta.

XXXI El zorrino (Añas)

491   Sobre el zorrino hay historias. Cuenta la gente antigua que algunas son ciertas y otras son sólo como cuentos. Pero esta historia sobre el zorrino es verdadera.

492   El zorrino no puede caminar de día. El zorrino vive en el interior de la tierra, como las culebras, bajo tierra, como los lagartos. Vive bajo tierra. Los zorrinos hacen túneles como los mineros y allí adentro viven, bien adentro. De allí salen... principalmente salen de noche, sólo de noche. A veces uno sale de noche a alguna de sus chacras o a ver alguno de sus animales, o a hacer el amor con su mujer o su enamorada, y uno debe caminar lejos- entonces puede ser que te encuentres con el zorrino.

493   Puede ser que te encuentres, pero no es seguro, alguna vez puede ocurrir. Al verte el zorrino levanta su cola como si fuera una bandera. La levanta bien arriba. Y así levantándola se pone como para atacarte, pero no se pone de frente, sino como a diez o cinco pasos, tú te detienes al verlo. Tú piensas en patearlo o en tirarle con alguna piedra.

494   Pero, el zorrino rápidamente te da vueltas saltando para arriba y abajo[47] y te hace bailar. Entonces tú le dices al zorrino: "¡Te voy a matar carajo!". Tú, pues, valiente, piensas "lo voy a matar"; pero no vas a poder. Cuando piensas en matarlo te dispara de la cola y sale como un chisguete, como esos chisguetes que usan los niños en los carnavales, como eso, igualito. Eso le sale y la mayor parte te alcanza en tu cuerpo o llega a tus ojos.

495   Si lo que te orina te alcanza los ojos, entonces, inmediatamente, pierdes la vista. Tus ojos se queman con el orín del zorrino. Porque el orín del zorrino es muy fuerte y apesta mucho. Por eso es que esa ropa donde te alcanza tienes que quitártela y botarla. Porque la quema con su orín o tendrías que hacerla secar hasta que le desaparezca el olor pero no sale por más que la laves. Sigue apestando, apesta horrible.

496   Pero hay un truco, un secreto para salvarse del zorrino. Cuando el zorrino está por orinarte. En ese momento, debes atarte un cordón o una pita de tu chumpi o de algo que tengas, debes atártelo de los pelos de la entrepierna.

---

47   El zorrino salta así porque tiene las patas delanteras cortas, las patas traseras largas y la cola grande.

XXXI Añasmanta

491 Chay añasmantapis kallantaq rimay. Kay llapay rimaykuna ñawpa runakunap rikusqanmanhina wakin chiqaypaq, wakin kay cuintuhinayá. Piru kay añas chiqaypaqpuni.

492 Añasqa manas punchawqa purina kaqchu. Añasqa tiyaq allpa ukupi. Kay *machakway*hina[144], allpa uku kay qaraywahina. Allpa ukupi tiyan. Chay añas ruwakun kay miniruhina tunilta, i chay ukupi tiyan. Lluqsimun mastaqa tutalla. Tuta lluqsimun. Mayninpi tuta purinki chakraykimanpis utaq may uywayki qawakuqpis utaq warmiyki witiqpis o inamuradayki witiqpis puriwaq karuta; imaynapi tupanki chay añaswan.

493 Mayninpi tupanki chay añaswan, hinaqa añasqa, chupanta sayachikun kay unanchaytahina, chay bandira ninku anchayta. Hina sayachikun wichayman. Hina sayachikuspa pawahatasunki allquhina. Piru mana de llinuchu, aswanpis huk chunka charqaypihina, utaq pichqa *charqay*pihina. Qam sayarunki chayta rikuspa. Hinaqa "haytasaq" ninki utaq "chaqisaq" ninki rumiwanpis.

494 Hinaqa utqayllata chay muyurispa tusuchisunki. Ahinata: "chukún, chukún, chukún[145]". Hinaqa qam añasta: "¡karaju!" nispa "sipisqayki" nispapis, va- liente qam: "Sipisaq" ninki, mana atinkichu. "Sipisaq" nichkaptiyki chay chupanmanta lluqsimun, chay carnavalpi irqikuna chisguiti kachkan, anchay kaqlla lluqsimun hinaspa mayur partiqa chayamun cuirpuykiman utaq ñawiykiman.

495 Sichus chay ispaynin ñawiykiman chayamun chayqa utqayllata ñawsayapunki. Ñawiyki ruparapun chay añaspa ispayninwan. Purqui chay añaspa ispaynin sinchi fuirti, asnan manchanata. Manchanata asnan chayrayku chay p'achaykitapis *thata*kuspa wischunayki-á. Purqui rupaypitaq, utaq ch'akichinayki asta asnaynin tukukapunankama. Mana taqsasqapis lluqsinchu. Asnachallan. Millayta asnan chay, arí.

496 Chaypaq huk trucu kan, huk sicritu nisqa, chay añas ñachus "ispamusaq" nichkanña, chayqa watakunayki utqaylla, ullu chukchaykita watanayki utaq ima curdunniykipis kan utaq chumpiykipis chayta utqayllata watanki chayqa

---

144 *Machakway* - Ayakuchupi **"Maqta uru"**.
145 Imarayku: ñawpa chakinkuna huchuylla, qipa chakinkuna hatun, chupasapataq.

Si te atas eso rápidamente, entonces no podrá orinarte. Ese es el secreto. Tampoco puedes matarlo pateándolo, bota como una pelota y no le hace nada. Si le tiras con una piedra tampoco le hace nada. Con las piedras que le tires, así le agarres, no le hacen nada. Eso es porque la piedra es su compadre. La piedra es su compadre. Por eso es, no se pueden matar entre compadres.

497   Aunque le aciertes con una piedra, ésta le llega como si fuera trapo, no le hace doler, no le hace nada.

498   Para eso hay también un secreto. Si quieres matar al zorrino debes de tirarle con bosta de vaca. Tira con eso y el zorrino rápidamente morirá. O con terrones de barro, esos terrones de barro que son duros, a veces como piedra, con eso le tiras y se muere también.

499   Además de eso hay otras historias acerca del zorrino:Si ya estás por morirte entonces el zorrino llega a tu casa. O si no eres tú, pero sí alguien de tu familia, igualmente llega el zorrino a tu casa. Y el orín del zorrino comenzará a apestar, apestará horrible.
Allí dirás: "¿quién se irá a morir?, ¿seré yo? ¿o cuál de mis familiares irá a morir?".

500   En las estancias suelen tener gallinas, para esas gallinas se hacen corrales. El zorrino entra a esos corrales y agarra a una gallina o un gallo. Agarrándolo lo mata. Pero matándolo no se lo come. ¿Qué es lo que se come? Sólo come sus sesos, le hace un hueco en la cabeza y eso nomás come, sólo sus sesos.

501   Si de alguna forma llegas a agarrar un zorrino y, bueno ya, como sea lo matas, por ejemplo lo ahorcas con una pita, entonces le sacas los orines con cuidado y lo degüellas y puedes comer su carne. Si comes la carne del zorrino te conviertes en una persona dulce. ¿Por qué una persona dulce? Porque el zorrino come sólo los sesos y los sesos son también dulces. Así siendo una persona dulce para las mujeres o para cualquier cosa que tengas que hacer eres muy ágil. Rápidamente cocinas la comida con un rico sabor. Por eso antes decían a los buenos cocineros, a los que cocinan rico:
- ¡Oye! Este hombre cocina muy bien, seguramente come carne de zorrino.

mana ispayta atinmanchu. Chay sicritu. Sipinapaqtaq haytanki, mana wañunchu. Kay murq'uhina *p'urun p'urun*[146] wischukun mana imanpaschu. Rumiwan chaqinki mana imanallanpastaqchu rumipis. Sapa rumiwan chaqinki hapichinkiña chaypis manapuni wañunmanchu rumiwanqa. Purqui rumiqa cumpadrin. Rumiqa cumadrin añaspaqa. Chayrayku cumpadrita ruwaqku unayña, chayrayku manam cumpadrintin sipinakunkumanchu.

497 Si rumiqa hapichinki chaypis, kay thantahina hichayun... Mana nanachinchu... mana imananpaschu. Arí, chay rumi añaspa cumpadrin. Chayrayku chay rumiqa mana imananpaschu. Yanqa kay thantahina chayan, chayhina.

498 Chayqa huk sicritu kan. Añasta sipiyta munanki, chayqa qam chamqanki chay waka q'awa. Anchay waka q'awawan chaqiruy, utqayllata wañurapun. Utaq chay kurpa ninku, chay t'urumanta chaqisqa rumihina... Anchaywan chaqirunki wañullantaq.

499 Chaymantapuwanpis chay añaspa rimayninqa ahina:
Si wañukunaykipaq pisiña chayqa utqayllata wasiykiman añas hamunqa. Utaq mana qam wañukunaykipaq mayqin aylluykipas wañukunanpaq chayqa utqayllata añas hamunqa wasiykiman. Wasiyki hawamanta chay ispaynin asnamunqa utqayllata, manchanata asnamunqa. Chaypiqa ninki: "pitaq wañunqa, ñuqachu wañusaq, ichay mayqin aylluy*shi* wañunqa", nispa.

500 Mayninpi kay istanciakunapi uywanku wallpata, hawallapi. Wasillata ruwapunku, hinaqa añasqa yaykun chay wallpa wasiman... Chay wallpa wasiman yaykuspa chay añasqa gallutapis o wallpatapis hapin. Hapispa sipin. Sipispataq mana aychanta mikunmanchu ni wallpapta ni *k'ankap*tapis. Imallanta mikun? Umanta tuqurun chay ñutqullanta mikun, chay ñutqullanta.

501 I sichus qam taripanki imaynapi chay añasta, hinaspa sipinki, mas siqunkipaschá riki... qaytuwanpis siqurunki, hinaqa chay ispayninta hurqunki sumaqllata, nakaspa. Hinaspa chay aychanta mikunki. Chay aychanta mikunki hinaqa allin miski, miski runa kanki. Imarayku miski runa? Purqui chay añas ñutqullanta mikun. Chayqa ñutquqa miskiniraqmi. Chay miski runa kanki warmipaqpis utaq ima ruwanaykipaqpis k'uchi kanki. Chay utqayllata wakichinki mikuytapis sumaq saburniyuqta, wakichinki mikuytapis. Chay ninku chay allin waykuq runakunata ñawpaqqa, sumaq waykuq runakunataqa: "¡Yaw!, kay runa sumaqta waykun, añastachá mikuyta yachan" nispa.

---

146   Huk bulahina butan.

502   Su carne también es buena para curar: sirve para curar.

503   También puedes utilizar esa carne de otra manera. Las mujeres a veces no se cuidan bien después de dar a luz. Tras una o dos semanas les da lo que dicen la recaída. Otra vez se enferman a consecuencia del parto. Entonces puedes asar la carne del zorrino en brasas, después la mueles y se la haces tomar a la mujer enferma y con eso nomás la mujer se cura.

504   En los tiempos actuales hay una enfermedad que en los hospitales la llaman TBC[48], en los hospitales dicen a veces: "este hombre está con TBC, ya está escupiendo sangre". Se puede usar la piel del zorrino para esa enfermedad. Tomas algunas hierbas con otras cosas y te tapas con la piel del zorrino. Con su piel caminas a todas partes como si fuera una casaca o una camisa. Entonces te curas fácilmente. Te curas de esa enfermedad que llaman TBC.

505   El zorrino es muy buscado hasta hoy en día, para las mujeres que dan a luz o para ser una persona dulce o para hacer dulce cualquier cosa. Y también es muy buscado por la medicina que hay en su piel. Así es la historia del zorrino.

XXXII   La vida del zorro

506   La historia sobre la vida del zorro es también cierta. Cuando los zorros están en celo, las hembras y los machos, no se aparean así nomás. Cada año, en el mes de agosto, se quedan ciegos, pierden la vista. ¿Por qué pierden la vista? Porque están en celo. Por eso, ya sea hembra o macho, los zorros ladran como los perros. Como el gato que cuando está en celo maúlla encima de los techos de las casas, así igual, el zorro ladra: "¡waqaqaqá waqaqaqá!". Cuando la gente escucha así a los zorros dice: "Los zorros están ya en celo".

507   También hay una creencia sobre sus gritos. Si grita "tenuemente", será un mal año para las cosechas, no lloverá bien y no habrá buenos productos. Pero si grita fuerte y claro "¡¡waqaqaqaqá waqaqaqaqaqá!!" será un buen año. Cuando grita así es que está ciego, y también por eso, al volverse ciego es que llora, pierde la vista. Camina con mucha dificultad, como un ciego.

---

48   Tuberculosis.

194

502   Arí, chayqa hampillataqa chay añas aycha kallantaq. Hampi nisqa.

503   Chaypi kasqan kallantaq añas aychata ch'akichinki wakinta hinaspa imaynapi
       warmiyki wachakun..., chay wachakusqanmanta mana allintachu cuidakun
       chay warmi... Hinaspa simanamanta u iskay simanamanta, ricaida ninku,
       wakmanta kutirimun chay kasqan unquynin, chay wachakusqanmanta. Hinaqa
       chay añas aychata kankaspa t'iqapi, brasapi kankaspa, kutaspa upyachinki
       ukuman. Hinaqa chayllapaq allin chay ricaida warmi.

504   Chaymanta kunan timpu ninku hospitalpi: "chay TBCwan kachkan kay
       runa" nispa, "ñam yawartaña tuqamuchkan" ninku. Anchay qaranta, ima
       hampikunapiwanpis ukumanta upyaspa, chay qaranta qatakunki kay rikrayki
       pataman, millwan ladumanta. Hinaqa ahina puriyachanki kay casacayuq-
       hina u kay casacayki ukumanta camisayki ukumanta churakuspa, hinaqa
       alliyanki yanqallamanta. Alliyanki chay TBC sutiyuqmanta.

505   Chay añasqa, kusa maskasqayá. Imarayku kusa maskasqa? Purqui aychan
       hampi. Chay wachakuq warmikunapaq, utaq miski runa kanaykipaq u allin
       imatapis miskita ruwakunaykipaq. Anchaypaq maskasqa hampi nisqa qaranpi.
       Ahinam chay añaspa cuintu.

XXXII Atuqmanta

506   Atuqpa vidan kaqllataq chiqay. Atuq witikuyta munan, chinawan urquwan,
       chayqa atuqqa mana ahinalla witikunmanchu. Aswanpis sapa wata agustu
       killapi... mayninpi china mayninpi urqu, ñawsayan, ñawin tutayan. Imarayku
       ñawin tutayan? Ña witinayachikunña chayrayku. Hinaspa sichus china u
       sichus urqu chayqa chay atuqqa qaparin allquhina. Kay misi*chuqa*
       witinayachikuspa qaparichkan wasi patakunaman "miyaw" nispa, kaqllata
       atuqqa qaparin "waqaqaqa waqaqaqaqa!" nispa qaparin. Chayta uyarinku
       runakuna, chay ñawsa atuqqa qaparisqanta, hina ninku: "Ña atuq
       witinayachikunña" nispa.

507   Chay waqasqanpipis huk creencia. Sichus yanqa sampallamanta waqan chayqa
       mana allin watachu kawsaykunapaq, mana allintachu para chayanqa, mana
       kawsaykuna allinchu kanqa. Sichus claruta waqan: "¡waqaqaqaqá,
       waqaqaqaá!" allin claruta chayqa "allin wata" nin. Chaypiwanpis ñawsa,
       ñawsayan, chayrayku ñawsayaspa waqan, ñawin tutayanhina. Chayqa yanqa
       puriyta purin, mana ñawin rikunchuhina.

508   A veces cuando duermes en una estancia... Algunas estancias no tienen puerta, o sea no hay puertas como aquí [en Chivay] sino que la puerta está permanentemente abierta, y cuando sus dueños se van de viaje la dejan sólo con piedras amontonadas; si duermes en esas casas, y te despiertas a la luz de la luna, miras la puerta y puedes ver al zorro que está como mirando y sacando la lengua te mira "hah hah hah hah". Le gusta mucho; y si es macho y con su olfato encuentra a una mujer durmiendo, se la quiere tirar. Pero si hay alguien por ahí, por ejemplo, si se aparece un perro hace escapar al zorro. Escapa y camina como si estuviera ciego. Sí, en agosto siempre se encuentran con las hembras y se aparean.

509   En los meses de noviembre o diciembre, cuando llueve bastante, es cuando los zorros paren, es decir la zorra hembra pare. Pero no pare en cualquier lugar. Ella ya sabe dónde debe parir. Va a las peñas de los cerros. En esas peñas hay bastantes huecos, huecos profundos. Allí, en esos huecos profundos que hay por esos sitios, allí donde no pueden llegar ni los perros, allí es donde paren. Y cuando paren, ambos, el macho y la hembra, se preocupan bastante por cuidar a sus crías. Sus padres se preocupan bastante.

510   Cuando nieva mucho, las crías de los zorros se quedan encerradas en esos huecos, en el interior de las peñas. Los padres de los zorros van rápidamente a buscar comida para sus crías. También los padres de los zorros deben comer bastante, entonces cualquier cosa, cualquier carne, se agarran de pronto en el campo, como, por ejemplo, un animal que estén pasteando.

511   Mientras el pastor come su fiambre o está haciendo cualquier otra cosa: te espía como si fuera un ladrón. Apenas te descuidas, rápidamente se agarra una cría o también una oveja grande y la mata. Tras matarla allí mismo la entierra para que no la veas. Si no lo hiciese así tu perro o tú mismo la podrías ver. Al matarla, rápidamente la entierra para que tú no la encuentres. Una vez que la entierra desaparece.

512   Se va, y cuando se hace de noche, el zorro regresa y carga la oveja a su espalda, poniéndosela al hombro la carga, como si fuera un burro, y se la lleva corriendo.

513   También tiene otra: cateando y cateando se lleva una oveja. Se la lleva hasta donde están sus crías. Allí las dejan a sus crías y duermen. Haciendo todo

508 Mayninpi puñuchkanki istanciakunapi mana wakin wasikunaqa punkuyuqchu, mana kayhina llavina punkuyuqchu, kich*armaya*[147] punku. Kicharmaya punku hinaqa chay mayta purinankupaqpis mana llavita churaspa rawkayanku. Rumillawan rawkakunku. Hinataq saqinku... Sichus puñuchkanki, killapihina rikcharinki, punkuta qawarinki: atuq "hah, hah, hah" nispa qallunta hurqukuspa qawamusunki... Gustanpuni chay... Sichus urqu hinaqa, ahinata sinqanman muskispa warmita tarin puñuchkaqta, chayqa witiyta munanpuni. Hinaqa, sichus imaynapi chaykunapi kachkan... allqu rikurun chayqa iscapachin. Chayqa pawarikunhinaqa purichkallan ñawsahinaqa. Tupankupuni china urquwan, chayqa witinakunku agustu killapi.

509 Chayqa chay dicimbri killa utaq nuvimbri dicimbri killa, ña para achkaña chayan. Chayqa chay timpupis wachakunku paykuna. Chay china atuq wachan. Piru mana wachanmanchu yanqa maypipis. Ña yachanña maypi wachayta. Hinaspa purin huk urqup qaqaman. Chay urqu qaqapi uku tuqu kan. Chay uku tuquta yaykuspa karu uku tuquman mana ni allqupis yaykuyta atinanpaqhina, chaypi wachan. Wachayta tukuspa, urqu llakikullantaq, chinapis llakikullantaq. Mamankuna chay uña atuqchakunap mamankuna llakikun.

510 Hinaspa riti ritichkan. Hina chay riti ritipuwan pampasqa ukupi kachkan, qaqa ukupi chay atuq uñachakuna. Paykunataq utqayllata purinku mikuna maskaq chay uñachakunapaq. Utaq tatamaman mikunanku chayqa, yawarnintapas imatapis chay campupi hapinanku qunqayllamanta... michipakuq uywata.

511 Hinaqa ahina quqawchanaykikamapis utaq imata ruwachkanaykikamapis hukllata catiyasunki suwahina. Hina utqayllata uwija uñata utaq, hatun uwijata hapirun. Hinaspa sipirun, sipiruspataq pamparun chaykunapi. Mana chayqa allquykipis rikurunman utaq qampis rikuruwaq... utqayllata sipiruspa pamparun ama qam tarinaykipaq. Pamparuspataq chinkaritamun atuqqa.

512 Chinkaritamun hinaqa maypachachus ñam tutayanña chayqa atuqqa qipin wasanman, rikrapataman churahatakuspa kay asnuhina qipin, pawallata apan.

513 Chay huk kaqtaq catiyaspa catiyaspa apan. Chayachinhinaqa chay uña atuqchakunaman saqiyuspa chaypi puñunku, wischurayanku. Hina cuidanku.

---

147 *-rmaya* - Kay simi huntachiqmanta mana yurisqanta yachaykuchu. Nisunman: **'-raya-'** + **'sqa'** kay simi huntachiq ninanta nin.

eso cuidan a sus crías. Su mamá, si es que son pequeñitos, les da de mamar y además comen carne.

514   Cuando terminan su carne regresan a traer más. Y si tú eres un pobre huevón, y pasteas los animales como un sonso, entonces ya ni siquiera las matan. Sí, así es el zorro, pierden las apuestas, pero a veces son muy inteligentes.

515   ¿Qué es lo que hace el zorro? Si eres un tontonazo y te duermes al lado de tus ovejas, entonces el zorro con todo cuidado las arrea. Arrea a cinco o seis ovejas, tantas como pueda. Las ovejas ni siquiera se quejan, se quedan calladitas. Las va arreando y arreando y arreando. Las ovejas caminan al trote hacia la casa de las crías del zorro, como si fuera una persona quien las arrea, así llegan las ovejas. Cuando las han hecho llegar las matan a toditas. Allí las matan y las van botando a los huecos donde están sus crías, arrojan las ovejas al lado de donde están sus crías. Poco a poco las crías se hacen grandes y empiezan a comer como los niños. Así es el zorro.

516   Tiene también otra. El zorro no solamente come ovejas. No siempre en el interior de los pueblos crían ovejas. Cuando entra a los pueblos, siendo como es inteligente, entra a las casas cuando uno está profundamente dormido; entonces se lleva un cuy o una gallina, los lleva donde sus crías. Si no tiene crías, entonces él mismo se los come. Así es.

517   Así me han contado los abuelos de mi pueblo. También tú puedes intentar llegar hasta donde están las crías de los zorros. Cuando nieva bastante sigues su huella por el camino. Debes seguirle el rastro, deja huellas como de un perro. Sigues esas huellas hasta que te hagan llegar. Su huella deja unos huecos, y a veces incluso queda la huella de lo que han arrastrado una oveja. Así llegas a su guarida. Allí le puedes poner una trampa. Puedes poner una trampa de ondas o alguna de esas trampas que los abuelos saben hacer.

518   Entonces rápidamente agarras a todas las crías del zorro, las amarras bien con cualquier cosa como para que no se vayan a escapar. Entonces puedes empezar a criar a los cachorros del zorro. Empiezas a hablar a esos cachorros como si fueran gente. Si hablas castellano, les hablas en castellano, si hablas inglés, les hablas en inglés, si hablas en quechua, entonces en quechua. Así les enseñas y en poco tiempo sus oídos aprenden a escucharte.

Mamanqa ñuñuchin. Sichus huchuychakunallaqa ñuñuchillanraq. Chayqa paykunataqsi aychata mikunku.

514 Chay tukurukuptin wakmanta hamullankutaq. I sichus mayninpi sinchi panrapunitaq kanki, mana yuyayniykipichu michinki chayqa, mana sipinmanpaschu. Mayninpi apuistakunata pirdin, piru mayninpiqa yuyaysapayá chay atuqqa.

515 Hina chay atuqqa, imata ruwan?. Sichus panra kanki utaq puñuchkanki uywap ladunpi chayqa, sumaqllata uwijata qatiqarqun. Huk pichqata suqtata atisqanmanhina. Hina uwijata mana waqanmanpaschu, chinlla. Hinaqa ahinata qatin qatin, uwija kay runa qatisqanhina trutillata purin chay uña atuqkunap wasinman, chayan uwijakuna. Chaypi sipiran cantumanta. Chay sipiranhinaqa uwijakuna wischun "¡ihh!" chaypi chay uña atuqpa ladunpi wischun wischun. Pisi pisimanta ña hatunchaña atuqchakuna chayqa mikuchkanku kay uña irqihina mikuchkanku. Paykunapis mikullankutaq, ahina.

516 Chayqa chaymanta huk kallantaq. Atuq mayninpi mana mikunchu uwijallatachu. Llaqta ukukunapi hinaqa mana intiruchu uwijata uywanku. Chayqa llaqta ukuman yaykumun chayqa pay yuyaysapa kayninpi, atuqqa yaykun wasiman, ch'aki puñuchkanaykikama... hinaqa aparikun quwiykita utaq wallpaykita. Aparikuspa utqayllata chayachin uñankunaman. Si mana uñayuq chaypis paykuna mikunankupaq. Ahinam.

517 Chayta willawaqku ñawpa runakuna kay llaqtaypi. I sichus qam riti ritichkaptin chayayta munanki maypim chay uña atuqchakuna tiyan chayqa, qam qatirinayki, ritipatanta purinki. Hina kay allqup chakin sarusqahina chay ritipatanta purinki, rastruntakama, asta chayachisunki. Chayqa tuqu tuqullata saqin chakinkuna. Mayninpi chay uwijatapis arrastrasqanta, sut'ita arrastrasqanman, chayqa huella quidan. Chayqa chayanki chay tuquman. Hinaqa trampata churanki, trampata churanki waraka qaytumantapis, yachankuña chay ñawpa runa imayna churayta.

518 Hinaqa uña atuqchataqa, hapimunki utqayllata. Hinaspa hapimuspa watanki chay imawanpis ama tipinanpaq. Allin waskawan. Hinaqa uywayta qallarinki allqutahina. Sichus huchuylla chayqa runatahina rimapayayta qallarinki. Si castillanumanta rimanki castillanumanta, sichus inglismanta inglismanta, sichus qichwamanta qichwamanta. Chayqa yachachinkim. Chay pay rinrin utqayllata uyarin.

519   Te escuchan lo que hablas y aprenden como si fueran gente. O sea, no es que hablen pero entienden lo que hablas. Tú les puedes decir: "Oye, ¿qué podemos hacer? Día tras día aquí comemos. Estoy pues gastando. Para ti compro carne, para ti compro leche, para ti compro huevos, para ti incluso estoy trayendo carne de gallina", le dice el dueño de los animales. "Ahora tú pues, trae algunas de esas cosas para comer; si así haces entonces a ti también te voy a dar más de comer" le dice.

520   Entonces el zorro contesta y dice "Sí" en su pensamiento. Como es ya manso, obedece y comienza a caminar de noche como los ladrones. Va a una y otra casa, y si encuentra un cuy, entonces te trae un cuy. Si encuentra un gallo o una gallina, entonces te trae o un pavo, o hasta un pato. Se los cuelga de la boca. Si es que son pesados, se los carga a la espalda.

521   Si encuentra una oveja se la carga, la hace llegar hasta tu casa. Esos animales amanecen en la puerta de tu casa. Tú duermes, y al levantarte, hay una oveja muerta en tu puerta. Tú haces las veces de cría de zorro, te da de comer. Te trae, a veces incluso trae de lejos. Por ejemplo, desde Chivay se puede llegar a ir hasta el Cuzco. Desde las estancias del Cuzco puede estar arreando animales hasta Chivay. Pero, claro, no las puede traer en un solo día. Según lo que demore en caminar, las puede traer en una semana o incluso en un mes. Porque el zorro no las arrea de una forma cualquiera. El zorro es muy inteligente, él sólo las arrea de noche, y cuando es de día no las hace pastear a la vista de todos, sino que les da de comer en sitios escondidos.Así las hace llegar. Te puede traer hartas ovejas, en tropas. Te puedes convertir en ganadero, degüellas ovejas y te puedes hacer rico. Así te trae, arreándolas.

522   El zorro sigue las instrucciones que le des. Si tú dices: -Ya, de donde sea vas a traer bastantes ovejas.
- Ya pues, qué me queda- dice el zorro, y así como los soldados obedecen a su jefe y dicen: "pa' rana son dos", así dice el zorro. El zorro rápidamente cumple las órdenes porque piensa "si no lo hago, mi patrón no me va a dar de comer, de donde sea traeré" y pensando así va a traer. Busca el zorro, y, como te decía, a veces hay gente muy huevona que pastea descuidadamente y se hace robar, de esa gente arrea el zorro, hasta hacerla llegar.

519 Hinaqa rimaqtapis uyarisunki hinaqa kay runahina atin rimayta. Mana rimanpunichu sinu intindin riki, intindin. Qam ninki:
"Yaw, imanasunmi sapa punchaw kaypi mikuchkanchik, gastachkani: qampaq aychata rantimpuchkayki, qampaq rantimuchkani lichita, qampaq rantimuchkani runtuta, qampaq asta wallpa aychatapis apamuchkayki" nispa chay uywap runa nin: "Qampisyá, qampis kaqllata kunan apamuy mikukunapaq. Chayqa as achkata qusqayki mikunaykipaq qammanpis" nispa nin.

520 Chayqa utqayllata nin: "Arí" nispa paypa sunqunpi nin. Chayqa ña mansuña chayqa utqayllata sapa tuta suwahina purin. Utaq wasiykiman hamun, wak wasikunaman purin. Hinaqa sichus quwita tarin quwita aparamusunki. Sichus k'ankata wallpata tarin aparamusunki utaq pavuta imatapis, asta patutapis. *Wayu*mun[148] riki. Sichus nichkaykihina llasa chayqa wasanpatapi qipiyakamun.

521 Arí, uwijatapis sichus tarin qipiyakamun. Chayachimun wasiykiman. Paqarichin tuta wasiyki punkupi. Puñuchkanki qam, rikcharinki, yastá, uwija wañusqa wasiyki punkupi rikurin. Chayqa qam kanki atuq uñahina. Apamusunki riki. Mayninpi karumanta chayachimun. Pur ijimplu, kay Chivaymanta rinman asta Qusqu. Chay Qusqumanta chay istanciamanta qatimunman uwijata piru mana huk punchawllapis chayachimunmanchu. Purimusqanmanhina chayachimunman huk simanapi utaq killapi chayachimunman. Purqui payqa mana yanqa qatimuytachu qatimun. Pay yuyaysapa chayqa ama runakuna rikunanpaq, payqa qatimun tutalla. Sapa punchawyan chaytaq uwijakunataqa mana sut'ipichu mikuchin; sinu pakallapi mikuchin. Hinaqa chayachimun. Achka uwijata chayachimusunkiman. Trupataraq "¡fff!". Chayna allin ganadiru... ahina chay uwijakunata nakaspa chayqa qullqiyuq kawaq. Chayqa apamusunkiyá, qatin.

522 Qam kamachisqaykiman kaqllata ruwan. Kaqllata ruwan chay atuq. Si ninki qam:
- ¡Ya!, achkata qatinki maymantapis uwijata.
"Ya, imanasaqtaq" kay suldaduchuqa jifinta kasukuchkan: *"pa' ranas son dos"* nispa nichkanku, anchayhina... Chayqa payqa utqayllata "mana chayqa patrunniyqa mana qarawanqachu" nispa; "maymantapis qatimusaq" nispa purin. Maskamun chayqa mayninpi chay istanciakuna, nichkaykihina, wakin panra runaqa mana yuyayninpichu michin chayqa qatimun uwijata chayachinankama.

---

148 *Wayuy* - Huk simipi **'warkuy'**.

523 Si te agarran vas a la cárcel por haber criado a ese zorro. Cuando ya te llevan lejos, el zorro queda libre y calla. Se da cuenta de lo que ocurre y piensa: "Han agarrado a mi patrón por mis faltas, a mí me matarían". Escapa y regresa a vivir al campo. Así es la vida del zorro.

XXXIII El puku

524 Esta historia es sobre el puku. En Caylloma se le dice puku a un pájaro de la puna, con alas, un poco más grande que un pajarito y un poco más chico que la gallina. El puku tiene las alas moteadas y debajo del cuello tiene un mancha blanca. En su pecho tiene una mancha entre blanca y gris.

525 En ocasiones, el puku hace el papel del gallo en las punas. ¿Por qué el papel del gallo? Porque cuando está por amanecer el puku comienza a cantar diciendo "pukuy pukuy pukuy". Cuando los pastores escuchan ese canto inmediatamente dicen: "ya, ya va a amanecer, ya está volando el puku". Entonces, rápidamente, los pastores se levantan, a veces en las estancias no hay gallos y es el puku quien los despierta. Así empieza el amanecer, entre la una y las tres de la mañana.

526 Después, cuando ya ha clareado bien, vas a pastear junto con tus animales. Si la semana o el mes te va bien, el puku no te molesta, vuelan tranquilos de acá para allá. Aunque tú les asustes se van volando y cantando "puku puku puku".

527 Pero si te comienzan a robar, si el zorro, por ejemplo, te quita alguna oveja, o el perro -también hay perros ladrones que pueden entrar a tu casa y comerse algo de tus provisiones- entonces puede ser que el puku ya te esté haciendo un maleficio. Aquí en Caylloma, decimos que es un maleficio cuando el puku ya está al tanto de tu mala suerte y te empieza a cantar de otra manera: "pukúy pukúy pukúy" te dice.

528 Mientras, tú ya te das cuenta y te pones a perseguir al puku. Lo persigues tirándole con onda o le sueltas a los perros.

523 Chayqa sichus hapichikunki carcilman rinki, chay atuq uywasqaykimanta.
Karupi kanankama atuqqa libri quidakapun, chin... Riparakun chayqa:
"patrunniyta kunan hapirunku, ñuqap huchay-causa chayqa sipiwanmanpis".
Iscapan, ripun kasqanta, campupi tiyakampun. Ahina chay atuqpa vidan.

XXXIII Pukumanta

524 Kay willaypi kunan hamun pukumanta. Puku ninku kay Kaylluma llaqtapi,
chay altuskunapi tiyaq, pharachayuq. Pisqumanta as hatun. Wallpamanta as
huchuychalla, chiqchi pharachayuq, kunkan uraypi huk chikan yuraq, sunqunpi
yuraqniraq uqiniraq chapusqa.

525 Chay puku, chay altuskunapi, mayninpi k'ankamanta sirvin. Imarayku
k'ankamanta? Ña pacha paqariymanña chayqa, "pukuy pukuy pukuy pukuy
pukuy pukuy pukuy" nispa nimun. Hinaqa ña utqayllata chay uywa michiq
runakunaqa chayta uyarispa: "ñayá, yastá pacha paqarimunñas, puku
pawachkanña" nispa nin. Chayqa utqayta hatarinku. Mayninpi istanciapi
mana wallpayuq kanku, chayqa chay puku rikchachikamun. Chaymanta
rikchachikamuy tukuspa, tuta pacha paqarimun, duci pasaykunata, la una,
dus, kimsa uras tutamanta, anchay uraskamataq.

526 Hinaqa chaymantaqa allintaña punchawyamunhina michinata rinki
uywakunawan kuska. Hina chaypi sichus allin risunki chay simanapi u killapi
chayqa mana pukuqa mulistasunkichu, *tranquilu*[149] puriyachakun.
Mancharichinki chaypis pawarikun "puku puku puku puku" nispa pawarikun.

527 Sichus suwapas hamusunki uywayki suwaqpis utaqchus atuq qichusunki...
imay uwijaykitapis, utaqchus... ima allqu -suwa allqupis kan-á- suwa allqupis
wasiyki yaykunqa, imaykitas mikunqa, utaq runa mikunaykuta suwakunqa
imaynapis chayqa... Chay pukuqa yastá layqakunña. Layqakuy ninku kay
Kaylluma llaqtapi ña yachanña chay puku. Hukniraqtaña takipayasunki:
"pukúy pukúy pukúy pukúy pukúy pukúy" nispa.

528 Hina chaykamaqa ña riparakunkiña. Chaypi riparakunkihinaqa utqayllata
chay pukutaqa qatirparinayki. Qatirparinayki warkawan warkaspapis
imaynatapis, allquwanpis kachayunayki.

---

149 *Tranquilu* - Ayakuchupi **'hawkalla'**.

529 Así me ocurrió a mí una vez. El puku me cantaba "pukúy pukúy pukúy". No deja de cantar, todo el tiempo a tu lado. Entonces, agarrando una huaraca le comencé a ondear... Pero nada... no le podía acertar... por vida que no podía acertarle al dichoso puku.

530 El puku estaba un poco lejos pero a cada piedra que le ondeaba, poco a poco, se me iba acercando... cada vez más y más cerca. Total que al final ese pequeño pajarito con alas me estaba asustando a mí, comencé a pensar: "qué me hará... de repente me arranca los ojos...". Así, asustado, agarré piedras y le tiré. Pero ¡no le agarraban las piedras! Las piedras pasaban a su costado, a su otro costado, por encima pero no le agarraban. Al final tiré mi huaraca al suelo y agarré una piedra bien grande y con eso le tiré... Recién escapó el puku, pero tampoco le pude agarrar. Recién voló. Así es este cuento cortito sobre el puku.

XXXIV Sobre las vicuñas

531 Los abuelos antiguos siempre cuentan historias, esas historias que ellos cuentan ahora yo las traigo a este libro.

532 Cuentan que la vicuña era, antiguamente, la alpaca de los incas. Tras la venida de los españoles, la vicuña dejó de ser la alpaca de los incas y fueron a vivir lejos, comenzaron a caminar por los lugares que mejor les parecían. Durmiendo en cualquier parte, ahí donde se les anochece, ahí duermen ahora.

533 Así es la vida de vicuña. Las vicuñas hembras, ya sean dos, cinco o a veces seis o algo más; tienen sólo un macho, viven con un solo macho. Y si se acerca otro macho a ese grupo de vicuñas, el otro macho pelea con el intruso. El macho se pone celoso por las vicuñas hembras y pelea. El que gana esa pelea se queda con las vicuñas hembras. Así es la vida de las vicuñas.

534 Las vicuñas tienen sus lanas más grandes en el pecho.

535 Vicuña macho, padrillo (hayñachu), le dicen al que hace parir a las vicuñas hembras. Si tú ves nacer a una vicuña, verás que, al nacer, en ese mismo instante, se ponen a correr. No son como las crías de la alpaca o la llama

529 Hina ñuqatapis sucidiwarqan huk pacha. Chaynata "pukúy pukúy pukúy pukúy pukúy" mana saykuspa pukuchkallan, laduykikunamanta pukupayachkasunki. Hinaspa ñuqa chaymanta warkawan hapispa naq kani... ¡¡Mana!! hapichiqchu kani pukuta, *por vida,* manapuni hapichiqchu kani pukuta.

530 Hinaspa chay puku karupi kachkarqan. Hina chay karumanta sapa rumita warkaptiy aswanta aswanta qayllamuwaq ñuqaman. Aswanta ñuqaman qayllamuwaq aswanta aswanta. Hinaspa tutal qui... "ñuqata anchay pharayuq mancharichiwaq, kunan ñawiytachu hurquruwanqa chayri, imanawanqataq" nispa. Manchasqa chay pukuta rumikunawan chaqini. Mana rumipis hapinchu. Rumipis pay ladunkunata pasachkan, pay patankunata pasachkan, mana hapinchu. Ña ultimu warkata wischuni pampaman, warkata wischuspa, hatun rumita chamqani chayraq puku pawarin. Mana hapinipaschu. Pawarin iscapan, chayraq. Arí chayna. Huchuychalla willakuy chay pukumanta.

XXXIV Wikuñamanta

531 Chayhinapis chay ñawpa runakunaqa willakunkupuni, chay willakusqankuna ñuqapis apaqaspa kunan kay qillqaman willarichkani.

532 Chay wikuñaqa ñawpaqqa inkakunap paquchan nisqa karqan. Chaymanta chay ispañulkunap chayamusqanmanta mana paquchanchu kakun. Aswanpis paykuna wakta tiyakapunku, wikuña munayninta puriyachakapunku, maypipis puñurikunku, maypim tutayachikunku chaypi puñurikunku.

533 Chay wikuñap vidan ahina. China wikuñakuna, iskay wikuñamanta asta pichqa utaq suqta wikuñakunawan, huk chikan maschapiwanpis, kanan chulla qarillayuq, chulla wikuña urqullayuq. Sichus chimpanman huk urqu wikuña, chay urqu wikuñataqa chay hukkaq urqu wikuña panyaspakama maqanakunku. Cilusu churakun chay wakin china wikuñawan kachkan, anchay kaq wikuña, hina maqanakunku. Mayqin ganaq quidakun chay china wikuñakunawan. Ahinam chay.

534 Chaymanta sunqunpi chay wikuñaqa hatun millwan.

535 Chay hayñachu wikuña -hayñachu ninku chay *qarchi* wikuña. Chay urqu kaq wikuña chay china wikuñata wachachin. Chayqa sichus rikurunki wachachkaqta wikuñata, chayqa chay wikuña uñaqa utqayllata sayarispa

que aún se revuelcan en el suelo, las crías de la vicuña no hacen nada de eso. Si ven a una persona, inmediatamente, ni bien nace, apenas su madre la bota al suelo, se levanta y se pone a correr... ya no puedes alcanzarla. Ni siquiera con perros la podríamos alcanzar. Rápidamente, se ponen a correr endemoniadamente. Ese es uno de sus secretos. Corre como el caballo, corren tras su madre.

536   Si de alguna manera llegas a agarrar a una cría de vicuña y la crías junto a las alpacas, nunca se acostumbra a vivir en el rebaño. Siempre se escapan, desaparecen, siempre desaparecen.

537   A veces también se puede encontrar una vicuña muerta y de su lana se hila y se tejen ponchos. Es muy bella, es más fina que la lana de alpaca.

538   Su lana también es buena para hacer las ofrendas con la *wiraqaya*. El sebo de la vicuña también se utiliza para hacer las tinkas del *oro y la plata* (para ser rico). Es muy bueno para las tinkas. El sebo de la vicuña es muy bueno para tener dinero, para tener mucho dinero, para eso es bueno. ¿Por qué? Porque el sebo de la vicuña es parecido al oro.

539   La panza de la vicuña es también muy buena para curarse del viento *qaqya*. Haciendo hervir eso se lavan y la *panza* de la vicuña lo cura. Así es este cuento de la vicuña.

540   Las vicuñas viven en los cerros como los venados, al ver a una persona se ponen a correr, así son las vicuñas, son salvajes, duermen donde se les anochece.

XXXV Los lagartos

541   Por todos los cerros viven toda clase de animales, unos de esos animales que caminan por tierra son los llamados lagartos. En las partes bajas, por el lado de Cabanaconde les dicen *warkantayas*, son iguales a los lagartos.

542   Pero las warkantayas, por debajo del cuello, tienen un huequito. Las warkantayas son muy unidas, se reúnen rápidamente por cualquier problema que tengan y actúan unidas.

pawarinpacha. Mana kay llama uñahinachu, nitaqmi paqucha uñahinachu pampapiraq quchpan... nada. Sichus runata rikurun chayqa utqayllata manaraq nacimuchkanchu allinta pampaman halaqachinhinaqa, sayatapuspa pawan, mana aypawaqchu. Ni allquwanpis aypachwanñachu, supayta pawarinpacha wikuñaqa. Ahinam chay wikuñap sicritun. Chayrayku chay kawalluhina supay pawan, mamanpa qipanta pawan, iscapan.

536   Imaynapitaqchus hapinki chay uña wikuñata hinaspa uywanki paquchakunatawan: manam, manapuni tiyanmanchu. Pasakullanpuni trupanman chinkaspa, chinkallanpuni.

537   Chaymanta wikuña millwamanta, mayninpi tarinku wañusqatapis, chay wikuña millwata puchkaspa awanku punchuta. Chay paquchamantapis aswan sumaq finu chay wikuña millwamanta.

538   Chay millwan allin kay wiraq'aya haywarikunapaqpis. Chay wikuña wira kaqlla. Chay wikuña wirata masta utilizanku quri qullqi tinkaykunapi. Kusatapuni tinkaykunapaq chay wikuña wiraqa, qullqiyuq kanapaq. Achka qullqiyuq kanapaq chay wikuña wiraqa, kusa allin. Imarayku? Quriwan qawaykachiq wikuñap wiran.

539   Anchay *phusnu*npis[150] kusan hampi, qaqya wayrapaqpis imapaqpis. Chay phusnuwan timpuchispa mayllakunku. Mayllakunku hinaqa allin, asta phusnunpis hampin. Ahina chay wikuñap cuintun.

540   Chayqa wikuñaqa tiyan kay tarukahina. Urqukunapi tiyan kasqan. Chayqa runata rikun chayqa pawarikun chay sallqa wikuñakunaqa, arí. Puñukunkupis maypi tutayachikun chaypi.

XXXV   Qaraywa

541   Imaymana urqukunapi tiyaq chay uywakuna, wakin pampan puriq uywa kan sutiyuq qaraywa. Chay qaraywa, kay uray ladupi ninku warkhantaya, Cabanaconde ladupi warkhantaya ninku, qaraywawan kaqlla.

542   Chay warkhantayaqa kunkan ukupi tuquyuq. Chay warkhantayakuna unidu kanku, paykuna huñunakunku utqaylla ima prublimamantapis.

---

150   *Phusnu* - Huk simipi **'wiksa'**.

543 Yo les voy a contar sobre lo que me ocurrió cierta vez que viajé a Tapay: Salí hacia Cabanaconde y al lado del pueblo nos pusimos a cocinar y descansamos. Era un lugar como para que hiciéramos comer a los animales, así, antes de llegar a Cabanaconde, nos cocinamos. Allí había unos lagartos que, desde lo alto de una peña, me estaban mirando. Una mosca pasaba por encima de la cabeza de uno y rápidamente la agarró con la lengua. Se la metió a la boca y la mosca "¡chirrr!" volvió a salir igualita por su cuello. Yo miraba atentamente y pensé: "¿cómo puede ser carajo? la mosca se ha vuelto a salir".

544 Allí estaba, cocinando en un fogón de piedras, cuando pensé: "A ver, voy a ver si es que le tiro una piedrita ardiendo de las brasas, a ver si se le sale también". Así pensé y le tiré con la piedrita y "¡fuácate!" la agarró.

545 Bueno, seguro que le quemó, porque se puso a gritar así como gritan las vizcachas "wishh wishhh", y se arrojó, se tiró desde la peña por lo que le quemaba. Y al tirarse seguía gritando... yo me reía, "¿qué tiene? seguro por lo que le he quemado se ha tirado". Y así mientras me estaba riendo, de pronto miré atrás mío, y así como si fueran soldados estaban rodeándome y me miraban agitando la cabeza, moviendo la cabeza hacia adelante y dando vueltas para todo lado se me iban acercando.

546 Entonces le dije a mi compañero. El estaba durmiendo y no había visto lo que hacía, dándole unos golpecitos lo desperté, y le dije: -Tío, tío, despiértate.
- ¡Qué! ¿Ya está lista la comida, niño? Yo era todavía niño en ese entonces.
- Todavía no, todavía no.
- Apúrate pues.
- No,... es que estamos jodidos.
- ¿Y de qué podemos estar jodidos?
- Estos soldados nos han rodeado, ¡mira!
- ¡Warkantayas! ¡¿Qué es esto?!

543   Ñuqa willasqayki huk pacha puriq kani chay Tapayta, hina lluqsimuni
      Cabanacondeman. Hinaspa chaypatapi waykukukuyku, pampallapi, qaynaspa.
      Huk chiqanpi uywata mikuchiq-hina, manaraq Cabanaman chayamuchkaspa
      waykukukuyku. Hinaspa huk warkhantayakuna qaqapatakunamanta
      qawamuwanku. Hinaspa *mosca*taq[151] chay uman patakunata pasan. Hina
      utqayllata qallunwan hapirun moscata. Moscata winayukun siminman, chay
      warkhantaya. Hina ¡chirr! nispa kunkan ukumanta lluqsirakamun kasqanta
      chay mosca. Hina ñuqa makilla qawaptiy: "¡imaqtaq karaju! mosca iscapamun
      kunkanmanta".

544   Hinaspa waykukukuchkani q'unchapi, rumi q'unchapi, hinaspa huk sachachawan,
      huchuy rumilla rupasqata "kayta chamqasaq siminman awir kunkanman
      lluqsiramunqachu" nispa chamqani rupawan sansasqa rumillata, huchuyllata.
      Hinaspa "¡qap!" nispa hapirun.

545   Hinaspa ruparunchá riki qaparin kay wiskachamanniraq "¡wishhhh! siw,
      ¡wishhh!" nispa wischukamun kunkanta rupariruptin, qaqapatanta
      wischukamun. Wischurayaspa qaparichkan, hina ñuqa asikuchkani: "imataq
      chay wischukamun chaynata kunkanta ruparuchini chaychiki wischukamun"
      nispa asikuchkaptiy hukllatam qipayta qawarikuni, kay laduykunata
      qawarikuni, kay suldadukunahina muyuriqtaraq qawamuyachkawasqaku
      "¡haq! ¡haq! winkún, winkún winkún winkún" umankuta wichayman urayman
      *khiwi*kuspa[152] aswantaña aswantaña purimuchkawasqa ñuqa laduman.

546   Hinaspa chay cumpañiruyta nini sut'inta. Chay cumpañiruy ahina tiyaspa
      puñu*qta*rurqan[153], mana rikuwarqanchu chay ruwasqayta. Hinaspa tiyuyta
      takani: "¡Tiyu rikchariy!" nini: "¡Qué! ñachu chayaruchinkiña mikuyta irqi?"
      nispa.
      Irqi pacharaq kani:
      - Manaraqmi- nini.
      - Chayachiyyá utqayta.
      - Manam, kayhina judiduñam karqunchik.
      - Imamanta judidu kachwanri?
      - Kay suldadukuna llijutaña muyurqamuwanchik; qawariy- nispa.
      - ¡Warkhantayá! Imataq kayri?- nispa nin.

---

151   Kayllumapi manam 'chuspi' simitaqa riqsinkuchu.
152   *Khiwiy* - Aymaramanta kanmanpascha kay simiqa: "uma kuyukun huk rikramanta huk rikrakamataq".
      Castillanupi: "Menear la cabeza de un hombro a otro" (Bertonio 1984 :301, 2ª parte).
153   *-qta*- - Kay simi huntachiq yaqa **-t'a**-hina nin. Qawariychik ñawpaq kaq 136 nutata.

547   Allí había unas plantas, plantas secas. A las justas, mi tío agarró eso, las quemó y se las tiró a los lagartos. Si no hubiera hecho arder esas plantas, nos hubieran comido o algo nos hubieran hecho, o quizás nos habrían mordido esos lagartos.

548   Esos lagartos eran más o menos del tamaño de una ojota. Grandes, pero no tan anchos, o sea como la sandalia pero más angostos. Eran como del tamaño de una trucha. Pero tenían la cola grande. Son pues de la parte del demonio. Tenían la cola bien grande, así como un zurriago.

XXXVI   El sexo entre los lagartos

549   A mí, me contaron sobre lo que le ocurrió cierta vez a un señor. No me ocurrió a mí, sino sólo me contaron. Un señor fue a recoger bosta de vaca para cocinarse en su casa. Allí estaba recogiendo las heces de las vacas para cargarlas y llevarlas a su casa. Era a las horas del mediodía, pasadas las doce, a la hora que el sol calienta rico, o quizás antes... pero hacía bastante calor. Allí, al lado de unos arbustos de tola, por detrás había dos lagartos.

550   Uno estaba saltando encima del otro, así como cuando los gatos juegan, saltaba a un lado y a otro, el otro también saltaba, saltaban como danzantes.

551   Este señor se sentó calladito y miró a escondidas. Mientras miraba pensaba: "pero, ¿qué están haciendo? ¿estarán enfermos? ¡cómo salta ese lagarto!". Y así como estaba, calladito, llegó una musiquita a sus oídos: "tii tii tiii tiii", lindo se escuchaba. Se puso a mirar por todos lados: "¿qué? ¿radio o qué cosa es esto?". Pero no. Se puso a mirar bien al lagarto, a uno que estaba echado así como si fuera un hombre... lo miró bien y vio que ése, echado, tocaba una pequeña flauta. Era una pequeñísima flauta así como un cigarro pero delgadita, ese pinkullito era de un color entre amarillo y verdoso:

552   "¿¿Cómo?? ¿Eso va a tocar?" Escuchó con más atención y sí... era eso lo que sonaba. Tras tocar esa flautita la pararon a un rinconcito, así como se hace con las flautas grandes. Dice que el lagarto que saltaba a uno y otro lado se acercó al otro. Así, mientras se acercaba le extendió la mano al otro,

547 Hina chaypi karqan huk ch'aki sachakuna. Chayta ñakay tiyuy huqarirun. Chay sachawankama ahinata rawrachin wakin sachata. Chayraq chay warkhantayakuna kutipun. Sichus mana chay sachata rawrachiykumanchu karqan chayqa mikuwankumanchu karqan, imatachu ruwawankuman karqan, kaniwankumancha karqan chay warkhantayakuna.

548 Kanmanchá riki karqan kay usuta sayaykuna. Hatunkuna, piru anchunmanqa mana anchuchu, chay usuta largunmanhina as ñañupachalla, kay truchap cuirpunhina; ahina. Piru chupasapakuna chay saqrap partinñachiki chaykuna. Chupasapakuna kasqaku, zurriagu hinaraq chupankuna, hatun chupayuq chay warkhantaya kaq kasqa.

XXXVI   Qaraywakuna witisqanmanta

549 Chaymanta kay urqu ladupi huk pacha, mana ñuqachu, willawanku. Huk wiraqucha purichkarqan q'awa pallaq wasinpi waykukunanpaq. Hinaspas ahinata q'awata pallachkarqan chay waka akasqanta pallakuchkarqan qipimunanpaq. Hinallamansi sumaq rupay uras kanmancha karqan duci uras pasaykunachu, utaq ñawpaqllatachu kanman karqan. Piru quñimuchkarqan nin, inti sumaqta quñimuchkarqan. Hinas chayllapi t'ula sikip qipallanpi, chayllapis iskay qaraywa kachkasqaku.

550 Hinaspa huk saltapakuchkasqa. Misichuqa pukllan, saltayachanmi altu altuta, anchaynata hukkaq saltayachachkasqa, kay tusuqhina saltayachachkasqa.

551 Hinas chinlla chaypi tiyarusqa, pakallamanta qawan. Hina pakallamanta qawanhinas: "imatataq ruwachkan, ima... unqurunchu imaynataq, chay hukkaq lagartuhina saltayachachkan" nispa. Chinlla uyariptinsi rinrinman chayamun ahinata: "Ti ti ti ri tiir" nispa sumaqllata tukamun. Qawaykachakun: "radiuchu imataq chay" nispa nin. Chayqa manamá, allinta qawan lagartuta chay huk saltayachachkansá. Hina chay allinta qawanhinaqa chay huk wischurayasqa qarihina, qari kaqlla wischurayasqa. Hina chay wischurayasqanmanta, pinkuylluta tukachkasqa. Chay pinkuyllulla kasqa ahina huchuy cigarrumantapis aswan aswan ñañulla kasqa, qumircha qumir qilluchamanniraq kasqa chay pinkuyllitu.

552 Hinas: "chaqaytachu tukan" nispa nin. Astawan uyarin: chaytapuni tukasqa. Hinamanta tukayta yaykun hinaspa pinkuyllullanta huk kuchullaman sayaykuchin, hatun pinkuyllutahina sayaykuchin. Hinaspataqsi chay saltaykachaqqa chimparqamun chay hukkaqman. Hina chay chimparqamuptin

y el otro sacó de su pecho algo entre amarillo y verde: un ¡pequeñísimo! anillito redondito... y así como se hace con la mujer en el matrimonio, se lo colocó, igualito a como hacen las personas.

553   El lagarto dice que tenía cinco dedos... Entonces tras haberle colocado el anillo, esa lagarta que saltaba abrazó al otro lagarto, y tras abrazarse lo besó. se besaron bastante rato como si fueran personas... Se besaban abrazados. Después se echó, la lagarta del anillo se echó extendiéndose como una mujer. Y así como el hombre hace con la mujer, el otro lagarto se puso a hacer igualito... Lo hacían así como si fueran personas, abrazándose. Por momentos se volteaban a un lado y a otro, se daban vueltas para allá y para acá.

554   Entonces el hombre que había ido a recoger la bosta pensó: "¡Carajo! ¡qué puede ser eso! ¡los tengo que agarrar! voy a ver bien ese anillo y ese pinkullito; ¡como sea los tengo que agarrar!" pensaba; "pero de repente son hartos lagartos y me pueden morder o hacer algo, mejor los voy a agarrar calladito".

555   Entonces levantó una piedra grande y de pronto... Ahí estaban los lagartos dándose vueltas a un lado y a otro, ahí estaban haciéndolo el macho y la hembra. Dice que lo hacían bien rico, más rico que las personas, para nuestra vista era aún más rico. Acaso la gente ahora se da de vueltas así... no pues... Se daban vueltas bien rápido, se revolcaban, se abrazaban, hasta de los pies se trenzaban y así se daban vueltas. Y mientras se daban vueltas "¡klaj!" les acertó a los dos en la cabeza... se quedaron tiesos en medio de sangre, mató a los dos lagartos.

556   Ya acercándose más les pisoteó la cabeza, la cola de los lagartos "¡chitaj! ¡chitaj!" chicoteaba y chicoteaba, la de los dos lagartos. Por más que le hagas ñuto la cabeza, la cola de los lagartos sigue de todas maneras viviendo, son pues de la parte del demonio. Así estaban sus colas, golpeando a uno y otro lado, y el hombre las aplastó totalmente. Tras haberlas aplastado, rápidamente, se puso a buscar en los lagartos muertos. En su dedito estaba el anillito. Rápido, sacó el anillo y se lo guardó en el bolsillo.

makinta ahinata haywahatan chay hukkaqman; hinaspas chay hukkaq rikran ukullanmanta hurqurakamun, huchuy qumir qilluchamanniraqta, ridundu anillullata, huchuyllatapuni. Hina churaykun. Chay warmimanchuqa anilluta matrimuniupi churanakunku, kaqllata churaykun. Hina churaykuspas kay runahina. Lagartuqa pichqa diduyuqsi.

553   Hina churaykuyta tukuy hinas chay saltaykachaq qaraywa abrazarun chay huk qaraywata, abrazaruspa mucharun nin, unayta, kay runahina. *Qhuma*nakuspa[154] muchanakuq kasqaku nin. Hinamantataqsi wischutatakun, chay anilluyuq qaraywa wischutatakun kay warmihina. Hinas kay qarichuqa warminta ruwachkan, kaqllata ruwan, iman kaqllata ruwallantaq. Kay runahina qhumayanakuspa ruwanakunku nin. Mayninpi ahina qhumayanakuspa tikrakunku kay laduman, chay laduman; kay laduman, chay laduman tikrakunku.

554   Hinas chay qari, q'awa pallaq qari: "¡Karaju! imataq chay kanmanri hapirusaqpuni hinaspa qawaykusaq allinta chay anilluchata chay pinkuylluchatawan" nispas nin; "hapirusaqpuni, hapiyta munani" nispa nin. "Piru anchachus achka kankumanhina, kaniruwankumanpis" nispa nin, "aswanpis chinlla sipirusaq" nispa.

555   Hinas huqarin hatun rumita, hinas qunqayllamanta ahina tikrakuchkarqanku, ruwanakuchkarqanku qariwan warmiwan, ahinata ruwanakuspa... Miskitas ruwaq kasqaku kay runamanta aswan miskita ruwaq, qawayninchikpaqqa aswan sumaqta nin. Kunan runa chaynata tikrakuchwanchu, manamá. Utqayllata tikrakuq kasqaku nin, utqaylla. Qhumanakuspa chakinkutapas ahina marqa trinzayanakuspa tikrakuq kasqaku. Tikrakunankama hukllata rumiwan "¡klaqq!" nispa uma laduman iskayninta chaqirapun: tisu yawar... Wañurachipun iskaynin lagartuta.

556   Astawan pawahataspa umanmanta sarutiyan nin. Chupallansa suqapakamun iskayninpaqpis "¡chitaq! ¡chitaq! ¡chitaq chitaq!" nispa suqapakamun. Chay qaraywakunap chupanqa umantaña ñututa sarunki chaypis, kawsachkaqpuni kasqa nin, chay saqra partiña, chaypis. Hina waqtapakamuchkanpuni qaraywap chupanqa. Hinapis, "¡yasta!" llijuta ñututa ruwarapun, ñututa ruwarapuptinqa utqayllatas maskarin chay wañusqa qaraywata. Hinas chay didullanpis kachkan chay anillucha, anchay anilluchanta utqayta hurqurun. Urqurunhinaqa churayukun bulsillunman.

---

154   *Qhumay* - Aymaramanta. Huk qichwa simipi **'marqay'**, **'abrazay'** (warmiwan qariwan)'.

557 Después se puso a buscar la flauta pero no la encontró. Dónde se habría metido, seguramente al tirar la piedra se perdió. "Que esté así" pensó y se fue. El hombre pensaba: "¡Oye! ¡qué rico lo hacen, pucha más que la gente oye, así ¡dándose vueltas y vueltas...! ¡qué lindo lo hacen! ¡hasta se besaban! ¡qué rico!".

558 Pensando así, regresó cargado de la bosta y con el anillo en el bolsillo. Iba pensando: "Podría vender este anillo a esos que compran antigüedades, ¿acaso no van a querer?". Así venía pensando, pero más pensaba en lo que había visto hacer a los lagartos: "pucha, lo habían sabido hacer mejor que la gente" se decía.

559 Así llegó al pueblo. El hombre era casado... Su mujer se puso cariñosísima... no era así de cariñosa... Así sea que haya venido de traer bosta le dijo a su esposo: "Papacito, papá, ven para acá hijito, aquí está tu boca..." así lo llamó excitada, lo abrazó fuerte y se la puso... agarró el pene de su marido y se lo colocó y tiraron ahí, marido y mujer. Dice que el hombre duraba y duraba. No solía durar así, solía más bien botar rápido lo que se pone para los niños...la semilla de niños... Pero esa vez, por estar con ese anillo... duraba... no podía echar la semilla...

560 Después no le dijo nada a su mujer, se quedó calladito. Al día siguiente tenía que hacer un *ayni* en la chacra de un vecino, un agricultor vecino... La esposa de su vecino por gusto andaba empujando y fastidiando a este hombre que tenía el anillo: "Apúrate pues, ¿por qué no te apuras? ¿has venido a trabajar? Tienes pues que apurarte..." lo empujaba a propósito. Le jugueteaba como si fuera su esposo, así cada vez más y más... Entonces seguramente le entraron ganas y le dijo a su esposo: "Oye hijo, vas a regresar al pueblo, me había olvidado el trago, no hay trago..." le dijo. A su esposo le gustaba tomar de vez en cuando y se fue nomás: "Ustedes vayan avanzando el trabajo." "¡Sí sí!" le dijo. Mientras, antes de que se perdiera del todo de vista, la mujer abrazó y besó al hombre del anillo como si fuera su esposo. Al hombre también le entraron ganas de mujer y sin más, la tumbó y le dio con todo.

561 Y así... al día siguiente otra, y otra; las mujeres se le pegaban. El hombre ya estaba casi *alcanzado*... Aquí en Caylloma decimos que un hombre está *alcanzado* cuando por darse mucho gusto con las mujeres ya no le sale la semilla blanca, cuando está *alcanzado* más bien le sale sangre, una sangre clara. Se queda mudo o así como que no pudiera hablar. Cuando un hombre

557 Hina pinkuylluta maskarin, hina mana pinkuyllu tarirapunchu. Maytachá yaykun, chaqiptinchá riki chuqarurqan rumiwanchu, mana kanchu. "Hina kachun" nispa pasampun. Hinas chay qari nin "yaw, ¡ricutamá! ruwaq kasqaku runamantaqa yaw, tikra tikrarisparaq ruwanakuq kasqaku, ¡sumaqtamá! ruwanakuq... muchanakuq kasqakupis, ¡sumaqtamá!" nispa.

558 Chayta pinsaspa, q'awa qipintin hamun, chay anilluntaq bulsillunpi hamun: "Kay anilluta manachu vindiruyman chay ñawpa rantiqkunaman, manachus munanman" nispa. Pinsaspa hamuchkan, chay ruwasqankuta pinsaspa, chay qaraywakunap ruwasqanta pinsaspa: "Runamantaqa as allintamá ruwasqaku" nispa.

559 Chaymantas chayamun llaqtanman. Warmiyuq karqan, warmin munayukun tutalta aswanta, manas chaynatachu munakurqan nin. Q'awamanta chayaramunchus manachus. Hinas chay qarita nin: "papacitu papá, hampuway hijitu, kaypi simiyki kachkan" nispa. Waqyahatakapun nin, qhumarun mat'ita hinaspa churayukun chay qarip pisqun, churayukuspa paykunapis witinakunku. Unayta durachin qarin nin. Manas chaynatachu durachirqan nin, utqayllatas wischuq chay wawa churananta, wawa mujunta, utqayllata wischuyta yachaq. Kaypiqa, chay anilluyuq kasqanmanta unayta nin. Manachu kaynata chay mujuta wischumuyta atin nin.

560 Chaymanta mana willanchu warminman, chinlla. Chaymanta paqarisnintin ayninakun chay huk chakraq masin, tarpuq masinman. Hinaspa chaypi karqan warmi qariyuq nin. Hinas chay warmi yanqallapuni tanqatiyan chay anillu hapiq qarita, tanqatiyan: "¡apurakuyari nin! imatataq mana apurakunkichu, alli llamkaqchu hamunki, imanaqmi apurata" nispa tanqarparin, kay qarintahina pukllapayan, chaymanta yasta astawanña pukllapayan nin, astawanña. Hinaspa chaypi saqsichikuranchá riki. Hinaspa qarintas nin: "Yaw hiju, llaqtata kutirunki, qunqaramusqani hampita, upyana hampita qunqaramusqani" nispas nin. Qarinqa gustaqsi chikanta upyarikuyta, hina pasansari. "Chayqa qamkunaña-ari avanzaykapuwankichik". "¡Arí arí!"
Maypachachus manaraq allinta chinkarichkaptinsi chay anillu hapiq qarita qhumaspa mucharqun kay qarintahina. Hinaqa utqayllatacha paypis warminayachikun hinaqa de llinu kumpaspa quyapunpacha.

561 Chaymanta ahina paqarisnintin, hukñataq hukñataq, warmi yachayukun tutalta. Hinaspa yaqalla chay qari alkansakunpis. Chay alkansakun ninku kaypiqa, sinchita warmita gustaptin, mana muju yuraqchu lluqsimpun alkansakun chayqa, aswanpis lluqsimun yawarnin, chuya yawarnin lluqsimun. Chayqa mudu quidakapun, mana rimay atiq quidakapun. Chayqa chayta

se queda *alcanzado* para que se recupere debe mamar, nuevamente debe mamar pecho de una mujer. Recién entonces se recupera.

562   A las mujeres les gustaba demasiado, algunas le hacían tomar, otras lo invitaban a su casa, otras le decían para que las ayude en la chacra, así con mentiritas se lo llevaban bien bonito. A las mujeres les gustaba pero, el pobre hombre, se había quedado sin fuerzas. Entonces se dio cuenta: "No pues... seguro que lo que vi me ha contagiado, o, de repente, ese anillo que traigo es lo que me contagia, eso puede ser lo que me está haciendo mal, me puede haber encantado" pensó.

563   Agarró el anillo y lo arrojó al fondo de una laguna, botó el anillo. A nadie le había contado que traía el anillo, se había callado. Lo botó y regresó al pueblo. Durmió con su mujer y ella igual le seguía exigiendo: -No sé hijita qué me ha pasado, no sé, no se me para, aunque la agarres- le dijo. Ella la agarró y de verdad estaba como una bolsa arrugada, no se paraba.
El podía desearlo, pero el *compañero* ya no se paraba. Como no se paraba así nomás durmieron, como entre mujeres. Pero el hombre ya estaba contento: "ahora ya me deshice del anillo ¡carajo!" pensaba.

564   En la mañana, se levantó a orinar y la cabeza del *compañero*, la cabeza del pene de ese hombre estaba toda roja, estaba toda escaldada, roja: "En fin, ahora ya lo he botado, ya no se me van a pegar las mujeres" pensó... "Vean pues mi bolsillo, en mi bolsillo debía traer el..." y se tocó el bolsillo y...¡ahí estaba el anillo! Había vuelto a aparecer en su bolsillo... Lo tiró "¡carajo!", lo arrojó al fogón, lo tiró al fuego. Ahí lo quemó en el fuego ardiente, lo quemó: "¡Ya! ¡Ahora desaparece carajo!".

565   Pero las mujeres seguían y seguían provocándolo. El hombre se fue a traer leña: "Me voy a traer leña" dijo. Y allí otra vez, tras llegar al lugar, cuando estaba ya al lado de la leña, se palpó el bolsillo y el anillo había vuelto a aparecer allí. Así, a donde quiera que lo botase, aunque lo aplastara contra las peñas, a algún cerro, o aunque lo pusiera en medio de unas espinas, siempre volvía a aparecer en su bolsillo, a donde fuera que lo botara volvía a aparecer siempre en su bolsillo... El hombre se puso a llorar asustado: "¿qué es esto? seguro que tiene que ver con el demonio... ¡qué haré Diosito!". Recién le pidió a nuestro Dios.

ricupirananpaqqa, huk qari chayna alkansakun chayqa ñuñunan wakmanta warmi ñuñuta. Chayraq wakmanta kutirimun.

562   Hina manchanata warmikuna yachayukun, wakin upyachinku nin, wakin invitanku wasinman, wakin chakrata "yanapamuway" nispa sumaqta ingañullawan apaspa. Warmikuna gustan. manaña kallpanpis kanchu pubri qarilla.   Hinaspa cuintata aparukun: "Manam, chay rikusqaytaqchá cuntagiaruwanman utaq chay anillu apamusqaytaqcha, malta ruwachkawanman, incantarquchkawanman" nispa.

563   Hina anilluta wischun huk qucha ukuman, wischuykun chay anilluta. Mana pimanpis rimarinchu "anilluta apamurqani", chin wischuykatamun. Hina pasakampun llaqtanman. Hinaspa warminwan puñukun, warminpis kasqa ixijillantaq wakmanta. Hina qariqa nin: "Manam hijita, imanarquwanchá kanpis, manam, manañam sayanchu, hapiykullaypis" nispa nin. Hapiykun, de viras hina: ¡ch'ullqi!¹⁵⁵ manaña sayasqañachu. Sunqunqa munachkansi kanpis, piru manasá cumpañirusnin sayarinñachu. Hinas mana sayaptin, mana sayaptin, hinallaña puñukun warmi masintinhina. Piru ña kusisqaña chay qari: "ña anilluta kunanqa wischumuniña karaju" nispa.

564   Huk tutamanta hatarin isparakuq, chay qarip ullunpa uman pukaña kasqapis, iscaldasqahina pukaña kasqapis nin: "Kunanqa, in fin, wischumuni chayqa, manañas warmikuna yachakuwanqachu" nispa. "Qawariy, kay bulsilluypi, chay anilluta apamuni?" nispa ahina llamkhayukun bulsilluta: kaqllataq bulsillunpi anillu. Kaqllataq rikurisqa. Chaymanta wischun ¡karaju! q'uncha ukuman wischun, ninamanqa. Ninaman kañayun, q'uncha rawrachkaqman, kañayun "¡ya! kunanqa chinkayyá karaju" nispa.

565   Warmikunataq astawan parlapayachkallantaq, parlapayachkallantaq. Chaymanta pasan, "yamtaman pasakusaq, camputa" nispa... Pasakun yamtaman. Hina wakmanta yamtaman pasaptin, chay yamtapatapi, bulsillunta llamkhayukun: kaqllataq anillu rikurillantaq. Chay maymanña wischumun chaypis qaqakunamanña *atiq* chaypis, may urqukunapiña wischumuq chaypis, kichkapatakunamanña churayamuq chaypis, bulsillullanpiña rikuriq, bulsillullanpipunitaq rikuriq maypiña wischumuq chaypis. Hinayá waqayta yaykun mancharikuymanta: "Imayna kayqa, dimuniu partiñachá kayqa, ¡imanan Tatitu!". Chayraq Tatanchikta watukun, "imanan".

---

155   *Ch'ullqi* - Ayakuchupi nikunman **"lapsu"**. Castillanupi: *'suelto, flojo'*.

566 Se lo contó todo a un viejito y él le dijo: - No es eso... a donde quiera que lo botes siempre volverá a aparecer en tu bolsillo, y aunque no tuvieras bolsillo aparecerá en alguna parte de tu cuerpo, aunque sea en el hueco de tus orejas, aparecerá el anillo, y así te cortes las orejas aunque sea aparecerá en medio de los pelos de tu cabeza, o amarrado a los pelos de tu pene, de todas maneras, volverá a aparecer.

567 - ¿Y qué puedo hacer? El viejito le dijo: - Vas a hacer lo siguiente: vas a entrar a una iglesia, y lo vas a dejar en eso que llaman el altar mayor. Tras dejarlo te sales, no por la puerta por donde entraste, sino por la otra puerta, pero debes salir sin mirar hacia atrás, si miras atrás el anillo te perseguirá y así persiguiéndote hallarás la muerte.

568 Y en verdad, cerrando los ojos dejó el anillo en lo que llaman el altar mayor, entró por una puerta y salió por la otra sin volver la vista atrás, con los ojos cerrados. Recién dijo "Jesús". Ya estaba seco, no tenía nada de semen... comenzaba a tartamudear, ya no estaba igual, se había debilitado. Recién también le dijo claramente a su mujer, a duras penas le habló tartamudeando.

569 Y su mujer se enteró de lo que le pasaba: - ¿Pero acaso lo hemos hecho tantas veces? Recién estos últimos días, bueno estas semanas... que nos hemos dado gusto, ay, ¿acaso por eso te vas a haber jodido?- y lo acariciaba. - No sé pues. Dijo, pero no le contó lo que había estado con otras mujeres. - ¿Por eso nomás que nos hemos dado gusto? ¿De eso nomás te va a haber pasado eso? ¿Acaso cada noche lo hemos hecho? No creo...

570 Cuando le dijo así, recién le contó del anillo: - No, es que he estado llevando un anillito. Por ese anillo es que lo hemos hecho con tanto gusto. Y seguramente por ese gusto es que ahora me he *alcanzado*.

571 Recién le contó y su mujer fue a preguntar a los curanderos:
- Lo hicimos con mucho gusto y de eso nomás le ha pasado eso- dijo.
- ¿Lo hicieron muchas veces?

566   Hinas huk machullaman willakun. Hinas chay machullaqa nin: "Manam chayqa, maypiña wischunki chaypis rikurichkallanqapuni bulsilluykipi, manaña bulsilluyuq kanki chaypis, mayqin cuirpuykipipis rikurillanqapuni; chayqa maski rinriyki tuqupipis rikurillanqapuni chay anilluqa; rinriykitaña kuchurukunki chaypis, maski chukcha chawpiykipipis rikurillanqa..., may umayki chukcha chawpipipis, utaq chay pisquyki chukchaman watayusqa rikurillanqapuni" nin.

567   - Chay imaynata ruwayman?- nispa chay yuyaq tatalata nin. -Nayari, ahinata ruway: curriy purirquy iglisiaman anchay altar mayur ninku, anchayman saqiyamuy; hinaspataq lluqsiramuy ama chay punku yaykusqaykitaqa, sinu chay huk ladu punkunta lluqsimunki ama qipata qawarikuspa; sichus qipata qawarikunki chaypachaqa, chay anilluqa qatiyachasunki; hina qatiyachkaspataq wañuyta tarinki- nispas nin.

568   Hina chiqaypaq chillmiyuspa saqiyatamun chay altar mayur ninku anchayman. Huk ladu punkunta yaykurqan, huk ladu punkuntataq lluqsiramun ama qipata qawarikuspa, chillmiyuspa. Chayraqsi yaw, Jesús nin, ña qalaña lliju mujupis qalaña. Yastá paypis *llakllu llakllu*taña[156] rimayta qallarin, manaña iman kaqtachu, dibilitarukun. Hina chayna chayraqsi willakun sut'inta warminman, ñakayllaña q'uqa q'uqata rimapayan.

569   Hinas warminqa yacharqan: - Manam piru ñuqawanqa achkatachu ruwanchik, solo que kunan kay ultimu punchawkuna, kunan qayna simanakunata gustuwan ruwarukunchik, chaychu judirukuwaq karqan- nispa mun*ara*n[157].
       - Imayna kanpis. (Manam willanchu wakin warmi witisqanta).
       - Chayllam gustuwanqa ruwarukunchik, chaymanta chaynarusunkiman?; manam, acasu sapa tutachu ruwachkanchik, manamá..." nin.

570   Chayta niptin sut'inta willakun:
       - Manam, chay anilluchata apamurqani, chaychá riki qamwan gustuwan ruwaruyman karqan; hina gustuwan ruwaruspachá riki kunan alkansarukuni, kayhinata ispamuchkani- nispa nin.

571   Chayraq willakun, hina warmin chay yachaqkunata tapuq rin. Hinaqa:
       - Gustuwan ruwakurqayku hinaspa chayllamanta chaynarqun- nin.
       - Achka kutitachu ruwarqankichik?- nispa.

---

156   *Llakllu* - Ninkutaq **'akllu'**.
157   *-ra-* - Kay simi huntachiq manam kaqllachu **-rqa**-wan (simi huntachiq "qayna pachamanta" rimanapaq).

219

- Sí- dijo la mujer ya que en verdad lo quería curar.

- ¿Cuántas veces al día lo hacían?

- Cuatro, tres o a veces cinco, lo hacíamos durar bastante y ahora mi esposo está orinando sangre.

- Bueno, ahora, si quieres que tu esposo se recupere tienes que hacerle mamar de nuevo.

572 Y le hizo mamar. Pidió y pagó a una mujer con guagua para que le haga mamar. Empezó a mamar como si fuera una guagua. Recién empezó a recuperar el habla, se empezó a recuperar el hombre.

573 Había sido malo alzarse eso. Si uno se quiere alzar ese anillo o ese pinkullito debe hacerlo con un deseo: "seré rico", "tendré cosas" o "seré un buen trabajador". Entonces te viene trabajo ¡Diosito! hasta por gusto te viene trabajo, harto trabajo; y trabajando así ganas plata. Pero él se lo alzó no con ese deseo, sino con el pensamiento puesto en: "¡Oye! lo voy a hacer rico, riquito lo voy a hacer", con ese pensamiento. Por eso le ocurrió así. Así es este cuento.

Leyendas de saqras y otros seres malignos

XXXVII Cómo ocurrió que le apareció dinero a un hombre que deseaba mucho tener dinero. Cómo ese dinero era del diablo y cómo hizo una apuesta con el diablo

574 La gente de tiempos antiguos también pensaba mucho en tener toda clase de bienes de la tierra, de los animales y de los que hace la misma gente; y de todas las cosas que hay en la Madre Tierra. Por eso ahora hablaremos sobre el dinero.

575 Algunas personas consiguen el dinero cambiándolo por los productos que siembran, por los animales que crían, o por sus tejidos. En ocasiones hay gente que tiene una gran codicia por el dinero. ¿Y a causa de qué ocurre esto?

576 Fueron los españoles quienes enseñaron a codiciar el dinero, esa es la razón. En esa mala hora, cuando surgió la codicia y el afán por el dinero, comenzó

- Arí- nillanña warmi sichus hampichiyta munaspaqa. - Arí, sapa punchaw ruwarqayku.

- Haykatataq sapa punchaw ruwarqankichik?

- Tawata kimsata o mayninpi pichqata ima, una unayta ruwarqayku, hinaspa kunan yawarta qariy isparamun- nin.

- Chayqa kunan ñuñuchiy-á wakmanta qariykita, ricupirakunanta munaspaqa.

572 Hina chayraq pay ñuñuchin. Huk wawayuq warmikunata valikamun, pagapun ñuñuchinanpaq, kay uña wawatahina ñuñuyta qallarin. Chayraq wakmanta allinta rimatatan, imanan, chayraq allitatan chay qarilla.

573 Chayqa phiyu chay huqariy kaq kasqa, arí. Sichus huqariyta munanki chay anilluta, utaq chay pinkuylluta chayqa, huqarinayki ima munaywanpis "qapaq kasaq" nispa, "kaqniyuq kasaq" nispa, "allin llamkaq kasaq" nispa. Chayqa ¡llamkanata! hamusunki ¡Tatituy!, yanqallamanta hamusunki llamkana, ¡achka! llamkana, llamkaspakama qullqita gananki. Piru pay huqarirqan mana chay munaywanchu, sinu chay pinsamintuwan: "Yaw, sumaqta ruwasaq, sumaqta ruwasaq" nispakama. Chay pinsamintuwan... Chayrayku chay pasan. Ahina chay cuintu tukukun.

Saqrakunamanta

XXXVII Imaynas chay sinchi iñiq qullqipi runaku-naman rikurirqan qullqi chay saqra sutiyuq qullqita achkatapuni qullqi, apuistakunata ruwaska

574 Ñawpaq runakunaqa iñiqkupuni imaymana kawsaykunapi tarpunakunamanta uywakunamanta runakunamanta; imaymana kay Pachamamapi kaqkunamanta. Chayrayku kunan rimachkanchik qullqimanta.

575 Wakin runakuna qullqitaqa tariqku tarpuy kawsaykunata qullqiman chalaspa; uyway kawsaykunata awasqankunata qullqiman chalaspa. Mayninpiqa achka runa iñiq manchana achka qullqiyuq kayta, imarayku?

576 Chay ispañulkuna yachachirqan qullqillata qawayta, chayrayku. Anchata qullqita iñispa utaq pinsaspa, ahina chay phiyu uras runakunaman rikurirqan

a aparecerse a la gente un imponente hombre misti. En ocasiones aparecía de día y otras veces aparecía de noche. Su cara era de español. Aparecía en los caminos alejados, donde todo es silencio, también en los cerros silenciosos. ¿Cómo aparecía?

577 A mí, Khunku, me lo contó un viejo abuelito de la siguiente manera: Había un hombre muy, muy pobre que había sido elegido para pasar el *cargo* en una gran fiesta. Debía contratar hartos músicos y comprar hartos animales para su degüello. Tenía que preparar cantidades de comida, y conseguir carne, alcohol y trago.

578 A ese hombre le habían obligado a aceptar el cargo emborrachándolo previamente. Antes cualquiera que fuera emplazado debía aceptar pasar el cargo, no podía protestar. Si después intentaba burlar esa obligación lo metían a la cárcel.

579 Por eso, este pobre hombre que aceptó el cargo, por las noches lloraba incansablemente: "¿Qué voy a hacer ahora? ¿para qué acepté el cargo?" pensaba; "¿cómo lo voy a pasar?, ni siquiera tengo animales, ni casa, ni chacra; tendré que pedir prestado a cuenta de lo que trabajaré; la semana entrante iré donde mi compadre de las alturas a pedirle carne o algún animal para degollarlo."

580 Así, llegado el día, se dirigió, ya de noche, a la puna, a la casa de su compadre. Cuando se encontraba casi en la mitad del camino se topó en su delante con un hermoso caballo, era enorme. Tenía montura de oro y riendas de plata; estaba hermosamente enjaezado.

581 Ocupando todo el camino, al costado del caballo, estaba sentado un gringo misti con dos alforjas. El hombre del cargo se asustó al verlo. El gringo misti empezó a hablar:

582 - No temas; más bien siéntate, conversemos; comamos este fiambre que estoy trayendo.

583 El gringo misti sacó de sus alforjas pescado enlatado, eso que llaman atún, y latas de fruta. También sacó trago. Comieron y bebieron mientras empezaban a conversar. El misti gringo preguntó al hombre del cargo a dónde iba y a qué estaba yendo.

-mayninpi tuta, mayninpiqa punchaw- huk allin manchana misti runa. Ispañulhina uyan uyayuq. Chin chin ñankunapi, utaq chin urqukunapi, imaynata? Ahinata:

577 Huk machu tatalan ñuqa Khunkuman willawarqan ahinata: Huk pasaq kuyay pubri runas hatun fista pasana carguta hapikusqa achka tukaqkunawan pasananpaq, achka nakanakunata rantinanpaq may mikuykunatapis uywakunata ima; alcuhulta traguta wakkunatawanpis.

578 Chay runata hapichisqaku chay carguta, macharquchisqakuhina. Ñawpaqqa mayqin cargu hapikuqpis pasallaqsi, manas burlakuqchu, sichus burlakuq chayqa carcilpis tiyaq.

579 Chayrayku chay runa cargu hapikuq manchanata waqaq tuta: "Imanasaqpunim, imapaqpunim carguta hapiyukurqani" nispa. "Imaynatam kunan pasasaq? Manam uywaypis kanchu, wasiypis kanchu, chakraypis kanchu. Aswanpis trabajanay cuinta manukamusaq kay simana hamuqta altuspi cumpadriymanta aychata utaq nakanata".

580 Hinaspa purisqa chay altusta tuta. Ña yaqaña chawpi ñanpi kachkaspa ñawpaqinpi sayachkasqa allin manchana hatun sumaq kawallu, qurimanta munturayuq, qullqimanta rindasniyuq, imaymana sumaq p'achasqa kachkasqa.

581 Ñan huntapi kawallup ladunpitaq tiyachkasqa huk misti gringu iskay alfurjayuq. Hinaspa chay cargu ruwaq mancharikun chayta rikuspa. Hina chay misti gringu nisqa:

582 "Ama mancharikuychu" nispa. "Aswanpis tiyarikuy parlarisunchik; quqaw apamusqayta ima mikurisun".

583 Chay misti gringu alfurjamantas hurqumusqa latapi truchata, utaq chay atún sutiyuq ninku chayta, latapi frutata. Chaymantataq waqtuta ima. Chaykunata mikusqaku, upyasqaku rimakuspa. Chay gringu misti nisqa cargu ruwaq runata:
"Maytam purichkanki? Imaman purichkanki?"

584 El hombre del cargo le contó cómo le forzaron a aceptar el cargo y por qué andaba preocupado por la comida, la carne, el alcohol y el dinero que estaba necesitando; le contó todo lo que le sucedía. El gringo le dijo:

585 - No te preocupes, yo te voy a dar la plata, te voy a dar toda la plata que quieras.

586 El hombre del cargo se asustó al oír estas palabras. Pero le pidió una cantidad inmensa de dinero. El gringo le dio aun más de lo que pidió y le dijo:

587 - Te voy a dar esta plata con un plazo de dos años. Pasados dos años me esperas en este mismo lugar. Allí veremos cómo haces para devolvérmela. Si no me la devuelves de alguna forma me llevaré tu alma.

588 Pasados dos años el hombre esperó en ese mismo lugar cargado de una culebra[49].

589 La culebra llegó cargada a la espalda del hombre del cargo, fueron hasta el lugar que el gringo le había citado, allí también llegó el gringo y se encontraron. Entonces el hombre del cargo dijo:

590 - Aquí te estoy esperando, con tu pariente que, al igual que tú, tiene muchísimo dinero. ¿Qué me dices? ¿Es o no es tu familia? Si tu respuesta es "no" tu misma familia te matará; si tu respuesta es "sí", entonces te marcharás con él y él te pagará.

591 Al escuchar eso la culebra se deslizó desde la espalda del hombre del cargo. La culebra caminaba convertida en persona, con dos caras, se había convertido en una persona de dos caras. Una cara por delante tenía cabellera, ojos, nariz. Por detrás, por el culo era igual: cabellera, nariz, boca, orejas, todo igual. La boca de la cara de delante era igual a la de atrás. La boca de su cara hablaba pero la boca de atrás no hablaba, así estaba convertida en persona.

592 Así es como el gringo vio a la culebra y pensó: "¿Qué es esta mujer de dos vaginas y dos caras? ¿Por delante tiene una vagina y por detrás otra?, ¿cuál es la de atrás y cuál la de delante? ¿Aquí está su cara y abajo su pierna,

---

49 La culebra está asociada al dinero: soñar con una culebra significa que va a haber dinero.

584 Chay runa cuntistasqa: Willakusqa qalata, imaynatas hapichirqanku carguta, imaraykus pay llakisqa purichkan mikunakunamanta, aychamanta, tragumanta, qullqimanta ima. Hinaspa chay gringu nisqa:

585 "Ama llakikuychu; ñuqa qullqita qusqayki haykata munankihina."

586 Chay cargu ruwaq mancharikusqa chayta uyarispa. Hinaspa manchana achka qullqita mañakusqa. Chay gringutaq mañakusqanmantapis aswan achkataraq qusqa; nisqataq:

587 "Kay qullqita qusqayki, iskay watakama. Chay iskay watapi suyawanki kay kikin ñanpi, chaypi yachasun imaynatas chay qullqita qupuwanki. Sichus mana qupuwankichu chayqa almaykita apasaq."

588 Hinaspa chay cargu runa ruwaq iskay watamanta suyasqan machakway qipintin.

589 Chay machakway qipinpi chayan, chay gringuqa maypi suyawanki nirqan anchayman gringu hamun, paypis chayan, tupanku iskayninku. Hina chay cargu ruwaq runalla nin:

590 "Kaypi suyachkayki huk aylluykiwan qamhina manchana achka qullqiyuq, ima niwanki?, familiaykichu manachu? Sichus "manam" ninki chayqa familiaykipacha sipisunki, sichus "arí" ninki chayqa, paywan ripunki; hinaspa payña pagapusunki."

591 Chayta uyarispa, machakway, kay cargu ruraq runallap wasanmanta, suchururqan. Hinaspa chay machakway purirqan ahinata: iskay uyayuq chay runaman tukurqan machakway. Ñawpaqin uyan cabillirayuq chukchayuq ñawisniyuq sinqayuq ima. Qipa sikin, akanan laduman, chaypitaq kasqan igualla: chukchayuq sinqayuq simiyuq rinriyuq, kaqlla. I ñawpaq simin, kaqlla, qipa simin kaqlla. Ñawpaq simin rimarqan, qipa simin manam rimarqanchu, piru tukurqan runaman.

592 Ahinata. Hinaspa chay gringu qawan chay machakwayta: "imataq kay warmi iskay rakayuq, ñawpaqpi rakayuq, qipapi rakayuq, iskay uyayuq, maytaq qipan, maytaq ñawpaq, mana yachakunchu. Kaypi uyan i urayniqpi pierna,

pierna de mujer, y aquí también tiene piernas, o sea ¿¿¡cuatro piernas!?? Y su boca es como la vagina de una mujer, y aquí, ¿¿¡también!??El gringo dijo: - Sí, nos iremos.

593 Ese hombre, que acompañaba al hombre del cargo, era una culebra vestida como persona. Su cara era como la del gringo, le habló hacia el costado de su boca y le dijo: - Sí llévame de aquí, lejos de este hombre, nunca más vuelvas a hablar con este hombre.
El gringo dijo "Ya pué". El gringo se antojó y se llevó a la culebra. Se fueron los dos. El hombre del cargo regresó feliz.

594 La culebra logró que el gringo la lleve haciendo como si estuviera borracha.

595 Cuando ya estaban bastante lejos, la culebra dijo al gringo: - Tú quieres mi alma. Siendo así, al momento en que tú decidas mi alma será tuya.

596 Con eso el gringo marchaba feliz. Pero la culebra se deslizó desde el interior del hombre que aparentaba ser [y desapareció]. Cuando el gringo volvió a hablarle ya no contestaba. El gringo pensó: "antes de que le haya hecho nada solita se ha muerto de miedo". Seguramente pensó: "lo que es yo, gano siempre cualquier apuesta."

597 Así como lo expresa este mismo escrito, el pensamiento del gringo era equivocado. El gringo al verla como a una mujer se la llevó, pero en verdad no era una persona, sino más bien era una culebra. Se deslizó de nuevo y al deslizarse en el suelo nuevamente se convirtió en persona. Pero no era una persona.

598 Así, como hizo con Eva, engañó al gringo. La culebra engañó a otro demonio como ella. O sea el gringo era también diablo y la culebra igual. Así entre diablos, así como pasa a veces entre ladrones, se enfrentaron, aunque no llegaran a pelear. El gringo por codicioso fue engañado y él, sonso, se la llevó. Sin embargo lo que pasó fue que ya no se llevó al hombre del cargo. Ese hombrecillo del cargo ya no pagó al gringo el dinero que le debía y regresó contento.

599 Por eso, hasta el día de hoy, hay mucha gente que piensa en volverse rica. En ocasiones hay gente que quiere ser dueña de toda la Tierra; queriendo mandar a todos con su plata.

warmi pierna, kaypipis warmi pierna uraypi; tawa piernayuq??... I kay simin warmip rakanhina; kaqlla kaypipis...???" Hina gringu nirqan: "Arí ripusaqku."

593   Chay machakway p'achasqa karqan runahina. Chay gringuman nisqan uyayuq; simin ladunmantaq machakway rimamurqan:
"Arí pusakapuway ñuqata chay runap partinmanta; amaña chay runata haykappis rimapayankichu."
Hinaspa "¡iyaw!" nirqan gringu. Chay gringu antujaspa apan chay machakwayta. Chayqa pasapurqanku. Chay runataq kutimpurqan kusisqaraq.

594   Chay machakwaytaq machasqa tukuspa apachikurqan.

595   Maypachachus manchana karupiña karqanku kawallu silladapi. Hinaspa nirqan gringuta: "Qam almayta munanki, chayqa, munasqayki uras almay qampaq kanqa."

596   Hinaspa gringu kusisqa kachkarqan. Hinallaman machakway suchurusqa chay runa ruwasqa ukumanta. Hina chay gringu runa rimapayaptin manaña cuntistasqachu. Gringuqa nisqa: "manaraq ñuqa imanachkaptiy payllamanta mancharikuyllamantaraq wañun" nispa. Pinsayninpitaqmi ninman karqan: "Ñuqaqa gananipunim ima apuistatapas."

597   Nitaq kay qillqapi nichkanhinaqa paypa nisqanqa karqanchu. Chay gringu warmitahina rikuspa aparqan piru mana chiqaypaqchu karqan runa, aswanpis karqan machakway. Suchururqan, hinaspa wakmanta suchuruspa runaman tukurqan pampapi. Manayá runachu karqan.

598   Evatahinayá ingañarqan chay gringuta. Chay machakway saqra masinta ingañarqan. O sia chay gringupis saqra karqallantaq, chay machakwaypis saqrallataq. Saqra masintin, kay suwa masintinpis kankuman ahinayá huchatarinku, mana maqanakunkuchu piru invidiusu kaymanta criyichin chay gringuta. Gringu sunsutaq apakapun, hina astawan chay punchawmanta manam chay cargu ruwaq runallata apakapunchu. Chay cargu ruwaq runallata mana pagapunchu chay gringuman qullqi quchikusqanta. Hinaspa kusisqa kutimpurqan.

599   Chayrayku kunankamapis achka runakunaqa pinsankupuni achka qullqiyuq kayta. Mayninpi runakunaqa intirun kay pachamantapis duiñun kayta munanku qullqita kamachispa.

600   Como esta historia que aquí escribimos hay muchas otras más acerca de los tratos entre cristianos y el diablo por el dinero. Quien quiera saber más sobre esto puede preguntar a los que hemos escrito esto. Algunas historias son tristes y otras son para divertirse hasta orinarse de risa.

XXXVIII Sobre los tres jóvenes que querían divertirse

601   Este cuento es sobre tres jóvenes de la provincia de Caylloma. Antiguamente aquí en Caylloma no había nada en qué divertirse, ni cine ni nada de eso, apenas lo único que uno podía hacer era jugar fútbol.

602   Estos tres jóvenes seguro que no tenían en qué divertirse y en una ocasión hablaron entre ellos como si fueran hermanos. Uno de ellos les dijo a los otros dos: - Vamos a gastarle una broma a la gente del pueblo.

603   Entonces los otros dos jóvenes le dijeron:
       - ¿Y cómo podemos gastarle una broma a la gente del pueblo?

604   - ¿Sabes cómo vamos a hacer? ¿Cómo?
       - Nos vamos a vestir de *condenados* y así vamos a asustar a la gente de noche...
       - ¡Ya!- dijeron los otros dos. Los dos jóvenes se alegraron bastante: - ¡Ya! ¡les asustaremos!- dijeron.

605   - Vamos a cubrirnos con una sábana blanca y con eso caminaremos de noche, de condenados blancos. - Ya, entonces reunámonos. Y diciendo así se reunieron los tres en la casa de uno de ellos.

606   De allí se distribuyeron. Cada uno para una parte del pueblo:
       - ¿Y a dónde vamos?
       - Vamos a ir de casa en casa, vamos a asustar a la gente en sus casas. Tras eso, de vuelta nos encontramos, dentro de unas dos horas. Así quedaron.

600 Yaqa kay qillqawan aswan achkaraqmi, chay cristianukunawan saqrakunawan parlayqa qullqimanta. Pi yachay munaqpis tapurikuchun pis kay qillqata qillqan chay runakunata. Wakinmi waqanapaq wakintaq asikunapaq asta ispayukunankama.

XXXVIII Kimsa waynamanta

601 Huk pachas karqan kimsa waynakuna kay Kaylluma llaqtapi. Hinaspa chay ñawpaq kay Kaylluma llaqtapiqa chay divirtikunapaq mana karqanchu, ni cinipis ni imapis karqanchu; chay piluta haytaykuy chaykuna ñakay karqan.

602 Hinaspa mana imapi divirtikuyta atinchiki chay kimsa waynakuna. Hinaspa parlakurqanku wawqintinhina. Hina hukkaq wayna chay iskay waynakunata nirqan:
- Haku chanzata ruwasun llaqta runata- nispa.

603 Hinaspa iskay waynakunataq chay hukkaq waynataqa nirqan:
- Imaynata chanzata ruwachwan llaqta runata?- nispa.
- Ahinata ruwasun...
- Imaynata?- nispa chay iskay waynakuna nin.

604 - Sabis imaynata ruwasun: p'achakusunchik *kuku*manta[158], hinaspa runakunata manchachisunchik tuta- nispa nin.
- ¡Ya!- nispa wakin waynakuna. Chay iskay waynakuna kusisqaraq riki:
- ¡Ya! ¡Manchachisunchik!

605 - Chay yuraq sabana ninku anchaywan *pistu*kusun[159] tutayaqpi, hinaspa yuraq kuku purisunchik- nispa.
Hinaspa: - ¡Ya! intuncis huñunakusun- nispa huk waynap wasinpi huñunakurqanku.

606 Hinamanta hatarirqanku. Huk wayna chaqayman, huk wayna kayman, huk wayna chaqayman; ahina. Sapanka purinku:
- Maytataq risun?
- Wasi wasinta risun, wasikunapi manchachisun runata, hinaspa kay kuti tupasun, kay iskay uramantahina. Ahinata nisqa.

---

158 *Kuku* - Wakin ninku **'kukuchi', 'cundinadu'**.
159 *Pistuy* - Ayakuchupi **'pintuy'**.

607   Partieron los tres, cada uno por su lado. Y de vuelta se encontraron. Al encontrarse se contaron lo que hicieron: - ¿Qué tal te fue a ti? ¿A quién asustaste?

608   - Yo entré a una casa cuando en el patio una mujer estaba orinando. Entonces me paré en su delante. Entonces la mujer, por el susto, se tiró sobre sus orines cayéndose de espaldas- dijo.
        - ¿Y a ti?

609   - Yo..., en la casa estaban cocinando en el fogón, entonces me paré en la puerta y me tiraron con la brasa del fogón, casi me queman la cara. ¿Y a ti?

610   - Yo..., en la casa donde entré habían estado cachando en un corral; me paré en la pared y ya no pudieron seguir cachando; comenzaron a temblar de miedo- dijo el último.

611   - Ya, entonces ahora vamos a ir de calle en calle- dijo el que los animaba.
        - ¡Ya!- dijeron los otros. Y fueron de calle en calle. Uno para un lado y otro para otro. Ya debía de ser más de la media noche. Al volverse a encontrar nuevamente se contaron:

612   Entonces uno contó que venía un señor con su lampa, y al verlo a uno de ellos inmediatamente se corrió. - ¿Y el otro?

613   El otro también se le presentó a un hombre que venía con su atado a la espalda. Pero este hombre al ver al condenado le comenzó a tirar piedras:
        - ¿Eres un vivo o un muerto? ¡¡Mierda carajo!!- diciendo me tiró con piedras, casi me mata.
        El otro contó así:

614   - Unos perros estaban viniendo, y un hombre venía tirando de esos perros. Los perros al verme se pusieron a aullar: ¡¡auuu!! ¡¡auuuu!! Los perros acabaron arrastrando a ese hombrecito que los traía, se escaparon los perros. Así se contaron al encontrarse:

615   - Ya, ahora en la casa o en la calle, donde sea asustaremos a la gente: - ¡Ya!

607   Hinaspa chayta purinku sapanka. Hina kutimunku. Hinaqa tupanku wakmanta. Hinaspa chaypi tupaspa willanakunku:
        - Imaynam qam, pitam manchachirqanki?- nispa nin.

608   - Ñuqa yaykuni huk wasiman, hinaspa patiyupi warmi ispachkasqa, hina hukta ñawpaqinmanta sayahatani, hinaspa ispayninpataman wischukun warmi qipanpanmanta, mancharikun- nin.
        - Qamrí?- nin.

609   - Ñuqataqmi: q'unchapi waykukuchkasqa, hinaspa punkumanta sayaykuni, brasa t'iqawan, chay brasa t'iqawan chamqamuwan yaqalla ruparuchiwan uyayta.
        - Qamrí?- nin.

610   - Ñuqataqmi, chay uywa puñunapi witinakuchkasqaku, hina pirqapatamanta sayarini, hina mana witinakuytapis atinkuñachu, katatatanku- nispa nin.

611   - Ya, kunanqa callin callintañataq risunchik- nispa.
        - ¡Ya!- nispa. Calli callinta rinku. Hinaqa huk kayman huk chaqayman pasanku. Ñacha kanman karqan kuska tuta pasaytaña.

612   Chaypiqa huk wiraqucha lampayuq hamuchkasqa nin. Rikurirqunhina pawarikun í. Hukrí:

613   Chay huktaq kasqa rikurirqamun runahina. Chaytaq qipillayuq hamuchkasqa nin. Anchaytaq rikurirqunhinaqa rumiwan chamqamun karaju:
        - ¡¡Wañuqchu kawsaqchu mirda karaju!!- nispa rumiwan chamqaspa yaqalla sipiruwan- nin. Chayman chay huktaq nin ahinata:

614   - Chayta hamuchkasqa allqukunalla, allqu aysayuq hamuchkasqaña, allqu rikuramuwanhina "¡aw aw! ¡aww aww!". Allqu aysarparin nin, chay runallata aysarparin nin, iscapan allqu. Chaymanta tupaspa willanakunku.

615   - Ya, kunanqa maski wasikunatapis maski callikunatapis manchachisun runata- nispa nin.
        - ¡Ya!- nin.

616   Uno de ellos estuvo asustando a la gente, los otros dos también, pero sólo regresaron dos. Uno de ellos no regresó, no estaba. Uno de ellos desapareció. - ¿Dónde? ¿Dónde? se preguntaban, esperaron, harto rato esperaron.

617   Ya era la una de la mañana, las dos, las tres, las cuatro, las cinco, las seis de la mañana, las siete de la mañana; y no aparecía.

618   Entonces, el teniente gobernador se puso a leer un bando desde una esquina: "Apareció muerto tal fulano, está en su patio. Sus familiares deben recogerlo."
       Claramente lo escucharon y dijeron:

619   - No puede ser, no creo que sea posible...Y verdaderamente fueron al panteón: Allí estaba; de su cuello para arriba estaba intacto. De su cuello para abajo todo su cuerpo era puro esqueleto; como si hubieran pasado más de dos años desde que murió, así estaba; calavera y esqueleto, era puro hueso.

620   Había sido mala cosa jugar a condenado, era un mal juego verdaderamente. Así encontró la muerte ese hombre que se atrevió a jugar de condenado. Así termina este cuento.

XXXIX Sobre el carnaval

621   Una vez se celebraban los carnavales en el pueblo de Chivay. En esas fechas bailan las jóvenes y los jóvenes, bailan bastante. Entonces unos jóvenes fueron deseando mujer, querían acariciar a una mujer o tener amoríos con alguna. En los carnavales tocan la flauta y un tamborcito.

622   Entonces en esa fiesta esos jóvenes miraban a las chicas decididos a agarrarse alguna. Entre las chicas había una..., una chica guapa, una chica que era muy bonita, grande y buena de carnes; allí estaba bailando. Entonces:
       - ¡Oye! ¡A ésa pues!, a esa chica como sea tenemos que agarrarla- dijo uno.

616 Hina huk manchachichkarqan, iskayninkuna manchachichkarqan hinaspa kutiramunkuhina iskay. Huk faltarapun, manam karapunchu. Mana karapunchu hukkaq:
- Maytaq maytaq?- suyanku, llijutaña suyanku.

617 Ña huk tutamantaña[160], iskay tutamantaña, kimsa tutamantaña, tawa tutamantaña, pichqa tutamantaña, suqta tutamantaña, qanchis tutamantaña; mana kanchu.

618 Chaypi huk teniente gubirnadur chay bandupi isquinamanta rimamun: "Wañusqa tal fulanu rikurin pantiyunpi kachkan. Familiankuna ricugikampuychik" nispa nin.
Hina sut'inta uyarirunku hinaspa nin:

619 - Manam, maycha chayna kanman?
Chiqaypaq purinku chay pantiyunta: Kunkamanta wichayman uyan iman kaqlla kachkasqa. Kunkamanta urayman intiru cuirpun isquilitu calavira, kay iskay wata kurak ñapis wañukunman ahina calavira isquilitu, tullullaña kachkasqa.

620 Chay phiyu kukumanta pukllay, phiyu chay pukllay.
Awir, chay kukumanta pukllasqan atinidu wañuyta tarin. Ahinam chay tukukun.

XXXIX   Carnaval-pukllay

621 Kay Chivay llaqtapi carnaval karqan. Chaypim sipaskuna tusunku, waynakuna tusunku, manchanata tusunku. Hinaspa chaypi waynakuna warminayachikunku, purinku. Chay sipaskunata llamkhayta munanku utaq warminkupaq munakunku. Hinaspa carnavalpi tukayuchkanku pinkuyllu chay cajakunapis ima. Chay fista kayuchkan.

622 Hina anchay fistapi waynakuna qawayuchkanku sipaskunata hapi hapiyllaña. Hina anchay sipaskunap ukunpi huk sipas, allin sipas, sumaq munay sipas, hatun sipas, allin wira warmi tusuyuchkan... Hinaspa:
- ¡ Shhhhh! Chaqay sipastaqyá hapirusunpuni- nispa.

---

160 "Wakin ninku *una de la mañana*', ñuqataq nini 'huk tutamanta' nispa" (Alejop willakusqan).

623   Entre los tres se propusieron agarrar a esa chica. Pero la chica no dejaba que vieran su cara, bailaba y bailaba. Le jalaban de la lliclla, le jalaban del mantón, de la pollera, pero no se dejaba agarrar, era rápida.

624   Se comenzó a hacer tarde, ya era más de la medianoche. Ya todos los jóvenes y las jóvenes comenzaron a irse a sus casas. También la chica se fue y los jóvenes salieron inmediatamente tras ella, los tres. La siguieron hasta las afueras del pueblo, estaban yendo por la carretera: - Vamos- dijeron- entre los tres la agarraremos y le haremos..., aprovecharemos su cuerpo.

625   Así caminaban y caminaban siguiéndola, ya estaban casi saliendo de los límites del pueblo y la chica se perdía. Ninguno se animaba ni se decidía a agarrarla. Entonces uno de ellos dijo: - ¿Acaso va a pasar algo?, bah... - y corrió y corrió hasta que la agarró de la cintura por la pollera y le arrancó su faja que sonó "tekéq". Era una hermosa faja, tenía unas bolitas lindas que dicen *chiwchis,* como para estarla admirando. Esa faja que le arrancó era realmente hermosa.

626   Pero la chica escapó, finalmente no consiguieron agarrarla: -Ya carajo vámonos, no... no se puede, tiene mucha fuerza esa chola. Y diciendo así se fueron.

627   Se regresaron. El chico que le arrancó la faja se fue a dormir a su casa. Al despertarse se acordó: - Oye, ¡qué chica!, ah... la faja que le arranqué, ¿dónde está?
       Y rápidamente se alzó la faja. Levantó la faja pero ya no era faja, era un cordón. Era uno de esos cordones que llevan los muertos. Era de un cadáver. Estaba todo apolillado. O sea, había arrancado un cordón de alguien perteneciente a la otra vida.

628   Por eso, ese joven se enfermó gravemente y en su enfermedad murió. Ese cadáver era como un señor poderoso. Entonces verdaderamente no era una chica sino un cadáver. Un cadáver, seguramente un condenado había ido desde el cementerio a bailar al pueblo. Así se acaba este cuento.

623   Kimsa ukumanta hapisaq ninku chay sipasta. Hina ¡mana!, mana uyanta rikuchikunchu chay sipas. Tusuyuchkan nin. Chutanku llikllanmanta, chutanku pullunmanta, pulliranmanta chutanku, ahinakun. Mana hapichikun utqayllatachu.

624   Ña kuska tutaña masña... Hinaspa ña llapan waynakuna llapan sipaskuna pasapunkuña wasinkuta... Hinaspa chay sipaspis pasapunhina qatirinku chay sipasta kimsamanta. Qatirinku llaqta cantu, chay carritiraman qatirinku:
        - Haku kimsantinchikmanta hapirusun, hapirisun chay sipasta hinaspa cuirpunta pruvicharusunchik- nispa.

625   Hinaqa purinku purinku, purinku hina... Ña llaqta cantutaña chinkayun sipasqa. Hina mana ni hukpis ni hukpis hukkamapis animakunchu chay pasñata hapinanpaq:
        - Imapunitaq kanman- nispa hukkaq curriyun... Curriyun hinas ahinata, hapirqunsi, chay pullira cinturanmanta hapirun. Hinaspa "t'iqíq" nispa tipirakamun watu. Sumaq watun nin, *chiwchi*yuq[161], sumaq chay ñawiwan qawananpaq. Sumaq awasqa watu tipirakamun.

626   Hina pasñaqa tuta pasatamun, mana hukkamapis lugrankuchu:
        - Ya karaju, haku pasapusunchik, mana, manchana kallpasapa chay pasña kasqa- nispa pasampunku.

627   Kutimpunku riki. Hina chay pulliran watu tipiq, chay wayna, wasinpi puñuyukun. Hinamanta puñuyukunhinaqa tutamanta rikcharin:
        - Yaw, chay pasñata yaw, may chay watuta tipimuchkarqani, chay maypitaq kachkán- nispa.
        Utqayllata chay watuta ahinata huqartapin. Hina huqarin chay watu: mana watuchu kasqa. Chay curdun kasqa, chay ayakunap wañusqan curdun. Anchay curdun lliju pulillasqaña kasqa. Curdun chayqa. Chayqa huk vidap curdunnninta tipirirusqa.

628   Chaymanta chay wayna unquyun manchanata. Hinaspa unqusqanpi wañukun. Chay apuhina, chay aya. Chayqa mana pasñachu kasqa sinu aya kasqa... Aya hamusqa, cundinakurqancha riki, tusuq hamusqa campusantumanta. Ahinam chay tukukun.

---

161   *Chiwchi* - Wakintaq ninku **'piñi'** nispa.

XL El tío diablo pierde una apuesta

629   Hace mucho que había un señor que vivía solo, en su casa. Su apodo era el Viejo-diablo. Ese hombre siempre tenía alojados en su casa. También le gustaba emborracharse. Una vez, ése que llaman Tío, el diablo, ése que tiene cuernos y cola de palo, ése de cola de palo y cuernos, ese hombre, convertido en gringo entró a su casa y le dijo:

630   - ¿Cómo estás pues compadre?
    - Bien nomás compadre- le contestó. - Ahí nomás, estoy bien.
    - ¿No nos podemos tomar unos tragos?

631   Entonces tomaron y se emborracharon. Entonces el Viejo-diablo dijo: - Si yo tuviera plata qué cosa no compraría, quiero ser rico- le dijo. El Tío, el de cola de garrote, le dijo:

632   - Sí, está bien, estás pensando bien. Está bien que estés pensando en ser rico. Si quieres yo te puedo prestar plata; lo que tú quieras. -Así de plata quiero yo- le contestó.
    - Ya, está bien, yo te doy lo que quieras- le dijo.

633   Le dio un saquillo lleno de plata. La bajó de su caballo blanco y le dio la plata; harto, en costal. El hombre comenzó a comprarse de todo: alpacas, estancias, casas, de todo comenzó a comprar. Pero antes el Tío le había dicho:
    - Te voy a prestar, pero a mi vuelta tenemos que hacer un trato.

634   El que se había prestado la plata se quedó pensando para sus adentros y se dijo: "Este no parece persona, no pues: Este pues es el Tío, es el Diablillo. Carajo, ¿acaso voy a ser tonto? Para cuando vuelva lo voy a joder ¡carajo!" pensó. "Le diré así: 'Si crece esta quinua entonces sí que será lo que tú quieras y lo que sea me harás, aunque sea seré tu empleado', así le diré cuando vuelva."

635   En verdad compró un quintal de quinua y antes de que viniera la estuvo tostando durante toda la noche en una tostadora, en el fogón. Tostó toda la

XL Saqra tiyu apuistata pirdin

629 Unay huk wiraqucha tiyakurqan sapallan wasipi. Saqramachu sutiyuq karqan. Hinaspa chay runa alujaqpuni wak runakunata wasinpi. Macharikuq ima karqan. Hinaspa huk pacha chay Tiyu ninku, chay saqra ninku, chay kaspi chupa waqrayuq runa qari, gringuman tukuspa yaykun chay Saqramachu wasinman:

630 - Cumpadri, imayna allillanchu cumpadri?- nin.
- Allillanmi cumpadri- nin.
- Imaynam cumpadri karikunkipis cumpadri- nispa nin.
- Allin kakuchkani. Hinaqa nin ahinata:
- Manachu imaynapi hampillata upyarikuchwan?- nispa nin.

631 Upyarikunku, macharikunku. Hinaqa Saqramachu nin:
- Ñuqa qullqiyuq kayman imatacha manapis rantiymanchu, qapaq kayta munani- nispa nin rimarikun.
Hinaqa chay Tiyuqa, garruti chupayuq runaqa nin:

632 - Arí, allin yuyaypi kachkanki, huk kaqniyuq kayta munanki allinmi kachkan. Si munawaq chayqa ñuqapis qullqita manuchkaykimanmi haykata munawaq- nispa nin.
- Hina achkata munaymanqa qullqitaqa- nispa riki.
Hinaqa: - ¡Ya!, munaptiyki qusqayki- nispa.

633 Huk saquillupi huntata qullqita quyun. Yuraq kawallunmanta apaqaramun. Hinaspa quyun qullqitaqa. Achkata custalpi. Hinaqa chay qullqiwan ¡llijuta! rantiyta qallarin. Paquchakuna, istanciakuna, wasikuna ima, imaymanata rantiyta qallarin. Hinaqa nin: "Piru mañarisqayki hinaqa kutimunaypaqqa utqayllatam huk tratuta ruwasun" nispa nin.

634 Hina ripararukun, chay qullqi mañakuqqa. Hinaspa:
"Mana*chu* kayqa runachu, manamá: Tiyumá kachkan kayqa" nispa sunqunpi nin. "*Saqrillu*má kayqa kachkan" nispa nin. "Karaju kutimunanpaq, sunsuchu kasaq?, judirusaq karaju" nispa nin. "Nisaq ahinata: 'Sichus kay kinwa wiñamunqa chayqa, munasqaykimanhina kachun i maski imatapis ruwawankichá, maski impliaduykipis purisaqchá riki' nispa kutimunanpaq nisaq" nin.

635 Hina de viras: huk kintalta rantirun kinwata. Hinaspa manaraq hamuchkaptin tukuy tuta hamkayta qallarin kinwata kanallapi, q'unchapi. Hinaspa qalallata

quinua, sin desperdiciar nada, la tostó hasta que se hizo carbón, negra. Así tostada la volvió a meter al costal y lo cosió. Cuando terminó justo llegó el Tío y le dijo:

636   - Bueno, por esa plata que te di hagamos de una vez un trato. - Ya pues- le dijo. Contento estaba el que se prestó la plata, el Tío no sabía que había tostado la quinua.

- Ya - le dijo. - Vamos a sembrar esta quinua, la sembramos en la chacra que tú quieras; si es que crece aunque sea seré tu empleado o lo que tú quieras- le dijo. - Si no crece, entonces ya no me vas a poder reclamar nada por tu plata.

637   Así hicieron la apuesta. Y el diablillo dijo: - Ya.

Estaba contento, "esta quinua mañana mismo va a crecer" pensó para sí. Era una noche de luna cuando fueron a la chacra. Llevaron la quinua, la cargaron en burro y llegaron a la chacra. Rápidamente el diablillo se puso a esparcir la quinua. Una vez que la sembraron se pusieron a arar la tierra, trabajaron bien.

638   Entonces..., nada, la quinua no brotaba. Nada, no brotaba nada de nada: - ¡A la mierda carajo!, en verdad me ganaste, no brota la quinua- dijo. Y es que a veces también es medio tonto el diablillo y no sabía que esa quinua estaba tostada.

Y así es, los mismos diablillos son un poco sonsos, gente tonta nomás. A veces pierden esas apuestas. Así dicen que fue.

XLI La mujer curandera

639   Antiguamente no se conocía, como ahora, médicos, doctores ni enfermeras. Lo que había eran mujeres u hombres curanderos. ¿Cómo hacía el Tayta Dios para designar a los curanderos? Cuando un hombre o una mujer se encontraba en un cerro silencioso, solito o en cualquier otro lugar donde nadie lo viera, entonces, el Tayta Dios hacía reventar un rayo sobre él.

640   Cuando le caía el rayo, esa persona inmediatamente perdía el conocimiento y se quedaba como dormida. Después de mucho rato, como cinco horas o menos, esa persona se despertaba y en su sueño hablaba con Dios.

kinwata ama usuchispalla hamkarqun carbuntaraq, yanata. Hina chiqaypaq wakmanta chay custal ahina hamkasqata sirayapun. Hina sirayapuptinqa Tiyu chayarqamun. Hinaqa nin:

636   - Buinu, chay qullqimanta hukkamata ruwasun huk tratu- nispa nin.
- Iyaw- nispa nin. Kusisqa chay qullqi mañakuqqa. Hinaqa Tiyu mana yacharqanchu kinwa hamkasqa kasqanta.
- Ya, haku kay kinwata tarpurqamusunchik, mayqin chakrapi munankihina tarpurqamusun. Sichus wiñarqunqa kay kinwa chayqa maskichá riki ñuqa impliaduykipis imapis kasaq- nispa nin Saqramachu. -Sichus mana wiñanqachu kay kinwa chayqa mana astawan imatapis ñuqataqa qullqiykimantaqa riclamakuwankiñachu- nispa nin.

637   Apuistata chaypi ruwanku. Saqrilluqa:
- Ya- nin kusisqa. "Kay kinwaqa lliju paqarinpachachá wiñaramunqa" nispa paymantaqa.
Hina purinku, tuta killapi purinku chakrata. Chaypi kinwata aparikunku. Hinaspa asnupi cargayukunku. Hinaspa chayarunku chakraman. Hinaqa utqayllata kinwata saqrillu chaqchuyta qallarin. Hina huktataq chaqchunkuhina, chaqchuyta tukuspataq yuntawan kachaykun, arayunku sumaqta.

638   Hinaspa mana kinwa lluqsikamunchu. Asta qui... chay mana lluqsimuypi lluqsimuypi lluqsimuypi... kinwa:
- Mirda... mirda... ¡A la mirda karaju! ganarquwanki di viras. Mana kinwa lluqsimunchu- nispan chay Saqrillu nin. Mana, sunsu mayninpi chay saqrilluqa; mana yacharqanchu kinwa hamkasqa kasqanta. Chayqa mayninpi chay tiyukunapis huk chikan sunsupachalla kankutaq. Sunsu runalla kankumá. Mayninpi apuistata ganachikunkupuni. Ahinas.

XLI Hampipakuq warmimanta

639   Unay kitiqa mana riqsiqkuchu kunanhina *médico*, ductur, infirmira. Aswanpis sutichaqku hampiq warmi. Qaritataq hampiq qari. Chay hampiqkunata imaynata Dius Tayta kamamuq? Qaripis utaq warmipis chin urqupi tarikuq sapachallan mana pi rikuchkaptin, utaq may chiqanpipis. Hinaqa Dius Tayta pay pataman, mayqin kaqmanpis, huk rayu sutiyuq tuqyaq, pay pataman chayaq.

640   Maypachachus chay rayu tuqyaq, hapisqan runa utqayllata yuyaynin chinkaq puñuyman tukuspa. Unaymanta, yaqa pichqa urasmantahina, utaq as pisi urasmanta, rikchariq. Musquyninpitaq Dius Taytawan parlaq.

641   En esa conversación Dios le ordenaba claramente cómo debía hacer para curar a sus hermanos runas. ¿Con qué debían curar? Con toda clase de hierbas: con hierbas de los cerros, con hierbas del mar o con las hierbas de la selva. Ellos también descifraban la causa de las enfermedades de sus hermanos, ¿en qué leían? Cuando querían saber la causa de la enfermedad de una persona leían tomando el pulso de las venas de las manos.

642   Las enfermedades eran las causadas por el viento maligno *(qaqya)*, el viento frío, el viento de los muertos, el remolino, la quebradura de huesos, la muerte de un feto dentro de la barriga de su madre y otras muchas clases de enfermedades. Por ejemplo: si alguien tenía la enfermedad provocada por el viento *qaqya* ellos se daban cuenta viéndole los ojos, la cara y tomando el pulso de la vena de la mano. Si sus orines eran amarillos verdosos entonces ya sabían que tenían esa enfermedad llamada *qaqya*.

643   Cuando un rayo llega a una peña, y si a esa piedra rajada por el rayo llamada *chhankha*[50] se aproxima un hombre sano, entonces, rápidamente, el hedor del rayo reventado entra a ese hombre sano y lo enferma.

644   Así conversa Dios a esos hombres en los sueños para que aprendan a saber curar las enfermedades: "Ahora despiértate, y a cualquiera de tus hermanos le vas curar, no te vas a negar a hacerlo, tienes que curarlos y no debes cobrarles mucho."

645   Entonces se despierta ese hombre o mujer que fuera alcanzado por el rayo y mira a su alrededor. Allí ve que hay una lliclla nueva extendida. Encima de la lliclla, envueltas en servilletas, están toda clase de hierbas y también muchas piedras *wini*, todas pequeñitas. Esto se encuentra como a unos cien pasos. También hay una mula con orejas de vizcacha, con patas de vizcacha y cola de vizcacha; de color ceniza gris. Encima de esa mula hay una especie de alforja. En el interior de esa alforja, en pequeños cántaros, hay bastantes panes hermosos hechos de nieve, sin sal, sin condimentos, no son ni dulces, ni desabridos. Si comes uno de esos panes, uno solo, ya no tienes hambre por el resto del día.

646   Entonces comienzas a caminar, solo, por las estancias y los cerros. Cada vez que llegas a una estancia debes hablar la verdad: "Soy un enviado de Dios y sé curar bien."

---

50   'Chhankha' es una peña o roca partida en varias hojas, de cada uno de esos cortes crecen plantas.

641 Chay parlaypi kay sut'ipihina kamachiq imaynatas unqusqa runamasinkunata hampinanpaq. Imawan hampinanpaq? Imaymana sachakunawan urqu hampi sutiyuqwan, la mar-qucha sutiyuqwan utaq muntaña hampi sutiyuqwan. Unquq runamasinta imamanta unqusqanta paykunap liyiyninkupi liyispa. Imapi liyispa? Huk unquq runa masin imamantas unquchkan yachayta munaspa maki vinanta liyiq.

642 Unquykuna sutiyuq qaqya wayrachus, chiri wayrachus, aya wayrachus, tutuka wayrachus, tullu pakisqachus, wiksa ukupi uña wañusqachus; kaymanhina imaymana unquykuna. Ijimplu: Qaqya wayra riparakuq yaku ispaypi utaq unquqpa ñawinta qawaspa; uyanta maki vinanta. Sichus ispaynin qillu qumirmanhina chayqa yachakuq chay qaqya wayra unquypa sutin.

643 Rayu qaqaman chayasqa *chhankha*[162] sutiyuq chayman, qali runa chimpan utqayllata chay rayu tuqyasqa asnaynin, utqayllata chay qali runa cuirpuman yaykun i utqayllata unquyta qallarin.

644 Ankaymanniraq imaymana unquykuna, imayna riparanas imayna hampinas, chaykunata musquyninpi rimapayaspa:
"Kunanqa rikchariy, hinaspa mayqin unquq runa masiykitapis mana nigaspa chinlla hampinayki, nitaq ancha achkatapi cubranaykichu."

645 Hinaqa chay rayu tuqyaq hapisqa runa utaq qari utaq warmi rikcharin. Hinaspa qawatatan ñawpaqinta: chaypi rikurin musuq lliklla mastarisqa. Chaypatapi imaymana *iskita*kuna imaymana hampikuna, imaymana sumaq kanchaq rumi *wini*kuna llapanpis huchuychakama. Huk chikan pachak charqayman. Hinapitaq huk wiskacha rinriyuq mula. Chay mula ñawpaq chakin wiskacha chakiyuq, wiskacha chupayuq, uchpahina uqi mula. Chay mula patapi huk alfurjahina warkuyusqa. Chay ukupi sumaq yaku u sumaq chatuchapi achka tanta ritimanta ruwasqahina mana kachiyuq, mana ima cundimintuyuq nitaq *chuma*[163] nitaq miski. Chay tantata huk chullachallata mikuyunki chisiyaq punchawta mana mikunayasunkichu.

646 Hinamantaq puriyta qallarinki qamllamanta llipin istanciata urqu urqunta. Sapa istanciaman chayaspa sut'inta kikinta rimarinayki:
"Diuspa kamasqan hamuni, allin hampiq yachaq".

---

162 *Chhankha* - Huk hatun rumi rayumanta pakisqa, raqrasqa. Chay raqrasqanmanta sachakuna wiñanman.
163 *Chuma* - Kayllumapi tuqyan /**ch'uma**/. Wakin '**qayma**' utaq '**qamya**' ninku.

Y a esa estancia, o a cualquier lugar que llegues, a todos los debes curar. Hasta a los animales o a otros seres afectados por el Maligno. Si te falta alguna hierba para curar, a la misma persona que estás curando debes solicitarle que te la traiga.

647   Para toda la labor que realizas curando, el Tayta Dios te da un plazo, al cabo del cual debes devolver el poder que te dio. Ese plazo es de tres años. Después de ese plazo, una vez que has devuelto tu poder ya no debes curar enfermedades. ¿Por qué? Porque el Tayta Dios te ha quitado su poder.

648   Así, hubo una vez una mujer que era una buena curandera. Durante los tres años que curó le agarró una gran afición a curar y al concluir su plazo quiso seguir curando.

649   Era una mujer sola. Viéndola sola, un joven se enamoró de ella. La mujer, que ya no podía curar, y siendo que el joven era muy rico, también se enamoró de él. Entonces el joven dijo:

650   - Con todo lo que tengo vivamos juntos los dos. Pero la mujer dijo:
       - Todavía no, puedes venir cualquier día a mi casa, menos el martes y el viernes. El joven le preguntó:
       - ¿Y por qué no quieres que vaya los martes y los viernes a tu casa?

651   Pero la mujer se fue sin decir nada. Esa mujer, una vez que le devolvió al Dios Tayta su poder, se había dejado seducir por el diablo para poder seguir curando.

652   El Maligno dijo a la mujer: - Ya no cures en cualquier día, más bien vas a curar solamente los martes y los viernes. Desde que le dijo eso el Maligno, ella, siguiendo sus instrucciones, curaba, ¿y cómo curaba?

653   Al salir la luna, o a medianoche, la cabeza de esa mujer se desprendía de su cuerpo que se quedaba en la cama. Dicen que sólo la cabeza de la mujer volaba a través del viento despidiendo fuego de su cabellera mientras iba a curar a alguna persona que le hubiera pedido. Llegaba a curar con el poder del Maligno pero su cuerpo mismo se quedaba en la casa.

654   Ocurrió que el amante de esa mujer fue a medianoche a buscarla en un día martes. Al entrar a la casa la encontró en la cama pero sin cabeza. De la

Chay istanciapi utaq mayqinpipis qalata hampinayki. Uywakunatapis ima wak malignukunatapis. Sichus hampiq faltaptintaq mañakunayki hampichikuqman ima hampi faltaqtapis.

647 Kay tukuy hampinakunapi chay Tayta qusunki huk plazuta, chay Dius Tayta, kutichipunaykipaq, ima tukuy qusqanta kimsa watallata. Chaymantaqa maypacha qupuspa manañam astawanqa alliyachiyta atiwaqchu ima unquymantapis, imarayku?
Purqui Dius Taytanchik pudirninta qichukapusunki.

648 Ankay ukupim huk warmi karqan allin hampiq. Chay kimsa wata pasayta gustakurqan manchanataq astawan hampipakuyta.

649 Chay warmi sapan warmi karqan. Hinaspa sapanta rikuspa huk wayna paymanta inamurakurqan i chay warmi manaña hampiyta atispa chay wayna achka kaqniyuq kasqanrayku warmipis kaqllatapunitaq inamurakullasqataq. Hina chay wayna niq:

650 - Kaqniykunawan qampiwan kuska tiyakapusunchik.
Warmi niq: - Amaraq, aswanpis qam wasiyman hamunki ima punchawpis, martista virnistataq ama. Waynataq niq:
- Imarayku mana martista virnista purinayta munankichu wasiykita?- nispa.

651 Warmi chinlla tukuspa pasapuq. Chayqa warmiqa Dius Taytaman pudirninta intrigakuspa ingañachikusqa malignuwan hampipakuytas siguinanpaq.

652 Chay malignu nisqa chay warmita:
- Amaña sapa punchaw hampipakunkichu, aswanpis martista virnista.
Chay punchawmanta chay malignu nisqanhina hampipakurqan, imaynata:

653 Killa lluqsimuyta utaq kuska tuta urasta, chay warmip uman tipiqakuq, cuirpuntaq puñunapi quidaq. Mayqin valikuq runamanpis umallansi pawaq wayranta chukchan nina rawrakuspa. Hampiq chayaspataq cuirpu malignu pudirniyuq, kikin cuirpuntaq wasi puñunanpi.

654 Hinaspa chay wayna munakuqnin kuska tuta pasayta huk martis punchaw purirusqa karqan. Yaykuruspa puñunanpi warminta tariq mana umayuqta.

parte del cuello por donde se había arrancado la cabeza salía un ruido que sonaba como burbujas "gloj, gloj". El joven se asustó y pensó: "¿quién ha podido hacer esto a mi mujer?" Le arrojó puñados de ceniza al cuello para que ya no estuviera haciendo ese ruido y después regresó.

655 Cuando la cabeza de la mujer regresó no podía pegarse a su cuello porque la ceniza ya no le dejaba. Entonces la mujer fue a reprender al joven por lo que había hecho: - ¿Por qué me has hecho eso? Yo te dije que no vengas ni el martes ni el viernes, por esa falta tuya ahora moriremos los dos.

656 Volando de lejos y haciendo un ruido como el que hace el mar al golpear la roca, se pegó a su hombro derecho. Allí se miraron los dos, el joven y la mujer. Y sin poder hacer nada para evitarlo, el joven se vio con dos cabezas y murió. Ambos murieron. Por eso el Tayta Dios sólo entrega su poder para tres años a la persona que él quiere. Y a todos los que le traicionan, así, o de otras formas, los castiga. Así es.

XLII El hombre-cadáver

657 Hace mucho, siendo aún niño, unos abuelos aquí en la provincia de Caylloma, me contaron sobre un pueblo llamado Lari. Hasta el día de hoy sigue existiendo ese pueblo, siempre con el nombre de Lari. Unos abuelos solían viajar a este pueblo. Cuando yo era joven viajaban con sogas o *charki*. Se alojaban en Lari, en las casas de la gente de allí.

658 Una vez, se hicieron compadre y comadre de la gente que los alojó. Se hicieron padrinos de un niño y estuvieron tomando trago. Así estaban esos abuelos tomando trago en la casa de unas personas del pueblo de Lari. Esa gente de Lari tenía un hijo y les había pedido a esos abuelos que fueran padrinos de su hijo. Los abuelos aceptaron y fueron los padrinos.

Kunka qurusqamantataq suinamuchkasqa "quq quq quq" nispa. Chay wayna mancharikusqa:

- Pitaq kaynata warmiyta ruwan?- nispa.

Hina uchpawan kunkanmanta hachiyusqa achkata manañataq "quq quq" ninanpaq. Chaymantataq kutipusqa.

655   Maypachachus chay warmip uman kutiramun manaña k'askayta atisqachu cuirpunman uchpa mana dijaptin. Hinaspa chay wayna qarinman pasasqa anyanakuq:

- Imapaq chaynata ruwawanki?, ñuqa nirqayki ama martista ni virnista; kunan huchaykimanta kuska wañusun.

656   Hinaspa karumanta pawarispa *ch'itíq ch'itíq*[164] paña rikranman k'askarapusqa i qawanakuqku, paypis warmipis. Mana imanakuyta atispa chay qari wayna iskay umayuq rikukuspa wañukapusqa. Iskayninku wañukapusqaku.

Chayraykum Dius Taytaqa sapa kimsa watallapaqpuni mayqin munasqa runamanpis pudirta quq i llapa traiciunaqtataq kayhinata utaq hukniraqta huchanmantaqa castigaq. Ahinam chay.

XLII   Aya runamanta

657   Unay, ñuqa irqiraq kachkaptiy, chay ñawpa runakuna kay Kaylluma llaqtaypi, chay tatalakuna mamalakuna, anchaykuna willawarqan ñuqaman huk kay Kaylluma llaqtamanta. Chay llaqta sutiyuq karqan Lari llaqta. Kunankamapis Laripuni chay llaqta kachkan i chay Lari llaqtapi chay tatalakuna mamalakuna puriqku. Waynaraq kaspa puriqku waskawan utaq charkiwan. Hinaspa chay Lari llaqta runap wasinpi qurpachakurqanku.

658   Hinaspa chay qurpachakusqanku wasipi ruwarqanku cumpadrita cumadrita ima. Wawachata marqarqanku. Hinaspa chaypi upyarqanku waqtuta. Chay waqtuta upyaqku tatalakuna mamalakuna chay Lari llaqta runakunawan. Chay Lari llaqta runakuna wawachayuq kasqa. Hina chay tatalakunata mamalakunata:

- Marqapuway wawachayta - nispa niq.

Hina chay tatalakuna mamalakunaqa: - Iyaw- nispa- marqanku.

---

164   *Ch'itiq - 'La mar-quchamanta yakuqa qaqaman chamqamuptin uyariy'. "Onomatopeya para expresar el ruido cuando el agua del mar choca a la roca o al cuerpo, o también el ruido entre dos bolas o tiros".*

659   Al terminar la ceremonia comieron bastante y al terminar de comer comenzaron a tomar y emborracharse. Ya se habían emborrachado bastante, ya de noche. Siendo de noche y estando ya bastante borrachos empezaron a bailar, todos bailaron. Mientras bailaban en el patio de la casa, de pronto, un perro comenzó a aullar: ¡¡au!! ¡¡auuu!!. Algo habría visto el perro... y la gente de Lari salió a ver qué pasaba.

660   Allí estaba aullando el perro y en la puerta se encontraba un hombre con capucha. Con capucha y con ropa de muerto. Era un pariente de la gente de Lari, era *ayllu* de la gente de Lari.

661   Lo llevaron a la casa. Pero antes de entrar a la casa se quitó la capucha y se convirtió en una persona como nosotros. ¿Cómo hizo para convertirse en una persona? La gente de Lari le sopló con una medicina molida. Esa medicina estaba compuesta a base de hierbas de muchas clases. Hierbas de los cerros, hierbas del mar y también hierbas de la selva, pero todas secas y bien desmenuzadas, con eso le soplaron. Al soplarle así se convirtió en persona.

662   Estando ya convertido en persona entró y el compadre de esos abuelos les dijo: - Comadre, compadre, este señor es también mi familia, él también será vuestro compadre.

663   Pero a pesar de estar convertido en persona no dejaba que le vieran la cara. Tenía un sombrero viejo y con eso se tapaba la cara. También tenía una chalina de bayeta y con eso se tapaba el cuello y parte de la cara.

664   Se pusieron a bailar. El hombre éste tenía guantes en las manos y en sus pies caminaba con unas sandalias, hechas del cuero del cuello de algún animal, llamadas *siqo*. Empezó a bailar y las sandalias de cuero sonaban bien bonito "soj! soj!". Así, mientras bailaban, la comadre seguía tomando. Pero ese hombre que había entrado sólo bailaba, pero no quería tomar.

665   La comadre, como estaba bien tomada, lo hizo bailar bastante. Lo estaba haciendo bailar y en eso, ¿cómo habría sucedido?..., seguro se cansó bas-

659   Hina marqay tukuspa mikunata mikunku. Mikunata tukuspataq machayta qallarinku... Ña unaytaña machanku, tuta. Hinaspa... ña allintaña macharunku, tutaña riki... Lari runapis macharun, hina macharuspa tusuyta qallarinku, llapanku. Hinaspa tusuchkaptin, hawamanta, patiyupi allqu awllan... awllan: "¡Aw! ¡aw!" nispa. Imatachá riki allqu rikun. Hinaspa chay Lari qari lluqsimun qawaq "imataq chay" nispa.

660   Hinaspa allqu awllachkasqa chaypi. Punkumantataq sayamuchkasqa huk runa *wiqu*chuyuq[165]. Wiquchuyuq, kay wañusqa p'achayuq. Hinaspa chay Lari llaqta runap ayllun kasqa, paypa ayllun.

661   Hinaqa pusayamun-á. Hinaspa manaraq wasi ukuman yaykuchkaspa utqaychallata chay wiqu..., chay wiqu mana iman wiquchu. Aswanpis ñuqanchik runamanhina tukun. Imaraykutaq ñuqanchik runamanhina tukun? Purqui chay Lari llaqta runa pukuyurqan huk kutasqa hampiwan. Chay kutasqa hampi kasqa karqan chay imaymana sachakunamanta kutasqa hampikuna. Urqu hampikuna utaq lamar hampikuna, utaq chay muntaña hampikuna piru ch'akichisqa, ñutu kutasqa, chaywan pukuyun. Hinaspa pukuykun hina pasayun. Chay pukuykuptin runaman tukun iman kaq runaman.

662   Iman kaq runaman tukuspa yaykun. Hinaspa Lari llaqta runa nin: "Cumpadriy cumpadriy: kay wiraquchan aylluy, qampaqpis cumpadriykim kanqa" nispa.

663   Hinaspa chay runaman tukuspa mana uyanta rikuchikunchu. Hatun *ch'utu*chayuq[166], chaywan uyanta qatahatakun. Chaymanta huk baytamanta ruwasqa chalinawantaq uyanta pistuyukun kunkanmantawan.

664   Chayqa tusuchkanchá. Chayqa makin guantisniyuq, chakinpis *siqu*yuq[167], kunka qaramanta. Hina tusuyta qallarin. Kunka qara sumaq "suq suq suq" nispa tusun. Hinamanta ahina tusuchkaptin cumadrinpis upyarunñataq. Chayqa chay yaykumuq runataq yanqa tusuyta tusun, mana upyayta munanchu.

665   Hinaspa chay cumadrinqa sinchi nisyuta upyaruspa tusuchin achkata. Achkata tusuchin. Hinaspa imaynapicha chay cumadrin saykuruncha tusuyta hinaspa

---

165 *Wiqu* - Carabaya (Punupi) ninku **'liwi'** (Délétroz 1993:5-6). Castillanupi: *"capucha similar a la que usaban los monjes antiguos, propia de las almas condenadas"*.
166 *Ch'utu* - Kanman: **'luqu sumbriru'**, **'thanta sumbriru'**, **'latapa sumbriru'**.
167 *Siqu* - *'Huk usuta qarallamanta rurasqa'*.

tante y lo jaló y ese cadáver se cayó, ese hombre-cadáver. Al convertirse en hombre seguramente ya no tenía fuerzas.

666   La mujer se cayó para atrás y el cadáver se le cayó encima como si fuera a hacer el amor con ella. Lo jalaba de la mano para que se levante de nuevo y dijo: - Perdóname pues comadre, me levantaré.
Entonces la mujer:
- Jálame pues- le dijo.

667   Pero el cadáver no tenía fuerzas. Jaló más fuerte y la mujer le arrancó los guantes que le cubrían la mano. Al quitarle los guantes se vieron sus manos. No eran manos como las nuestras, de gente viva. Por el contrario, la carne que tenía estaba toda reseca y pegada a los huesos, y sus uñas eran bien grandes, tenían uñas grandes bien crecidas. La carne estaba seca, sus manos eran bien delgadas.

668   Por eso era que era un cadáver, sólo que caminaba convertido en persona. Al ver su mano la comadre pensó: "La mano de ese lado me parece que no está bien". Entonces se agarró bien de la otra mano y también le quitó los guantes. El otro lado estaba igual.

669   Entonces la comadre pensó: "¿Qué tiene este hombre? Parece que está enfermo, parece que tiene una enfermedad provocada por el muerto". Hay personas normales que también se secan, son personas que les ha agarrado la enfermedad del cadáver, la mujer pensó que esa sería la enfermedad que le había agarrado a ese hombre y le dijo:

670   - Compadre, creo que no estás bien. - Sí, estoy mal, estoy mal, comadre- le dijo.
- No pues compadre, yo sé curar, te curaré del cadáver- le dijo.
- Ojalá, comadre- le respondió.
Hablando así dejó a su compadre, a ese cadáver. El cadáver dijo:
- Discúlpame un ratito, comadre, voy a orinar allá afuerita.
- Ya pues- dijo la comadre.

671   El cadáver salió afuera. Al salir el cadáver, la mujer se puso a bailar con su otro compadre (el que no era cadáver). Mientras bailaba... otra vez... -

chutarin, ahinata wischukusaq nin. Chay aya runa, runaman tukuspa mana kallpan kanchu.

666 Hina warmin wischukun qipaman. Hinapatamantaq chay aya wischuhatakun. Ankay witisaq nispa ahina kaqllataq. Hinaspa chutapakun sayarinanpaq:
- Cumadri pampachaway-ari - nispa. "Sayarisaq" nispa chutapakun. Hinaspa warmipis nin:
- Aysariway-á.

667 Manam kallpan kanchu riki. Hinaspa fuirtita ahinata aysachkarqan chay aya runa. Hinaspa, chay guantisnin, huk ladu makinmanta chutiqarukun. Chutiqarukuptin mana kay ñuqanchikpa kawsaq maki hinachu kasqa. Aswanpis tulluman ch'akiyusqaña kasqa aycha, o sia ayaña. Sillunkuna hatun, hatun sillukuna wiñamusqa. Aychantaq ch'akiña, chayqa ñañu makillayuq.

668 Chayrayku ayapuniña karqan. Sinu que puriyachan runaman tukuspa. Hina qawaykun makinta, hinaspa chay cumadrinqa nin:
- Chay ladu maki manapaschá riki allinchu- nispa.
Hina chay huk ladu makinmanta iskaynin makinman hapiyukuspa chutirullantaq chay guantisninta. Hinataq hapipakuspa chutirullantaq. Chaypis kaqllataq.

669 Hinaqa cumadrinqa:
"Imanantaq kay runallari, unquchkancha riki, ayachiki hapirun" nispa nin. Mayninpi kawsaq runapas ch'akiyankuyá, chay aya hapisqa kanku. Chayqa chaytaqcha riki "aya hapirun" nispa nin.

670 - Cumpadri, manachu allin kanki? nispa nin.
- Arí cumadri, mana allinchu kani- nispa nin.
- Amayá cumpadri, ñuqa yachani hampiyta, chay ayamanta hampiykimanmi- nispa nin.
- Icha cumadri...- nispa nin
Ahinata rimaspa kachatatan chay cumpadrita, chay ayata. Chay ayaqa:
- Pampachawanki cumadri, ratuchalla isparakamusaq hawapi- nispa nin. Chayta niptin:
- Iyaw- nispa.

671 Hina lluqsirun chay aya hawaman. Hinaqa lluqsiruptinqa chay huk cumpadrinwanñataq tusuchkarqan. Hinaspa tusuchkaptin wakmanta chay

seguramente porque el cadáver le había pasado ya su aliento- el caso es que mientras bailaba se volvió a caer, una y otra vez la mujer se andaba cayendo. Al estarse cayendo de esa manera se fue a dormir a una cama. Al irse a la cama, se durmió la comadre, la abuela. Pero en ese tiempo aún no era abuela, sino que a mí me contó mi abuela sobre esa mujer.

672   Se durmió. Fue el compadre, el que hizo bautizar a su hijo, quien la llevó a dormir: - Durmamos pues nomás comadre. Y la hizo dormir. La hizo dormir al lado de su esposo. Así mientras dormían... ya sería pasada la media noche... entonces la comadre se despertó. Cuando se despertó estaba como si le hubiera dado el viento... débil, sin fuerzas. A las justas podía mover las manos, apenas las movía y pensó:

673   "¿Qué me ha pasado?" y con una de sus manos se tocó el pulso de la otra mano: "¿Qué puede haberme pasado?" se dijo. Se fijó en el pulso de su mano y no era el viento, "¿qué es esto?" pensó, "¿qué puede haberme pasado?".
Su esposo dormía profundamente a su lado y ella no le dijo nada. Estaba allí tendido. Entonces a duras penas se agarró del ombligo hasta su vagina, ahí se estuvo tocando. Estaba todo mojado desde su vagina hacia arriba, "¿qué es esto?" pensó. Entonces dijo:

674   - Enciende la vela compadre- y despertó a su compadre, al que le hizo dormir. Se despertó y así en silencio con luz vio su barriga con todo cuidado y estaba todo como gelatinoso, así gelatinoso. Estaba toda llena de grasa, como grasa de animal, estaba fresco, como grasa con hilos, lo que llaman *barriga tela*, así cuenta que estaba. Allí jaló un poco de esas cosas y era como si arrancara espinas; jaló y, como si fuera una espina, le hizo gritar: "¡ay! ¡ay!". Jaló y algunas quedaron adentro y otras encima de la barriga. Eran bien poquitas. Allí así nomás estuvo tendida. Entonces la mujer salió. Afuera ya se estaba haciendo de día.

675   Antes no había desagües ni baños como ahora, antes lo hacían en el canchón como los animales.

676   Ella también se fue al canchón. Ahí orinó recogiéndose la pollera y vio su vagina con cuidado. Estaba con sangre y grasa. Allí pensó: "¿¿¡qué es

cumadrin chay ayap samayuranpaschá riki. Hinaspa tusuchkasqanpihina wischukullantaq, wischukullantaq. Hinaspa wischukuspa puñuyman pasarapun. Hinaspa puñuyman pasarapuptin puñurukusqa chay cumadrin, chay mamala puñurapusqa. Ñuqaman willawarqan mamalayña-á chay mamachanmanta.

672 Hinaqa puñurapuspaqa puñuchinchá chay wawa marqachiq cumpadrin.
- Cumadri puñukusun-á- nispa.
Puñuchin, hina puñuchiptinqa. Ahina puñuchkarqan, qarinpa ladunman puñuyachin. Hina kuska tuta pasaykunacha kanman karqan. Hinaspas chay cumadri rikcharun. Rikcharunhinaqa wayrasqahina yanqa dibil, mana kallpayuqchu kapusqa. Hina ñakayá, ahina makintapis, ahinata haywarispa:

673 "Imanawantaqri?" nispa, huk ladu makillanwan, huk ladu makinta hapiyukun vinanta: "¡Imanawantaqri!". Vinanpi riparakun, mana, mana wayrachu, "imataq kayri?, imanaruwantaqri?" nispa nin.
Qarintaq ladunpi puñuchkan sicu, hina mana qarinta rimapayanchu. Aswanpis hinalla wischurayachkan. Hina imaynapichá pupun wiksanta, chay wachanantawan hapiyukun. Hinaspa chay wachananmanta wichayman yanqa huqu kachkasqa: "imataq kayri?" nispa nin.

674 Hinaqa: - Vilata kanchachiy cumpadri- nispa chay puñuchiqta rikchachin. Hina rikchanhinaqa chinlla, ahina luzpi kachkan. Hinaspa ahina sumaqllata chay wiksa, llawsa kasqa wiksanpatapi, anchay llawsata ahinata qawayukun. Hinaspa kasqa, wira, kay uywa wirahina kasqa, frisculla kay qaytu qaytu wiralla, chay wiksa-tila ninku, anchaysi kanman karqan. Hinaspa chaypi quidasqa. Hinas ahinata chutarin. Hina chutarikun chay wirata, hina kichkahina tipirakamun wiksa. Chayraqsi: "¡Ay! ¡ay!" nispa nin. Hina tipirakamunhina huk ukupiraq quidasqa wakin, wakin patapi. Pisichallayá. Hinaspa hinalla wischurayachkan. Hinamanta lluqsirun chay warmi, hawata punchawyamuytaña.

675 Hinaspa chay ñawpaqqa mana kaqchu kay desagüe ninku chay bañu anchaykuna. Kanchallapi uywahina ispakuqku.

676 Hinaspa kanchata pasayun. Hinaspa q'allparikuspa[168] ispakun. Hinaspa ahinata q'allparikuspa wachananta qawayukun, chaypi kasqa yawar

---

168 *Q'allpa* - Ayakuchupi **'qimpi'** ninku.

esto!??, ¿¡me habrán puesto carne encima!?, ¿qué puede ser esto?". Otra vez volvía a mirar y mirar su ombligo y todo recogiéndose bien la pollera. Pero había otras cosas como hilos, eso lo agarraba, lo arrancaba, y como si fueran espinas le hacían doler. Cada vez que se los sacaba le hacía doler: "¡ay!" decía. Entonces pensó: "no, esto no está bien, ¿qué será esto?". Ahí, realmente se asustó la mujer.

677   Entonces fue a ver a una de esas que lee la coca, los kintus de coca, los envueltos de coca, los *pintus*[51]. Esa abuela también era curandera. Al hacerse ver le dijeron:
- No..., esto es que te has encontrado con un *pishtaco*, un *nakaq*, ése te ha *nakado*. La que leía la coca vio otra vez con cuidado, vio su barriga y dijo:
- Esto, pues, es obra de un *nakaq*.

678   La mujer también vio su barriga y su barriga estaba como si le hubieran hecho una operación de esas que hacen ahora y la hubieran dejado sin coser. Tenía la grasa toda para afuera y una especie de espinas de las que jalaba y le hacían doler, así estaba su barriga.

679   Entonces la que leía la coca le contó a la comadre de Lari todo lo que sabía:
- No,... esto es así; aquí hay siempre, no por todas partes, pero hay, unas personas de las montañas que caminan por aquí. Esa gente de la selva siempre camina por aquí, son como brujos, son gente muy poderosa. Tú has ido donde ese hombre y con el pariente cadáver de ese hombre has bailado. Ese hombre no era en verdad un hombre. Ese hombre era un cadáver. Esos cadáveres *nakan* a la gente y la grasa que les sacan se la ponen entre ellos en el camposanto, en el cementerio, soplando con hierbas de la selva, sólo soplando, sin cortar la barriga. Se ponen la grasa y al ponérsela entre ellos se levantan de nuevo, viven. Y también se colocan sangre soplando con hierbas molidas. Así es que esos cadáveres quieren reproducirse en este pueblo de Lari.

---

51   "El *pintu* (=el envuelto) nos puede decir muchas cosas, es casi igual a como si leyéramos un libro. Hay *pintus* de coca, pintus de agua, pintus de nubes, también se puede ver el *pintu* de las velas que arden, del fuego, del humo, del vapor que sale del agua hirviente, *pintus* de las estrellas, de los naipes, el oráculo (el destino que te sale al tirar las semillas de coca). Para el *pintu* miramos o leemos. Para hacer eso debes ser un curandero, o un *brujo*, o una persona alcanzada por el rayo, una persona común no puede leer el *pintu*. Por ejemplo: si no sabes castellano no vas a poder leer. De igual manera es un hombre con saber el que tiene que leer el *pintu*" (Alejo Maque).

yawarpiwan wirapiwan. Hinaspa chayta ahinata: "imataq kayri? ima aychawanchu churawarqanku?, imaynatáq?" nispa.

Wakmanta kayta ankayta pupunta ahinata wichayman q'allparikuspa qawayukun. Hinaspa huk kasqa wakin, anchaytapis ahinata chutarin i tipirikamullantaq.

Hina sapa tipirikamuptin kichkahina: "¡ay!" nispa nichin. "Imanaruwantáq?" nispa nichin. Hinaspa "mana kayqa, imachá kayqa?" nispa mancharikun chay warmi.

677 Mancharikuspa huk allin qawaq, kuka kintu qawaq o kuka pistu qawaq; p'intucha[169] qawaq chayman purin. Riqsirqanmi chay mamala. Qawachikamun. Hinaqa qawachikamuptin nin:

- Manataq kayqa, nakaq runawan tuparusqanki, nakarasunkitáq- nispa nin. Wakmanta qawaykun chay kuka kintucha qawaq. Qawaykun wiksanta;

-Kayna awir nakasqatáq- nispa nin.

678 Paypis wiksanta qawayukun piru wiksan kasqan iman kaqlla, manam kay kunan timpu ducturkunaqa operación ruwakuchkaspa siranku. Mana sirasqapis imachu; aswanpis chay wira hawapi hinas kay kichkata aysakunhina, nanamun, wiksan iman kaq kachkan.

679 Chayqa chay kuka kintu qawaq, chay Larimanta cumadrin nisqata willan qalata:

- Manam kayqa, kaypiqa kanpunim, manam intirunchu, piru wakillan kanmi, chay muntañakunap puriq runa. Arí. Nakakunpuni chay runakuna, chay muntaña puriq runakuna, chay muntañanpi kan chay bruju nichkanku anchaykuna, allin yachayniyuq runakuna. Chay runaman risqanki, chay runap aya ayllunwan tususqanki. Chay runaqa manam runachu karqan. Chay runaqa ayam. Chay ayaqa runata nakaspan chay wiranta churanakunku campusantupi paykunapura chay wiranta wakmanta churanakunku chay muntaña hampiwan pukuspa, pukuspalla, mana wiksanta kuchuspachu nin. Hinaspataq chay wiranta churanakunkuhinaqa wakmanta sayarillankutaq, kawsarinku i yawarninkutapis kaqllatataq churanakunku chay hampi kutasqawan pukuspa. Chayraykum chay ayakuna mirayta munan kay Lari llaqtapi- nispa willan.

---

169 *P'intu* - "P'intu ukupi yachanku, chay p'intu willawanchik imakunatapis, huk libru qillqa qaway yaqa kaqlla kaspa. Kuka p'intu, yaku p'intu, utaq puyu p'intu, vila rawrachkan, nina rawrachkan, qusñi qusñichkan, yaku timpusqanmantapis, chaska p'intu, naipe, oraculo (kuka ruruwan chamqanki chaypi destinoyki lluqsimun). Kay p'intupaq qawanchik o liyinchik. Hampiq runa, layqa runa o taytachap Santiago kamachisqan runa, allin rayu hapisqa runa, nitaqmi yanqa runachu atinmanchu p'intu liyiyta. Ejemplo: mana castillanuta yachaspa mana intindiymanchu, chayqa yachayniyuq chay p'intuta liyina." (Alejop willasqan). Kay 'p'intu' huk simipi kanman **'pistu'** (González Holguín 1989:286).

680	La mujer que había sido *nakada* dijo: - Entonces, ¿qué va a ocurrirme ahora? ¿voy a vivir o no?

- Sí, es posible que puedas vivir, pero tienes que hacerte curar, si no te curas no vas a poder vivir.

- ¿Y cómo tengo que hacerme curar?

681	Entonces la que leía la coca le comenzó a hacer tomar una serie de hierbas, unas hierbas molidas como medicinas, y con otras le lavaba por encima. Entonces recién nuevamente recobró el sentido. Dice que si no se hubiera hecho curar, seguramente se habría muerto.

Así es como dicen que a partir de un solo hombre los *nakaq* quisieron multiplicarse en Lari.

682	Esta mujer no se convirtió en *nakaq*. Al curarse se convirtió en gente como nosotros. Porque esa mujer que había sido *nakada* no era un cadáver. Era como nosotros. Por eso es que haciéndose curar vivió. Yo era niño, y cuando era pastor en la estancia, por las noches, dormíamos en la casa, pero yo nunca dormía con mi abuela. Dormíamos en rincones separados y allí me contó eso y me dijo:

683	- Tú eres joven, entonces no vayas a emborracharte en Lari. Si te emborrachas inmediatamente te pueden *nakar*. Porque a veces dentro del trago ponen hierbas molidas o a veces también ese cadáver te puede soplar. El cadáver te sopla con esas hierbas molidas. Entonces con el trago rápidamente tu cuerpo quedará como muerto. Y si eres mujer el cadáver hasta te puede violar con su pene de piel. Porque el pene de los cadáveres es de piel, no es como el de los vivos. Pero con eso puede hacer el amor y dicen que probablemente si eres mujer hasta te puede embarazar. Puede embarazar pero esa mujer no dará a luz una persona, sino más bien dará a luz a un bebe-cadáver, con manos delgadas, con la piel pegada a los huesos.

684	Así fue como me contó mi abuela. Yo me asusté y le pregunté:

- ¿Y cómo es que *nakan*?

- Ese cadáver reza una oración, reza muchas oraciones con sus hierbas molidas. Así rezando y rezando, se encarga de tu grasa. Del interior del cuerpo sale una grasa como si fueran mocos. De la barriga, desde el ombligo, todo eso lo recoge. Y después, en caso de que seas mujer, te viola y saca sangre de la vagina, una parte se lleva y la otra parte la chupa, todito. Eso es para tomar fuerzas, para que el cadáver tome fuerzas.

680 Hinaqa: - Chayrí kunan, imaynata, kawsaymanchu manañachu?- nispa tapun chay nakachikuq warmi:
- Arí kawsankim kanpasqa, piru kawsanaykipaq hampichikunayki, sichus mana hampichikunkichu chayqa mana kawsawaqchu.
- Chay, imaynatataq hampichikuyman?- nispa nin.

681 Rikuq kasqanta chay hampiq warmi, chay kuka kintu qawaq, hukniraq hukniraq qurakunata upyachin ukumanta. Hinaspa chay qura kutasqa hampikunawan, wakinta patanmanta mayllan. Hinaspa chayraq yuyayninta hapikun wakmanta. Sichus mana hampichikunmanchu kaqsi wañunmansá karqan. Ahinas chay Laripi huk chulla runallamanta nakaq mirayta munarqan.

682 Manam kay warmiqa nakaqman tukun, aswanpis hampichikunhina iman kaq runaman tukun. Purqui chay nakachikuqqa manayá ayachu karqan. Allin, ñuqanchik kawsaq runahinayá karqan. Chayrayku hampichikuspa kawsan. Hinaspa kawsarqan. Ñuqa irqi karqani hinaspa michipakuq kayniypi chay istanciapi, tutayaqpi puñukuyku, wasi ukupi, piru mana ñuqa chay mamalaywanchu puñuni. Aswanpis huk kuchupi, mamalaqa huk kuchupi, hinaspa willawarqan. Hina:

683 - Qam wayna kanki chayqa ama Laripiqa machankichu. Sichus machanki utqayllata nakasunki purqui chay tragu nisqa ukupi nakananpaq churan chay hampi kutasqata utaq mayninpi pukuyusunki chay aya. Aya pukuyusunki chay hampi kutasqawan. Hinaspa utqaylla chay tragupiwan utaq chay waqtupiwan cuirpuyki wañunqa. Si pasña kanki chay aya witiytapis atisunki chay qara ullunwan. Purqui chay ayap ullunqa qarmaña. Manaña kay kawsaq runahinachu. Chay witiytapis atin, si pasña kanki hinaqa chichuyaytapis atiwaqsá. Chichuyawaq piru manasá iman kaq runatachu wachakamunman chay pasñapis, aswanpis wachakamunmanyá uña ayataña ñañu makillayuqta, tulluman k'askasqa makiyuqta.

684 Ahinata chay mamalay willawarqan. Hinaspa ñuqa manchakurqani:
- Chay imaynata nakanku?- nispa.
- Chay huk uraciuntas rizakun chay ayaqa, huk uraciun i chay hampi kutasqapiwan oracionwankama, rizaspakama, payllamanta wirayki, chay ukunmanta, cuirpunmanta lluqsimun *qhuña*hina. Kay wiksayki pupunpatanmankama qhuñahina lluqsimun, chayta pallan. Chaymanta warmi kanki chayqa, chay wachanamanta witispa yawarta hurqunman hinaspa chay yawarta hapin. Hinaspa apan wakinta, wakintataq chunqan; chay yawarninta kay hampatuhina, sapuhina chunqan qalata. Hinaspa chay aya

255

Así me contó que hacían. Así es como en la provincia de Caylloma, en ese pueblo, antiguamente ocurrieron esas cosas.

685 Ahora que yo ya soy adulto digo: "A ver, que a mí me *naken*" y voy caminando esperando. Pero por nada me encuentro con el *nakaq*. A mi parecer, ahora, la gente de ese pueblo, ya no sabe nada acerca de *nakas*. Esta historia de los *nakas* seguramente ocurrió hace muchos años. Así es.

XLIII Sobre los animales con cola grande

686 - ¿Por qué le dicen Tío al zorro?

687 - Porque el zorro tan sólo con su cola engaña. Ya sea a la oveja, a la gallina o al cuy les engaña sólo con su cola. Por eso puede ser que le digan Tío. Algunos animales tienen poder en su cola, así es el zorro, tiene poder en su cola. Cuando el zorro piensa en comer o en arrear una oveja comienza a mover su cola a un lado y a otro, juega con su cola de acá para allá... La oveja o la gallina, al ver su cola, se quedan como hipnotizadas, se asustan y piensan: "ya, ahorita va a correr" y se quedan mudas, se quedan totalmente mudas, se asustan de su cola. En la cola tienen su poder. De ahí que se diga que tienen el poder en la cola.

688 Igualmente al Tío le dicen "Tío Antawillki", así le dicen al demonio. Sí, al demonio le dicen Tío o Antawillki o también otros le dicen "Tío Cola de Piel". ¿Por qué le dicen "Tío Cola de Piel"? Porque ese Tío demonio tiene cola. Así cuentan, yo no lo he visto, pero la gente antigua, los que lo han visto así dicen: "ese demonio tiene cola" dicen.

689 También hay otros animales que tienen su poder en la cola. También el chancho, la cola del chancho juega. Su cola hace que el chancho camine a una y otra parte. ¿Para qué mueve así su cola? El chancho no mira hacia arriba porque no quiere verle la cara al Dios Tayta. Por eso es que el chancho es del partido del demonio. Y ahora, nosotros, los cristianos, degollamos a los chanchos y nos comemos su rica carne removiéndola para hacer chicharrones. Se puede decir que en verdad estamos comiendo carne del demonio. Las autoridades más importantes en los pueblos se comen con todo gusto el chancho.

kallpachakunanpaq ahinata ruwan nin. Anchaypi kay provincia Kaylluma llaqtay sutiyuqpi chayhina ñawpaqqa karqan.

685   Chaymanta ñuqa kunan ña waynaña kani. Hinaspa nini: "Awir, ñuqata nakawachun" nispa purini ñuqa. Manayá tarinichu nakaq runata. Rikusqaymanhina chay llaqta runakunaqa manaña kunankama yachankuchu imatapis nakaymantaqa. Kanmanchá karqan chay nakaqmanta willakuyqa ñawpaq, unay watakuna timpu. Ahinam chay.

XLIII Chupasapa uywakunamanta

686   -Imarayku atuqta Tiyu nispa ninku?

687   - Atuq chupallanwanmi ingañan uwijataqa, ima wallpatapis quwitapis, chupallanwanmi ingañan. Chayrayku Tiyu ninkuman, mayqinpi wakin animalkuna chupanpi yachayniyuq, chay atuq chupanpi pudirniyuq. Chay sichus uwijata "qatisaq" nin, utaq uwijata "mikusaq" nin chayqa, chupallan ahinata kay laduman, chaqay laduman; kay laduman chaqay laduman, pukllan. Chay chupanta rikuspa chay uwija wallpapis imapis, ña muspachkanña, manchakunña "kunitan curriyamunqa" nispa. Chay chinllallanña, manchakun chupanta. Chupallanpi pudir. Chayrayku chay chupanpi yachaynin kan.

688   Kaqllan Tiyu Antawillki nispa ninku chay saqrata. Wakintaq ninku Tiyu Qarachupa. Imaraykutaq Tiyu Qarachupa ninku? Chay Tiyu, chay saqra, chupayuq ninku, mana ñuqa rikunichu piru rikuq runakuna ñawpa runakuna ninku: "chay saqraqa chupayuqmi" nispa. Chayrayku wakin animalkunapis chupanpi yachayniyuq.

689   Anchay kuchipis. Kuchip chupanpis pukllachkan. Kuchita chupan puriyachachin. Imapaq chupanta ahinata *khiwi*kun? Kuchiqa mana altuta qawanchu. Kuchiqa mana Dius Taytata uyanta rikuyta munanchu. Chayrayku kuchiqa dimuniu parti. Chay kuchita kunan, ñuqanchik cristianu kachkaspa, nakaspa, chicharrunta qaywispa, mikunchik aychanta sumaq miskitaraq. Chayqa ñuqanchik mikuchkanchik saqra aychata. Chay kuchi mikun akaykita, runap akanta mikun. Chay aka mikusqanta ñuqanchik mikullanchiktaq mayllaspa. Aychanta chicharrunpi. Chay kuchita allin cumprumisupi mikuyuchkanku. Mijur auturidadkuna, hatun, chay llaqta kamachikuq auturidadkuna, chay kuchita ima sumaqta mikuyunku.

690   Sí, a algunos de esos animales con cola se les considera del partido del demonio. Esos animales con cola grande son familia del demonio. Tanto el caballo, el burro como la vaca. Por ejemplo si un toro no lo domas desde pequeño se hace salvaje. Están como poseídos por el demonio, los traes a eso que llaman corrida de toros, y allí, no te respeta: va directamente a asesinarte... quiere matarte.

691   Lo mismo el caballo. Toditos los animales con cola grande son de la parte del demonio, así dicen. Por eso es que desde el mismo momento en que nacen, cuando son pequeñitos, hay que amansarlos. El hombre debe amansarlos, debe domarlos.

692   Si no es así entonces esos animales con cola pueden vencer al hombre. Al caballo salvaje lo puedes alcanzar montado en un caballo manso, desde allí lo laceas o haces alguna otra cosa y lo agarras. Le pones su carona y lo montas... Rápidamente te puede tirar al suelo, y tras tirarte te patea. También el burro... Lo cargas y te puede patear o morder. Por eso dicen que los animales de cola grande tienen poder. Por eso son como el Tío Cola de Piel.

693   Si aquéllos que no creen en lo que está aquí escrito quieren comprobarlo, háganlo ustedes mismos: Córtenle la cola a un chancho, por la mitad, no toda. Tras cortarla, rápidamente, tírenla al suelo. La cola va a saltar a uno y otro lado, arriba y abajo. Lo mismo pasará con la cola de la culebra o el lagarto. Córtenle su cola y sabrán si es o no cierto.

694   Convertidos, desde esos animales, dicen que aquí, en la provincia de Caylloma, viven bastantes Tíos. En cada pueblo, debe de haber unos cuatro. Cuatro o más viven de estos que llamamos Tíos, Tío Antawillki. O de estos que llaman Hombres Cola de Piel. Pero estos de cola grande sobre todo viven en las partes bajas, de Tapay hacia abajo.

695   ¿Por qué estos de cola grande viven en las peñas o en los ríos? La mayoría de ellos vive en las peñas. Por ejemplo en las partes bajas de Maca. Allí vivía un Tío, en Peña Blanca, algunos le dicen Antawillki a ese lugar.

696   Allí en Antawillki vivía el Cola de Piel. Cuando vino la compañía MACON, (esa compañía que vino a hacer la carretera para el proyecto de regadío que

690   Chay, mayninpi chay chupayuq animalkunaqa saqra parti. Chay
      chupasapakunaqa, chay hatun chupayuq animalkuna saqra parti. Chay
      kawallupis utaq asnupis utaq wakapis. Imarayku? Huk turuta kunan qam
      mana huchuyninmanta duminarqankichu chayqa, chay turu salvaji, wakin
      chay saqrawanña... hinaqa utqayllata apakamunki chay turuta, chay corrida
      de toros ninku chayman. Chaypiqa manaña rispitasunkichu turupas. De
      llinullaña sipiyapuyta munasunki. Wañuchiyta munasunki.

691   Kaqllataq kawallutapis, anchay intiru chupasapakuna saqra parti ninku. Chaymi
      chay huchuyllamanta naciptinpacha chay uywakunataqa dumana ninku kaypi,
      amansana utaq yachachina. Chay chupasapakunataqa duminaytapuni munana,
      qariqa duminayta atinan.

692   Sichus mana chayqa qaritaqa vincipunqapuni chay chupasapaqa. Kawallupis
      salvaji chayqa, apaqaspa imaynatapis huk mansu kawallupi sillayukuspa
      rinki hinaqa laciyankipis imanankipis hapinki. Hinaqa sillakunki qam chay
      kawalluman karunayuspa: Utqayllata chay kawallu chamqasunki pampaman.
      Chamqaspataq haytayasunkitaq. Chaymanta chay asnupis kaqllataq:
      Cargayunki hinaqa haytarapusunki utaq kanirusunki. Anchayrayku chay
      chupasapakuna pudirniyuq. Chayrayku chay Tiyuhina Qarachupa.

693   Sichus mana kay qillqapi iñiq runakuna iñiyta munankichik, ruwaychik
      qamkuna kikiykichik. Warma kuchichata chupanta kuchuruychik, kuskan
      chupachallanta, amam llapantachu. Hinaspa utqayllata pampaman wischuy chay
      chupanta: Chay chupan saltaykachanqa, wichayman urayman pawaykachanqa,
      kaqllataq machakwaypa chupanta, utaq qaraywap chupanta. Anchay chupanta
      quruychik chaywan yachankichik chiqaychus icha manachus.

694   Chay animalmanta tukuspa chay uywakunamanta kay provincia llaqtapi
      Tiyu achka tiyan nin. Kanmanchá sapa llaqtapi huk tawallapis, tawa Tiyupis.
      Kay Tiyu sutiyuq, chay Tiyu Antawillki, utaq chay Qarachupa ninku, chay
      chupasapa qari, Anchay chupasapaqa tiyan mastaqa kay uray ladupi,
      Tapaymanta uray laduman.

695   Imarayku chay Qarachupakuna tiyan qaqapi utaq mayupi. Mayur parti tiyan
      qaqapi chay Qarachupakunaqa kay uray ladupi, chay Maqa llaqta anchaypi.
      Chay Tiyu tiyarqan Peña Blanca sutiyuq, may chiqantaq Antawillki ninku
      wakin, wakintaq Peña Blanca ninku.

696   Chay Antawillkipi tiyarqan chay Qarachupa. Hinaspa chay Maconkuna
      hamurqan, compañía Macon nirqanku. Anchay hamurqan kay Kaylluma

llevaron a Majes) allí, en Antawillki mató a bastantes obreros. ¿Quién los mató? El Tío Antawillki.

697   ¿Por qué los mató? Los obreros de MACON reventaban las peñas con eso que llaman calambuco, para hacer túneles y la carretera. El Tío Antawillki se molestó mucho: "¡Carajo!, estos malditos no me dejan tranquilo ¡mierda! ¡revientan más fuerte que mis pedos carajo! Ahora les doy vuelta, ¡los mato carajo!". Y hasta ahora esta peña que pueden ver un poco más abajo de Maca, y desde el tunel, está cayendo tierra de por sí, esa peña se está haciendo ceniza. ¿Por qué? Porque el Tío Antawillki ha convertido esa peña en algo frágil, en ceniza. Ya no es la roca que era. Cuando los perforistas trabajaban allí colgados de sogas haciendo huecos, de pronto: ¡plum! caía una peña, mataba a algunos, los derrumbaba o les partía el brazo o alguna pierna. Hubo muchos accidentes en ese tiempo. El Tío dicen que jugaba, jugaba con los obreros.

698   También les puede ocurrir a los pescadores de truchas. Esa gente pobre, que por no tener nada se dedican a pescar truchas, también puede encontrarse con el Tío. El Tío esconde su cola y camina con pantalones como si fuera persona. Ofrece plata, harta plata, y les hace todo tipo de promesas. A veces esa persona pobre cae en la trampa y se hace dar alguna ayuda... después de un tiempo ese pobre hombre puede morir. Siempre mueres... inesperadamente se caen o haciendo cualquier cosa mueren llevados por el Tío.

699   También te puede dar alcance cuando pasteas por las peñas, se convierte en ganadero, en uno de esos que compra vacas, burros o llamas, se te acerca y te muestra plata. Si es una joven, por esa plata puede acostarse con ese Tío mujeriego, le deja la plata y entonces... Después de un buen tiempo, te lleva porque era un demonio. De pronto muere, así sea una joven.

700   Así son las historias del Tío. También puede ser en la chacra, se convierte en comprador de habas o papas. Te hace ver bastante plata, tú le vendes y después de un tiempo te lleva.

701   El Tío no degüella para sacar la grasa, ¿cómo te lleva el Tío? Inesperadamente, cuando estás caminado normalmente, mueres... así, de pronto. O

llaqtaman carritira ruwaq. Chay canal proyecto Majesman apanankupaq. Hinas chay Antawillkipi ubrirukunata achkata sipirarqan. Pi? Chay Tiyu Antawillki.

697   Imarayku sipirarqan? Macon ubrirukuna tuqyachirqanku chay calambuco sutiyuqwan. Calambuco sutiyuqwan tuqyachirqanku chay qaqata, tunilta, carritirata ruwanankupaq. Hinaspa chay Tiyu Antawillki piñakurqan supayta: "¡Karaju mana kay saqrakuna dijawanchu mirda! ¡Supikusqaymantapis aswan fuirtita tuqyachimunku karaju!" nispa nin. "Kunan sipisaq wañuchisaq karaju" nispa nin. Chay qaqaqa kunankamapis rikukun Maqa uraypi. Kunankamapis chay qaqa chay tunilmanta halaqamuchkan, yanqallamanta, uchpaman tukuchkan chay qaqa. Imarayku? Chay Tiyu Antawillki chay qaqata tukuchipun qapyaman, uchpaman. Mana iman kaq qaqañachu. Chayrayku chay trabajachkanku hinaspa, ahina warkurayachkarqanku wakin, kabuyakunawanpis imapis tuquchkarqanku, chay pirfurista ninku anchaykunawan. Hinaspa hukta qaqa pasamun "¡brum!" hukuchahina ¡tissu! chay ubriru wañun hukta "¡prum!" chaymanta sipillantaq, wakintapis tuñiykun utaqchus chakinta pakirun, makinta pakirun, ahinam... Achka accidinti karqan chay pacha: "chay Tiyu chayta pukllan" nin. Chay pukllakun chay ubrirukunawan.

698   Kaqllataq chay truchirukuna. Wakin pubri purinku mana imayuq hinaqa, chay truchiruwan tupan runaman tukuspa. Chupanta pakakunchá, pantalunniyuq ima runahina. Chayta ufricin achka qullqi, imaymana prumisa i utqayllata chay runa mayninpi urman. Hinaqa quchikunpis ima ayudatapis. Hinaqa utqayllata chay unaymanta wañuyta atin. Wañunpuni, qunqayllamanta laq'akuspapis imanaspapis wañun. Chay Tiyu apan.

699   Kaqlla michinakunapipis taripamusunki ganadiruman tukuspa utaq waka rantiq, asnu rantiq, llama rantiqman tukuspa chimpamusunki, qullqita qawachisunki. Sichus pasña kanki hinaqa qullqinrayku chay qarchi Tiyuwan puñuyunki tutapis. Qullqita saqisunki, chayrayku. Chaymantataq maypachachus ña unayña hinaqa mana qam cuintata apakurqankichu saqra kasqanta. Hinaqa qunqay wañukunki pasña kaspapis.

700   Ahina chay Tiyup cuintunkuna... chakrapipis hawasta rantiq tukusunki o papata rantiq tukusunki. Qullqita achkata qawachisunki, qam vindiyunki hinamantaqa unaymantaqa apallasunkipuni.

701   Tiyu mana nakakunchu. Imaynatataq Tiyu apakun? Qunqaymanta wañunki, qunqay wañuyta wañunki allin puriyachachkaspa wañurukunki. Utaqchus

también él te lleva, aparece con un carro en el pueblo, o en los cerros subido en un caballo o a veces también a pie, simplemente. Allí, te dice:

702 "Vamos te voy a llevar, te voy a invitar, vamos a tomar, nos emborracharemos, vamos a comer" cualquier cosa te dice y te lleva. Si eres una mujer o una joven te puede decir: "Ya vamos, vamos a mi casa, ahí vas a trabajar, yo soy misti, te voy a pagar bien". Y allí mientras camina y camina, de pronto la joven se cae y ¡plum! muere en ese mismo instante, a su lado.

703 Así suele llevar el Tío, con mentiras. No te dice así de frente: "Yo soy el Tío, te voy a llevar...". Te da plata o algo que tú estés deseando.

704 La culebra de la que conté sería un Tío. En esa historia la culebra era un Tío y el otro también. A veces se tienen envidia entre Tíos. A veces discuten entre ellos porque son como comerciantes.

705 A la gente se la llevan con mentiras. Con toda clase de engaños. Engañan así como se engaña a los niños, tan sólo con un dulce engañamos a los niños... así como en esa canción que dice "/cuéntese entre los chicos/ por las noches me convierto en tu Tío/", le da un dulce o le dice cómprate pan... los niños quedan engañados y allí ya está... mientras el Tío con la mamá (ya se pueden imaginar los lectores). El Tío engaña a la gente. Siempre la engaña. Lo que sea que esa persona esté deseando, eso te da, carro, chacra, plata, casa... lo que sea te da, como sea lo hace aparecer...

706 El cadáver-aya es distinto al Tío. El cadáver-aya es alguien que se ha condenado por alguna falta. Puede ser por haber pegado a su padre o a alguien de su familia. Por esa razón nuestro Padre lo arroja, por portarse mal, por eso se condena. De la otra vida regresa a esta vida. Hay bastantes que han sido arrojados o negados por Dios. Aunque es casi de la misma familia que el Tío, son malignos.

pay apasunki, carruyuq rikurin, llaqta ukupi mayninpi, utaq rikurin urqukunapi kawallu sillada, o chakillapi mayninpi.

702 Hinaqa: "Haku risun, pusasqayki haku, invitamusqayki machamusun, upyamusun, mikumusun"... Imanispapis apasunki. Sichus warmi kanki pasña kanki: "Ya, haku wasiyta risun chaypi llamkanki, ñuqa misti kani allinta pagasqayki". Ahina purichkaptin purichkaptin ña sinchi karutaña apaptin, qunqayllamanta pasña ¡plun! wischukun, yastá wañukapunpacha ladunpi.

703 Ahinata apaq ingañuwan. Mana sut'intachu nisunkiman: "ñuqa Tiyu kani, apasqayki" nispa. Qullqitapis quwanman utaq imata munawaq-hina qusunkiman.

704 Chay machakway ñawpaq willakusqay Tiyu kanman, Tiyu chay. Chay hukpis Tiyullataq. Chayqa Tiyupura mayninpi invidianakunku. Kay tiyukunaqa paykunapurapis huchatarillankutaq, paykuna kanku runa rantiq.

705 Kay kawsaq runakunata apanku imaymana ingañuwan. Ingañanku kay uña irqitahina. Miskillawanpis ingañanchik irqikunata, kaqllata. Chay takipi nichkanhinapis: "/Chicuchakuna willarinakuychik/ chisillamanta tiyuyki kapuni/" nispa nin, miskita quyun, tantata rantikamuy nin, ninankamaqa yastá irqikuna ingañasqa. Chaykama Tiyuqa mamanwan... (ña qamkuna licturkuna imaginakuwaqchikña). Kaqllayá chay Tiyukuna ingañan runakunata, ingañanpuni. Chay imata chay runa munan, chay munasqanmanhina qun, ima munasqantapis: carrutapis ima, chakratapis, qullqitapis, wasitapis imata munanhina qullanpuni, rikurichillanpuni.

706 Manam ayawan kaqllachu. Ayaqa hukniraq. Chay ayaqa cundinakun ima huchanmanta, tatantachu maqakurqan, utaqchus ima aylluntachu maqakurqan. Chaymanta Tatanchik wischumun malcriadu kasqanmanta. Chaymi chay sutin cundinakun. Huk vidamanta kay vidaman kutimun. Tatanchikpa wischusqan o Tatanchikpa nigasqan chayqa. Chaypis chay ayapis yaqa familiahinaña, Tiyu familiaña, malignuña.

TERCERA PARTE

El zorro y otros cuentos
Cuintukunamanta

XLIV   Del burro y el toro

707   Un hombre me contó a mí este cuento. El cuento es sobre un hombre que
        tenía bastantes casas, chacras y animales.

708   De todos sus animales, los que más trabajaban para él eran el toro y el burro.
        Al toro lo tenía para que are sus chacras y al burro lo tenía para cargar.

709   En esos tiempos dicen que los hombres que tenían animales sabían bien el
        habla de sus animales.

710   Cada día había que llevar al toro a la chacra para hacerlo trabajar, trabajaba
        durante todo el día. El burro no trabajaba todo el día.

711   El toro y el burro siempre dormían en el mismo corral, allí siempre conver-
        saban entre ellos. El toro tenía mucha envidia del burro. Una vez el toro le
        dijo al burro:

712   - Mucho te envidio. Nuestro patrón a ti te hace trabajar poquito y te da
        buena comida, te da paja de cebada, paja de trigo a veces con granos y todo;
        a veces hasta te da granos de cebada. A mí en cambio sólo me da rastrojo
        y me hace trabajar más que a ti.

713   El burro le respondió:
        - Tú me das risa, eres sonso y no piensas; por eso es que trabajas para
        nuestro patrón hasta la hora que a él le da la gana. Si yo fuera tú no me
        dejaría atar con el yugo. Me pondría bravo y lo cornearía.

714   El toro entonces dijo:
        - Tú, burro inteligente, dime entonces ahora: ¿Qué cosa debería hacer?

715   El burro respondió:
        - Si crees en lo que te digo va a estar bien, ya no te va a poder hacer
        trabajar: Mañana temprano nuestro patrón te va a traer la comida; no comas
        esa comida, más bien hazte el enfermo, muy enfermo, y ya no te va a poder
        obligar a trabajar.

XLIV Cuentu ukupi asnumantawan waka-turumantawan

707 Huk runa willawaq ñuqaman. Huk runas kaq achka wasiyuq, achka chakrayuq, achka uywakunayuq ima.

708 Chay uywakuna ukupis aswan llamkaq runanpaq kaq huk turu, huk asnu. Turu arananpaq[170] kamachisqa, asnutaq qipinanpaq kamachisqa.

709 Chay timpuqa chay runa uywakunayuq allintas yachaq uywakunap rimayninta.

710 Hinas turutaqa sapa punchaw chakrata apana kaq llamkachinanpaq, chisi chisiyaqta. Asnutataq manam chisi chisiyaqtachu.

711 Hinamantas turuwan asnuwanqa kuskallapuni puñukuqku huk kanchapi. Hinaspa rimaqkupuni asnuwan turuwanqa. Turu manchanata invidiakuq asnumanta. Chay yunta turu asnuta niq:

712 "Manchanata invidiakuyki. Qamta runanchik pisillata llamkachisunki; allin mikunatataq qusunki, siwara pajakunata, trigu pajakunata, trigu triguntintaraq, siwara siwarantintaraq mikuchisunki. Ñuqamantaq yanqa hipikunallata[171] mikuchiwan, aswantataq llamkachiwan" nispa niq turu asnuta.

713 Hinas asnuqa turuta niq:
"Asikullani qammanta, qam sunsum kanki, manam pinsankichu, chayraykum qam llamkanki runanchikpaq munasqan uraskama" nispa asnu niq.
"Sichus ñuqa qam kayman, manam watachikuymanchu yuguwan; aswanpis piñarikuyman, waqrayman."

714 Hinamanta turu niq:
"Qam asnu umasapa niway kunan: Imatam astawan ruwayman?".

715 Hinaspa asnu niq turuta:
- Sichus ima nisqaytapis qam iñinki, chayqa allinmi kanqa; manaña astawan llamkankiñachu. Paqarin tutallamanta runanchik apamusunki mikunata. Chay mikunata manam mikunaykichu, aswanpas unqusqa, mana allin unqusqa, churakunayki; chayqa manaña llamkachisunkiñachu."

---

170 *Aray* - **'yapuy'**. Kayllumapi manam "yapuy" simiqa riqsinkuchu.
171 *Hipi* - Huk qichwasimipi **'chapa'**, 'chhapa' utaq **'hamchi'**. Castilla simipitaq: *'afrecho, cáscara de cereales'* (Büttner-Condori, 1984:82).

716 Verdaderamente el toro no comió la comida que le dio su patrón. Hizo todo lo que le dijo el burro.

717 El dueño del toro dijo:
- ¿Qué le pasará a este animal? Parece que está enfermo.
Y en verdad que ese día no llevó al toro a trabajar a la chacra. Sólo se llevó al burro.

718 Ya en la tarde, volvieron a encontrarse el toro y el burro. El burro llegó cansadísimo. Allí conversando se pusieron de acuerdo para que no les hiciera trabajar a ninguno de los dos.

719 Pero resultó que su dueño escuchó lo que habían hablado; dijo:
- Así que a estos animales les ha entrado el vicio de la flojera, ahora verán.

720 Entonces el hombre separó al burro del toro y lo obligó a trabajar más todavía, arando las chacras. Al toro lo envió al camal: para que así, nunca más se burlaran de él esos animales.

XLV Del zorro y del sapo

721 Se cuenta que antiguamente, en este mundo, cualquiera de los animales podía hablar. Cierta vez, un sapo conversó con un zorro así:

722 - Oye zorro, otros animales dicen que tú eres tremendamente sabio e inteligente. Si eso es verdad, como dicen, yo no te podría ganar en nada.

723 Entonces el zorro le respondió: - ¿Y en qué cosa tú me puedes vencer?

724 - Apuesto que no me ganas en correr desde este río a la punta de ese cerro- respondió el sapo.

725 El zorro casi muere de la risa que le dio. - ¿Tú? ¿tú me vas a ganar, a mí, corriendo?, ¿tú? ¿Tú me vas a ganar en una carrera? ¿**tú**?

726 Y el sapo dijo: - Sí, sí, yo, yo. **Yo** te voy a ganar.

716   Hinaspa chiqaypaq turu manaña chay mikuna qusqanta mikusqachu. Imaynatas
        asnu nirqan kaqllata ruwasqa.

717   Hinaspa chay turup runanqa:
        "Imananmi kay uywata? Unquchkansina" nisqa.
        Hinaspa chay punchawqa manas chiqaypaq apasqachu turuta llamkaqta.
        Asnullatas apasqa llamkaqta.

718   Hinaspas chisi tardinmanqa wakmanta tupallasqakutaq turu asnuwan. Asnuqa
        manchana saykusqallaña chayamusqa. Hina rimallasqakutaq
        yachachinakusqakus paykunapura ama mayqinpis astawan llamkanankupaq.

719   Hinallamansi chay runan uyarisqa paykunap rimasqankuta. Hinaspa runanqa:
        "Cunqui kay uywakunaqa viciunta ruwachkasqaku" nispa.

720   Chayraykus astawan chay runaqa asnuta turup partinmanta sapa punchaw
        arachisqa. Turutataqsi camalman apachipusqa ama astawan chay uywakuna
        paymanta burlakunanpaq.

XLV   Atuqmantawan hampatumantawan

721   Unay ñawpaqqa rimaqkupunis ima uywakunapis kay pachapi. Huk hampatu
        parlasqa atuqwan ahinata:

722   "Yaw atuq, qamta nisunki wakin uywakuna: 'Atuqqa manchana yachayniyuq,
        umasapa' nispa. Sichus qam manchana yachayniyuq kanki, manachus ñuqa
        qamta atipaykiman."

723   Atuqqa nisqa hampatuta:
        "Imapi atipawankiman?".

724   Hampatutaq nisqa: "Akis mana qam atipawankimanchu kay mayumanta
        urqu puntaman pawayta."

725   Hina atuqqa asiymanta wañusqa: "Qamchu ñuqata ganawankiman pawaspa,
        qam??, qamchu ñuqata ganawankiman pawaspa? *qam*???, qampuni?

726   Hampatutaq nisqa: "Arí *ñuqa, ñuqa* ganasqayki, *ñuqa,* ñuqapuni."

727   - Bueno, ya. Mañana, por la noche, cuando salga la luna, correremos a la punta de ese cerro. Partiremos del río. Tú y yo- respondió entonces el zorro. Tras eso, rápidamente se separaron: el zorro por su camino, el sapo por el suyo.

728   El sapo, por su parte, inmediatamente llamó a una reunión y fueron muchos sapos. Toda la noche, hasta el amanecer, vieron cómo podían hacer para ganar la carrera al zorro.

729   Después de mucho hablar surgió una buena idea para ganar al zorro: Para la carrera de esa noche se colocarían los sapos en fila, a diez metros uno de otro, desde el río hasta la punta del cerro. Uno de los sapos esperó, en el río, encima de una peña, listo para empezar la carrera con el zorro.

730   Allí apareció el zorro que no dejaba de reírse del sapo y le dijo: - ¿Siempre me vas a ganar? ¡Qué vas a poder!
      - No te preocupes por mí, más bien preocúpate por ti; vas a perder hagas lo que hagas- le contestó el sapo.

731   Tras de lo cual se pusieron los dos de pie. El sapo dijo al zorro: - A la cuenta de tres parpadeos comenzamos a correr.

732   Y en verdad que empezaron a correr a la cuenta de tres. El zorro partió despacio porque se reía. El sapo por su parte comenzó a dar saltos rápidamente y se adelantó bastante. Cuando el zorro llevaba unos veinte metros recorridos seguía carcajeándose y volteando la cabeza dijo: - Ja, ja, ja, ¿vienes tras de mí? ¿o no?

733   Pero el sapo ya estaba unos diez metros más arriba que él y dijo: - Croac, croac!, zorro tonto, ya estoy acá.

734   Y en verdad, el zorro se asustó cuando se volteó y lo vio:
      "¿Qué pasa aquí? ¿Estoy soñando o qué? ¿Cómo? ¿Acaso un sapo me va a ganar a mí?". Tras decir esto empezó a correr lo más rápido que pudo, con todas sus fuerzas, y sin volver a reírse.

735   Como cuatro veces más el sapo respondió de la misma forma, siempre más arriba que el zorro. Cuando al zorro ya le faltaba muy poco para llegar, apenas unos cinco metros, el sapo situado ya en la cumbre le dijo:

727 Atuqtaq nisqa: "Chayqa paqarin tuta killa lluqsimuyta urqup puntanman pawasunchik kay mayumanta, qamwan ñuqawan."
Hinaspaqa utqayllata chiqisqaku atuqpis ñanninta, hampatupis ñanninta.

728 Hina hampatuqa utqayllata huñukusqa tukuy tuta paqariqllata achka hampatukunawan: "Imaynatas atuqta ganachwan pawaspa urqu puntaman" nispa.

729 Hinaspa achkata parlaspa huk allin rimay lluqsisqa atuqta gananankupaq. Chay tuta killa lluqsimuyta pawanankupaq churakusqaku hampatukuna sapa chunka mitrupi fila asta urqup puntankama. Hina huk hampatutaq mayupi suyasqa listullaña qaqa patapi pawayta qallarinankupaq atuqwan.

730 Hinaqa chaytaña atuq rikurin manchanata asiykukuspa hampatutaqa; niq:
- Ganawankipunichu? Manapunim atiwaqchu" nispas.
Hampatuqa nisqa: "Ama llakikuychu ñuqamantaqa, aswanpis qammanta llakikuy, qam pirdinkipunim" nispa.

731 Hinaqa iskayninku kuska sayaykusqaku. Hampatu nisqa atuqta: "Kimsa yupaypi chillmispa pawarisun."

732 Hina chay kimsa yupaypi chiqaypaq atuqpis allillamanta asikuspa pawarisqa, hampatupis utqaytaraq karu karumantaq latarisqa.
Maypachachus atuq huk iskay chunka mitrumantahina asikusqa:
"Ha, ha, ha, ha" nispa. "Hamuchkankichu qipayta icha manachu?" nispa.

733 Hina hampatuqa paymanta as wichaymantaña chunka mitrumantahina: "Qur qur sunsu atuq, ñam kaypiña kachkani."

734 Chiqaypaq atuqqa umanta *khiwi*rikuspa mancharikusqaraq: "Imaynatas kay? musqukuchkanichu, imaynataq? hampatuchus ñuqata ganawanman?" nispa utqayllaraq wakmanta atuqqa pawarispa tukuy kallpawan, manañas asikusqapasñachu.

735 Ahina yaqa tawa kutita kaqllatapunim hampatuqa altumanta cuntistamusqa. Hinaspataq ñataq pisillayña urqu puntaman chayana kachkaptin, yaqa pichqa mitruhina; hampatuqa chay urqu puntanmanta:

271

736   - ¡Croac, croac, croac! En verdad que te he ganado zorro tonto, ¡te gané zorro tonto! ¡en verdad que te gané siempre zorro tonto!

737   Tal como ocurre en este cuento, el zorro siempre pierde la apuesta que haga con cualquier otro animal.

XLVI Sobre el asno que cagaba plata

738   En todo nuestro Perú hay toda clase de cuentos, uno de estos cuentos se los voy a contar:

739   Una vez había un hombre triste y humilde que no tenía plata. Este señor estaba sin nada de plata, tan sólo tenía un burro. Se las pasaba pensando: "¿Qué puedo hacer?". Su burrito ya era muy viejo y tenía hasta sus dientes todo desgastados... entonces pensó: "¡este burrito!, venderé este burro; pero ¿cómo haré para que me paguen bastante plata por el burro?". Así estaba este señor pensando día y noche en cómo haría para vender su burrito.

740   Una vez se soñó y dijo: "lo mejor será que se lo venda a cualquiera diciéndole que me he quedado sin plata, le diré además que éste mi burrito caga bastante plata...". Entonces lo ofreció a la gente diciendo:

741   - Te vendo mi burrito. Sólo este burro es un buen cagador de plata pero lo que pasa es que gastó demasiado en alfalfa. Este burrito come demasiado, por eso lo vendo. "Te lo vendo" dijo a un hombre y éste le dijo:

742   - A ver, ¿cómo es eso de que un asno pueda cagar plata?- sin creerle lo que decía el dueño del burro. Entonces de noche, ya cerca al amanecer, cuando ya se estaba haciendo de día, el dueño del burro le metió plata al burro por su trasero, le metió monedas. De esas monedas metió bastantes, bastante plata. Entonces el comprador del burro preguntó:

743   - ¿Es cierto que tu burro caga plata? A ver, muéstrame a este burro que caga plata- dijo pues el comprador. - Tráete una carga de alfalfa y le damos de comer y vas a ver que inmediatamente va a cagar plata- dijo el dueño.

736   "Qur, qur, qur, qur, qur, qur, qur, ¡ganaykipuni sunsu atuq! ¡ganaykipuni sunsu atuq! ¡ganaykipuni sunsu atuq!"

737   Ahina kaymanhina atuqqa pirdinpunis ima apuistapipas, ima uywa kawsaywanpis.

XLVI   Qullqi akaq asnumanta

738   Kay hinantin Perú llaqtanchikpi, imaymana willarikuy kachkan, hukqa willarikuyta, willarikamusqaykichik:

739   Huk pachas karqan huk kuyay mana qullqiyuq wiraqucha. Hinaspa chay wiraqucha manam qullqin karqanchu. Hinaspa asnuchallan karqan: "imanayusaqtaq" nispa nin. Asnuchan yastá yuyaqchaña; kirunchakunapis *thanta*rikapunña[172]. Hinaspa: "Chay asnuchata chalarakapusaq" nispa nin. "Achka qullqita pagawanankupaq, imaynatataq ruwasaq?" nispa nin. Hinaqa chay wiraquchaqa tuta punchaw pinsarin: "Imaynatataq kay asnuchayta chalarakapuyman?" nispa nin.

740   Hinaqa hukta musquncharun hinaspa nin: "Aswanchá riki pi rantiqmanpis: 'mijur kay asnuta vindipusqayki, qullqimanta pisiyuruni' nispa nisaq; 'kay asnullay allin qullqi akaq' nispa".
Hinaspa ufricirun runakunata. Hinaspan nin:

741   - Asnullayta vindirakapusqayki. Allin qullqi akaqmi kay asnullay. Hinaspa mana... sinchitañam gastayuchkani alfapi. Hinaspataqmi anchatataq kasqan kay asnullay mikuntaq. Hinaspa chalarakapusqayki- nispa nin. Hinaqa runa nin:

742   - Awir, imaynatataq qullqita akanman asnú?- nispa manam criyinkuchu. Hinaqa huk tuta chay pacha paqarimuchkanmanña karqan punchawamuchkanmanña karqan. Hinaspa utqayllata asnup sikinmanta winayun qullqita, chay hirru qullqikunata. Anchaykunataqa winayun achkata qullqita. Hinaspa chay asnu rantiqqa tapun:

743   - Chiqaychu asnuyki qullqita akan? Chayqa awir rikuchiway, awir akachun asnu. Hinaqa chay asnu rantiq nin:
- ¡Ya!, aparamuyyá qipita alfata hinaspa mikurichisun hinaqa kunitan akaramunqa asnu qullqita- nispa nin.

---

172 *Thanta* - Huk qichwa simikunapi **'mawka'** ninku.

744 Le dieron bastante alfalfa al burro. Después de un buen rato mientras aún le miraban comer verdaderamente el burro se puso a cagar. Con plata y todo comenzó a botar su caca. - Agarra, agarra con tu sombrero, ¡álzate la plata! - dijo el dueño.

745 Recién entonces el comprador del burro se puso contento: -Mira pues, cierto, este burro había resultado cagando plata.
Lo compró y se lo llevó mientras que el vendedor del burro se fue a su pueblo.

746 Comenzó a darle alfalfa como un tonto pero nada, no cagaba plata. Claro. ¿qué cosa iba a cagar?, si fue el dueño del burro quien había metido la plata. Sólo ese ratito había cagado plata. Claro, ya no volvió a cagar plata: - Me han engañado vilmente, éste no caga- diciendo le pegó al burro: - ¡Caga plata carajo!, ¿por qué no cagas?- le decía.
Así fue como ese hombre humilde vendió su burrito, el burrito que cagaba plata. Así es el cuento.

XLVII El gato ladrón

747 Hace mucho tiempo había un señor que no tenía plata y trabajaba para otros en las chacras como peón. Como obrero nomás estaba, ayudaba en las chacras y en las casas. Así trabajaba de cargador o haciendo cualquier cosa. Pero lo que ganaba no era mucho, era bien poquito.

748 Este hombre tenía un solo gato, un gatito negro, conversaba con el gato: - ¿Qué hacemos? La plata no nos alcanza para comer, a veces hay chamba y a veces no hay, ¿qué vamos a hacer?- le decía.

749 El gato era bien inteligente y contestaba ronroneando: "rrr rrrr rrr" y caminando de un lado para otro. El hombre miraba al gatito, y mientras así estaba se le vino una idea a la cabeza: "¿Cómo voy a hacer esto?...¡Ya sé! Tengo pues un vecino, un gringo que tiene harta plata" pensó. "¿Acaso no voy a poder hacer de alguna forma para robarle esa plata?".

750 El gringo tenía una ventanita y esa ventanita solía estar siempre abierta. Pero el hombre, el dueño del gato, no podía entrar por esa ventana para robarle:

744 Hina achkata mikuyuchin asnuman alfata. Hinaqa unaymanta, unayta ahinata qawachkanku mikuchkaptin... Hina de viras hukta akatatamun asnuqa. Hina qulqitawan akaramun, *t'aka*kamun:
- ¡Chay chay sumbriruykiyta hapiy hapiy!, ¡huqariy qullqita!- nispa.

745 Chayraq chay asnu rantiq kusisqaraq:
- Ya, cirtumá kasqa, qullqita akasqa kay asnu- nispa.
Rantikun, aparikapun hinaqa, chaymantaqa, chay asnu vindiq pasakapun llaqtanta, hinaqa manaña tupanchu chay asnu rantiqwan.

746 Hinaqa qipanmanta mana asnu qullqita akakapunchu. Alfata qarayuchkan sunsuhina, manam akakapunchu qullqita. Chayqa, imata akanmanri sikimantaq winarun qullqita chay asnuyuq?, chayqa chay uraslla akamun. Chayqa chaymanta mana akamunñachu. Hinaqa:
- Supay ingañawanchá, imaynata mana akamunchu- nispa asnuta karaju castigayun: - ¡Akamuy qullqita karaju!- nispa; - imaq mana akankichu qullqita?- nispa nin. Ahina chay runalla asnunta vindirukun, qullqi akachkaqta. Ahinam chay.

XLVII Suwa misimanta

747 Unay kuti kallarqantaq huk wiraqucha. Hinaspa chay mana qullqiyuq llamkapakun chakrakunallapi piyunhinalla, ubriruhinalla. Yanapakun chakrakunapi, wasikunapi. Chayna qipipakunpis utaq imatapis ruwapakun. Hina, mana chay qullqi ganasqan achkachu, pisipán riki.

748 Hina huk misillan karqan, yana misilla, hina misillata rimapayan:
- Imanasunmi?, mana mikunanchikpaq qullqi aypachkawanchikchu. Mayninpi llamkana kan, mayninpi mana llamkana kachkanchu, imanasunmi?- nispa.

749 Misillaqa intiliginti riki. Hinaqa misillaqa:
- ¡Qur qur!- nispa puriykachan, puriykachán riki. Hina puriykachanhinaqa, misillataqa qawachkan. Qawachkanhina idia hamun umanman:
- Imaynatataq kayta ruwasaq? Kay vicinuy kachkan huk qullqiyuq, achka qullqiyuq gringu- nispa nin. Hina chay gringuta manachus qullqinta imaynapi suwarqamuyman- nispa nin.

750 Hinaqa gringuqa, vintanallan kan... Chayqa chay vintanallanqa kicharayachkanpuni. Hinaqa mana chay misiyuq runallaqa yaykuyta atinchu suwakuq. Hinaqa:

751 "¿Cómo haré?... Ya sé, compraré chancaca" pensó. Compró chancaca y la hizo hervir. Tras hacerla hervir y habiéndola enfriado, lavó todito el cuerpo del gato, todo su cuerpo lo lavó en esa chancaca. Se le empezó a secar... Es pues pegajoso ese dulce. Entonces le ordenó a su gato:

752 - Corre, vas a entrar por la ventana del gringo cuando él no esté pero seguramente allí estará la plata que guarda- le dijo. Verdaderamente el gato fue todo remojado con esa chancaca derretida, bien remojado.

753 Entró el gato y en verdad que había harta plata en su maletín. Había dejado su maletín totalmente abierto. El gato comenzó a revolcarse encima de la plata. Así fue como se pegó toda la plata al cuerpo del gato: por su cabeza, sus ojos, su cola, sus patas; por todas partes,; también en su barriga, en su lomo... Entonces el gato, así como los chanchamachus[52], bien arropado de plata, volvió a salir por la ventana. Corriendo regresó a la casa de su dueño. Entonces:

754 - ¡Ahora sí!, ¡ahora sí!- dijo el dueño del gato y empezó a recoger la plata. El gato volvió a ir y volvió a revolcarse y a traer plata, hasta tres veces fue, siempre trayendo plata.
Entonces el gringo: ¡Uyuyuy!, fue a ver su plata. Poquita plata había, dos o tres billetes quedaban, poco nomás era:

755 "¡Pucha carajo! ¡¿Quién me ha hecho esto?! Si la casa estaba bien cerrada; ¿cómo?, ¿o acaso he ido a emborracharme?... ¿o será eso? ¿Quién mierda se ha tirado mi plata?" pensó el gringo.

756 Por su parte el dueño del gato comenzó a comprarse cosas: casa, carro, vacas. De lo que era pobre se hizo rico. Ya tenía un buen carro, vacas y chacras. Fue incluso donde sus vecinos y les dijo: - ¿No me puedes vender vacas?

757 Pero se burlaron de él: - ¡Qué dices! ¿vacas? ¿Acaso tú tienes plata? Pero si apenas ganas para comer, ¿o no? ¿De dónde vas a tener, tú, plata? Pero él dijo:
- No..., sí tengo plata.
- ¿Y de dónde tienes plata?... Bueno te puedo vender, mis vacas están a tanto.

---

52 Ukukus, en Caylloma se les dice chanchamachu.

751   "Imata ruwasaq?" nin. "Chankakata rantiramusaq" nispa nin. Hinaqa chankakata rantiramun, timpurachin, hinaspa timpurachispataq llijuta cuirpunta, *llimphu*ta[173], chay chankaka yakuwan qasayaruchispa llijuta cuirpunta taqsarun. Hinaqa ch'akitatanña. Hinaqa pigajusuña chay miskiqa. Hina chay misita kamachin allinta:

752   - Curriy yaykurunki vintananta chay gringu mana chaypi kachkaptin. Hinaspa qamqa rikuchkankipuni chay qullqi waqaychasqanta- nispa nin.
Hinaqa misiqa pasan di viras lliju taqsasqa chay chankaka yakuwan taqsasqa.

753   Yaykurun misihinaqa di viras chay malitinninpi achka qullqi kachkasqa. Hina kicha*maya*ta saqirqan malitinninta. Hina misiqa chay qullqipatapi quchpayta yaykun. Hinaqa lliju qullqikuna k'askayun cuirpu misiman; lliju umankunapi ñawinkunapi, lliju intiru chay chupankunapi chakinkunapi llijuta k'askarqarin; wiksankunapi wasankunapi k'askarqarin. Hina misiqa kay *chanchamachu*hina[174] allin qullqiwan p'achasqa lluqsiramun vintananta. Hina curriy pasan chay misiyuqpa wasinta. Hinaqa:

754   "Awra sí, awra sí" nispa qullqitaqa pallayta yaykun. Hina wakmanta kutirin misi. Wakmanta quchpaspa aparamullantaq. Kimsakama puriruspa aparamullantaq qullqita. Hina chaypiqa "¡mmmm!" nispa gringu qullqinta waturikun. Manam qullqi... pisillaña kasqa, huk iskay kimsallaña qullqi kasqa, mana achkañachu:

755   "¡Pucha karaju! Pitaq ruwanman? Manam; k'apasqa allin kachkan wasiyqa. Imaynata? May... machaymanpas... Chaymi riki, pitaq karaju qullqiyta judiruwanri?" nispa gringuqa nin.

756   Hina chay misiyuqqa hukta rantiyta qallarin: wasi, carru, wakakuna. Chay pubri kasqanmanta qapaqman kutirapun. Allin carruyuq kapun, allin wakayuq, chakrayuq kapun. Hinaspa purin vicinunpata:
- Manachu imaynapi wakakunata vindiwankiman- nispa nin.

757   Hina asipayan: - Ima nichkawanki? wakakunata? imamanta qam qullqiyki kan... acasu kanchu? Ñakay mikunaykipaqpis ganakuchkanki manachu kanpis, maymantataq qam qullqiyuq kawaqri?- nispa asipayan.
Hinaqa: - Manam, kachkanmi qullqi.
- Maymantataq qam qullqiyuq kanki?... Arí vindiykimanmi kanpis, tantu valin wakaykunaqa- nispa nin.

---

173 *Llimphu* - '**llihu**' niypacha.
174 *Chanchamachu* - Huk ladukunapi riqsinku '**ukuku**'manta.

758   - Ya pues- dijo y le compró las vacas. Se justificó diciendo: - No, mira, es que he sacado un préstamo, he sacado del banco. - ¿Y con qué garantía has sacado plata del banco?- le dijeron.

- Bueno pues, yo ya sabré cómo estoy, pero véndeme la vaca. Y compró la vaca.

759   Mientras, el gringo se puso a hacer indagaciones. Averiguaba preocupado por su dinero. Entonces reparó que ese hombre pobre tenía vacas, carro y chacras, que se había hecho rico de pronto. El gringo andaba preguntando por todos lados hasta que descubrió y fue a ver al hombre:

760   - ¿Quién te ha dado esa plata?- le dijo. - He sacado del banco, papá- le contestó el hombre.

- ¿¿Del banco??... ¿De qué banco? le dijo el gringo... Era pues inteligente. El gringo fue al banco y no había sacado ningún préstamo de allí. O sea que él era el ladrón:

761   - ¿Cómo entraste?- diciéndole le llevó al puesto de policía y le obligó a hablar. Pero no quería confesar. Le golpearon y recién empezó a hablar:

- No... remojé a mi gatito en chancaca con agua y mi gato sacó la plata- dijo.

762   Cayó con todo, le quitaron la plata... aunque ya se había gastado una parte. También le quitaron las vacas, las chacras. Todo le quitaron y otra vez se hizo pobre ese hombrecito. Así es este cuento.

XLVIII La olla que hervía sin fuego

763   Antiguamente dicen que incluso los animales podían hablar y a veces hasta las cosas hablaban. Una vez había un hombre que se cocinaba en una de esas ollas de barro nomás, en el fogón. Usaba leña, bosta de llama o bosta de vaca; con cualquier cosa se cocinaba bien. Su olla de barro hervía bien las cosas y en poco tiempo se cocinaba papas, habas, carne o cualquier otra cosa. Cuando se cocinaban los alimentos cargaba la olla y la ponía al suelo. Ya en el suelo la olla seguía hirviendo. La olla de barro continuaba hirviendo; así era.

758 Hinaqa: - kaynatayá- nispa wakakunata rantirukun.
- Maymantataq piru chay qullqita qam...? Icha suwakunki?- nispa nin. Hinaqa
niptin nin:
- Manam, bancumantam kunan pristamuta hurqurquni- nispa nin. -Bancu-
mantam hurqukuni pristamuta- nin.
- Ima garantiaykiwantaq imaykiwantaq qam hurqunki bancumanta qullqita? - nispa.
- Buinu imaynapis kakuniñachiki cun tal qui wakata vindiway- nispa nin.
Wakata rantinhina.

759 Hinaqa chay gringu aviriguayta yaykun. Aviriguayta yaykun qullqinmanta
llakirukuspa. Hina chay runallata ripararqun wakayuq carruyuq chakrayuq
kasqanta, allin qapaq karapusqa. Hina chaymantaqa chay gringuqa tapupan
tapupan... Hinaqa discubrirqun:

760 - Pim chay qullqita qusurqanki? - nispa nin.
- Bancumanta hurqurqamuni papáy - nispa nin.
- Bancumanta...?? Mayqin bancumanta?- nispa gringuqa intiligintitaqchiki.
Purin tapuq gringuqa chay bancuta, hina manam bancupi pristamutapis
hurqusqachu, chayqa chay suwakuq:

761 - Imaynata yaykurqanki- nispa puistuman apaspa rimachin. Manam
rimarinchu. Hinamantaña suqanku, imananku, chayraq rimarin:
- Mana, kayhinata misillayta taqsarurqani chankaka yakuwan, hinaspan
misillay hurqumurqan qullqita- nispa nin.

762 Hapichikun qalata, qullqita qichuchikun, wakintachá gastarukunpasña,
wakankunatapis, llijuta chakrankunatapis. Qalata qichukapun wakmanta pubri
kapun chay runalla. Ahinam chay cuintu.

XLVIII   Mana ninawan timpuq mankallamanta

763 Unayqa uywapis rimaq ninku. Mayninpi asta kay ima cusaskunapis rimaqsi.
Huk pacha huk runalla waykukun chay allpa mankallapi, q'unchallapi,
yamtallawanpis, uchallawanpis o q'awallawanpis, imawanpis waykukun
sumaqta. Hinaqa allpa mankataqa timpuykuchin sumaqta. Hina ña chayarqunña
ima papasninkunapis, ima hawasninkunapis, imanpis riki, aychasninkunapis,
chamchunpis ima chayarqunña. Hina chayarquptin mankataqa pampaman
*itu*tatan[175]. Hinaqa mankaqa timpuykuchkallan pampapipis. Allpa mankaqa
timpunpuni, hinayá.

---

175 *Ituy* - Yaqa **"ichuy"** hina. Huk simipi **"marqay"** imatapas llasa kaptin. Castillanupi: *"llevar algo*
pesado con ambas manos (p.e. piedra, cajón)" (Büttner-Condori 1984:63).

764   Una vez le llegó una visita y encontró que la olla estaba hirviendo en el suelo. Entonces dijo:- ¡Qué lindo oye! tu olla está hirviendo, ¿así nomás hierve?, ¿solita hierve?- le preguntó.
- Sí- le contestó. - Me ha costado harta plata esta olla.
- ¿Cuánto te ha costado?- le preguntó.

765   Y seguramente le dijo lo que le costó. A lo que el visitante añadió:- ¿Aceptarías que yo te dé el doble?
- Ya pues- dijo el dueño.
- Así nomás hierve, ¿no?
- Sí, le echas agua, le pones comida y la olla va a hervir solita. La olla hierve solita. No necesita ni kerosene ni leña, esta olla hierve de por sí.

766   Así la vendió ese hombre a su alojado. El alojado contento se la compró y se fue tras comer junto con el hombre. Se llevó bien contento la olla vacía.

767   Cuando llegó a su pueblo, en su casa le puso agua, papas y arroz y otras cosas: - Ya va a hervir... Ya va a hervir- pensaba mientras no dejaba de mirarla. Harto rato la estuvo mirando: una hora, dos horas, tres, cuatro horas... la olla, carajo, ni se movía. Entonces dijo:
- ¡Olla arrecha carajo! ¡Hierve pues carajo! ¡¿Acaso sólo hierves para tu dueño carajo?! ¡Hierve también para mí olla arrecha de mierda!- le dijo.

768   Entonces la olla le habló. Cuando él estaba pensando en patearla le dijo así:
- A mí no me digas arrecha. La arrecha es tu mujer. Tú no sabes con quién está ahora tu mujer. Ahora, en este mismo momento tú no sabes con quién está durmiendo tu mujer. Para arrecha tu mujer que ahora está durmiendo con otro hombre. Si ahora mismo vas la puedes encontrar.

769   Entonces, ya no pateó la olla. En verdad fue donde su mujer. Estaba bien lejos, seguramente bien lejos sería. Su marido ya sabría dónde estaba. Fue y era cierto, a su mujer le estaba haciendo el amor un hombre que le tenía puesta sus piernas al hombro. Le estaba dando una tirada de muerte a su mujer, hasta la estaba haciendo sudar. Entonces:

770   - ¡Maldita mujer carajo! O sea que era cierto, había sido cierto ¡carajo! Le pegó bien, y a ése que se la tiraba, al hombre, también. Tras pegarle a su

764 Hinallaman huk qurpa yaykurun. Hinaspa chay qurpa taripan mankata pampapi timpuchkaqta. Hinaqa:
- ¡Achalaw yaw!, kay mankaykiqa timpun, hinallachu timpukun? Sapallanchu timpukun? nispa nin.
- Arí tantu kay mankallaqa valiwan- nispa nin.
- Haykataq valisurqankiri?- nispa nin.

765 Hinaqa willanchiki hayka valisqantapis. Hinaqa:
- Manachu ñuqa as dublita qupuykiman, vindirapuwayyá- nispa nin.
- Ya pé.
- Timpukullanchu?
- Arí, yakuwan talliyunki, mikuna churayunki, hinaqa paylla mankaqa timpunqa. Sapallan mankaqa timpun-á. Kirusintachu munan ni yamtatachu munan; sapallan kay mankaqa timpukun- nispa nin.

766 Hinaqa vindihatan chay alujaduman. Hinaqa chay alujaduqa mankata apayukun kusisqa mikuyuspa... mikuynintapis mikurunku iskayninku. Hina apayakapun mankataqa kusiqaraq, qala mankataña.

767 Hinaqa wasinman chayaspa, llaqtanman chayaspa yakuta talliyun, papata churayun ima arruztapis imatapis churayun mankaman. Hinaqa:
- Timpunqachu, timpunqachu- nispa qawapayachkan ¡unayña! Iskay ura, kimsa uraña, tawa uraña, mana manka kuyurinchu ¡karaju! Manam timpunchu. Hina, ahinata nin: "Manka arricha ¡karaju! timpuy-ari karaju, duiñullaykipaq timpunki karaju, ñuqapaqpis timpuy-á ¡manka arricha de mirda!" nispa nin.

768 Hina "haytasaq" nispa mankata nin. Haytasaq nichkaptin, ahinata manka rimarimun:
- Amam ñuqataqa arricha nichkawaychu. Arrichaqa warmiykim. Manam kunan yachankichu piwansi kunan warmiyki. Kunan ratu piwansi warmiyki puñuchkan manam chayta yachankichu. Arricha warmiykiqa puñuchkan huk qariwan. Kunallan purirquspa tariparuwaqmi- nispa nin.

769 Hina mankata mana haytapunchu. Hina saqitatatamun mankataqa. Chiqaypaq warminman pasan... karu... wak karupichiki karqan. Chay qarin yachachkanchá maypi kasqanta. Hinaqa pasan warmintaqa..., huk qari witiyuchkasqa: hombro rikranman piernankunata apahatakuspari witiyuchkasqa warmin, sipirichkasqaraq warmintaqa... sudachisqaraq-á. Hina:

770 - Saqra warmi karaju, chiqaypunimá, chiqaypunimá karaju kasqa- nispa. Llijuta maqan qaritapis, chay witiqtapis kasqan warmintapis maqayuspa

mujer regresó nuevamente. Ya después de eso no volvió a vivir con su mujer. Se quedó a vivir con la mujer-olla. Entonces comenzó a preguntar insistentemente a la olla:

771 - ¿Cómo pues hierves? Dime la verdad de tu secreto. - No, no es así nomás como yo hiervo. Yo hiervo en el fuego, sobre un fogón es que yo puedo hervir- le dijo. - Me calientas con leña, me echas agua, me pones comida y yo voy a hervir. Cuando ya estoy hirviendo, entonces recién me puedes bajar al suelo y yo solita seguiré hirviendo en el suelo- le dijo. -Pero es con fuego como yo hiervo.
Así pues había pagado tanta plata en vano.

772 Quienes sean y donde sea, a quienes leen este cuento, les sugiero que hagan lo mismo, así como dice en este libro, pregunten a la olla por vuestra esposa o esposo... Así es, hasta la próxima que nos encontremos.

XLIX El zorro y el cóndor

773 Antiguamente los animales hablaban, tanto los que tenían alas como los que caminan por la tierra. Una vez, el Zorro, que caminaba de un lado para otro, miraba que por el cielo surcaba el Cóndor todo sobrado, el Cóndor volaba por encima de su cabeza. Todos los cóndores, además, suelen comer buena carne. Y los zorros a veces encuentran comida y a veces no. En ocasiones hasta les sueltan a los perros y se hacen pegar. El Zorro entonces se dijo:

774 "¡Carajo!, este alado tanto vuela y vuela" pensaba del Cóndor. Una vez se encontró con el Cóndor y le dijo:
- Oye tú, qué te crees que vas tan sobrado volando a una y otra parte. Tú siempre comes bien, y yo en cambio soy pobre, a veces encuentro comida y a veces no- mientras pensaba: "Ahora voy a desafiar al Cóndor ¡carajo!":

775 - Oye Cóndor, te hago una apuesta a ver quién es más hombre; tú o yo.
- ¿Qué quieres conmigo?, ¿quieres pelear?
- No, no... vayamos a la punta de aquel cerro, allí veremos quién es más hombre, tú o yo.
- Ya bueno, vamos- contestó el Cóndor.

kasqanta kutimpun. Hinaqa chaymantaq mana warminwan asta kunan punchaw tiyapunñachu. Hinaqa chay manka warmillayuqña tiyakapun. Hinaqa chay mankata wakmanta taputiyan:

771   - Imaynata timpunki?, willaway sut'inta sicrituykita- nispa mankata tapun.
- Manam ñuqaqa timpuymanchu hinallaqan. Ñuqaqa ninapi timpunim, q'unchapatapi ñuqaqa timpuni- nispa nin. Yamtawan kañaykuwaytaq yakuta hichaykuwaytaq mikunata churaykuwaytaq chayqa timpuchkasaq. Chayqa maypachachus timpuni, timpunihinaqa chayraq apaqawanki pampaman chayqa ñuqaqa timpuchkallasaqpuni pampapipis. Ninawan ñuqaqa timpuni- nispa nin. Chayqa tantu qullqita yanqapaq pagayun.

772   Pikuna maykuna kay qillqa rikuq kaqta ruwaychik, allpa mankata qillqaman nisqanhinataq tapurikuychik warmiykichikmanta utaq qariykichikmanta. Ahinam chay. Tuparinakamayá.

XLIX   Atuqmantawan kunturmantawan

773   Unayqa uywakunapis, ima chay pharayuq uywakunapis utaq chay pampa puriq uywakunapis rimaqkus. Hinaspas huk pacha -atuq pampallanta puriykachakun- chay atuq ninku anchay. Chay atuqwan pampallanta puriyachakun hinaspa altuta qawarikun hinaqa chay kunturqa uti utiyta pay umanpatakunata pawachkan. Lliju kunturqa pawasqanpihina allin aychata mikunpis. I zorro, chay atuqqa riki, mayninpi tarin mikunata mayninpi mana. Chayqa mayninpi allqukunawanpis kachayuchikuchkanmi, maqachikuchkan atuqqa:

774   - Tantutachu karaju chaqay pharayuq pawan?- nispa kunturta nin. Hina huk pacha kunturtaqa rimapayan:
- Yaw, imata qam uti utiyta pawayachanki- nin. Qamqa allin wiraykipunitaq mikunkipis. Ñuqa pubritaq mayninpi tarikuchkani mikuyta mayninpi mana tarinichu- nispa nin. Hina: "Kunturta karaju disafiasaq" nispa nin. Hina:

775   - Yaw kuntur karaju, apuistasqayki pis as qari, qamchu icha ñuqachu- nispa nin.
- Chay imataq munanki ñuqawan, maqanakuytachu munanki?- nin.
- Manam, aswanpis risun chaqay urqup puntanta. Awir chaypi pis qari, qamchu ñuqachu- nispa nin. Hinaqa kunturqa:
- Ya listu, haku purisun- nispa nin.

776   Así subieron el Cóndor y el Zorro. En la punta del cerro hacía un frío endemoniado; no dejaba de llover y nevar. No dejaba de caer agua, por momentos granizo y por momentos nieve, hacía un frío bárbaro. Allí se sentaron juntos y el Cóndor preguntó al Zorro:

777   - ¿Cómo estás hermano? ¿Hace frío? El Zorro contestó sobrado:
        - ¡Cómo le va a dar pues frío a un hombre!

778   El Zorro sólo tiene pelos y ya estaba todo mojado. Sin embargo el Cóndor, cada vez que se llenaba de nieve se sacudía y sacudía. El Cóndor no se mojaba, sus alas tampoco se mojaban. En cambio el Zorro ya estaba empapado. El Cóndor le preguntó de nuevo:

779   - ¿Cómo estás Zorro?, ¿cómo estás hermano Zorro?, ¿hace frío? - ¡Cómo le va a dar frío a un hombre!- dijo pero ya casi a las justas hablaba. Ya estaba hecho... el Cóndor no sentía frío y el zorro ya estaba temblando. Otra vez le preguntó:

780   - ¿Hace frío?, parece que no ¿verdad?...- ¡Cómo le va a dar frío a un hombre! pero ya prácticamente ni podía hablar.
        Mientras el Cóndor ya se reía en sus adentros. "Ahorita" pensaba, "qué va a aguantar éste". El Cóndor miró de nuevo a su costado y le dijo:
        - Hermano, ¿hace mucho frío?- y el zorro nada..., mudo.

781   "No contesta, ¿qué habrá pasado?". Seguro que el frío lo ha matado. Recién el Cóndor agitó sus alas y riéndose se fue volando. Así es cómo el Zorro perdió la apuesta. Hay bastantes cuentos de zorros y siempre pierden las apuestas. Así es.

776   Akistayatamunku kunturwan atuqwanqa, huk urqup puntaman... Anchay urqup puntanpi manchanata chiri chirichkan para parachkantaq, riti ritichkantaq. Hinaqa yaku para chayaykuchkan mayninpi chikchiwan, o *aqarapi*[176] ninku anchay chayachkan i chiri manchana chirichkantaq. Ahinaqa kuska tiyarikunku. Kuntur tapun atuqta:

777   - Imayna wawqiy, chiri chirichkanchu?- nispa nin. Chiri chirichkasunkichu?- nispa nin.
Hinaqa niptin atuqqa cuntistayun kunturta:
- Maypim qarita chirinman- nispa utiytaraq.

778   Ñataq chay atuqpa millwankunaqa huquña kachkan. Hinaqa kunturqa sapa riti wasankunaman chayan hinaqa *saq'a*rakun[177], saq'arakuntaq. Mana huqukunchu kunturtaqa chay pharanta, mana huqunchu. Ñataq atuq huquña kachkanhinaqa wakmanta tapuyullantaq:

779   - Imaynam wawqiy atuq, chiri chirichkasunkichu?.
- Maypim qarita chirinman- nispa ñakayllañas rimarimun.
Hinaqa yastá chayqa mana chirita sintinchu kunturqa. Ña katatatachkaña atuqqa. Wakmanta tapullantaq:

780   - Chirichkanchu manachu?- nin.
Astawan ñakayllaña ñakayllaña rimamun:
- Maypim qarita chirinman?- nispa ñakayllaña rimarimun.
Hinaqa ña uku sunqunpi asikuchkan kunturqa: "Kunalla, mana aguantanqañachu kayqa" nispa nin. Hukta hukta qawarikun kuntur ladunta.
Hinaqa:
- Wawqiy chiri chirichkanchu- nin. Manam cuntistarapunchu. Chin.

781   Manam cuntistarapunñachu chayqa: "Imanasqataq". Chiriwan riki wañurapusqa atuqqa. Chayqa kunturqa chayraq rikrankunata pharankunata saq'arinkuña wakmanta. Hinaspa pawarin asikuspa. Chay mayninpi atuqpis pirdillantaqri apuista. Hina achka chay atuqkuna cuintukuna kan i pirdinpuni chay apuistata. Ahinam chay.

---

176 *Aqarapi* - "Riti urmachkaptin chayta ninku". Castillanupi: *"copos de nieve"* (Büttner-Condori 1984:15).
177 *Saq'ay* - Huk ladupi ninku **"chhapchiy"**, Ayakuchupi **"taspiy"**.

L El zorro y la mujer adúltera

782 Cuentan que antiguamente vivía en la puna una mujer con su marido. Dicen que su perro era un zorro. Cada vez que el marido estaba de viaje, este zorro aprovechaba para hablar con ella.

783 Una ocasión, el marido salió de viaje con las llamas y dejó a su mujer con el zorro-perro. El zorro dormía siempre afuera, pero cuando el marido se ausentaba en sus viajes el zorro dormía dentro de la casa. Y así fue como el zorro se tiraba cada día a la mujer. ¿Cómo lo hizo? Así: La mujer dijo al zorro:

784 - Duérmete afuerita. El zorro dijo:
- No mamita, afuera no puedo dormir: "¡Fuera! ¡fuera!" me dirían. Mejor dormiré adentro nomás.

785 Entonces la mujer dijo: - Duérmete pues en ese rinconcito.
El zorro contestó:
- No, no... "¡Rincón!, ¡rincón!" me dirían.

786 - Entonces al lado de la puerta. - No, no... "¡Puerta!, ¡puerta!" me dirían.

787 - Entonces al ladito del fogón. - No, no... "¡Fogón!, ¡fogón!" me dirían.

788 La mujer, ya impaciente, le dijo: -¿Dónde pues es que te quieres dormir?- El zorro contestó: - Lo que es yo, me sé dormir encimita del puputi de mi mamá. Entonces la mujer dijo:
- Bueno ven pues, duérmete nomás aquí encimita de este puputi.

789 El zorro se acercó muy contento y así empezaron a fornicar todas las noches.

790 Una noche mientras estaban encamados, se escuchó el ruido de la campanita de las llamas; el marido estaba regresando. Entonces la mujer dijo al zorro:- Levántate, apura, ¡sal! ¡Ya está ahí mi esposo!.

791 Al zorro, por el susto, se le había atracado el sexo entre las piernas de la mujer, era como si se le hubiera hecho una bola, y no conseguía sacarlo.

L   Atuqmantawan qari warmimantawan. Witiymanta

782   Unay ukupiqa tiyakuqsi altuspi, utaq istanciapi huk warmi qariyuq utaq qari warmi. Allqunkutaqsi kaq huk atuq. Sapa qari viajipi kaptin warmillawan rimaq atuq.

783   Hinaspa huk kuti chay warmip qarin llamakunapi viajita purisqa warminta allqu atuqtawan saqispa. Atuqqa hawallapipunis puñuq. Maypachachus qarin purin viajita chayqa, atuqqa wasi ukupi puñuq. Ahinallas qarin viajipi kachkaptin atuq witisqa sapa punchaw warmita. Imaynata? Ahinata. Warmi niq atuqta:

784   - Puñuykamuy hawapi.
Atuq niq: - Manam mamáy hawapi puñuymanchu, "¡hawa, hawa!" nispa niwankuman; aswanpis wasi ukullapi puñuykusaq.

785   Chayqa warmiqa niq: - Puñukuylla chay kuchupi.
Atuq niq: - Manam manam, "¡kuchu, kuchu!" nispa niwankuman.

786   - Intuncis chay punkullapi.
- Manam manam, "¡punku, punku!" nispa niwankuman.

787   - Intuncis chay q'unchap ladunllapi.
- Manam manam, "¡q'uncha, q'uncha!" niwankuman.

788   Hinaqa warmi nin atuqta:
- Intuncis, maypitaq puñuyta munankiri?
Hina atuqqa niq: - Ñuqaqa mamaypa pupun patallapi puñukuyta yachani.
Warmiqa hinaspaqá:
- Hamuyyá kay pupup patallapi puñukunki.

789   Kusisqallaraq atuqqa pupun pataman purispa witiyta qallarisqa sapa tuta.

790   Maypachachus huk tuta witichkaptin chay warmip qarin ña hamusqaña iskilayuq llamakunapi "¡kalán kalán kalán!" nispa.
Hinaspa warmiqa atuqta nisqa:
- Utqayllata hatarispa hawata lluqsiy, ñam chaytaña qariy hamun.

791   Hinaspa atuq mancharikuymanta 'ullun warmip phaka chawpinpi murq'ucharukusqa' mana hurquyta atisqachu. Ñataq qariqa patiyunpiña

Mientras tanto, el marido ya estaba en el patio: -Ya mujer ¡carajo! ¡apura, levántate! ¡ayúdame a descargar las llamas!

792   La mujer, asustada, al ver que nada podía hacer, agarró un cuchillo y le cortó el sexo al zorro, quien se quejó diciendo "ñis, ñis" al tiempo que salía huyendo. Ella, con el miembro todavía entre las piernas, salió rápidamente a ayudar a su marido.

793   Cuando acabaron de descargar las llamas entraron a la casa, y entonces, el zorro, comenzó a pedir insistentemente desde la puerta: -¡Mamita, devuélveme mi *oca*!

794   El hombre preguntó a su esposa: -¿Qué *oca* has agarrado de ese perro? Tanto y tanto pedía el zorro su *oca* que el hombre, muy amablemente, le preguntó:

795   -¿Qué *oca* se ha agarrado esta mujer? - El zorro; sin poder aguantar el dolor dijo:
- ¡La tiene entre las piernas, papito! ¡La tiene entre las piernas, papito!

796   Entonces el hombre buscó entre las piernas de su mujer y encontró el miembro del zorro. Se lo arrojó, y el zorro, lamiéndoselo bien, se lo volvió a pegar como lo tenía antes. Entre tanto el hombre le dio una paliza de muerte a su mujer.

797   Tras esto el zorro desapareció y ya nunca más volvió a ser perro para la gente. Más bien, desde entonces, los perros odian a los zorros.

llamakunantin kachkan:
- ¡Yaw warmi karaju! ¡Utqayta sayarimuy! ¡Utqayta sayarimuy! ¡llamaykunata paskaysiway!

792   Warmi mana imanakuyta atispa mancharikuymanta atuqpa ullunta cuchilluwan kuchurusqa. Hina atuqqa utqayllata iscapasqa hawaman "ñis ñis", nispa. Warmitaq atuq ullu phakantin utqayllata hawata lluqsisqa, qarinta yanapasqa.

793   Maypachachus llama paskayta tukuptinku wasi ukupi kachkaptin sapa uraslla atuq hawa punkumanta rimapakamusqa:
- Mamitáy uqallayta qupuway- nispa.
Qarintaqsi warminta nisqa:

794   - Ima uqanta hapinki chay allqupta?
Sinchitapuniña atuq uqanta mañakuptin qarin sumaqllata atuqta tapusqa:

795   - Ima uqaykita hapin kay warmi?- nispa.
Atuqtaq mana nanayta aguantaspa atispa nisqa:
- ¡Phakanpi kachkan papitúy, phakanpi kachkan papitúy, phakanpi kachkan papitúy!

796   Hina qariqa warminpa phakanpi maskaspa tarisqa atuqpa ullunta. Utqayllata wischusqa atuqman. Atuqqa llaqwakuspakama kasqanta k'askachikapusqa. Chaykamataq qari warminta sipirisqaraq maqaspa.

797   Chaymantataq chinkapusqa atuqqa, manaña runakunap allqunchu kapusqa. Aswanpis wak allqukuna chiqnirqan kunankamapis.

Versión fonológica

(*)   Número de orden en que fue narrado.
grab.   Grabado.
dict.   Dictado.
{}   Pasajes que fueron borrados en el proceso de edición.
<>   Pasajes añadidos en la edición.
[ ]   Correcciones a *lapsus linguae*.
a   Las pronunciaciones no usuales o dudosas van en negrita.

Huk kayllomino waqcha runaq wawan (1) dict.

1   Nuqaq sutiymi Aleho Make Kapira. Nuqaq familiay karqan mamalaypaq tata
    mamankuna mamaypaq tatalan mamalan. Llapankupis Tuti llaqtamanta karqan,
    probinsia Kayllomamanta, departamento Arekipamanta. Chay runakuna mamayppaq
    tatalan mamalansi kasqaku manchhana qhapaq runakuna, ashkha pachaq pachaq
    paquchayuq, llamayuq obihayuq, wakayuq. Hallp'ankupis hatunsi kasqa. Chungara
    sutiyuq estansia Tuti estansiallapitaq.

2   Chaypis dispensankupis hunt'ay hunt'ay imaymana mihunakuna sapa llaqtamanta
    porke chay runakunaqa ñawpaq puriqku biaheta, llamapi puriqku: Kabanata, saraman,
    Tapayta frutaman, Santo Tomas laduta ch'uñuman, Mahes laduta Siwas laduta
    higusman, waqtuman traguman. Manas qulqiwanchu puriqku, abiokunallawansi
    puriqku. Sapa llaqtamantapis chhalaqku ch'uñuta sarawan, higuswan, waqtuwan o
    traguwan. Ch'uñutapis chhalallaqkutaq sarawan, higuswan, traguwan. Tukuy
    imaymana hunt'asqawan. Ahinatan mamalay willawaq nuqaman.

3   Mamalaytaqsi, hatun mamaytaqsi, wikch'uchikamusqa karqan tata mamanwan mana
    imayuqta simisapa kasqanmanta, qhilla kasqanmanta. Hinaspa chay mamalay
    paqarichimusqa kay pachaman iskay warmi wawata; huk Aurelia sutiyuq; huktaq
    Flora sutiyuq. Llapankupas mana imayuq. Chay hukkaq warmi wawas, Aurelia
    sutiyuq warmi, nuqata paqarichimuwasqa huk qhari wawatawan Benansio sutiyuqta.
    Hinaspas mamalay mamaypiwan chiqnichikusqankumanta wañupusqa chay qhapaq
    runakunaqa mana imatapis mamalayman saqispa. Waq runakunaraqsi chay
    qhapaqninkunawan qhapaqyaykusqa.

4   Nuqaqa paqarisqanis huk estansia Ch'ita sutiyuq. Tutillapitaq chunka qanchisniyuq
    p'unchaw hulio killapi, waranqa isqun pachak phishqa chunka kimsayuq watapi.
    Chay Ch'itapi uywawasqa mamay mamalaypiwan tawa watata. Chay tawa watamanta
    mamay qharinwan wikch'unakuspa huchatarillasqakutaq mamalaywan. Runakuna
    nuqata tapuwanku imanasqas tatay mamaywan wikch'unakurqan. Mamayta tapuqtiy
    niwan nuqata:

5   - Hukkama mana imayuq runas kaq gitarrallata arpallata tokayta gustaq. Chayta
    tukaspas ancha ashkha warmikunayuq kaq - nispa mamay willawaq. Hukkama qarchi,
    chayraykus wikch'unakuq. Chayraykus chay mamaywan huchatarisqanmanta
    mamalaywan Tuti llaqtaman urqampurqayku.

6   Chay Tuti llaqtapiqa ña nuqa chhika chhikallanta yuyakuniña imaynata mamay
    mikhunaymanta p'achaymanta llakiwaq, hank'apakuspa granu muhukunata hak'upaq,
    chanchupaq; awapakuspa llikllata, punchuta, mantakunata, imaymanakunata mamay

yachaq awayta. Nuqataq mamay runakunata yanapakunankama maqt'itu kayniypi irqimasiykunawan pukllaq kani, maqanakuq kani.

7   Pukllaq kayku mama-tatapi, paka-pakapi, machana bidapi, t'inkaykunapi. Imaynatas kuraq runakuna ruwaqku, kaqllata nuqayku irqikuna ruwaq kayku. Kuraq runakuna witinakuq, chaypis nuqaykupis witinakuq kayku: maqt'a irqikuna, warmi irqikunawan, pukllaspalla.
Nuqa al menos manchhanata witiq kani warmi irqikunata asta chunka iskayniyuq watayuq kanaykama. Anchay pukllay sutin kaq tatamama pukllay, anchay pukllay nuqaman masta gustawan witinayrayku. Ahinan chay.

8   Mamay yaqha iskay wata yanapakushaspa, chaymanta llaqta ukhupi: huch'uy llaqta, hatun infierno. O sea nuqayku mamay ña allintaña qulqita ganarikushaqtin, awapakusqanta, ruwapakusqanmanta, llaqtamasiypacha runakuna mamayta chiqnikuyta waykunku, enbidia kaymanta chay. Hinaspa nuqa ña as hatunñan kani; mamaywan kuska hataripuyku Chibay llaqta laduman.

9   Chay llaqtapi mamay primer p'unchaykuna mana trabahuta tarinchu, mana pipas riqsiwarankuchu waq klase p'achayuq kaqtin. Sapa llaqta hukniraq p'achayuq: Tutipiqa warmikunaq p'achakuqku baytamantakama pullirayuq, kutunayuq, bayta chamarrayuq, obiha willmamanta sombreruyuq. Nuqataq kaqllataq: obeha willmamanta sombreruyuq, kutunayuq, bayta chamarrayuq, bayta wayruyuq, usut'ayuq ima p'achakuq kani. Ahinan chay.

10   Manan Chibaypi llank'ayta tarispa, nuqa maqt'a irqi kayniypi qulqillaykupis tukuruqtinña, pasaqta nuqata mikhunayawaq. Hinaspa nuqa puriq kani mamaymanta chinkakuspa merkaduta. Hinaspa qhawaq kani t'anta bendiqkunata, misk'i bendiqkunata, fruta bendiqkunata. Hina uqariyta munaq kani ch'inllalla imatapis mikhuna kosasta pero mana chay bendiqkuna dihakuqtaqchu. Anchata qhawapayaqtiy huk t'anta bendiq runa:

11   - Yaw suwa irqi karahu, imatan tantuta qhawapayawanki? Korriy wasita purispa quwikunaman yakuta qaramuy asta saqsanankama, mamaykitataq allinta kuydamuy, huk sullk'aykitañataq ruwashanman piwanpis - nispa niwarqan.

12   Hina nuqa manaña mihuymanta awantayta atispa ahina purishani merkadu ukhupi. Huk warmi hamusqa wawa q'ipiyusqa, chay wawataq hatun t'antata mihukuspa q'ipipi. Hina nuqa chay t'antata qichuruni; qichuruspataq phawarikuni. Ahina yaqha iwalllata ashkha kutita ruwani. Hinaspa huk runa mamayman willayun: -Imapaqmi chay irqiykita suwata yachachinki? - nispa.

13   Hinaspa mamay phiñarikuspa chay merkadumanpacha aparuwaran. Hinaspa chaypi iskaynin makiyta wataruspa kimsa p'arqayuq lasuwan waqtawaran makiypi: - Kay makiykichu suwakuyta yachachisunki? - nispa.

14   Hinaspa qaparini i mamaypis suq'ayta tukuspa waqarullantaq: - Ima huchay ukhumanta kay waway lluqsiyta munan - nispa.

15   Hina chayraq huk warmi ashkha runa montonarakuqtin mamayta rimapayan:
- Imapaq wawaykita chayhinata suq'anki? - nispa, -aswan wawaykita qupuway Arekipata apasaq muchachupaq.

16   Hina mamay nin: - Manan, manan wawaytaqa kacharikuymanchu. Maske tulluytapis, maske aychaytapis mikhuku**cha**wachun[1]. Nuqa kawsashaniraqmi, manan wañuniraqchu, kayniraq warmilla kani; ruwapakuyta yachani, pushkhayta yachani, awaytapis yachani; ima ruwapakuytapis chhikallanta atini.

17   Hina chayraq runakuna mamayta walikuranku chay ruway yachasqanta. Sapa wasipi ruwapakuq, ruwaq tukuspa mamay lluqsiq huk wasimanñataq. Wasi wasinta muyuq kayku mana wasiyku kaqtin.

18   Hinaspa ahina muyu**cha**spa mamay tupaq huk biudo qhariwan. Hinaspa chay qhari manaña llank'apakunanta mamayta munaqchu. Aswanpis chay qhari kasqa karqan wakayuq, estansiayuq, paquchayuq, llamayuq, ubihayuq, mulayuq ima. Hinaspa mamaywan yaqha watata tiyashaspa nuqata k'arikuwaq, chiqnikuwaq.

19   Hinaspa mamay apachiwaq Mahes ballita. Huk tiyuy nisqa karqan chaywan, apawaq ñanninta, Chibaymanta asta balli Mahes llamapi mulapiwan. Chakipi purispa nuqa irqillaraq pasaqta sayk'uq kani, mana chayayta atiqchu kayku tutantin p'unchawnintin purishaspa.

20   Chay ñan purisqaypi nuqa rikuq kani imaymanata: bikuñakunata mana runayuqta, asuleho asnukunata mana runayuqta, simarronkunata. Chaymanta huk urqu sutin Tururunqa, manchhana poderniyuq biaherukunapaq.

21   Manaraq chay urquman chayachaspa ñan hunt'api tariq kayku Inkarreypaq rumi wark'asqanta. Chay rumi huch'uylla kasqa, murq'uniraq. Manan chay rumi mayqin rumimanpis iwalanchu. Ñakamapis chay rumi kashanmanmi chay ñanpi. Mahesman puriq runakuna, biaherukuna ichuspa o marq'aspa chay rumita, wantuq asta maykamas kallpanmanhina. Chay rumi pasaq winihina. Mana uqariy atina huch'uylla kashanpis. Nuqa al menos kuyurichiqpaqchu kani; aswaypis chay kompañeroykuna, chay tioy nisqa al menos, ñak'ay marq'aq chay rumita. Kaqllatataqsi chaqaymanta hamuqkunapis marq'amunku kay laduman. Kaymanta puriqkunapis marq'aqku chaqay laduman. Chayqa aswaypis niyman kunankamapis kasqallanpisina kay rumi wanturayashanmi. Nuqa tapuq kani nuqawan puriq runakunata: - Imaraykutaq chay rumita wantuykachanku? - nispa.

22   Hinaspa niwaqku paykuna: - Chay rumitaqa Inkariy wark'amusqa karan Qusqumanta girrapi kashaspa. Hinaspas chay rumi kashan chaypi karan allin hatun llaqta. Chayraykus chay rumita chayamuqtin q'ala llaqta chinkan, mana ima seña kanchu, seña kan rumilla. Chayraykus chay runakuna marq'anaqanku kayman chaqayman. Sichus chay runakuna chayachinman chay rumita marq'aspakamalla may law llaqtamanpis qunqayllamantas chinkanqa chay llaqta.

23   Chayrayku niwaq nuqaman puriq runakuna. - Mana iñiyniyuq runakuna qhipan ashkharaqmi kanqa. Chayrayku chayachiyta munanku chay rumita marq'aspa; chayraqsi yachakunqa allin yachankichuta.

---

1   Kay 'mikhu**cha**wachun' ukupi 'takyachiq simi huntachiq' kachkan: chayqa kamachisqa qillqapi **-chka-**. qillqasaqku (*sufijo progresivo*). Kayllumapi aswan ñinku **-sha**, ichaqa, maynillanpitaq '**-chka**' ninku.

24   Nuqa yaqharaq waqaspa kani chayta uyarispa: "imay sunqutaqri llaqtari chinkanman" nispa. Ahina purishayku purishayku parlakuspa, chiqa chiqanpiqa takikuspa, may chiqanpiqa asikuspa, kuentokunata willanakuspa.

25   Hinaspa huk apachitaman chayayku, huk iskay urquq chawpinpi. Chaypipas kaqllataq chaqaymanta hamuqkuna, kaymanta puriqkuna apaqpuni kaq kayku imayniraq rumi tarisqaykutapis, hatuntapas huch'uytapas. Nuqa niq kani: - Lokuchu kay runakuna?, imanaqtintaq rumita q'ipichan?

26   Hinaspa hukkaq uyariwan: - Sonso irqi chay rumitaqa apanki huchaykita pampachakunaykipaq - nispa niwaqku. Hinaspa q'ipiq kani.

27   Hinaspa chay iskay urqu chawpinpi ñan hunt'api, chay q'asa sutin Tururunqa. Chay ñan hunt'apitaq kasqa ashkha rumi, urquraq kasqa imaymana rumikuna, hatun huch'uy. Chay urqu rumiman rumi apasqaykuta saqiq kayku.

28   Hinaspataq chay urqu rumi ñawpaqinpi hatun p'alta qaqa rumi sayasqa, mula kaqlla chay rumi kasqa, chay p'alta qaqaq uyanpi kasqa imaymana qulqi. Chay qulqikunaqa ñawpa qulqikuna. Chay mula qaqaq qhatanpi untu wirawan llut'asqa, huk relikiahina, mana pi may urqunapaq. Nuqaykupis churaqmi kayku sapankapis huk qulqita llama untu wirawan llut'aspa. Chay mula qaqaqa manchhana respetana biaherokunapaqqa.

29   Chaypi unayta kaq kayku, yaqha iskay ora o kimsa ora, uywakuna mikhushanankama churakuqku irantata. Chay irantaqa untu wirakunata mesa q'ipinmanta urqurispa samakuq kayku khunuhantinta, insiensontinta, kuka laprakunantinta, kulli sarakunantinta, quri libru, qulqi librukunantinta. Wiramanta ruwaq kayku kimsa uñata, chayta t'inkaq kayku traguwan, binuwan, asta machariqkuraq kanpis. Hinaspa chay pasayta qiwña llant'akunawan ruphachiq kayku Dios Tayta chaskinanpaq. Llapan samakuspa, "ha ha" nispa samakuspa.

30   Chay pasayta tapuq kani: - Imanasqataq chay rumi qaqata tantuta adoranku biaherokuna? Hinaspa niwan:
"Chay rumi qaqaqa mulaman qhawaykachiq. Huk tiempu mulas kaq manchhana munana runanpaq; chay mularaqsi chay ñantaqa mallirqan mana mayqin biaherupis mallishaqtin; chayraykus chay sumaq munana mula mahesero, udrekunapi tragu q'ipimuq. Ultimo biaheta purishaspa, ña mulaqa machullaña; chay kikin Tururunqa q'asapi rumiman tukukapuran. Manaraq rumiman tukukushaspa runata nirqan:
- Kaymanta chayapunki llaqtaykiman; manaña nuqaqa kompañaykimanchu, manañan kallpay kanchu.
Chayraykun kaypi samakapusqa. Hinaspa chay runa waqayukuspa hampusqa mulanta rumiman tukukuqta rikuspa. Anhinas llaqtaman chayapuspa willakurqan biaherumasinkunaman. Chayraykus chay mulaqa biaherukunaq monumento, ancha sumaq munana biaherukunapaq". Ahina chaypis karqan, tristellataq nuqapaq kaq.

31   Hinaspa puririyta qallariyku Mahes laduman. Chay purishaqtiyku sumaq munay p'alta rumikuna qallarikun ñanpi, "talan, talan" nispa. Chay rumi patanta purina qiwñakunaq monti chawpinta. Anchaypin ashkha asuleho simarrón asnukuna wanakukunantin rikhurqani. Kunankamapis tapukuni biaherokunata: - Kashanraqchu chay animalkuna? - nispa. Nuqata niwanku:

296

32   - Manañas kanchu, runakunas sipishan aychanta mikhunanpaq, aswan sumaqsi asnu
        aychaqa, sumaq rikullañas chay asnu aychaqa, parridallapi imaqa. Ahinan chay
        biaheru kayniypi.

33   Chaymanta chayayku purishaspa huk desiertoman, Mahes qayllamanña. Chay
        hamullantaq huk llakikuy biaherukunapaqqa, kay ladumanta riqpaqpis, chaqay
        ladumanta hamuqpaqpis. Pasaq aqhu pampa urqu, manan kanchu pastu uywakunapaq,
        ni yakupis runakunapaqwanpis. Chaypi sichus uywakuna sayk'un chayqa,
        wañupullanñas. Tariq kayku chay ñan qayllakunapi uywa ranra tullukunata, asta
        runa ranra tullutawanpis. Altunta qhawarikuq kayku gallinasokuna yanqallaña ima
        aycha mihuytapis munaq. Nuqaykutaqa yanqallayña muyupayawaqku chay
        gallinasokuna altuykuta. Nuqaykupis yanqallaña yakumanta, uywakunapis,
        mihuymantapis yakumantapis puriqku. Chay runakuna wañuqku kisás mana
        mikhuymantachu, ni yakumantachu, sinu willawaqku chay nuqawan puriq runakuna:

34   - Chay runakuna wañuq Mahesmanta hamuspa, anchatas Mahespi frutakuna imaymana
        klaseta mihuyuqku. Hinaspataq ñanpi hamushaspa khaskatiyta waykuq, o sea tem-
        bladera hap'iq. Chay unquy sutin chhukchu, kastillanupi ninku terciana, anchaywansi
        runa wañuq. Kompañiayuq kan chayqa p'ampasqata saqiqku chaypi. Sichus mana
        kompañiayuq kan chayqa hinas uywakunapis mana qatisqa, wikch'usqa.

35   Ahinatas willawanku ashkhata chay biaherukunaq bidanta. Wakintaqa qunqaniña
        kanpis. Sichus kunanpis mayqin biaherutaq chay laduta rinman sunqu q'iwinmi
        waqanapaqraqmi.

36   Ahina chayaq kayku Mahesman, pasaq sayk'usqa, mihuymantapis yakumantapis
        uywakunapis ima. Hinaspa alohakuq kayku huk mistiq wasinpi.

37   Chay Mahespi runakunaqa kasqaku wakayuq obihayuq, hukniraq uywakuna, mana
        kay sierra uywahinachu, chaqrakunapipas manan kay sierrakunahina plantakuna
        wiñasqachu. Aswaypis wiñasqa monte sach'akuna, kaña, fruta imaymana klase
        mastaqa. Kay sierraman apapunapaq kasqa kañaso, higus, sara. Nuqaykutaq
        chaykunata chhalayku, ubiha chalunakunawan, punchukunawan, waskhakunawan,
        kustalkunawan, rumi kachiwan ima.

38   Chayta chhalayta tukuyku, hinaspa nuqapaq llank'anata mask'aspa chay tioy nisqa
        runa. Huk misti sutiyuq Ramires familla kasqa, anchay runawan empleatamuwan.
        Paykunataq kasqanta kutirimpunku.

39   Hina chay primir p'unchayninkunaqa munasqata uywawan churinta hinaraq.
        Sumaqmanta ima kamachiwaq. Chaymanta chaymantaqa manchhana phio machula
        kasqa. Sapa traguta machayun, nuqata sipi sipitaraq ruwawaq. Rinriykunata llik'iwaq
        yawar yawarllataña kachiwaq, usqayta[2] mana nuqa atiqchu kani paykunaq
        llank'anankunata chayrayku. Alfata mana kuchuyta atiqchu kani serruchuwan, wakaq
        ñuñunta mana ch'awayta atiqchu kani, aswaypis nuqata waka hisp'aykuwaq,
        mayninpiqa akaykuwaq ima, qhipa chakinta maniyashaqtiy u mankornashaqtiy.
        Anchapis irqi kaqtiy asta uywakunapis abusakuq nuqawan. Patrunniyqa asikuqtaq
        qapariwaqtaq ima:

_____

2   Mayninpi ñinku 'usqay', mayninpitaq 'usqhay'. Boliviallapitaq 'usqay' ñinku.

40   *- Cholo de mierda hasta cuándo no aprendes so cohudo -* nispa niwaq, *- hasta cuándo tengo que enseñarte-* nispa niwaq, *- pero sí para tragar eres bueno -* nispa niwaq.

41   Hina patamanqa hayt'awaqraqtaq, k'aspiwan ima waqtawaq asnuntahina. Waqayusparaq atiy mana atiy ruwaq kani ima ruwanakunatapis. Alfatapis kuchuq kani maki makiytawanraq. Ima ruwanakunatapis frakasuwan ruwaq kani.

42   Llaqta wasimanta wirtaman sapa p'unchaw purina kaq imaymana ruwaq patrunwan kuska. Hinaspa niwaq: - Asnu sillakuyta yachankichu?

43   Nuqa niq kani: - Manan - nispa. Hinaspa sillayuchiwaq aswanmi. Chaypiqa asnukunatapis sillakuq kasqaku sikinpatallapi. Hinaspa gustarquwaq nuqaman. Chaqramantataq llaqta wasiyman apamuna kaq alfata, mayninpi asnupi, mayninpiqa q'ipipi.

44   Primera bes apamuq kani alfata asnupi, hinaspa patrunniy aswanta sillachiwaq asnuq sikin patallapi. Ñawpaqiymantaq churayuq huk tersio alfata, mana waskhawan, mana kabuyawan asnuman ch'ataspa. Nuqa, asnu purishaqtin, mana allintachu hap'ini alfata, hinaspa huk hatun sanhata chimpasharani, k'aspillamanta chakayuqta. Manaraq allinta chimpashaspa asnu saltaq; hinaspa... nata...ch'anqawaq pampaman, alfatataq sanha ukhuman. Chaypipas patrun machula q'asuyuwaqtaq. Ahinan manapunin ima ruwasqaypis patrun machulapaqhinaqa kaqchu.

45   Llaqta wasiman chayaspapis khuchiman, wallpakunaman, patukunaman, quwikunaman sapa p'unchay mikhuchina kaq, mihusqan platukunapis mayllana kaq. Nuqa mihuq kani ultimullataña papata, sapalluta, aychata, mana mihusqa tukusqankuta huk chhikan kalduwan chapusqata. Maymantaraq mihuq kani mikhunayasqa. Besinukunapis, wak runakunapis, khuyapayaymanta propinata quwaq nuqaman. Chay propinawan rantikuq kani t'antata. Hinaspa taripachikuq kani t'antata rantichaspa. Maychhikanpiqa niwaq patrunniy: - *Conque la conque,* qan qulqiyta suwakushasqanki.

46   Chay t'antallaytawanpis qichuwaq p'anawaqraqtaq.
      Mana nuqa rimariqchu kani pi may qulqi quwasqanta. Sichus willaq kani chay runata kihaq. Puestuman mayninpi apachiq:
      - Kay muchachuyta engañan, suwata ima yachachin- nispa. Awtoridad kriyiq, mana nuqa rimasqayta kriyiqchu awtoridad. Patronniy willakuspa willaq:

47   - Wasipiqa kay irqipaqqa mana imatapis faltanchu - nispa; - desayunopaq uhan lechi, kimsa t'antayuq, almursupi mikhun iskay kaldu, iskay segundo; senaypipas kan segundo, matita ima uhan - nispa. Astawan nuqatawanpas yaqha yaqha suq'achiwan awtoridad, astawan chay runakunapis manañan khuyapayawaqchu patronniyta kriyispa. Ahinan unay tiempuña kashaspa.

48   Ususinkuna kaq, chay ususinkuna nuqata munakuwaq. Manapuni hayk'aqpis ripunaytaqa munaqchu.

49   Hinaspa qunqayllamanta mamay chayaramuq sierramanta. Hinaspa willakuq kani q'alata mamayman. Hina patrunniywan huchatarikuq manchhanata. Nuqa niq kani mamayta: - Apakapuway - nispa. Mamaypis nin: - Arí pasapusun - niwaq.

50   Ichaqa patronniy manan kachariwaqchu: "manaña maqasaykichu" nispa, "nitaq suq'asaykipaschu, mihunatapis nuqaykuwan kuska mihunki". Manataqmi nuqa kriyiqñachu kani palabranta. Mamay huk makiymanta chutaq, patronniytaq hukkaq makiymanta, yaqhapunin Tupaq Amaruta hinapis, brasuyta llik'iwaraqku. Mamaytapis manaña kachayuqñachu wasinmanqa, nuqata puerta kalli llabisqa ukhupi tiyachiwaq.

51   Hinaspa tuta chinkapi hampuq kayku pirqanta saltaspa. Ña iskay **unchay**taña hamuyku, nuqayku imaginakuqmi kayku: "segurochá qatipakuwasun" nispa. Hinas huk ornada kanchapi samakunaykupaq mamay apawaq huk urqu t'uquman. Chaypi allinta waqaychawaran mana tariwanankupaq.

52   Hinaspaqa chiqaypaq huk tawa oramanta, o phishqa oramantahina rikhurimun ashkha kaballu silladakuna. Kanman**chu**[3] karqan huk chunka sillada. Tutayaqpi manan yupayta atinichu hayk'a sillada kasqanta. Chay urqu t'uqumanta rinrillay uyarirqan ashkha sillada kasqanta. Mamaymanta chay urqu t'uquman kanmanmi karqan 80 metros. Altumanta mamayta wakin kumpañatawan rimapayanku, nuqamanta tapukusqa riki. Mayninpiqa huchatarispa ima kanku. Mamayqa manan hap'iranchu nuqamanta ima señatapis, llapan p'achallaywanmi nuqa kasharani. Mana usut'ayuq ima porke patronniy llapan usut'aytapis pantalonniytapis qichuwaranmi mana chinkakamunaypaq.

53   Hinamanta chay silladakuna parlayta tukuspa mask'awaranku, sapanka silladapis:
- Alehito, Alehito, maypin kashanki? Haku patronniykiman kutipusun - nispa. Hinaspa temblashaq kani: "imanaykusaqtaq anchachus tariruwanqa" nispa.

54   Paykuna imaymanamanta engañaspa rimachiyta munawaqku: - Misk'ita apamushani, chokolatita apamushayku, p'achata ima apamushayku- nispa.
Hukkaq nin: - Nuqan waway garantisasqayki ama astawan makita churanasuykipaq.

55   Chaykunata imaymana rimaykunata uyarispa yaqha yaqhalla nuqa rimariq kani: "nuqa kaypi kashani" nispa. Pero manapuni rimariqchu kani ima nispaña niwaqtinkupis.

56   Hinaspa mask'aspa sayk'usqankupi, kasqanta kutipuqku chay silladakuna. Wakinta chay runakunata kunka rimayninta riqsiq kani maypachachus pasapuqku, Waqakuspa pinsaq kani: "Hayk'atachá patronniyqa sapa silladaman pagamun" nispa; "imaraykutaq nuqata tantuta mask'achiwan?" yuyarikuq kani. Hayt'asqapas maqasqapas, atispapas mana atispapas k'uchillatan ruwaq kani ima kamachisqantapis. Chayrayku**shiki** patronniyqa pasaqta ekstrañawan. Hinamantaqa niq kani: "hodekuchun ari, imapaq chayhinata sufrichiwaran?".

57   Chaymanta mamayman kasqanta huntayakapuq kani. Hinamanta kasqanta usqayllaraq puriyta qallarimuq kayku. Nuqa q'ala chakilla, mana usut'ayuq, phullullawan wayruykusqa, mana pantalonniyuq kaqtiy. Ahinata sapa ornadaspa chayamuq kayku.

58   Manaraq chayamushaspa Chibay altuspi, Patapampa sutiyuq, chaypi tarikuq kani huk hatun q'illu eskelata, biaherukunaq llamanpaq eskelanta. Mamay niwaq: - Chay eskelaqa khuya - nispa. Wasiyman chayaspa insiensowan asarispa waqaychaq kayku.

---

3   Mayninpi tuqyanku **-chu**, mayninpiqa **-chá** utaq **-shá** otaq **-shu**. Kay simi huntachiq sutiyasunman **"musyaq simi huntachiq"**. *'Sufijo pronosticativo'* en *castellano.*

59   Hinaspa waqmanta biahekunata puriyta qallariq kani. Waq runakunawan Tutimanta
      Chibayman, Tutimanta Kabanaman, Tutimanta Tapayman, Tutimanta Yawriman,
      Tutimanta Santo Tomas laduman. Chibayta puriq kayku kusichaman, siwaraman,
      habasman[4], triguman, imaymana kawsayman. Maqaman tunasman mansanaman,
      Kabanata saraman, Tapayta imaymana frutaman.

60   Chay Kabana runakuna, Tapay runakuna pasaq lisu kaqku, mana manchakuspa
      rimaqkuna. Nuqa irqi kayniypi manchhana munana kaq kani kabaniñakunapaq,
      tapiñakunapaqpis. Imarayku munakuwaqku qharin kanaypaq, nuqa irqillaraq kaq
      kani? Porke nuqa kaq kani tatayhina *blancón*, *caroso*, ch'aska ñawi; chayrayku.

61   Tapayman waykuq kayku trucha ch'arkiwan aychawan willmawan. Tapiñukuna
      maqanakuqkuraq abiopatapi. Mana yachakuqchu pis hap'iq trucha ch'arkita, willmata,
      aychata. Paganankupaqpis fuerte churakuqku. Nuqa yuyakushani huk p'asña nuqata
      aysarikuwaq huk wertaman. Chay wertapi witinayta munaq, nuqa ña witiyta yachaqña
      kani. Hinaspa supay p'asñataqa witiq kani. Hinaspa kumpañiruykuna q'asuwaq
      mana allinta kargakunata kuydaysisqaymanta.

62   Ahina Yawritapis puriq kayku ch'uñuman. Yawrimanta chayaramushaspa nuqa
      gustuniro irqi kayniypi bendirikuq kani chay hierro eskela tarikusqayta. Chaymanta
      hatun desgrasia qatiwaq. Imaynata? Ahinata qatiwaq:

63   Santo Tomás purina tiempupi, agustu killapi, sapa wata kostumbre purina kaqtin
      huk kumpañakunapiwan puriq kayku. Hinaspa mamay waturikuq manaraq
      purishaqtiyku: "Waway, maymi chay eskelayki llamaman warkuyunapaq?" nispa.
      Mana nuqa rimariyta munaqchu kani bendisqayta, aswaypis ahinallaña pasaq kayku.

64   Hinaspa manaraq huk ornada kanchaman chaya**cha**spa huk llamayku wañuruq
      yanqallamanta. Huk ornada kanchamantaq mana imapis pasaqchu. Huk ornada
      kanchapitaq sillada suwakuna muyupayamuwaqku, yaqha yaqhallamanta llamaykuta
      qichuwaqku. Nuqayku qharillaña churakuq kayku suwakunawan. Defendikuq kayku,
      alquwan, rumi wark'anakunawan qaparikuspa. Silladakunaqa muyuriq kancha
      qhipanta, hinaspa amenasawaqku wañuchiwanankupaq. Chaypiwanpis atipaqmi kayku
      nuqayku.

65   Nuqa sunqu ukhullapi pensakuq kani: "Imaraykutaq imaymana qatiyta munawanku?"
      nispa. Hinamanta yaqha Santo Tomas qayllaman sutiyuq Q'asakancha, chaypi
      qaynaspa: "Llama michiq irqiqa puriy" nispa niwaqku.

66   Nuqa llamawan kuska puriq kani huk urquta. Hinaspa nuqa huk trabieso irqi kayniypi,
      huk irqi masiykunawan pukllaspa suqru urqu kinraypi. Altuyta qhawarikuni,
      q'urumpakuna hunyamushasqa. Chay wakin irqikunataq karupi kashasqa. Nuqataq
      mana mayman phawariyta atispa, mana imanakuyta atinichu. Hinaspa thallarparini
      pampaman, umayta makiywan hap'iyukuspa. Wakin rumikuna nuqapatanta pasan,
      wakintaq kuerpoyman chayamun. Chaymantaqa manan yuyakuniñachu imaynaraqsi
      rumikunaqa chayamurqan kuerpoyman.

---

4   Mayninpi 'habas', mayninpitaq 'abas' ñinku.

67   Tutayaykuytaña puñusqaymantahina rikch'arini; yawar ukhupi kashasqani. Chay
      runa puriq masiykunataq mask'ashawasqaku. Nuqataq nanayta muchupaykukuspa
      qaparini: "¡kaypin kashani!" nispa.

68   Hinaspa apawanku qaynasqayku wasiman wantupi. Chay tuta paqariqta manan
      puñunichu nanaywan; warmikunachuqa wachakuspa qaparin, aswan mastaraq nuqaqa
      qaparini - ospitalpis Qusqupiraqsi- puriqmasiykuna mana imanakuyta atispa kaballu
      sillapiraq apamuwaranku llaqtay laduman. Tuta p'unchaw qaparishaqtiy porke nuqaqa
      ñawpaqqa allin qhali irqi karqani. Llaqtayman chayachimuspa waqayullaranipunin
      tutapas p'unchawpas.

69   Ahina qaparikushaspa wasiypipis karqani, yaqha kimsa watata estansia Ch'ita Tuti
      kikinpi. Imarayku chayhinata muchurani? Manan qulqiyku kaqchu ospitalman
      rinaypaq, chayrayku. Kasero hampikunallawan mamay hampichiwaq. Chaymantataq
      kay uña wawachachu chayraq puririshan anchayhina, lat'aq kani.

70   Hinamanta lat'ashaqtiy apamuwaran mamay waqmanta llaqta laduman. Chay Tuti
      llaqtapi simanata tiyashaspa huk runa marq'awaran iglesiapi, tata kuraq ñawpaqinpi
      konhurachiwaran, paypaq sutin karan Marciano.

71   Chaymanta Chibayman apamuwaran. Hinaspataq kasqanta mamay awapakuq
      runakunaq wasinpi. Nuqataq kallita lluqsimuspa lat'aspakama merkadu laduman
      puriq kani. Chaypi runakuna khuyapayaymanta quwaq qulqita, wakin mikhunata.
      Hinamantataq mamay ruwachipuwaq huk iskay muletata, tawnata. Chaywanña
      sayarispa puriyta atiq kani, pisi pisillamanta. Yaqha iskay watamanta ahina
      tawnallayuq Tuti llaqtayman kutipuq kani.

72   Chaypi estudiaq kani eskuelapi. Eskuelaman purinaypaq chaqra wasimantapacha
      purina kaq. Sapa p'unchaw puriq kayku nuqa kimsa p'asñapiwan, besinuykun kaq,
      chayraykun. May mayninpiqa tempranuta chayaq kayku, may mayninpiqa tardita
      chayaq kayku sinchita ñanpi pukllaspa. Chaypiwanpas kusa munasqa profesorniypaq
      nuqa kaq kani.

73   Ñan disiembre bakasionña serkaña kashaqtin padrastoy mamaypiwan Dios Tatanchik
      Santa Krus Tuti patrón hap'ichiyta munawaqku huk debototahina. Nuqa sonso irqi
      bidaypi mana tayta mamayta kasuspa mana hap'ikuranichu. Chay qhari karqan
      padrastoy.

74   Huk p'unchaw profesor niwan parlaspa, pay niwaq: - Haku Arekipata ripusun-.
      Nuqataq: - Iyaw ari- nispa puriq kani ña aswayman aswaymanña chaki alliyashaqtin.
      Puriq kani Arekipapi huk llaqta sutiyuq Yarabamba Kekeña, Chapiman purina.
      Chaypi entregawaq tata mamanman, familla Okola Linares nisqaman. Hinaspa
      imaymana kamachikunata ruwaq kani, alfata kuchumuq kani, wakakunata ch'awaq
      kani lichita, chaqrakunata qarpaq kani, wayk'unakunatawanpis atiqmi kani
      chhikallantaqa. Patronniykuna pikanteriayuq kaq. Axata bendiq pikantekunatawan,
      sapa simana axa axana kaq, pikantekunapis sapa unchaw ruwana kaq. Bendinapaqpis
      bendina kaq hatun qispi qirupi; llapanta hinataq quna kaq huch'uy chuwachapi, huk
      chhikan sarsachayuq, ashkha ruqutuchayuq, mut'ichayuq ima. Mayninpiqa hukniraq
      mihunakuna.

301

75 Wiksaymantaqa allinta mikhuchiwaq, pero manataqmi gustawaqchu, ancha tutakama llank'achiwaq wasipi. Yaqha kuska tutakamapis. Chayraq puñuq kani, gallu waqamunankamalla, yaqha huk orallata, chaymantaqa rikch'achiwaq.

76 Basenika hisp'asqanku sapa p'unchaw wikch'una kaq, mayninpi hatun hisp'ayniyuq, mayninpiqa yaku hisp'aylla. Plastikumanta kirukunapis sapa p'unchaw mayllana kaq eskobillawan, paykuna siminkuman churakunankupaq.

77 Manaraq watata kashaspa paykunawan alsariykutaña qallariq kani, mana puñuymanta awantaspa. Hinaspa kisás mamaypaq maldisionninman, allintaña sapallay phawana kashaspa, waqmanta chaki ñuk'uyta qallarirqan. Chayraq patronniykunaqa Arekipa ospitalman apawaranku.

78 Hinaspa chay ospitalpi klínica *Hortensia Espinoza de Salinas* sutiyuqpi doktorkuna hampiwaranku yaqha kimsa watata. Manan tariwarankuchu, nitaq kriyiwarankuchu imaynas huch'uylla aksidentakurani chayta. Aswaypis niwaranku: - Ostiomelitis unquymi kayqa- chay doktorkuna.

79 O sea tullu debilidad chay unquy sutin kasqa. Allinta chay doktorkunata nuqa tapuq kani, paykuna niwaq: - Pikunan, maykunan uywasuranki, chaykuna mana allintachu mihuchisuranki nitaqmi iman tiempunpichu bakunachisuranki. Chaykunata uyarispa manchhanata nuqa waqaq kani, kay pobre kasqaypi**chu**, kay imaymana unquykunata nuqa tarini.

80 Chaypiwanpas kusa munanapunin chay klinikapi llapan padresitukunawan kaq kani. K'uchi kayniypi, ruwapakuq kayniypi, yanapakuq kayniypi, wakin sinchi unqusqakunata sapa domingo misaman apaq kani uyanta umanta puñunanta ima allchaspa. Kimsa wata yaqha hunt'ashaqtin pasapuq kani Arekipamanta Chibayman.

81 Chaypi tariq kani sullk'ayta primariapi estudiashaqtin. Nuqapis huk trasladuyuq diplomayuq ima primariata Chibaypi tukunaypaq. Yaqha semanamanta mamaywan padrastuywan tupaq kayku. Padrastoy pasaqta sullk'ayta chiqnisqa karqan. Hinaspa mamay niwaq: - Qan imaynatapis kuraq wawahina sullk'aykita primarianta tukuchiy. Hinaspa nuqa pisillayña, tawa killa hinallaña primariayta tukunaypaq kashaqtiy: - Arí mamay nuqa imaynatapas sullk'ayta tukuchisaq.

82 Kaymantaqa asway waqanapaqraqmi llakikunapaqraqmi waq qilqaykuna ruwakunqa o hamunqa.

K'ullu asnukunamanta (25) dict.

83 Kaqllataqmi kay asnukunamanta rimaykunaqa kallantaq. Huk kiti, unay kiti, nuqa hoben irqi bidaypi, biaheta riq kani Tutimanta Kachisalinas huk balli sutiyuq chayta. Chay tarikun distritu Lluta ninku, chay sirkapi. Iskay kurak wiraquchakunawan riq kani. Hinaspa chay wiraquchakunawan qaynaq kayku chay Kachisalinas patapi.

84 Huk p'unchaw puriypiraq huk estansiapi sumaq wiraquchaq sumaq señoraq wasinpi mikhuchiwaqku puñunakunata ima mañariwaqku puñunaykupaq. Nuqaykutaqmi puriq kayku llamapi. Chayman chayaspataqmi balikuq kayku llamaykuta uywankutawan

kuska chay estansiayuq runakuna michipuwanankupaq. Asnunkunatataqmi mañayukuq kayku tawatapacha, abiokunata, waskhakunata, kustalkunata, quqawakunata ima chay Kachisalinas apayunaykupaq.

85 Hinaspa nuqa warma irqi kaqtiy pusayukuwaqku uramanta utaq chay Kachisalinasmanta asnukunata kutichimpunaypaq.
Maypachachus chayaruq kayku chay Kachisalinasman chay estansiamanta hinaspa asnukunaqa usqayllata puriq, imarayku? Chay Kachisalinas qhatakunapiqa kaq imaymana tarpusqakuna alfa-alfakuna, siwarakuna, trigukuna, yaqha imaymana birdikuna.

86 Kacharparimpuwaqku nuqata chayllaraq illarishaqtin estansia laduman asnukunata qatiyukuspa. A la orallaqa asnukunaqa trutillaraq akistamunku.

87 Maypachachus tawa asnuntin ña ultimu chaqrataña pasayamushaqtiyku manaña asnukunaqa astawan kuyurapunchu nitaq puririnkupaschu. Nuqataq k'aspiwan rumiwan ima waqtapaykushani, ch'aqipaykukushani asnuq sikintapis yawar yawartaraq urquni. Asta waqayuni imaraqmi. Chaykamataq ñataq medio diaña waqayusqaypipis sayk'uyuniraq.

88 Hinaspa waliq Kachisalinasmanta hamusqa huk runa wakankuna qhawakuq, chay karu patakunakama. Hina chay runa taripawan waqaykushaqta; khuyaypayaymanta asnukunataqa sapa hayt'aspallaraq purichimun asnukunataqa. Estansiamantaq yaqha tawa kilometrohina qayllashaqtin, chay wiraqucha kutiyapun kasqa hamusqanta. Nuqataq estansia laduman ama asnu wakmanta sayananpaq trutillata qaparikuspallaraq asnuta qatini.

89 Maypachachus yaqha huk iskay kilometrohina qayllashaqtin waqmanta saqra asnukuna sayarqullantaq. Chaypi ichaqa asnukunaqa manaña sayanpasñachu ñawpaqhinaqa, aswanpis kutirikuyta munanku chay Kachisalinas laduman.

90 Hinaqa mancharikuymanta ama asnu ayqichikuyta munaspa usqayllata iskay waskhawan watarquni huk qiwña kurku sach'aman ama asnukuna ayqikunanpaq makinkunamanta (utaq ñawpaq chakinkunamanta).

91 Maypachachus kimsa asnupiña kashaqtiy huk kaq supaypaq akasqan asnu phawarikun Kachisalinas laduman. Nuqatataq chay wakin asnu mancharikuymanta ratullaraq rikraymantawan sinturaymantawan usqayllataraq mayt'uruwanhinaqa. Huk asnu muyurun, huk asnutaq huk laduman hinaspa mayt'uruwan riki llapan kuerpoyta. Ahina fuersachan riki supay asnukuna, hina fuersashaqtin riki pribarapuwan riki, yuyayniypi chinkaruchikuni hinaqa wañusqahina karqani. Ahina kidakuni chaypi huk prisiuneruhina asnukunawan kuska.

92 Mana librakuyta atispa puñurapusqani asta paqarisnintinkama. Nitaq chay mayt'uwasqanqa iman mayt'usqañachu kapusqa, nitaq waskhakunapis kapusqañachu asnukunapiwanpis. Aswanpis huk punchu maranganiwan qataykuspa puñushasqani.

93 Hinaspa sayarispa chay punchu marangani hap'iyuspa kashaqtiy chay Kachisalinasmanta hamushasqa estansiayuq wiraqucha asnukunata qatiyukuspa. Nuqataq chayta rikuspa mancharikuymantaraq taripani chay wiraquchaman. Hinaspa wiraquchaqa nuqamantaqa aswaytaraq mancharikusqa:

94   "Yaw waway imaynatataq kawsarisqankiri, nuqaqa wañusqatataq tariraykiri" nispa
      niwan. Hinaqa waqaykuniraq nuqapis imaynas susidiwan chay asnukunawan chayta.
      Chay asnuyuqtaq niwan:
      "Yachasqapunillataqmi chay asnukuna k'ita kasqanqa birdi laduman atipakuq
      kasqanta".

95   Ahina parlayukuspa kasqan chayamuq kayku estansiaman. Chayrayku asnukunaqa
      irqikunataqa manapunin kasukunmanchu asta kunankamapis.

Runtukunamanta (24) dict.

96   Huk sutin willakuyta Khunku willakun imas pasan kibiw runtuta tarinchik p'ishaqa
      runtutawan chay.

97   Maypachachus nuqa huch'uyllaraq kaq kani, hinaspa uywata michiq kani huk altus
      utaq estansia Ch'ita sutiyuq Tuti llaqtapi, obihata llamata paquchata wakakunata
      ima. Paquchata uqhuniraqpi, llamata ubihata wakatawantaq irupi ichhu chawpikunapi.

98   Chaypi maypachachus ña yaqhaña wiñaypaq nuqa wiñarispa tiyakapunaypaq chay
      uywakuna mamalaypaq uywankuna yaqha nisqa kaq. Chiqanpitaqmi uywa
      michipakusqallanmi kaq. Hinaspa ahinata michipakushaqtiy iru irunta ichhu ichhunta
      wakaman obihaman llamaman ima sapa p'unchay purina kaqtin.

99   Huk p'unchawmi ahina muyushaqtiy uywakunata huñuyta munaspa rikhuriwaq
      ichhuq chawpinpi paka ukhullapi huk p'ishaqa utaq lluthu sutiyuq wallpa sayay
      runtukunata uqlla**cha**spa.

100   Hinaspa nuqa yaqha irqillaraq kashaspa mana imaynata atiqchu kani. Hinaspa
      sayaypayashaspa manaraq p'ishaqa phawarishaqtin ch'anqayukuq dillinullaña chay
      p'ishaqa pataman llapan q'umir runtuntinman.

101   Hinaspa iskay makiwan hap'iq kani p'ishaqataqa kunkanmanta. Maypachachus ña
      makiypiña chay p'ishaqa hinaspa kunkantaqa hap'iykuchiq kani iskay chakay
      chawpiman. Chaykamataq runtukunata mut'uyta ch'ustirukuspa utaq mut'uyta
      apaqarukuspa yaqha mut'u hunt'ataraqmi q'umir runtukunataqa uqariq kani. Chay
      mut'uypi runtukunata kaniykuspa alquhina apaq kani mamalayman. P'ishaqatataq
      iskaynin chakinkunatawanraq, iskaynin pharankunatawanraq allinta hap'ispa apaq
      kani.

102   Maypachachus mamalayman chayachiqtiy, mamalayqa alqu manka t'impushaqman
      ch'ulla ch'ullamanta p'ishaqa runtukunataqa yupaspa churaq. P'ishaqatataqmi
      usqayllata sipiruspa yaku t'impupi q'alallata pharankunata pallaruq. Qasa yakuwan
      mayllaruspataq p'ishaqa uchuta utaq lluthu uchuta haya hayallata papakunayuqta
      arrusniyuqta ima ruwarpariq. Hallp'a mankapi q'unchapi t'impurachiq
      t'impushanankama ñataq alqu mankapiqa runtukunaqa chayarqusqaña. Chay
      runtukunata mikhuyuyku sumaq uchu kutayuqta kachichayuqta ima. Kaqllataq allinta
      saqsanaykukamaraq p'ishaqa uchutapis...

304

103 Chaymanta ichaqa huk desgrasiahina qatiwanku mamalaytapas nuqatapas: Mamalay
manaraq watamanta unquyta tarispa wañukapuran. Nuqataqmi manaña astawan
chayayta atiniñachu chay Ch'ita sutiyuq estansiaman. Chayayta atipuniñachu
kunankamapis. Chayrayku willarikuykichik sut'inta phio kaq kasqa p'ishaqa hap'iypis
kibiw hap'iypis utaq puku hap'iypis.

104 Sichus kay qilqa qhawaq runakuna mana iñinkuchu chayqa, kaqta ruwaychik chaywan
yachankichik allin yachankichuta. Manapunin chayayta atiwaqchikchu kay animal
hap'isqaykichikmanqa chunka munashawaqchikña chaypis.

105 Yaqha kaymanhina waq uywakunamantapis pharayuqmantapis mana
pharayuqmantapis kanpunin qullu. Chay qullu niypachaqa huk wisq'ahina utaq
pensanchik puriyta utaq ima ruwayta manapunin atikunmanchu.

Aleho Khunku uywa michinapi
witiqta rikhusqa (19) dict.

106 Khunkus irqiraq kashaspa uywata michipakuq kasqa, huk estansiapi Ch'amputaña
sutiyuq Tuti llaqtapi. Khunkuqa tutaña hatarispa quqawata ruwakuq kasqa. Ubiha
uña wañusqata t'impuchiq kasqa, alqu mankapi chuchullunkunata, umasnintataq
kankaq kasqa. Uchha nina t'iqapi utaq q'unchapi.

107 Hinaspallataqmi sara lawa api wayk'usqanta ch'uñusniyuqta ashkha aychayuqta
uchuyuqta ima haya hayallata mikhuykuq kasqa wiksapis t'inri t'inriraq kanankama.
Uywa michinaman qatirinankama alqusninmanpis mikhuykuchillantaqsi.
Chaymantaqa q'ipinta q'ipicharikuspa waraya kanchata punkusninta kicharispa yupaq
kasqa, chay uywakunata uchhawanpacha. Sapa huk uchha kaq, huk uywa, paqucha
utaq huk llama utaq huk ubiha mayninpi kabra ima.

108 Hinaqa yupayta tukuspa hatarisqa uywakunaq qhipanta uywa michinaman
chayanakama, wasikunata wisq'aykatamuspa.

109 Maypachachus uywa michinapi kashaqtin chay Khunkuq uywa michisqanpi,
paymanta aswan karu wichayninpi huk tiyana kanchamanta huk warmi michiqmasin
may riqsinakusqan, quqawakuna mikhuqmasin ima, Khunkuq riparayninpaqqa iskay
makiwan waxapaykakamushasqa: "HAMUY! HAMUY!" nispa HAMUY!
HAMUY!" nispa.

110 Hinaqa Khunkuqa purisqa k'uchillaraq "yanayqa waqyamushawan" nispa
"quqawatashá ima sumaqta apamun. Nuqapis apashanitaq chayqa mikhuyusaqkushá"
nispa kusisqallaraq phawasqa wichayta tiyana kanchaman. Maypachachus ña tiyana
kanchana chayarunanña kashaqtin chayqa iskay makikunaqa waxakamushasqapunin.

111 Maypachachus tiyana kanchaman Khunku chayarushaqtinqa yaqhallaraqmi qhipa
chakinmanta kasqanta urayman wikch'uyakamusqa mancharikuymanta... Imarayku
mancharikuymanta?

112 Manamá iskay makinchu waqyakamushasqa, aswaypasmari iskaynin phakakuna huk
qhariq rikrapatanman hayt'ahatachikuspa. Chay qhariqa witiyushasqa manchhanataraq

chay Khunkuq yanantaqa; huk waka rantiq, turu rantiq, ganadiru sutiyuq.

113   Chaymantapachan Khunkuqa manaña astawan hayk'aqpis chay rikhusqanmantaqa chay yananwanqa parlapusqachu. Aswaypis ñawinta punchunwan p'umpuyukuspa kutimpusqa kasqanta uywa michinanman. Ahinapin tukukun.

Imaynatas tarinakunku utaq munanakunku huk maqt'awan huk p'asñawan (12) dict.

114   Ñawpaq runasimipi rimaqku imaynatas tarinakunku huk p'asñawan, huk maqt'awan.

115   Kay Kaylloma ukhupi sichus huk maqt'a rimapayayta munan huk p'asñata warminpaq chayqa; karumantapis utaq qayllanmantapis huk maqt'a rikhun huk p'asñata chayqa chimpanan chay p'asñaman hinataq rimapayanan utaq huch'uy rumillawan ch'anqanan:

116   "Yaw p'asña! ñawiy rikhun sunquy munan warma sipascha; munakuyki warmiypaq qanta, pipas kanki, maypis kanki, nuqallapaqsi kanki. Ñachus ñawiy rikhun chayqa, nuqallapaqpunin kanki. Rimapayakusqayki tukuy sunquywan: Manan qanta hinaqa rikhuranichu sumaq sunquyuq warmitaqa, amalla chayhina sunquyuq kaychu. Ñawiypaq rikhushaqtin sunquypaq munashaqtin; qantapunin munakuyki warmiypaq.

117   Qanmantaqa sunquqa puriymanmi chakipi mayu Kolkakama. Chay mayu Kolkamantataq ch'anqakamuyman wichay chay chaka puente Inka nisqaman. Sichus qan manallapunitaq munakuwankichu chayqa qulqimantapis kay qurimantapis kay nuqallapaqpunin qanqa kanayki.
Chayrayku manchhanata munakuyki, imarayku? Anchata kuyunki; sapa witiqtiy kuyunki, chayrayku nuqa munakuyki warmiypaq, qusaypaq. Sapa witiyki nuqa witiyki ahinata: murq'uchaman sawnaykuchispa: "qharilla kachun, qharilla kachun" qantaq warmiy kuyumunki: "Arí qharillapuni kachun yanalláy! qharillapuni kachun yanalláy!" nispa p'asña nin.

118   Maypachachus witiyta tukunchik chayqa rimananchik:
"Pin tatayki?, pin mamayki?" Qharimantapis warmimantapis kuska rimapayananchik sichus munankuchus icha manachus nuqanchik tiyananchispaq, qhari warmi wiñaypaq.

119   Chaypaq churananchik qharimantapis utaq warmimantapis waqtukunata utaq machana axakunata.
Hinaspa warmiq tata maman utaq qhariq tatamaman suq'uykunanku, utaq uhaykunanku:

120   "Sichus qankuna munanakunkichik chayqa, paqarin minchhallan kasaranaykichik alkaldiq makinmanta chay sutiyuq sibilmanta; utaq iglesyamanta, chay sutiyuq religionmanta" nispa chay munakuqkunaq tatamaman nin.

Imaynatas huchata tarinku huk sumaq tiyakuypi qhari warmi kawsaypi (13) dict.

121 Inkakunaq timpunpiqa huk qhari warmi tiyakuranku mayqin ayllukuna ukhupipas. Sapankapis Inkarriypaq liyninta kasuspa. Kay liy ukhupi nirqan: "Ama llulla".

122 Chayta mana mayqinpis imatapis pakaytaqa atiqchu. Ima ruwaytapis sut'illantas willanakuqku, mana imatapis yaparispa. Chayrayku AMA LLULLA nispa chay liy ukhupi kaq.

123 Huk rimay kallaqtaq AMA SUWA. Chay ukhupis manan mayqin inka ukhupipas suwanakuytaqa atiqchu; ni qulqi uqariyta, ni ima tukuy suwakuytapis. Aswaypis sut'inta mañarinakuqku ima munasqankutapis, rantinakuqku utaq ayninakuqku. Sichus mana kasukuqkuchu utaq iñikuqkuchu chayqa, warkuspa wañuchinakuqku mayqin mana iñiqtaqa inkarreypaq ñawpaqinpi.

124 Kallaqtaqmi huk rimay liy ukhupi niqku AMA QHILLA. Chay rimaypiqa asway ashkha iñinapaq kaqqa. Mana warmipis utaq qharipis llank'aytaqa saqiqchu.

125 Qhari kaq manchhanatapunin llank'aq. Llamakunapi biaheta puriq imaymana kawsaykunaman; wasinkunapi imaymana kawsaykuna hunt'a kananpaq. Qhariqa kanchakunata lawkhaq, andenkunata urqukunapi ruwaq, waskhakunata simp'aq chay uywanku willmanmanta mismispa phushkaspa, k'antispa; waskhata simp'aq imaymana pallayniyuqta, baytatapis awaqmi. Mayninpiqa warmi awanakunatapis awaqmi.

126 Wasipipas qhariqa yanapaq warminta llant'akunata, q'awakunata, uchhakunata huñuq ashkhata wayk'ukunankupaq, mankatapis chatutapis kusata ruwaq chuwakunatapis p'ukukunatapis t'urumanta llut'aspa. Kaqllataq qhunapipas qhunaq imaymana qhunakunata wayk'ukunankupaq, mikhunankupaq, utaq muqch'i axata axanankupaq, sara aqallpumanta, ch'uñu aqallpumanta, siwara aqallpumantapis.

127 Yaqha kaymanhina sinchi ashkhatapunin qhariqa llank'aq. Chayrayku manan huk warmikunapiqa iñiqchu witiymantapis utaq imamantapis nitaq llullakuymantapis utaq suwakuymantapis.

128 Ahinallataqsi warmipis yaqha qhariwan kuska llank'aq, ruwaq, pampa awakunata awaq, ch'uspakunata llikllakunata punchukunata, wayaqa quqawa apanapaq, iskitakunata ima, mut'ukunata; yaqha imaymanata awaq.

129 Kuraqtaqa warmiqa hallp'a Pacha Mama puriylla kaq, imaymana planta kawsaykuna qhawaq, mayninpiqa uywakuna michiq ima puriq. Chayqa sapa p'unchaypis yaqha sayk'usqa kaqku. Chayqa warmiqa manapuni iñiqchu qhillakunapiqa, pampa puriypiqa. Manapuni qharinmanqa llullakuqchu suwakuqchu nitaq qhillachu.

130 Ahinan kaq ñawpaq runakunaqa. Tukuy manchhanata munanakuqku paykuna ayllu ukhukunapiqa. May maynillanpis huchatariqku uywa chinkasqamanta, utaq imakunamantapis. Chay pisi pisillamanta huchatariqku.

131   Kunankamapis sichus Inka ayllukuna kawsashanman chayqa llapan Perú llaqtaqa, sumaq allin kawsayman kanman. Paqtataq mana españolkuna wañuchinkumanchu karqan esklabisasqa, chayqa inkakunaqa ñakamapis kunan kay pachapi kawsaq runakunata aswan imaymana inkarreypaq yachayninkuta yachachishwan karqan.

132   Ahinas chay manchhana sumaq huk qhari warmi kawsay ukhupi Inkakunaq tiempunpi.

Imaynallataqsi tiyanku kunan qhari huk warmiwan (14) dict.

133   Kay qhari ukhu warmi ukhu kawsaypi, kunan tiempu nisqapi, manañas kawsaykunaqa inkakunaq iñiynin hinañachu, aswanpis hukniraqmi.

134   Chay ama suwa nisqapi, manañan llapanchikñachu iñinchik, ni chay ama llulla, ama qhilla nisqakunapipas. May maynillanpiña iñishanku wakillanña chay inkakunaq iñiyninta.

135   Aswaytataq yaqha tukuy qharikuna kay pachapi liyiyta yachanku, qilqayta yachanku imaymanas simikunamantapis. Chay AMA LLULLA nisqapi llullakunchikpuni warminchikkunamanpis, qharikunamanpis, utaq waq runakunamanpis.

136   Chay AMA SUWA nisqapipis mayninpiqa runakuna suwakunkupuni, qulqikunatapis mikhuy kawsaykunatapis, uywa kawsaykunatapis, utaq imakunatapis.

137   Ahinallataq chay ama qhilla nisqapipas manapunin nuqanchik iñinchikchu, qhillakunchikpuni ima llank'aykunamantapis. Chayrayku manchhana ashkha runakuna llullakuyta yachanchik, suwakuyta yachanchik.

138   Aswaypis manchhana ashkha runakuna witiyllamanta llakikunchik, wawa ruwayllamanta, utaq machayllamanta. Chay ukhupitaq iñinchik manchhanata imaymanamantapis qulqi hap'iyta suwakuspa llullakuspa, runakunata q'utuspa.

139   Ahinallataq qhari warmi ukhupipis selosokunamanta iñinchik. Warminchikta selanchik huk qharikunatawan; utaq warmikuna qharikunata selanku huk warmikunatawan. Chayraykun qhari warmi ukhupi maqanakuy, p'ananakuy, imaymana huchatariyta ruwanchik. Warmipis, qharipis ñawikunapis q'uyu kuerpokunapis imaymana k'irisqa.

140   Hinamantataq purinchik husgadokunaq makinman utaq mayqin awturidadkunamanpis. Mayninpiqa abogadukunaman ima purina kashan, awturidadkunaq makinman suwakuymanta, llullakuymantapis.

141   Mayninpiqa asta warmi qhari t'aqanakunku ima, utaq wikch'unakunku.

142   Chayrayku kay runasimikunata qilqayta yachaspa, rimayta yachaspa aswaypis ichachus kutishwan inkakunaq iñiyninman. Chaywan inkakunaq liyninta nuqanchik chiqanpi iñishwan: Ama suwa kayta; Ama llulla kayta; Ama qhilla kayta.

Imaymana qhilli simikuna rimaymanta, chansakunamanta wakin sintikunapaq wakintaq asikunapaq (11) dict.

143   Kay rimaykunaqa phista wasikunapi wakin utaq kargu wasikunapi. Kay Kaylloma llaqta ukhupi hap'ikunku pi munaqpis karguta mayordomomanta, altareromanta, turkumanta, negrillo tusuymanta, turukuna pukllachiymanta, qamili tusuymanta, wayllacha tusuymanta, chhukchu tusuymanta, utaq waq tusuymantapis.

144   Mayqin kargu ukhu pasaqpi, chay karguyuq runa balikunan huk dispensera, huk axa qhachun, tragu qhachun, mikhuy wayk'uq, utaq serbisio.

145   Hinamantataq chay chansamanta hamun. Huk runa balisqa chay karguyuqpaq hamun. Hinapatamantaq alto musikukunan kanan. Chay kornetín sutiyuq, baho sutiyuq, kaha sutiyuq, platillo sutiyuq, bombo sutiyuq, chhinusku sutiyuq, sakso sutiyuq, pistón sutiyuq; imaymana hunt'asqa chay phistapi ch'aqwanankupaq utaq karguyuqta tusuchinankupaq. Wakin karguyuqpapi kanan yaqha pachak kuraq musikokuna. Mayninpiqa chunka phishqallayuq ima.

146   Chay musikokunan supay saqrallaña kanku. Manan p'inqakunkuchu imakuna rimaytapis. Chay musikokuna wayk'uq warmikunatapis, utaq ima yanapakuq warmikunatapis, axa haywaq warmita imaqa; pasaqllataña qhilli simipi rimanku, witiyllamanta:

147   "Allchakuy kunan tutapaq warmi! Kunan tuta nuqayku qhariykikuna sipirisqaykikuraq witispa; sichus chichu rikhurinki chayqa, chay sumaq p'anra qhariyki nuqaykuq ruwasqaykuta lehitimanqa!".

148   Yaqha ahinamanniraq qhilli simikunata chansakunku llapan kamachikusqakunaman. Maypachachus phista tukukun chayqa chay kamachisqakuna kolerinawanmi ripunku unqusqa, q'illuta hisp'akuspa. Musikokunataq qhali qhaliraq ripunku asikusqankumanta, wira wiraraqtaq witisqankumantapis mikhusqankumantapis uhasqankumantapis.

149   Chay saqra musikokunataqa allinta mikhuchina, yaqha chunka klasi mikhuyta, mut'ikunatapis yaqha phisqa klasitahina. Axatapis yaqha sapa ura uhachanku, serbesatapis tragutapis gratis, mana imatapis pagaspa.

150   Chaypatamantaq witisqankunamantapis qhilli simi rimasqankunamantapis mana ima nina. Aswaypis sapa tuta kastigohina kanan paykunapaq puñunankupaq. Huk ch'usaq kuartupi sapankapaq ch'ulla qara, ch'ulla mantallapiwan; lluqsina punkupis paqarinan k'apasqa kandaduwan, ama chay qara utaq manta chinkananpaq.

151   Chay musikokuna aswayta hoden patrunta, wasi ukhupi hisp'ayukunku yaku hisp'ayta k'apasqa punku kaqtin, akayukunku ima tukuy chiqaqkunapi. Chaytapis pampachaykullanku chay saqra musikokunataqa.

152   Serbesiota imaq yanqallañamá qhawanku chay warqu sutiyuqta, músiko musiqta. Chayta imallapaqñas alqutahinallaña qhawanku, imaymanata k'aminku.

153 Sichus huk musiko ekstraño mana riqsisqa chayqa aswaytapuni hudiyta munanku. Macharquchinku sinchita; hinaspa chukchanta rutunku khachu khachu, inkaq andenninkunatahinaraq. Mayninpiqa puñushaqtinpis chakinta k'unkullichinkuhina; chay ullu chukchanmanta allin fuerte q'aytuwan watarunku mama rero chakinman. Hina ch'akiranhinaqa hayt'arikun: waq'ahinaraq qaparin manchhanata. Yaqha kayhinata imaymanata ruwanku.

154 Sichus mana machayta munanchu chay mana riqsisqa músiko, chayqa ch'akillantaqpis hudellankutaqmi. Tapun:
"Warmiyki kanchu?"
"Arí" niqtinqa:

155 "Chay warmiykita nuqaraqmi llik'irqani, chaymantaña qanqa".
"Chay wawaykipis manan wawaykichu, nuqaq ruwasqayman qan yanqalla legitimarqanki".

156 Chaymanta: "Platanusta gustasunkipunichu?", "arí" niqtinqa; "allinmi chayqa" nisunki. Kaqllataq:

157 "Sirtuchu mallqu kumpadriyki?"
"Sirtuchu mallqu padrinoyki?"
"Sirtuchu mallqu tatayki?"
"Kay mallqu wayqiykitaqsí!"
"Kay mallqu qanta ruwasuranki".

158 Utaq nisunki:
"Kaymi kunkayki".
"Ullu prumusiunniyki"

159 Sikitataq nisunki: "Piqpan kayqa?"
Sichus qan ninki "qanpaq" nispa chayqa kusisqakama; sichus ninki nuqaq chayqa phiñakunman.

160 Chaymantapis nisunki:
"Ulluykita urqurqamuy much'asaq, manchakuqtiykitaq manan imanasqaykipaschu, aswaypis makiyta wataway qhipaman, hina much'asaq ulluykita". Sichus ulluykita urqushankiña much'ananpaq chayqa kaniyta munan ulluykita; hinaqa manaña mancharikuspa urqumunkichu. Hinaqa nisunki:

161 "Manchakunki karahu ulluykita urqumuyta! Nuqa as much'achisqayki ulluyta". Hinaqa qantañataq makiykita watasunki qhipaman, llapan musikokunaq ladunpi. Maypachachus watayta tukusunki makiykita hinaqa ullunta urqumunchu much'achinanpaq, aswaypis nin:

162 "Kunan paytaqa witisun karahu!" nispan pantalunniykita thataspa witisunki ashkhamanta. Chaymanta ima tukuypis ña pasanña. Hinaqa llapan musikokuna churakunku phiña. Kaychus manaña imapis susidinqachu niq-hina. Hina enteru musikomantapis aswan kuraq:

163 "Millayta qankuna karahu, qhuña irqikunahina pukllankichik; aswaypis nuqa yachachisqaykichik hukniraq pukllayta" nispan nin llapan musikokunata.

164 "Nuqa kayhina machulaña kanipis, chaypiwanpis manchhana kallpasapa kani, inka kallpayuq. Nuqa kimsa runata wikch'urayashaqta wanturini wichayman, mayqin kimsa runa munankichik wikch'uraychik pampapi".

165 Hina musikokuna allin qhawaykunku uyanta. Hina a la gana a la ganaraq usqayllata kimsa musikokuna wikch'urayanku pampapi chakinkunata simp'ayanakuspa, makinkutapis allinta uqllayanakuspa ama pampaman wanturiqtin halaqanankupaq. Hina machula nin:

166 "Inka machula kallpata quway! Ya! Allinta hap'inakuychik, kunan uqarisqaykichik kimsantiykichikta".

167 Hina chay chawpi kaqta pantalonninta phaskaruspa ch'utiqarqun chaki urayman ulluntataq sayarquchin k'aspita. Maypachachus sayarqun ullu, kuka hach'uwan thuqaykun axawan, traguwan, serbesawan hich'aykun. Ahinan chay:

168 "Kunanqa sayariychik" nin machula chay kimsa musikuta. Wakin musikutaq asiymanta wañunku hisp'ayukunankukamaraq.

169 Yaqha kaymanhina ashkha qhilli simimanta rimayqa. Sichus munankichik yachayta astawan chayqa tapurikuychik kay qilqaqkunata.

Imaynatas parlarun manguwan platanuswan (26) grab.

170 Huk kiti parlasqaku no? Manguwan Platanuswan. I Manguwan Platanuswan huk tiendapi uhasqaku no? traguta no?. I Mangu tapun Platanusta nin:
- Buenu qan Platanus kanki no?
- Arí

171 - I chay Platanus kanki, imaynataq qanta warmikuna rimapayasunki utaq imaynata warmikuna qanta munakusunki? no?
I Platanus nin:
- Amayá chhayna kaychu. Imaraykutaq yachayta munankiri? Pero willasqaykiyá imaynata warmikuna nuqata ruwawan chayta willasqayki- nispa Platanus Manguta nin.

172 "I warmikuna nuqataqa... i warmikuna nuqataqa punchuytapis q'impirisparaqmi siminkuman churayukuspa ch'unqawanku asta k'ochukama".

173 I kaqllataq no? Platanus tapullantaq no? Manguta:
- I qantari, imanispataq warmikuna nisunkiri? nispa Platanus Manguta tapun. Mangu nin:
- Piru niway ari- Mangu nin Platanusta. -Pero niwayyá pero imaynatataq punchuykita q'impirispa warmikuna siminman ch'unqan... sut'inta niway-.

174 I Platanus nin:
- Ahinata punchuytaqa riki no? q'impirin...

311

175 I runakuna wakin mihunku riki platanusta punchu q'impiriyhina llik'irinku chay
qaranta. Hinamanta siminkuman winayukunku i maychhika wakin runa sichus qan
platanusta mikhunki wakin runa nisunki: "Ayaw! amayá! sumaqllata ari,
nanachichawanki, no?.
I kaqlla no? Mangu nin:

176 - Chayhinatachu qanta ruwasunki warmikuna?-.
- Arí- nispa Platanus nin. I Mangutaq nin:

177 - Nuqata ruwawanku anhinata: Warmikuna nuqataqa warmikunaqa manan
qantahinachu punchuyta q'impirispachu siminkuman ch'unqawanku - nin. Aswanpis
nuqataqa siminkuwanqa ch'unqawanku kay q'urutatahinaraqmi chukchaytapis
ñuñuyukunku; q'uruta chukchaytapis ñuñuyunku ima sumaqtaraq no?

178 Sichus qan manguta mihunki misk'ita ch'unqanki. Ahinata nirqan chay Mangu.
I chhaynata parlaran Manguwan Platanuswan.

Komadrimanta (31) grab.

179 Kay Chibay llaqtapi uq... uq warmi qharinpiwan tiyakuranku. Hinaspa chay warmi
p'unchayniyuq karan. Hinaspa chay warmiq kompadrin karan. Chay wiraqucha
karan Mariano H. sutiyuq, komparin. Hinaspa chay wiraqucha Mariano H. purisqa
warmintin chay komadrinpaq p'unchawninman riki, kumpleañonman. Hinaspa:

180 - Komadri, imayna allillanchu komari, p'unchawniyki sumaq p'unchawyá kachun,
hatun p'unchaw kachun- nispa riki. Chaypi riki:
- Diospagará kompadrito, bisitaramuwan kompadre- nispa riki hap'itapinman riki
chay warmiqa.

181 Hinaqa chay wiraqucha Mariano H. apasqa riki traguta riki komadrinman,
¡machayunku! Tuta machayunku, ña, ña isqun tutaña, ña chunka tutaña, chunka
hukniyuq, chunka iskayniyuq tutaña, ña huk tutamanña riki, pacha paqarimunña
kashan sekotaña uharakapunku riki. Hinaspa:

182 - Kompadre, puñukusun-á kompadre- nispa.
- Arí komadre, gracias komadre, kay k'uchullapi kayllapi qurpachariway- nispa.

183 Puñukunku riki llapanku komadren komparen llihu llapa... Llapan munakuqkuna
riki puñukunku riki. Hinaspa usqayllata k'anchata wañuchinku riki. K'anchata
wañuchinku hinaqa riki puñusharanku.

184 Hinaspa ñashá riki iskay tutamantañashá kanman karqan ahinaña. Hinaspa riki chay
komparin, chay, chay na... Mariano H., anchay komparin komarinman lat'ashasqa
nin.
Hina ña, ña pupunpatapiña kashasqa chay Mariano H. komparin; chay komadrinpaq
pupunpatapiña kashasqa, ña apayushasqaña, hinaspa rikch'arunhina:

185 - Imanantaq kompadri Mariano H. imanasunki kompari?- nispa riki nin.
Qharin puñushantaq ladunpi seko:

- Imanasunki kompari, imayna, yuyayniykichu chinkan, imayna yaw, pantarunkichu, imaynan?

186 - Ay... komadrita, pampachawayyá komadre, nuqaq warmiychu nispa pantarqamuyki komadri- nispa nin riki. Pampachawayyá komadri- nispa nin, diskulpawanki komadre - nispa retirakapun. Retirakapushaqtin:

187 - Kompadre kompadre- nin.
- Ima?- nispa nin.
- Ñataq apayamunkiña chayqa kompadre, tukuykullayña kompadri-nispa nin.

188 <Hinaqa kompadrenqa maymantaraq komadren patapi tukuykun chay qhilli ruwayta. Chaykamalla.>

P'ishaqa Khunkuta mancharichin (32) grab.

189 Huk pacha nuqa riki Khunku kayniypi purini chaqrata yanapakuq, habas kallchay nispa ninku kaypi riki. Chay habas rutuy, anchay habas... habas kallchay nispa kaypi ninku, kay llaqta... kay Chibay llaqtapi.

190 Hinaspa huk runaqta abasta kallchapakamuni. Hinaspa chay habas ch'usuta riki quyuwanku. Hinaspa wiksay punkiruwan riki. Ashkhata mihuyuni, t'inritaraq, hinaspa wiksay punkiruwan riki. Hinaspa hisp'anayawan. Hinaspa purini hisp'akuq riki chay na... chay chaqraq kantunta riki rini. Hinaspa chaypi usqayllata riki hisp'akuq mana runa rikhuwananpaqqa pakallapi riki pantalonniyta ch'utiqakuspa hisp'akuni riki, chayllapi tiyatatasharani.

191 Hina... tiya... Ña tiyaspa hisp'akusharaniña, hina hukllata phakay ukhumanta "¡¡p'ish!!, ¡p'ish! ¡p'ish! ¡p'ish!" nispa lluqsiramun chay p'isaqa ninku kaypi wakin lluthu ninku riki. Anchay "p'ish p'ish p'ish" nispa phakay ukhumanta lluqsiramun riki. Mancharikuni riki:

192 - Imataq, imataq kayri- nispa. Wikch'ukuni qhipanpanmanta ña pantalonniy ch'utisqaña karan. Hina tiyarparini riki, manaraq hisp'asharanipasraqchu. Hinaspa tiyarparini riki qhipanpanmanta "t'eniq" sikinpanmanta chayani. Hina hukta mancharikuspa sayatapini. Sayatapini mancharikuspa. Hinaqa sayarirunihina, nata... sikiyta hap'iyukuni, hinaspa makiyta qhawayukuni, q'illu kasqa:
"Imanantaqri, ima, manan hisp'arqaniraqchu, imataq kay q'illuri-nispa riki nini. "Imanarquni, ima, imaytachu narukuni manashá" nispa mancharikuni.

193 Hina ahina kutirini qhipaman, chayqa p'ishaqa runtumanmá tiyaykusqani q'illu sikintinpacha. Q'illu sikintin usqayllata riki pichakuni riki chay na... sach'akuna kan, chay nakuna... anchaykunawan riki pichakuni. Hinaspa usqayta, mana hisp'anipasñachu. Hinallaña kutipuni riki. Hina manaña willakunipasñachu, q'illu sikintin...

194 Chaymanta chay patronniy chaqrayuq qhawaykuwan qhipayta:
- Imayna hisp'ayukunkichu, imaynan- nispa niwan.
Manan imanarquwanshá kanpis- nispallaña riki nini.

195   Chayqa chay runtutamá t'uxarachisqani riki. Chay lluthuq runtuta q'alata
t'uxarachisqani riki. <Chayraykuyá sikiy pantalonniypis chay runtu q'illuwan
qhillichasqa kanman karqan. Nitaq nuqaqa reparakunichu chayrayku asipayawaranku.
Ahinan chay>

Iskay amigaymanta (28) dict.

196   Mana patronniy yachashaqtin <ashkha amigaykunapis kaq. Chaykunata> witiq kani
pakallapi. Chaqrata purispa utaq wertata purispa. Mayninpi huk p'asñata mayninpi
ñañanta.

197   Chaqraman <amigay> aypamuwaq, hinaspa dose urasta, almursayta tukuspa chay
<amigay> niwaq:
- Aleho, bañakuyta yachankichu? nispa.
Nuqa niq kani: -Manan- nispa. Hina niwaq: - Nuqa yachachisqayki-nispa.

198   Hina sanhata apawaq, anchay sanhapatapi, sawse k'uchullapi p'achayta q'alachiwaq.
Hinamanta paypis q'alakuq p'achanta. Hina sanha ukhupi bañakushaqtiyku chay
p'asña niwaq:
- Manachu gustasunki kuerpoy- nispa. Ñuñunta qhawachiwaq hinaspa niwan:
- Hamuy Aleho, kay ñuñuta hap'iy- nispa.

199   Nuqa manchasqa ñuñunta hap'ini. Hina usqayllata phisquy sayariq. Chay p'asñataq
phisquyta sayashaqta ripararqan. Hina makinwan phisquyta hap'iwaq: - Allin sumaq
ulluyuqmá kasqanki-nispa. - Witiyta munankichu- nispa niwaq. Nuqa mancharisqa:
- Manan, patrunniy yacharuspa waqtawanman- nispa.
- Manan yachanqachu- nispa niwan. - Ama chhayna kaychu, haku - nispa apawan
ahina q'alallata, paypis q'ala, nuqapis q'ala sara wiñasqa chawpi ukhuta. Chaypi
p'asña usqayllata wikch'utatakun bañus p'achanta ch'utirukuspa.

200   Chaypiqa ulluy aswaytas sayarin. Hinallañashiki: "waqtachikusaqpis patrunniyman"
nispa, usqayllata nuqapis kalsonsilluyta ch'utirukuspa "witisaq" nini. P'asñataq:
- Amaraq winayuychu- nispa niwan, -manachu witiyta yachanki - nispa niwan;
- llaqtaykipi chhaynatachu ulluykita churaykuspa witinkipacha.
- Arí- nispa nini.
- Manan kaypiqa chhaynatachu defrente witinakuyku; nuqa yachachisqayki allin witiyta.
Hina: - Qan wikch'utatakuy pampaman.

201   Hina p'asña much'ayta qallariwan rinriykunamanta uyaykunamanta simiymanta,
kunkaymanta ima. Ahinata much'aspakama ñuñuykunata ima ch'unqaspa asway
uraymanña qhaquspa much'aspa ulluyman chayarun p'asñaq simin. Makinpiwan
makinwan hap'ispa ulluyta, kay chupititahina ch'unqayta qallarin siminwan. Nuqa
astaway interu kuerpoy saqsirin. Hinamanta ch'unqayta tukun:
- Ya, qanñataq- nispa niwan.

202   Kaqllataq nuqapis makiypiwan qhaquspa much'ayta qallarini llipin kuerponta.
Maypachachus much'ayta tukuni kuerponta, hina ulluyta waqmanta churasaq nini,
yaku hisp'ananmanta. Pay niwan:
- Amaraq, amaraq, qanpis llaqwawanayki- nispa- kay mamaykita qalluykiwan.

203 Nuqa qhawaykuni hisp'ananta. Millarikuni. Sunquypi nini nuqa, manas sut'ipichu: "manan nuqa alquchu kani llaqwanaypaq":
- Apurata Aleho, ama chhayna kaychu, llaqway.
Hina millakuspa rakhanta llaqwayta qallarini, llaqwashaqtiy chay p'asña suchukachayta qallarin:
- Ay, ay, ay, ay, ahinata Alehito, ay, ahinata Alehito ¡sumaq!

204 Maypachachus llaqwayta tukuni, ña huk urata hinaña kayku llaqwanakuspa, chaykama phisquymanta iskaparqamuwan chay ulluypaq liche. Chayraq p'asña:
- Ya Alehito, kunanqa witiway.
Hina nuqa nini:
- Manan, wañurunmi ulluy- nispa nini. Niqtiy niwan:
- Ama llakikuychu, nuqa atini imayna sayachiyta.

205 Makinwan hap'ispa qhaquspakama waqmanta sayaruchin. Maypachachus sayarin ulluy hina imaymanamanta witichikuwan. Sapa imaymanamanta witiy sutiyuqkama kasqa. Pay niwaq:
- Kay sutin *"perrito"* nispa; kaytaq *"cabra tomando agua"* nispa; kaytaq *"piernas al hombro"* nispa; kaytaq *"remolino"* nispa; kaytaq *"barquito"* nispa; kaytaq *"leyendo periódico"*.
Imaymana ashkha sutikunata.

206 Paytaq desesperakunraq much'awan i chay ukhumantataq hisp'anamantataq manchhanata kuyumun. Phisquytataq "ququq, ququq" nispa nichin.

207 Nuqataq kusisqaraq karquni. Chhayna imaymanamanta witiyta yachachiwaqtin kusisqa kani. Hinallaman waqmanta rakhan ukhupi ulluy muqch'irparin rakhan ukhupi. Chayraq waqmanta sanhaman waykuyku bañakuq. Hinamantataq p'achakuyku.

208 Hinamanta chay p'asña niwan:
- Ama manchakuychu patronniykitaqa, manan yachanqachu witinakusqanchikta.
Nuqataq manchasqa kashani "anchachus yacharunqa" nispa.

209 Hina waliq manapuni patronniy yachanchu. Aswanpis waqmanta, phisqa unchawmanta, waqmanta apawan chay sara wiñasqa chawpiman. I chaypiqa ña allintaña imaynatas mistikuna witinakunku chhaynatas yacharuni nuqapis.

210 Ahina witishaqtiy chay p'asñaq ñañan pakallamanta qhawamushawasqaku. Imaynapichus rikuruni nuqa kay ñañan chimparamuwanku:
- Ama Aleho manchakuychu- nispa. Ñan kay ñañay willawanña witinakusqaykichikta. Allintas qan ñañayta witisqanki, chayrayku hamurani nuqatapis witiwanaykipaq.

211 Hina iskayninku q'alalla witichikuwanku. Chaypiqa pisiparqapuni nuqa, manan balerunichu. Chaymantaqa manan witinichu asta huk killa. Chaymantaq sut'inta nini iskaynin ñañanta:
- Manaña witiymanchu- nispa.
- Imarayku- nispa niwanku.
Hina nuqa nini:
- Manan iskayniykichikta atiymanchu, pisipachiwankichikmi, aswaypis ch'ulla ch'ullallata.

212   Chayta niqtiy iskaynin p'asñakuna selosa churakuranku. Hukkaqta witiq kani tapuwaq:
- Hayk'ataña ñañayta witinki- nispa.
Chay hukkaqpis kaqllata tapuwaq. Nuqataq sapankatapis witispa niq kani:
- Manan ñañaykitaqa witinichu- nispa- qan sapallaykita munakuyki-nispa.

213   Chayta niq kani ama selosa kanankupaq. Sichus sut'inta niyman karan mayqintapis
chayqa kapás patronniyman mayqinpis willaspa kastigachiwan. Chayrayku sapa
witiyta munaspa pakallaman apaq kani nuqa kikiy. Ahinan kay llank'aq purisqaypi
chay susidiwan chay amigaykunawan.

Sutichakuy sapa llaqtapi Kaylloma ukhupi (2) dict.

214   Ima nispas ninku Tuti llaqtapi tiyaqkunata? Ninku ahinata:
Tutiñu yana aka warapi añu khipu.

215   Kallalli runakunata ninku: *Kallalleño t'ola gitarra.*

216   T'isqu runakunata: *T'isqiño wallata ch'arki.*

217   Kay kimsantin llaqtata ninku: *Tuta qallarin phisqu.*

218   Sibaeñokunata: *Sibaeño **ch'ichi** murmunta.*

219   K'anuquta: *K'anuquteño q'ala q'uruta.*

220   Chibayiñukunata: *Chibaeño torre patapi ch'apra wayrachiy.*

221   Achomeñokunata: *Achomeño qhuru kuchillu.*

222   Maqiñokunata: *Maqiño quntay api.*

223   Pincholleñokunata: *Pincholleño wayra supi.*

224   Kabaniñokunata: *Kabaneño intipi api quñichiy.*

225   Tapiñokunata: *Tapiño hullq'i.*

226   Qoporakeñokunata: *Qupurakeño ch'ata qiru.*

227   Ichhupampeñokunata: *Ichhupampeño.*

228   Lareñokunata: *Lareño aya tusuchiy.*

229   Madrigaleñokunata: *Madrigaleño laqra kampana.*

Ima nispas Inka Mayta Kapaq
sapa llaqtata suticharqan (3) dict.

230 Chibayta suticharqan Chimpa nispa; utaq *Chaqay Chimpa*. Kunantaq españolkuna
hamusqanmanta sutin *Chibay*.

231 Yanketa suticharqan LLAKI. Kunankamataq Yanke, españolkuna hamusqanmanta.

232 Achoma suticharqan HACH'U; imarayku? Kuka akullisqanta pay chay llaqtapi
wikch'urqan "hach'u" ñispa. Kunankamataq españolkuna suticharqan *Achoma*.

233 Chaymanta Maqatataq suticharan maqanakuqta rikuspa: "Allinta Maqay".
Kunankamaraq españolkuna sutichasqan *Maka*.

234 Pinchollota suticharqan PICHILU. Inka hisp'aspa urquran pichilunta. Kunankamataq
Pinchollo.

235 Koporaketa: QHUPU RAKHA, warmiwan puñuspa. Kunankamaraq *Koporake*.

236 Ichhupampata kaqllata ICHHUPAMPA. Imarayku? Ancha ichhu kaqtin pampapi.

237 Tutita, TUTAYAQ. Kunankamataq *Tuti*.

238 Kallallitataq, QALLARIN. Kunankamataq *Kallali*.

239 T'iskotataq, T'ISHKU, ancha t'ishku kaqtin. Kunankamataq *Tisko*.

240 Kayllomatataq KAY ULLU UMA. Kunankamataq *Kaylloma*.

Inka sapa llaqtata purispa
llaqta runakunata tapuran (4) dict.

241 Chibaypi tapukuran runakunata: - Imatan munankichik chaqay chimpapi?- nispa
rimarqan chaqay chimpamanta. Runakuna nirqan: - Ashkhata mikhuyta munayku.
Inka nirqan: - Kachun siwara, kachun kinwa[5]. Chayraykun kunankama ashkha kinwa
ashkha siwara.

242 Yankepi Inka tapukuran runakunata: - Imatan munankichik? Llaqta runakuna utiyllaña
niranku: - Mana imatapis. Wiñarqan imaymana mikhuy hunt'asqa chayrayku. Yakupis
urqukunamanta ashkha phukyukuna t'uqyarqan[6] yaku unu. Hinaspa Inka phiñarikuspa
nirqan: - Qhilla runakuna, mana imatapis munankichikchu; chayqa qankunamanta.
Phukyukunata ch'akichipuran Inka. Chayraykun kunankamapis yankiñokunaqa
Chibayllamantaña yakutapis suwakunku. Yankiman yakuta hamun huk urqu sutiyuq
Warangandemanta. Chay urqu kashan Chibay estansiapi. Chay yakuta aparqanku

---

5   Mayninpitaq ñinku 'kiwna' ñispa.
6   Kaqlla ñinku 't'uxay' ñispa.

Yanki runakuna Chibaypi gerrata ruwaspa, wark'anakunawan wark'anakuspa. Wakin runakunapis wañuspa yankeñokuna gerrata ganaranku chibaeñukunata, chayrayku.

243   Maqaman Inka chayaspataq tapurqan kaqllatataq runakunata:
- Imatan munankichik? Nirqanku: - Yakuta munayku. Pisipachallata. Chayrayku wakin yaku unuta urqu ukhupi saqiran. Chayraykun kunankamapis chay urqu ukhupi yaku unu llapan llaqtata mayu lawman suchuyachipushan.

244   Hinamantataq Pinchullupi llaqta runakunawan parlasqa: -Imatan munankichik?- nispa. Llaqta runa rimanan kashaqtin Inka supiyukusqa, "t'ir" nispa. Chayraykun kunankamapis manchhana wayra. Manchakuymanta mana imatapis rimasqakuchu.

245   Kabanaman chayaspa manchhana allinta Inkataqa hap'isqaku. Chaypi runakunaqa nirqanku: - Nuqayku munayku... allin runa kayta munayku, allin mikhuytataq munayku. Hinaspa Inka alforhanmanta allin hach'i sarata barayuq runaman qusqa: - Kayta llaqta runa mikhunqa- nispa. Chayraykun kunankamapis ashkha sara wiñan, misk'i sara, qhapya sara. Chayraykutaq runakunapis sumaq uyayuq runakuna, rimayninkupis sumaq.

246   Tapayta manaña allintañachu waykusqa nitaqmi runakunapis allintachu huñukusqa. Sichus Inkan llaqtakunawan parlanman karqan chayqa frutakunapis aswan sumaq kanman karan.

247   T'iskuman chayasqa Inka chaypi nisqa: - Imatan munankichik?-nispa. Chaypis runakuna nisqaku: - Allinta p'achakuyta munayku-nispa. Chayrayku Inka ashkha minakunata kicharisqa saqiran quri qulqi qhipaman rikhurinanpaq. Chayrayku kunan chay chiqankunapi kashanmansi quri qulqi. Ahinan chay.

248   Chaymanta urayamuran Sibayu llaqtaman. Chaypi tapuran runakunata. Hinaspa llaqta runakuna nirqan: - Yaku ukhupi wiñaq sach'akunata mikhuyta munayku- nispa. Hinaspa Inka nirqan: -Lamar-quchapi chaqrayuqmi kankichik kunanmanta- nispa. Chayrayku kunankamapis sibaeñukunaqa Mollendo Lamar-quchapi sapa wata kusichakunku quchayuyuta, phisqu chakikunata, k'allana p'akisqakunata, imaymana Lamar-quchapi winaqkunata-. Kaqllataqsi Sibayupipas kallantaq kunankamapis Machu Llaqta imaymanamanta rimayniyuq.

249   Kallalli: Chaypipas tapukullarqantaq runakunata: - Imatan munankichik?- nispa. Chaypi niranku runakuna: - Munayku allin hatun wasikunata. Chayrayku Inka hatun palasiokuna ruwachiran. Kunankamapis chay palasiokuna qaqamansi tukupun. Kaqllataq ashkha t'ulakuna wiñaran sach'anpi imaymana mikhunakunayuq kananpaq hinaspa chayta manan chiqancharankuchu chay Kallalli runakuna mañarikuyninpi. Chayraq kunankamapis runakuna tapurikunku imaraykus chay sach'a t'olakuna kanmansi karqan runakunaq mikhunanpaq. Sap'inpi kanman karan papa, uqa ulluku, añu, yuranpitaq kanman karqan imaymana frutakuna.

250   Kayllomaman Inka chayaspa, chaypi tiyaq runakunawan rimarqan. Hinaspa runakuna nirqan: - Munasqayki kachun-. Chayrayku Inka mana saqiranchu ima sach'akunatapis nitaq tarpuykunatawanpis. Chayrayku kunankamapis kayllomeñokunaqa uchha qachi kanku. Llama uchhata pallanku huk p'itanawan wayk'ukunankupaq mana sach'akuna kaqtin.

Inkakunamanta (5) dict.

251   Tutitapis hamurqansi Inka. Chaypi karqanraqsi hentil ayllu runakuna. Chaypiqa aswaypis runakunaqa allinta iñirqan Inkapi, Mawk'a Llaqta Tutipi. Unayta imas tiyaran Inkaqa; sumaqtas churaran imaymana sach'akunata. Chay sach'akunata qhawaran huk urqu Pumunuta sutiyuqmantapacha. Chay Pumunutapis kunankamapis huk qaqa t'uqu manchhana ukhu, tutayaq ukhu, wanturayashan huk sara thulu; huk hatun runa sayay. Hinallataqmi kunankamapis wakin runakuna rimashanku Tutipiraqsi tarpuyqa qallarikurqan Inkaq hamusqanmantapacha.

252   Chaypi imaymana wiñayta qallarishaqtin; papapis kaq wark'api q'ipina. Añupis, uqapis kaqllataq. Uywakunapis kaqsi, llamapis, paquchapis wanakupis wikuñapis; manchhana hatun uywakuna, kallpasapa uywakuna. Runakunapis chayaqkus pachaq phisqa chunka watayuqkama. Imarayku? Allinta mikhuqku; aychatapis ima mikhunatapis allin puqusqata. Chayrayku paykunaqa manchhana allin kallpasapa karqanku.

253   Chaypiwanpis tarpukunataqa mana yanqa p'unchawkuna tarpunachu kaq; aswaypis killata qhawaspa, ch'askata qhawaspa, Llama Ñawi ch'askata qhawaspa utaq Kabrillata qhawaspa. Chaykuna enterun rikukun hanaq pachapi, tuta uras. Chay Llama Ñawi ch'aska, Kabrilla nisqa, sichus ima sumaq granu rikhukun chayqa, allin wata kananpaq; sichus ch'usu chayqa, mana allin wata kananpaq.

254   Kaqllataqmi atuq agustu killapi klaruta waqan, allin wata; sichus mana klarutachu waqan, mana allin watachu. Kaqllataqmi mayupi laqu ima sumaq q'umir[7]llaña, chay allin wata; sichus mana, mana allin watachu.

255   Kaykuna mana yanqa rimaychu, chiqaymi kaq ñawpa runakunapaq; kay huk qilqahina willaq. Chayrayku imakunatawanpis astawan inkakunaqa kaqku allin yachayniyuq umasapa runakuna.

256   Mana nuqanchik-hina, kastillanumanta liyiy yachaq, ni qhishwamantawanpis liyiyta yachaqkuchu. Aswaypis liyiyta yachaqku khipuspi, imaymana q'aytumanta sach'akunawan tiñisqa; kuka k'intukunapi; kuka laprakunapi; phisqu waqaykunapi; q'usñikunapi; mankaq t'impushan, chaykunapi. Hisp'ay puquwan ch'unchu qullpawan, Mama Quchakunapi; yaqha imaymanapi liyiyta yachaqku.

257   Kundur tutayaykuyta muyupayasunki wañunapaq kaq. Yaqha kaymanhina imaymanapi liyiyta kaq uywakunamantapis; utaq sach'akunamantapis; utaq chhullunka yakumantapis. Chayrayku kaykunata hukkunatawanpis manchhanata yachaq.

258   Imaynatas punakunapi allin mikhuykunanpaq, mana qasa qasananpaq?:
       Qasatapis manchachiqku huk sach'akunata ruphachispa, utaq awki Awsangateman mesan q'ipipi irantakunata haywarispa, utaqsi qasa awkiman parlaspa.
       Inkapaqqa qasapis parlaqsi, wayrapis khuyukuspas parlaq. Kay pachamanta Pacha Mamakunapis parlaqsi; Mama Quchakunapis rimaqsi. Chayraykus inkakunaqa aswayta munakuq Pacha Mamatapis, allinta kawsaykunata, wakichinanpaq llapan kawsaykunata.

---

7   Wakin runakuna Kaylloma ukupi manam riqsinkuchu kay simiqa, 'birde' nillanku.

259   Qasatapis munakuq, imarayku? Chay kawsaykunata malograq utaq mikhuq ima
       kawsaypis chayqa, qasawan parlaspa qasa wañuchiq. Imaynatas? Por ehemplo sichus
       qan usasapa runa manchhana usayki; chay ukhuncha p'achaykita yakuman
       chhallpuruspa qasaman churanki. Usaykikuna wañurunqa t'inri t'inriraq;
       ch'iyankunapis ima. Ahinan chay.

260   Wayratapis munakuq chay kawsaykunata sumaqta llanllachinanpaq. Wakin
       kawsaykunaqa, llamakuna paquchakuna utaq ima uywakunapis, akaq utaq hisp'aq,
       chaykunaqa wanumanta pasaq. Yachaqku kawsaykunata unquykunamantapis
       imaynata hampiytapis.

261   Kunankamaqa manan chay kastillanu rimaqkuna utaq waq idioma rimaqkuna
       inkakunahinaqa yachanñachu. Ni Pacha Mamawanpis rimayta atinkuchu nitaq
       parawanpis nitaq yakuwanpis nitaq phuyuwanpis nitaq qasawanpis. Aswaypis
       paykunaqa riqsinku kimikakunallamanta. Kawsaykunaqa kaqlla, mana allintachu
       qun, nitaq runapis nitaq ima uywapis nitaq ima kawsay mikhunatawanpis.
       Sichus churanku chay kimikamanta yachaqkuna, umasapa runakuna, yanqa. Imarayku
       yanqa? Chay kawsayta mikhunchik manaña nuqanchik kawsanchikñachu
       inkakunahina, iskay pachaq wata, pachaq phisqa chunka wata, utaq pachaq wata;
       aswaypis kawsanchik ñak'ay kunan runakunan pusaq chunka wata, qanchis chunka
       wata, utaq suqta chunka wata.

Puna rimaymanta (6) dict. (algunos pasajes grabados)

262   Askha ukhu kunan timpu runakuna tapukunku imaynas kay Pacha Mamapi, puna
       ladokunapi tiyanku utaq iñinku imakunapipas. Nuqa Khunkuman
       willawasqankumanhina willarikusaq kay qilqapi. Imaynatas ñawpa tatalakuna
       willawanku nuqata.

263   Huk punaqa manas llaqta ukhupiqa kanmanchu; aswaypis urqukunapi rit'iwan kuska;
       parawan kuska, phuyuwan, qaqakunawan, imaymana sach'akunawan utaq
       llant'akunawan wayk'ukunapaq, phukyukunawan, uqhukunawan, qiwñakunawan,
       ch'illiwakunawan, irukunawan ichhukunawan ima.
       Chay ukhupiqa huk runa ayllukuna tiyarqan utaq tiyan kunankamapis; inkaq
       timpunmantapacha.

264   Imaraykus chay uywa rikhurimurqan chay punakunapi?
       Inka Mama Uqllu, Inka Manko Kapaq rikhurirqan lamar-qucha chawpinpi, huch'uy
       lamar-qucha Titi Qaqa sutiyuq. Rikhurichimurqan chaymanta imaymana rikch'aq
       paquchakunata, huk sutinpi Tandallikunata -Tandalli ninku paquchata.

265   Imayna chay Inka qhari warmi rikhurirqan, kaqllatataqmi imaymana uywakunatapis
       rikhurichimuran, Inka warmikuna michinanpaq, warayapi sapa tuta puñuchinanpaq.
       Ñawpaq inkakunaqa sapa p'unchaw michiqku alqunkupis, atuq, wallpankupis,
       p'ishaqa, kibiw, k'ili, wamancha, qiqita, alqamari, kundur, hak'aqllu, puku ancha
       ashkha kaqkunapiwan.

266   Chay uywakunata michiqku sapa p'unchaw, imaynata? Ahinata:
       Uywakuna quchamanta rikhurimuqtin paykuna sutichaqku "tandalli kawsay" nispa.

Chayta paykuna hap'iqku, mesa q'ipita phashkarispa. T'inkaqku imaymana iñiyninkunawan, allin kawsay kananpaq.

267   Agustu killapi, setiembre killapi febrero killapi, may chiqanpiqa waq killakunapipas haywakuqku wiraq'ayakunata khunuhakunantinta, insiensontinta kuka k'intuntinta. Sichus chay uywakuna utaq waq uywakunawanpis qhipaniqkunaman rikhurirqan chayqa, hayk'an t'inkakuykunapiqa wilaxata ima ruwaqku.

268   Paqucha tandallita t'inkaqku chayqa, huk paquchata sipiqku llapallantataq q'aspaqku kandayaq ñawpaqinpi. Chay kandayaqa sutin huk altarhina; ofrendata qunapaq, Dios Hanaq Pacha Inti lluqsimunan laduman.

269   Chay uywa kanan allin mehornin uywa, allin <akllasqa> {eskogisqa}, allin munasqa uywa, chayta <haywarinku> {ufresinku riki} Tatanchikman.
Imaynata nak'arunku?, nak'aruyta tukuspa, aychanta mana kondimentoyuqta pishi kachichallayuqta brasa sansapi, t'iqapi, utaq uchha t'iqapi, chaypi q'aspanku.

270   Maypachachus chayarqun chay aycha hinaqa interu pikuna ayllukuna chaypi t'inkashanku. Anchay interukuna mikhuyta tukunanku riki. Khaskinanku aychata tulluta q'alallata saqinankukama.

271   Maypachachus tulluta q'alallata saqinku chaymantataq tulluta huñunku waqmanta q'alata huk lliklla patamanpis o misa q'ipi patamanpis ama huk tullutapis chinkachispa. Hinaspataq llut'anku wirawan, tulluta k'askachinku,... imaynatas huk eskelitu formakun riki ima animalmantapis, kaqllata.

272   K'askachiyta tukuspa, kuka rurukunawan, kuka lapra k'entukunawanpis o koka laprakuna ninku anchaykunawanpis i kunuhakunanpis i yapahataspa apanku riki samakuspa. Llapa runakuna samakunku "ha ha" nispa kimsakama.

273   Hinaspataq sumbirunchanta ch'utikuspa huk runa, chay yachayniyuq runa, chay wiraq'aya churaq runa, apan riki huk iskay runawan, chimpan kandayaman.

274   Chay kandayapitaq achka ninan lawranan. Hinaspataq chayman churan, chay lawrasqa nina pataman kandayapi churanku chay iskilituta, chay uywaq tullunta q'alallata churanku.

275   Hinaspataq q'alallata chay tullunta, chay lawrasqa pataman churaspa, hinapataman hich'anku huch'uy qiruchapi binochawan ch'allanku: "Ay Tayta, kunanqa samayakamuyku kay uywata, astawan mirananpaq, watamanpis ashkha uywa kananpaq, agradesekuykiku Señor" nispa resakunku orakunku.

276   Hinamantaq, hinaqa chay sara granukunawan imaymanawan. Hinaqa chaymanta sichus Tayta resibin Hanaq Pachapi allinta chayqa kimsakama t'uxamun riki chay sara. Kay hank'akushanki hina t'uxamun riki, anchhaynata. Huk t'uxamun "t'iq" huktataq "t'iq" "t'iq" t'uxamun, chay kimsakama t'uxamun sara chayqa, "Chayqá, diospagarasunki Taytay, resibichawanchik".

277   Sarata churanku kollita, q'achi sarata utaq ch'iqchi sarakunata. Chay sapa sara siknifikaduyuq riki. Chay Tayta willawananchikpaq chay sarata, uyarichi-wananchikpaq. Sichus mana t'uxanchu mayqin sarapis chayqa, mana allin wiraq'aya

churasqachu, nitaq allin haywasqachu chay ofrinda nisqa no? Chayrayku mana ashkhatachu sarata churanku. Kanmancha chunka sara o mayninpi suqta sara, o chunka iskayniyuq sara, ahinalla.

278 Chayta ruphachiyta tukuspa chimpayapunku chay mesaman, chay haywana mesapi. Chay mesa sutiyuq kanan p'alta rumimanta, ladunkunapitaq rumimanta tiyakunapaq bankahina. Chay p'alta rumi patapi phaskarinku misa q'ipi llikllapi q'ipichasqa. Chay haywana mesapi uqarinku q'alallata chay mesa q'ipita. Hinaspa uywakunata chay nawan..., chay ñawi axa, anchay patallanta urqunku. Chay patallanta urqunku huk p'ukuchaman utaq qiru qiruchaman urqunku p'uyñumanta urpumanta; ch'uyanchan ninku chayta riki. Hinaspa chaywan ch'aqchuspa muyunku uywata i warmi, chay uywayuq warmi, chay qharinpaq uywayuq warmin; chay huk kahata tukakuspa purin, uywata muyunku i wakintaq hich'akuspa uywakunaq uman pataman.

279 Hinamantataq warayata kicharinku uywakuna ripunanpaq mikhunanman, mikhunanman lluqsinanpaq i chay pataman hich'anku chay puna t'ikakuna kan, imaymana yuraq t'ikakuna, anchay klabelpaq partinmanta riki. Anchay t'ikakunawan, t'ishqa, t'ishqikunawan, chaykunawan. Chaymanta chay ch'illiwa t'ikakunawan i huyukunawan, saramanta kutasqa chay huyu sutiyuq, chay igusniyuq, durasnuyuq ima lliw rurunpis chay fibriru killapi al menos; chaykunayuqta konfetisniyuqkunata hich'anku. I waraya punku manaraq lluqsishaqtin chaypitaq churanku kinsa qiruta.

280 Sapanka p'uyñu imaymana chay t'inkay ukhupi ruwanapaq. Chay huk ch'uyanchan nin, anchay axaq simin p'uyñuq urpuq uman patapi kashan riki qulqi qulqi q'illu, anchayta apaqaspa tiyachinku chay warayaq punkun manaraq uywa lluqsishaqtin. I muyuyta tukuspa qarqurunku hinaqa wikch'ukun riki, sarun chakinkunawan. Uywa sarun hinaqa wikch'un riki chay qirukunata. Entonses chay qirukuna sichus lluqsin, wikch'ukun inti lluqsiy laduman chayqa, allin wata. Mana inti lluqsiy ladumanchu wikch'ukun chay qirukuna chayqa, mana allinchu, mana allin t'inkasqachu. Uywakuna chakinwan saruspa chay wikch'unanku. Arí wikch'ukun según Taytaq munasqanman hinayá. Sichus Tayta munan "allinta t'inkakunkichik" niq-hina, chayqa pay inti laduq lluqsinmanmi wikch'ukun. I sichus mana chayqa waq laduman wikch'ukun. Chayrayku iñinku ahinata.

281 Chayta tukuspa, chay kandayaq ñawpaqinpi axachakunawan, ubasmanta uhanakunawan chay mesa q'ipimanta, kaqkunawan ima p'ampaqku, sapa t'inkarispa uharispa.

282 Chaymantataq watamanta huk paqucha paqarimun chay paqucha nak'asqanman kaqlla. Sichus urqun karqan kaqlla; sichus chhina kaqlla; sichus chullumpi kaqllapuni.

283 Kaqllataqmi kundur mikhuq ima uywatapis, wataman lluqsimun kaqllapuni. Kundur ima sumaqta samakuq Inti Dios Hanaq Pachaman. Chay animal mikhusqan waqayninmanhina waqanallantaq kondor. Sichus llamata mikhun "in in" nispa waqan; sichus asnu "hih hih" nispa waqan. Paypis kriyin.

284 Imarayku kondor samakuq inti lluqsiy laduman. Chay kondor Diospaq kamasqan, o Diospaq paqarichimusqan kay pachaman, kay Pachamamapi muyunanpaq, chay kondor. Chay kondorqa huk apu, apu sutiyuq, huk hifehina. Kunan kay Perú llaqtapi

huk presidente de la República, ahina chay apu, enteru pharayuq, chay k'ili, wamancha, qiqita chaykunaq hefen altu punapi, sierrapi. Sierra chaypi hefe pay. Pay allinta respetachikun llapa, llapa chay wakin pharayuq uywakunaman.

285 Chayrayku pay agradesikun wichayta qhawarispa, inti lluqsiy laduman qhawarispa agradesikun ima uywa mikhusqantapis. Nin riki... Arí kondor mikhun ima uywatapis, chayqa agradesikun Dios Taytaman riki: "Diospagara kay uywata mikhuni" nispa. Hina kaqta kondorqa samakun. Hinaqa samakuspa chay wataman kaqllataq lluqsimun ima uywa mikhusqanpis otaq paqarimunpis. Sichus karan ch'iqchi, chay kasqan ch'iqchi lluqsimun. Yuraqniyuq, yanayuq, kaqlla paqarimun no?, huk uñachanmanta; kaqllata wiñan riki chay kondorpaq mikhusqanhina.

286 Sichus atuq mikhuq ima uywatapis, chayqa manan. Ni qiqitakunapis, aqchhikunapis; manapuni kaqllaqa. Chaykunaqa yanqa mikhupakuq, mana agradesikunchu, chayrayku mana kaqllachu paqarimun.

287 Kunankamapis rikhushanchis-hinaqa, altus runakunaqa, puna runakunaqa utaq estansia runakunaqa michishankupunin imaymana uywakunata: paquchata llamata obihata asnuta wakata kabrakunata, may chiqanpiqa mulakunata ima. May chiqankunapiqa kanmi wanakukuna bikuñakuna, chaykunaqa manaña michiqniyuqñachu. Inkaq tiempunpiqa michinan kaq chaykunapiwanpis.

288 Paquchakunaqa michikunmi allin uqhuyuqpi. Askha phukyukuna t'uxamun anchaykunapi. Paquchaqa mikhunan uqhupi imaymana wiñaq sach'akunata ch'illiwakunata. Imarayku uqhupi? Kayrayku:

289 Chaki chhuchullunkuna wawalla lamar-quchamanta rikhurimusqa, chayrayku challwa parte. Chayrayku sichus mana uqhuyuqpi paquchakunata uywanku chayqa, pisi pisillamanta wañun.

290 Chay paquchakunaqa wawa chakillayuq lluqsimuran lamarmanta. Imarayku? Paquchaqa asway sumaqlla willman, asway fino willmayuq. Chay willmamanta ruwakuqku ukhuman runakuna p'achakunanpaq, ama khishka khishka kananpaq, chay fino willma riki. Llamaq willmanqa mana chayhinachu, i llamaq chakinpis ni chayhinachu. Imarayku wawa chakilla? Chay paqucha willmanman fino kaqtin hinaspa chakinpis delikadu, mana llamahinachu purin maytapis. Chay paqucha sichus llamawan kushka mikhunman may urqukunapipis chayqa, paquchaq chakinqa laqrayta waykun. Hinaspa ch'akipun ch'akiyun. Hinaspa yawarta waqanhina mana puriyta atinchu, chaki laqrakunamanta yawar lluqsimun. Chayrayku paqucha asway munana enteru kay runakunaq mikhunan uywakunamantaqa riki. Asway delikadu enteru, wanakumantapis, wik'uñamantapis llamamantapis utaqchus chay kamillomantapis riki.

291 Chayqa, chayrayku chay lamar-quchamanta paqarichimurqan riki chay inkakunaqa, anchay chay inkakunapis huk samakuspa haywakuspa, mañakurqan Taytachamanta, i chayrayku phukyukuna rikhurirqan paquchapaq, espesialmente. Chayrayku chay phukyukuna t'uxamurqan.

Phukyukunamanta

292   Lamarpachamantas hamushanman yaku, urqu ukhunta hinaspa chay estansiakunaman tukuyhina kay Kaylloma estansiakunaman o waq llaqtakunapi estansiakunamanpis purishan riki no?. Chay lamarpachamanta yaku lluqsimun, t'uxamun. Chayrayku kunan ch'akipushanña riki no? ashkha phukyukuna hinantin estansiakunapi. Imarayku nin? Manan para chayanchu, chayrayku mana urqukunapis rit'inchu" nispa chay mistikuna rimanku.

293   Mayninpi chiqaypis kanman; rit'in urqukunapi, hinaqa ruphaywan chay rit'i chullun, hinaqa kaqllata lluqsimun yaku. O phukyu t'uxamun mayqin urqupipis. Pero sichus manataq haywakushankuchu inkakunaq timpunpihina, mana yuyarishankuchu, Dios Taytata chayqa, manallapuniyá, ch'akipullanqapuni aunke paranqaña urqukunapis chaypis. Lamarmantapis mana yakuta ch'akirachimpunqa Dios Tayta riki.

294   Phukyukuna mastaqa hamun lamar-quchamantapacha nin chay. May tatalay willawaq. Inkakunaq timpunpi siempre rimakuqkupuni yakuqa lluqsimun urqukunapi phukyumanta lamar-quchamantapacha hamun.

295   Chayrayku phukyu ch'akiq. Mayninpi chayta inkakuna puriq lamarquchaman. Hinaspa lamar-quchamanta sumaq allin arisqa, allin arisqa urpuchapi, musuq urpuchapi, mana axa, axasqa, mana imanasqacha; anchay urpuchapi musuqchallapi apamuqku lamar phushuqta yakuntinta. Lamar phushuqta yakuntinta, hinaspa chayta estansiaman apaspa t'inkaqku chay phukyu patapi. Hinaspa waqmanta chay phukyu t'uxayta qallarimuq yaku, yaku chay phukyumanta.

296   Mayninpi chay wakin iñiq runakuna apamushankupuniraq riki chay yakuta lamar-quchamanta. Entonses chay phukyu, yaku t'uxamushan urqupi, estansia ukhupi, chay phukyuqa sinchi, sinchi respetana, sinchi munana, mana pukllanachu chay phukyuwan. Chay phukyu patapi, pukllanki, burlakunki, utaq qhilli mankata nayuqta apanki... ima nin kanpis... tisnayuqta... Hina chay manka tisnayuqta winanki phukyuman hinaqa chay phukyuqa usqayllata ch'akirapun. Manaña yaku lluqsimunchu.

297   Utaqchus pukllanki sinchita burlakuspa chaypis uyaykipi usqaylla hatarimun granus imaymana granus. Mana chayta ni doktorpis ni pipis salbasunkimanñachu. I sichus chay hampiq tatalla, hampiq runa, mas o menos nuqahina hampiq tatalla, chayqa, usqayllata riki pagana chayman huk wiraq'ayata, huk wiraq'ayata, uñakunallata ruwaspa. Wirata, naspa... q'uñichispa, makiykipi q'uñichispa huk uñakunallata ruwanayki, hinaspa paganayki chayman. Huk wira untuhina. Anchay untuta uñallata ruwanki, ubiha uñallata utaq llama uñallata, hinas chayta paganku. Ima uñallatapis ruwanki pero mayor generalmente churanki llama uñallata. Chaywan chay phukyu hampisunki; osea uyayki alliyakun chay sarna hap'isqan. Hinamanta wakmanta yakupis sumaqta t'uxamun.

298   Nuqatapis hap'ikuwaran phukyu. Manan nuqa kriyinichu, "ima... yanqa ninku... iman chay phukyu hap'iwanman", nispa nuqa chay... chay t'uqumanta lluqsimushan yaku, anchayta hisp'ahatarani riki nuqa yaku hisp'ayta...
Hinamanta asta llihu entiru kuerpu llihu granus hunt'aywaran. Chayqa manan chaypiqa ni medikopis salbasunkimanchu.

299   Chayqa kay Pachamamaqa kay runahinayá kawsashan. Kawsashanpuni
       kunankamapis. I chayrayku mayninpi ya... manaña riki ima kaqñachu ni parapis
       chayanchu ni phukyukunapis t'uxamunchu nitaqmi uywakunapis iman kaqchu miran...

Wakin uywakunamanta

300   Wakin uywakunataq imayniraq sach'akunawanpis kawsallanmi. Llamapis iruta,
       ichhuta mikhuspa allinta kawsan. Wakapis iruta ichhuta t'olata ima mikhuspa allinta
       kawsan. Kaqllataq uhapis asnupis mulapis.

301   Sichus uha mikhun huk sach'a sutiyuq punapi garbanso, chayqa uma muyuy hap'in;
       hinaspa wañun chay uha. Kaqllataq asnupis mulapis; sichus wisk'acha llant'ata
       (chay wisk'achapis inkakunaq quwin karqan) chay llant'ata asnu mula mikhun
       willmantawan, chayqa wañullantaq: Asnupis, asnu kayninpi; mulapis, mula kayninpi.

302   Sichus mana iñiyniyuq runakuna kay qilqapi mana iñinkuchu, chayqa asnuykichikta
       mulaykichikta apaspa mihuchiychik chay wisk'acha llant'ata willmantawan; chaywan
       yachankichik allin yachankichuta.

303   Kaqllatataq ruwaychik paquchawanpis. Paquchata uywanki alfapi, kirunkuna
       wiñarqunqa drákulaq kirunhinaraq; utaq mana uqhupichu michinkichik, wañunqa
       chay paquchakuna mana puriyta atispa.

304   Ahinan kay willaykuna waqaspapis tukukunapaqraqmi. Nuqa Khunku kayniypi may
       uywa michisqayqa mikhusqa mana mikhusqa urqupipis chiriwan kuska wayrawan
       kuska parawan rit'iwan kuska.

Paquchakuna mirananpaq (8) dict.

305   Paquchakuna mirananpaq sapa agustu killapi, setiembre killapi ikhachina, huk
       simipiqa witinachina; paqucha urqukunata chhina paquchawan.

306   Chaypaqqa chhina paquchata huk astanapi uywana; urqu paquchatapis kaqllatataq
       huk astanapi uywana. Imaynatas ikhachina?:

307   Huk kullun kancha sutiyuq chayman apana llapan chhina paquchakunata; ñachus
       chay ukhupi q'alaña chhina paquchakuna hinaqa churakunapuni irantataqa.

308   Chay irantawan kuska kananpuni axa sutin muqch'i axa, utaq mok'o axa; ima
       sumaq qulqi quri ñawi ñawiraq. Chay qulqi quri ñawita, huk qulqi qirupi urqunku
       ch'allanapaq.

309   Chaymanta huyutapas ruwanku sarallamantataq, higusniyuqta. Wilaxatapis
       ruwallankutaq huk paquchata sipispa. Huk urpu axa kanan urqu paquchakunapaq;
       hukkaqtaq chhina paquchakunapaqtaq. Maypachachus chawpi mesapi runakuna
       tiyarachishanku chayqa, paquchakunaqa ikhakushallanmi; urqu paquchakunata chhina
       paquchakunaman qatiyunku.

310   Manaraq urqu paquchakuna waykushaqtin wakin runakuna sayarachishan chhina paquchakunata qhipa chakinta tinkusqa chhiwiqiñawan. Hina urqu paquchaqa waykumun "uqhuqhu-uqhuqhu" nispa. Chay sayaq runakunataq llankhanan utaq llaminan chhina paquchaq wachananta, urqu paquchaq ulluntawan; sichus waykushanchus icha manachus urqu paquchaq muhun.

311   Chayta tukuspa qatirparipunanku chhinantinta urquntinta, huyuwan ch'aqchuspa. kunfitiskunawan ima; utaq awa-benditawan palmawan sabilawan ima, thuxaspa runaq siminpaq.

312   Chay sabila chay palma sutiyuq, chaykunata ch'aqchunku yakupi challpusqata, utaqchus chay palmata ch'aqchuyta tukun sabilatawan yakupi challpusqawan uywaq patankunaman, chayta imarayku ch'aqchunku?, chaykunaqa runaq siminpaq, imarayku runaq siminpaq? Mayninpi wakin kolindante ninku, wakin besino ninku, osea wakin ayllu masin ninku; anchaykuna riki enbidianakunku riki. Pay ach-a[8] uywayuq, nuqaq pisilla nispa no? Chayrayku chay...

313   Utaq chay sabilata simiykiman churakuspa k'utuspa, kanispa huch'uy huch'uyllata kiruykiwan disasispa, thuqanki "kuti kuti runaq simin kuti" nispa... Imarayku kuti ninki? Paymancha chay runakunaq k'amiynin kutihatachun, osea paymanpacha chayachun chay k'amiy k'amisqan. Anchayrayku chay sabilawan palmawan nanku... runaq siminpaq paykuna defindikunku, kontradisinku.

314   Chay tukukuyta llapan runakuna wilahata mihunku. Axakunatapis uhay tukunku machayunku tusunku ima; kusikuyta waykunku. Chay paqucha ikhachiyta utaq paqucha witichiyta. Ahinan chay. Chayta ruwanku agosto killapi utaq febrero killapi sapa wata kunankamapis may maynillanpiqa.

Paqucha unquykunamanta

315   Chaypiwanpis manan chayllachu paqucha michiyqa. Unquymantapis llakikunallataq.

316   Paquchapi unquyqa qarachi, hamak'u utaq usa. Chay qarachita hampina yana aseitewan utaq mihuna aseitewan. Chay aseiteta chapuna leksonewan, añiho wirawan ima. Nina sansapi chhalchachina chay chapusqata; hinaspataq huk huch'uy khipu willmachawan chay qarachikunatan ruphashaq chhalchachaqwan qhaquna.

317   Uñakunatapis mamankunatapis usanmantapis hampina hamak'u sutiyuq. Qatinan llapa paquchata huk runaq ruwasqan quchaman, bañadero sutiyuq. Chayman hich'anku imaymana hampikunata yakuman. Hinaspataq paquchakunata qatiykunku chay quchaman, llapan kuerpon chhallpukunankama.

318   Uñankunatataq ama q'icha hap'inanpaq kunkanmanta puka q'aytuwan warkunku, imaymana frutakunata, mastaqa utaq kuraqtaqa membrillota warkunku.

---

8   Achka.

319 Askharaqmi paqucha unquymanta rimanapaqqa. Pisi pisillamantaqa kay qilqaqa willamunqa llapa iñiq runakunapaqqa; mana iñiq runakunapaqqa mana willamunqachu. Ahinan kay puna rimarikuy.

Michiqri, imaynatataqri michin?

320 Ahinatan michin: Gallu waqayta michiqqa hank'ata hank'akun quqawanpaq, sara hank'ata, trigu hank'ata, hawas hank'ata. Hank'akullantaqmi siwarata hak'upaq, siwarata chanchupaq. Apita wayk'ukun ch'uñu takayuq, hawas kisayuqta; ima sumaq wasa aychayuqta, utaq wira takayuqta mana aycha kaqtin.

321 Llukllu lluklllullata alqukunapaqpis waq manka wayk'ullantaq alqu manka sutiyuqpi. Chaykamaqa ña p'unchayamunña. Chaypiqa mikhushananña alqukunapis michiqpis. Maypachachus mihuyta tukunku chayqa, michiqqa q'ipichakun chhuchulluta quqawanpaq, hank'ata higusta kisuta utaq chicharrunta.

322 Michinapi llank'ananpaqtaq wark'a simp'ananta waskha simp'anata willmata misminanpaq waskhapaq utaq wark'apaq.

323 Willmata phushkanapaq baytapaq punchupaq llikllapaq ch'uspapaq utaq istapaq quqawa wayaqapaq, imaymana awanapaq.

324 May chiqanpitaq lawatata utaq pinkulluta chayta takichispa ch'aqwachispa uywakunaq sunqunta llanllachinanpaq utaq Pachamamata.

Urqu llamakunamanta abiowan
puriq runakunamantawanpis (9) dict.

325 Punakunapi, altuskunapi, llamakunatapis uywallankutaq yaqha paquchatawan kaqllatataq. Chhina llamakunata ashkha chayqa huk astanapi uywanku, paquchatahina ikhachinku ima.

326 Chay malta llamakuna sichus urqu chayqa, suticharanku "urqu ankutakuna" nispa.

327 Maypachachus allin hatunña kallpayuqña chayqa sirbin abiokuna q'ipiqpaq. May llaqtakunatapis asnuq partinmanta, mulaq partinmanta chayayta atiq, imaymana p'achakunata mikhuy kawsaykunata q'ipiyukuspa ima.

328 Llamakunaq kawsayninqa manchhana ashkha willanan. Llamakunaqa Chilipi girrawan kashaspapis paykunaqa soldadumanta pasaranku. Imaynata? Ahinata:

329 Llamaq rinrinpi pukatawan yuraqtawan t'ikacharanku; wasanmantaq puka chukukunawan churaranku. Hinaspataq chilenokuna laduman qatimuranku. Maypachachus chay llamakunata chilenokuna rikhumuranku karumanta hinaspa chilenokunapaqqa paresirqan reparakurqan paykunapaqqa soldado gerrerokunahina. Hinaspa chilenokuna eskaparanku, manaña astawan kutimurankuchu, gerrata chaypi perderanku chilenokuna.

330   Chayrayku llamapis manchhana respetana chilenukunata gerrapi atipasqanrayku. Kasqallantaqmi llamakunaqa peruanuq kamachiyninta atisqan ruwayta.

331   Kay Kayllomamanta Santo Tomaskama killantinta purirqan biaherowan. Manaraq purishaspa biaheta, chay biaheru runakunan ashkhata quqawakunata, ashkhata chanchuta, hak'uta, imaymanakunata ruwakuq. Kaqllatataq muqch'i axakunatapas axakuq. Abiokunatapis imaymanata allchakuq. Manaraq may lawmanpis hatarichaspa, t'inkakuqpuni, irantakunatapis haywaqkupuni kay Pachamamaman, allin puri purinanpaq.

332   Maypachachus puriyta qallariq chayqa llamakunawan kuska, ashkha ukhupunin puriqku ñankunapi suwakunamanta; utaq imamantapis churanakunankupaq; utaq maqanakunankupaq.

333   Llamankuta aman suwachikuyta munaspa, nitaq abiokunatapis chaypaqqa apaqku allin wark'akunata, rumikunatapis q'ipiqku wark'anankupaq alqukunatapis -allin alqukunata apaqku- suwakunata kaninanpaq.

334   Sapa ornada kanchaman chayaspa, wakin llamakunata michiramuq, wakintaq llant'ata pallamuqku wayk'ukunankupaq.

335   Chay wayk'ukunankupaqqa imapis listullaña puriq. Sara axallpupis qhunasqallaña, ch'uñupis qhunasqallaña, hak'upis suysusqallaña, chanchupis apitapis kaqllataq. Chayqa chaykunaqa yanqa churaykunallaña kaq. Chay wayk'ukusqankuta mikhuyuspa puñukuqku. Mana alqu puñuqtaqchu, aswaypis rinri patallapi alqu apasqankupis tuwasqallanpi paqariq ama suwa hamunanpaq.

336   Maypachachus p'unchayamuq chayqa, waqmanta puriyta qallariqku; wakin k'antiyukuspa, wakin phushkayukuspa utaq khuyuyukuspa takiyukuspa, chansakunata ima rimayukuspa.

337   Maypachachus chayaqku mayqin llaqtamanpis, chayqa chhalaqku ima apasqankutapis huk kawsaykunawan mana apasqankunawan. Kaqllatataqmi kutimunku, imaynas puriranku chhaynallatataq. Maypachachus wasinkuman chayamunankupaq, warmikunan suyananku kasqallantaq; hatun urpukunapi muqch'i axayuq. Maypachachus chayamuqku chay kawsaykuna apamusqankuta t'inkaqku irantakunatapis haywakullaqkupunitaq. Biaheruq bidanpis ahinalla kaq.

338   Biahe puriyllan ñawpaq runakunaqa kaq manapunin warminkuwanqa tiyaqkuchu, chayraykun wasinkupiqa mana imapis faltaqchu. Hunt'asqa imaymana kawsaykunapis warminkunapaqqa wawankunapaqqa kaq.

339   Chayrayku manan wawankunaqa eskuelaman puriqkuchu. Puriqku chaypis, mana qilqayta yachaqkuchu. Imarayku:

340   Chay yachay wasi ruway tukusqa kaqtin inkayá yachachiq ñawpa runakunata. Maypachachus ñawpa runakuna chinkaripuqtin wawankunata chay misti españulkuna manaña yachachiqku inkaq yachaynintachu, aswaypis españolkunaq yachayninta.

341   Sichus mayqin ñawpaq runaq wawan yachaq allinta chay qilqakuna iñiyta chayqa churaqku gobernadorpaq, huespaq, kurapaq. Imapaq? Runamasinkunata kaqllata

españolkunaq iñiyninta yachachinanpaq. Sichus suwakuq mayqin runapis huk quwita, huk wallpata chayqa karsilman puriq chay runa ashkha watata. Españolkuna suwakuq ashkhata, hallp'atapis uywakunatapis ashkha qulqikunatapis. Chay españolkunaqa manan karsilmanqa puriqchu; aswanpis paykuna fabor kaq awtoridadkunaqa.

342 Kunankamapis may mayninpiqa chayta iñishankuraqmi. Chayraykutaqsi chay españolkuna hamusqanmantapacha llank'achirqanku chay biahero runakunata minakunapi tuta p'unchaw lasukunawan k'aspikunawan suq'aspa wañuyta tarinankukama.

343 Chayrayku kay Kaylloma llaqtapipas ñawpaq manaraq españolkuna hamushaqtin kunankamapis asway ashkha karanku Kayllomapi. Kunankamaqa yaqhaña ashkha runa kashallantaq, manañan ñawpaq-hinaqa iñipunkuñachu llamapi asnupi mulapi. Aswaypis karrukunallapiña kuraqtaqa utaq anchataqa. Chaypiwanpis ashkharaqmi rimayqa ñawpa runamantaqa.

Biaherokunamanta (50) grab.

344 Unay may ñawpaq tiempunmantapacha ihh... chay arrierokuna sutiyuq o biaherokuna sutiyuq o chay abiowan puriq runakuna sutiyuq, chaykunan mayhinan inkakunaq tiempunpiraq puriqku llamapi. Puriqku, karuta riqku. Mayninpi Kuskumanta asta namanhina riki, ima nin kanpis... Limamanhina. Karuta riqku.

345 Chaypi apaqku llamapi imaymanata. Chay inkakunaq tiempunpi biaheruqa riq mana asta qallariymanta asta chayanankamachu, sino ahina kay chaskitahina ruwaqku. Huk t'ipillaman hamuqku Qusqumanta kaykama. Kaymanta purinman asta Maheskama. Ahina, osea huk chaskihina ruwaranku. Llamakunapis huk chunka llamapi utaq tawa chunka llamapi hamunku.
Qusqumanta hatarimunku maykama sayk'urirun llama, chaypi samaspa kutipun kasqanta llaqtanman. Chaymanta chaypi suyallantaq waq llamakuna. Chaymanta puririllantaq. Ahina puriqku.

346 I chaypin sapa kay chayaspa kaq chay... kay aduanas nishanku, anchayhina kontrolaq chay llamakunata. Yupaq i rebisaq chay huk inka, doktorhina no? Ima qarachiyuqchu kashan, allinchu kashan manachu. I chay... mayqinkunachu manapis balinqa chayta rebisaspa kargaq waqmanta kachichay abiota. Ahinapi chayachimuqku paykunaqa asta lamar-quchamantapis asta Qusqukama. Chayachimuqku asta challwakunatapis riki. Usqaychallata, porki hunyata hamuchiqku. I kasqa chay llama qatiqpis kambiakuqkuyá. Mana kikinchu riq. Mana chayqa riki mana usqayllachu chayamunman riki. Ahina kaq.

347 Chaymanta maypachachus españolkuna chayamun kay Perú llaqtaman, anchaypiqa chay, ima nin kanpis... chay ñan puriq runakunaqa, osea chay abiowan puriq runakunaqa, manaña puripurankuchu paykunapaqpachachu. Aswaypis puriyta qallariranku españulkunapaq. Imaynata españulkunapaq?
Osea españulkuna q'ipichiran lamar-quchakama q'ipichiran llamakunapi ahina chaskipihina. Pero q'ipichiran, imata q'ipichiran? Chay Perú llaqtapi inkakunaq kaqninkunata. Chay imayna awasqankunata, imayna chay hallp'amanta llut'asqankunata, imaymana kaqninkunata apachiranku asta lamar-quchakama

ingañaspa no? Chay españa qulqita quspa. I mana chayllatapaschu, sino a la fuersa p'achankunatapis saqichispa. I chay españamanta chay thanta shaqsa[9] p'achakuna, mistikunaq p'achanwan a la fuersa p'achachispa. Anchay p'achayuq chay puriqku, chay inkakuna qatiqku llamata. I kutimuspa kaqllataq, chay barkopi chayamurqan chay thanta p'achakunapis o Españamanta ima mihunakunapis imapis, chaykunata kasqanta kutichimullantaq kargapi no? Asta chayamunankama Qusqumanpis o waq hinantin Perú llaqtakunamanpis chayananpaq. Asta Putusi, Alto Perú ninchu, ima ninchu chay Bolibia, kunan ninku riki, anchay anchaykunakama riki... chay. Hinantinta pubre llamataqa purichiqku.

348   Chaymi llamaqa..., chay phapatun... mana paquchahinachu. Chayqa paquchaqa manapuniyá karganachu ni chhikantapis. Chayqa llamaqa chay qhari soldadohina riki purin karuta. I kontrolaqku chaypipis manaña inkapurañachu kontrolanakuqku. Aswaypis españolkunaña kontrolaq riki chay nata...

349   Chaymanta chay españolkuna chinkapun. I qarqupunkuña riki no? kay Perú llaqtamanta. Hinaqa chay biahe puriq abiowan, biahe puriqqa, waqmanta puriyta qallarirqan paykunapaqpacha. Chay inkakunaq, chay mana wañuqkuna, chay churinkunapis, ñitunkunapis riki no? Chaykunan, salbakuqkuna, waqmanta puriyta qallariqku paykunapaqpacha. Llamapiraq llamapiraq.

350   Hinamantaqa ihh... chaymanta chayamun riki, chay... osea chay españolkunaq kaballun kaypi kedarqan Perú llaqtapi, mayninpi chinkaspapis imanasqapis, i asnupiwanpis no? Chayqa chaypi kaballuwan, kaballuwan nawan... asnuwan tupanachispa urqurqanku huk mula sutiyuqta. Chay mula sutiyuq wapu kallpayuq karan. Chayqa riranku mulapiwan llamapiwanña. Chayqa chaypi ripararanku chay ñawpaq kampesinokuna repararanku allin mulaqa kallpayuq kasqanta. Chayrayku chay mula... mulataqa mirayachiytapuni munaranku kay ñawpaq peruanokuna. Hinaspa mirachiyta munaspa chay mulapikama riqku. I chayqa maykunata riqku mulawan?

351   Puriqku chay chaypacha ña kaqña tarpusqakuna, chay montaña nisqa sutiyuqpi o balle nisqa sutiyuqpi, ña kaqña chay kaña tarpuy. Chay kañata inhiñaspa kutaspa chay machana unu lluqsimuq riki. I chayta inhiñakuqku machana unuta. Kunan yaqha qhipamanña chay machana unuta mulapi q'ipimuqku tukuy hinantin llaqtakunaman napi... ch'ipapi. Imataq chay ch'ipa?
Qaramanta kuchusqa ruwasqa kay mallahina. Anchaypi winamuranku, mana latapichu nitaqmi urpupichu p'uyñupichu. Aswaypis apamuranku namanta... chay taruka qaramanta. Tarukata hap'ispa naranku... siraranku. Osea tarukaq aychanta urquranku sumaqllata. Ama qaranta kuchuspalla urquranku aychantawan tulluntawan. Hinaspa chay tarukaq qaran kedaran kay bolsahina no? I chay simi kunkan laduman chay karan simihina no?, kay silindrohina riki. Entonses chaypi {puchukuqhina}, anchayman hich'aspa apamuranku mulapi riki chay kañasu niranku, chay kañasuta.

352   I chaypiqa rikhurimuranña, siempre kanpuniña chay españolkuna ruwasqan mestiso-kuna sutiyuq. Kay llamachuqa riki paquchawan ruwashan anchayhina riki. Hukniraq mistikunaña riki. Nitaq peruano nitaq español. Krusaduña riki. Anchaykuna karan.

---

9   ¿Imapim hukniraq 'shaqsa' ('raído') 'saqsa-' ('saciar')? Chay 'sh' - 's' ukupi hukniraqmi, Alejo nin.

353   Hinaspa chaykunañataq huk organisakuranku. Hinaspa chay hinantin llaqtakunapi tiyarqanku. Por ehemplo kay Chibay llaqtapi tiyarqan chay na... huk mistikuna na... Salinas sutiyuq nispa ninku. Mana nuqa riqsikurqaniñachu. Chaymanta... Káseres sutiyuq nispa niranku. Chaymanta niranku na... Mansilla sutiyuq nispa niranku. Chay ashkha anchaymanniraq runakuna tiyaranku. Hinaspa chaykunaqa, chaykunaqa allinta respetachikuranku chay kampesinokunaman. Imaynata? Paykuna sapa llaqtapi huk chay misti masinkuta churaqku. Hinaspa chay misti masinkuqa mana kampesinokunahina trabahayta atispa paykunaqa chay... chaymanta kawsaranku. Churaranku tiendata, osea llapanku huk kay komersiantehina karanku.

354   Entonsis chay biaheman riqkuna, ima ch'uñumanpis saramanpis otaq ima namanpis, chayqa aswan negosioqa kaq na... chay kañaso nisqa sutiyuq. Chaypuni aswan negosioqa karqan. Porke chay mistikuna obligaqkupuni chay españolkunaq saqisqanta iñiyninta. I chay kargu ruwayta, chayqa munay mana munay chay kañasutaqa chay kampesinukuna urquqku. Wakintaq apamuqku, wakintaq chay kargu ruwaqkuna urquqku o bien chay karguyuqpacha purispa apamuqku riki.

355   Chayqa manayá wasin ni chiqaypachu chayachimuqku. Ahh sichus wasinman chayachiyta munaspaqa huk derecho pagana kaq. Chay derecho sutiyuq giya na... gia niqchu, yaqha ahina ahinaman. Chay derecho huk alkabalahina pagana kaq. Chayta pagaspa, chayta pagasparaq wasinta apaqkuna kaq. Utaqchus paymanpacha bendina kaq. I paytaq chay mistitaq munasqanta... munasqan qulqita quripuq: qan kasunki. I hinamantataq munasqan quripuspataq naqku... paykunaqa asway presiopiña bendiqku. Paykunamanpachataq chay apamuqpachataq a besis rantikuq riki okasionpiqa chayqa aswan maspi.

356   Chay mulapi riqkuna, anchaykuna sinchi nisyuta sufriqku. Si mana mayninpi qulqinku kaqchu wasinku derecho chayachinanpaq chayqa, mana ñannintachu hamuqku. Kay suwahina karu ñanninta karutapuni muyuspa hamuqku. I wasinkuman chayaqku tuta, ch'inlla ama... ama bullata ruwaspa. Chayaqku i phaskaqku chayraq ahina imaymanaspa naqku.

357   Chayqa ahina chay kampesinokunaqa sufriqku. Kunan kay por ehemplo, kay Kaylloma llaqtaman, asta khaynamanta Arekipamanta chayachimunanpaq imatapis. Otaq chay Mahes sutiyuq chaykunamanta chayachimunanpaq mana karreterapis imapis kaqchu chayqa imaymanaspas, samaspapis qaynaspapis; mayninpi asta mihuymantapis pisipaspapis chayamuqku.

358   Por ehemplo huk pacha chaqay Umahala sutiyuq sutin kay Chibay qhipapi Yanque altusnin anchay qhipapi- chaypi huk pacha chhayna chinkakuspa, amaña ñanninta waykuyta munaspa, hamusqa hinaspa mikhuymanta kayuspa mana awantasqañachu. Hinaspa wikch'ukusqa chay biahero. I mulakunataq sapan puriyta purimusqa chay odre kargantin. Hinaspa halaqasqa chay mulaq wasanmanta halaqasqa kayniqpi chayniqpi.

359   Hina halaqaspataq wikch'u wikch'u kasqa mulakunataq mikhuyusqa chay urqukunapi. Hina mikhusqa, wakinqa odrita khatatasqa asta t'uxachinankama. Mikhusqaku chaypi. Hinaqa chaypi huk kampesino uywa michiq tarikusqa odrita. Mana imapis kasqataqchu i wasinman karutaq. Hina chay nisqa "kay kaypichu kashan riki chay runan" nispa. "Achalaw kañasu" nispa. Mana imapi urqukuyta atispa hukmanta kanirusqa nin chay huk chay chhuchullu ladun, anchay sirasqa chayta kanirusqa.

Mana kaniyta atiqtinsi, "mana kiruwan atinchu q'awitiyashan" nispa. Mana atiqtin siminta phaskaruspa uharusqa. Uharusqa ashkhata waqtayusqa aqhatahina kañasuta. Sumaq kañasu kaq riki ñawpaqqa. Chayqa chayta waqtayuspa mana sayariyta atisqachu. Hina wikch'urayasqa chay odriwan kuska. Machasqa i chaypi tarisqaku chay mulayuq. Chay mulayuqpaq runan wakin ayllunkuna tarisqaku wikch'urayaqtahina. Astawan payta apamusqaku uywanta qichuchisqaku kay hustisiapi. Porke willasqaku chay naman... chay giya kobraqman, impuesto kobraqman willasqaku kay runan suwashasqa kay aylluyta odrinta nispa. Mulantataq qatirparisqa karuman. Hinaspataq pay suwayta munasqa nispa.

360   Ahinan sufriqku khuyayta. Puriqku, puriqku mayninpi qhari warmi puriqku riki. Arekipamanpas chayaqku. Kaymantapacha chayaqku Arekipaman, chakillapi, mana karretera kaqtin. Kaymantapacha chayaqku asta Kaylloma mana karretera kaqtin. Chayqa mayninpipis apakamuqku chay imaymanata. Pero mastaqa negosiyaqku chhaynatapuni, kañasutapuni. Imarayku? Porki chay kañasu aswan negosio kaq... kaqpuni. Chayrayku apamusqa karanku.

361   I mayninpi bendinapaq apamuqku chayqa, tutallapuni chay estansiakunamanpis apaqku hinaqa, chhalamuqku nak'anawan. Chay odri traguta chhalaqku estansiakunapi nak'anawan; paqucha nak'anawan otaq llama nak'anawan otaq obeha nak'anawan. Ahinata chhalamuqku kasqanku. I chaymantataq apakamuq kasqaku anchaytaqa kasqan chay mulakunapi. Kargayusqata chayachimuqku. Hina anchaykunallawan kawsakuq kasqaku. I chaytataq kasqanta waqmanta ch'arkispa waqmanta kutillankutaq riki chay imaymanata apakamunankupaq, espesialmenteqa chay nata, chay machana unuta o kañasuta. Ahinan chay ñawpaq biaherokunaq bidan.

362   I kunankamapis no? mayninpiqa riki... kanmi riki. Chinkapunña riki chay ñan puriy no? kunankamaqa. Chayqa kunan purinku riki chay karullapiña pero chaypiwanpis kanmi chay yanqallamanta, mana huk p'unchaw mana pensaypi chay aduana nisqa sutiyuq riki t'aqwin q'ipikunata, no? karrukunatapis t'aqwin. Sichus mana nasionalchu, mana fakturayuqchu chayqa usqayllata qichunku riki. Chayqa kaqlla ñawpaq, aswan peyor kaq, aswan abusuta ruwaqku nin.

363   Chaytan willawanku kay kuraq runakuna Kaylloma llaqtapi i nuqapis chay willawasqanta kay qilqaman churarichishani. Porke mana... inhustisiaqa kanpuniraq. Pero paykuna ninku mana inhustisiachu. Aswaypis huk kontrol porke mayninpi apashanku mana fakturayuq, chayrayku o huk suwasqata apashanku nispa no?. Huch'uy intermediarukuna utaq chay huch'uy komersiantekuna sutiyuqta siempre hap'ispa qichunkupuni riki. Porke sichus mana chayhinachu kanman chayqa Peruqa huk chhikanta hatunyarinmanshá riki.

364   Chayqa kanpuniyá huk chhikan mayninpi abusu nisqa no? O mayninpi famillapaqpis kay estansia ladumanta apakunku riki Arekipa laduman aychallatapis famillapaq hinaqa: "Manan kayqa, manan papelnin kanchu, ministerio agricultura unquyniyuqpis kanman chayrí, Fiebre aftosawanpis kanman, mehor kay aycha kedachun, mana papelnin kaqtin. I chaymanta kedachispa analisakuchun" nispa kedachispataq, manaña dueñun reklamaqtin paykuna tiqtirichipunku no? chay churrasukunatapis ima ruwarukunku. Ahinan chay may timpu ñawpaqmanta biaheruqa siempre mana yanqa aparikamuytachu aparikamuq, nitaqmi ni yanqa aparikuytachu aparikuq. Siempre kontrol kaqpuni, kontrolqa kaqpuni.

Kukamanta

365   Kukamantaqa aswaypis pisi kontrol kanman karqa. Imaraykupi? Porke paykunapacha
kukata tarpuqku i chay pachaqa riki kukataqa llach'uqku riki kuraq ñawpaq runakuna,
asta sipaskuna waynakunapis. Porke paykuna, chay españolkuna chayamuqtin, mayoria
minakunapi llank'aqku. Chayqa chay polbo ama rikran... chay pulmonninman
waykunanpaq kukata akulliqku. Chayqa akullinallapaqyá kukaqa kaq; mana imatapis
ruwaqkuchu chay mana kukamantaqa ima nispapis niqchu nispa chay tapurikuqtiy
willariwanku. Porke manasá anchay pachakunaqa kunanhinaqa karanchu riki na...
hark'aypis kukamanta.
I chayqa kukataqa akullikunallankupaq apamuqku. Chayqa sapa wasipiqa kukaqa
mana faltay kaq. Chayqa kukatawan llipt'atawan siempre k'utuyuqku. K'utuyuqku.

366   Chayqa konbiniq españolkunaman kuka akullinankuta. Imaraykupi? Porke chay kuka
fuersata quq no? Chay kuka khamusqata uquyunku hinaqa huk aswan fuersayuq
runakuna kaq, chayrayku kukataqa paykunapacha astawan qaraq tarpuchispa qaraykuq.
Chay akullikunankupaq riki. Ahinan chay.
A.CH.- Kunan manaña ichaqa kukata tantu kay Kaylloma uhupi akullinkuñachu?

367   A.M.- Arí manan ashkha runaña kunan, kay p'unchawkuna mana akullipunkuchu
kukata. I imarayku? Porke huk kontrol riki kapun chay kuka chaqay yunkamanta
apamuqku riki unay watakuna no?, yunka sutiyuq chay kuka llaqta kaq. Chay... chay
kunan mana chay kukata, chay maypin ruwanku kukata, anchaykunapi manañan ima
kaqtachu ruwapunku kukata.

368   Ñawpaq kukataqa pallaspa saruqku, ch'uñu saruyta saruqku, allin saruspa. Chayrayku
kukaqa sumaq hamuq, allin sarusqa, mana hayachu, sino misk'i. Misk'ita akulliqku.
Kunan mana yanqa imaynatapis apamunku. Chayqa haya, wakin qhuqasqa, wakin
mana sumaqchu. Chayrayku mana akullipunkuchu. I chaypiwanpis no sé, wakin
ninku, kukamanta ruwanku imatachá kanpis. Chayrayku mana kukata
kacharimunkuchu bentapaq riki. Chayqa, mana chayamunchu kuka chayqa, mana...
qunqapunku wakin.

369   Tragullaña kunan tukuy hinantinmanta chayamushan sapanka llaqtapaq. Chayqa
traguta ichaqa kukaq partinmanta llank'ana oras utaq llank'ay pasayta uhayunku asta
machanankukama. I chayllan no?, chay hatun hatun nakunaman... runakunaman
konbenin riki... Porke huk negosion. Wakin machaspa wañushanku riki no? Chay...
mana chaytaqa proybinkuchu.

370   Pero sichus rimaykunapi chhaynata tapurikuni pitapis chhayna ahina huk komentario
hina no? Chaykuna ninku: Sichus tragumanta atirunqaku kukatahina ruwayta, imatapis
chayqa, he he, imananqaku chay hatunkuna, chay tragu bendiqkuna, no? Ahinan
chay.

P'asñamantawan maqt'amantawan suegramantawan paquchamantawan (18) dict.

371   Unay kitis huk p'asña manchhana ashkha paquchayuq tiyasqa huk estansiapi, mamanpaq ladunpi, sapan mana qhariyuq. P'asñaq besinontaqsi kallasqataq huk maqt'a mana warmiyuq.

372   Chay p'asñaq mamantaqsi manchhana phio warmi kasqa, mana chay p'asñata qhariyuq kananta munasqachu.

373   Hina huk p'unchaw chay maqt'a, mana imayuq michipakuq runa, chay p'asñata sapa michinaman taripaspa, munakusqa warminpaq. Paka pakallapi munanakuspas, p'asñaqa wiksayuq rikhurisqa.

374   Hinas chay p'asñaqa imaraykus paquchayuq karqan?: Huk Mama Qucha sutiyuq, chay Mama Quchamantas lluqsimusqa karqan "Khuya" nisqa paquchakuna, chay sipaspaq utaq chay p'asñapaq. Chay p'asñapaqtaqsi apachimusqa huk sumaq tintinata utaq chay kaha sutiyuq nisqa chayta.

375   Chayta tukaspa michinanpaq chay khuya paquchakunamantas manchhanata mirasqa karqan. Mama Qucha kamachillasqataqsi karqan chay p'asña qhariyuq kaqtin, huk k'ayra wawayuq kananpaq.

376   Ahinallas ari wiksayuq rikhuriq chay maqt'apaq chayqa, manas wawanqa qhawaykunachu kaq maqt'apaqpis nitaq suegranpaqpis.

377   Maypachachus chay p'asña utaq chay sipas unqukuq chay k'ayra wawata chayqa manañas p'asñaqa uywa michiqqa puriqñachu. Aswanpas wasillapiñas tiyakuq chay k'ayra wawata musispa. Chay maqt'ataqsi biahellapipunis sayaq. Paquchakunaqa payllamantas sapa p'unchaw warayamanta lluqsiq michinaman, uqhukunapi mikhukamun. Maypachachus tardiyaykushaqña chayqa, p'asñaqa chay kahallatas tukaraq: "t'in, t'in, t'in" nispa. Hinaqa chay paquchakunaqa chayta uyarispa paykunallamantas hunyampuq.

378   Hinataqsi chay p'asñaq mamanqa huk wasipi tiyaspa, ña yachaqña maqt'awan tiyasqanta, wiksayuq kasqanta. Aswaypis mana unqukuqta rikhuqchu. Hina mana rikhuspa chay p'asñaq maman nin:

379   "Imarayku ususiy manaña uywa michiq lluqsinchu. Imayna munanapunitaq chay wawa chaytaq anchata musin chay wawata wasillapi". Hina huk p'unchaw engañasqa ususinta:
       "Yaw ususiy! paquchakunatan suwaña qatishan!" nispa.

380   Hina usqayllata chayta uyarispa chay p'asña phawasqa paquchaman. Wawanta sumaqta llikllawan k'eluspa saqisqa wasipi. Chaykama chay p'asñaq maman waykusqa wasita chay wawa qhawaq. Hinaspa chay llikllata phaskaruspa qhawaykuspa tarisqa huk k'ayrata. Hina chay k'ayrataqa sipisqa rumiwan ch'aqispa.

381   Chaymanta chay paquchakunaqa, chay k'ayra wañusqanta yachaspa ripusqaku q'ala paquchakuna. Kasqanta chay Mama Quchaman chinkayapusqaku. Hina qhipantapis

chay p'asña ripullasqataq kuska paquchakunawan chinkayapullasqataq Mama Quchaman. Phukyu uqhukunapis ch'akipusqas. Chayraykus manaña parapis iman kaqñachu.

382 Pisi sekretokunallañas kashan paquchaq bidanmanta. Sichus kay iñiykunatawanpis chinkachipunkuman chayqa, chinkapullanqataqsi q'ala paquchakuna.

383 Ahina ashkha kashan chay altus paquchakunamanta runakunamantawanpis utaq k'ayrakunamantawanpis.

Urqu kicharisqanmanta (48) grab.

384 Chaymanta chay willakuykuna kallantaq imaynas chay qaqakunapi... qaqakunapi otaq urqukunapi kicharikun manchhana hatun wasikuna. Utaq mayninpi manchhana hatun hatun llaqtakuna. Mayninpitaq manchhana hatun quchakuna utaq hatun ñankuna utaq hatun... hatun ima uywakunapis. Chay kawsaq runaq ñawin rikhunanpaq. Chay kawsaq runa mayninpi purishan may ukhupipis. Utaq Mama quchaq chaykunapi, utaq mayukunapi urqukunapi utaq montañakunapi o maypipis.

385 Chay sutin mala ora sutiyuq. Arí, chay phiyo ora sutiyuq anchay oras, sichus machasqa purinki ashkha runawan huñuyukuspa utaq sapachallayki purinki, hina rikhurisunki huk hatun manchhana wasi iglesiahina sayay. Chay punkunta qhawayunki no?, qhawayunki punkunta, chay punkunta qhawayuqtiyki chay ukhupi kay lus k'ancha sumaqta k'anchashan. P'unchawhinaraq, intiwanhinaraq k'anchashan lus. Chay ukhupi imaymana sunquykipaqhina munasqayki kashan. Iman gustuyki chaykuna ima sumaq kashan. Machaq runa kanki, tragu imaymana klasi kashan, imaymana markayuq. Sichus p'achakuq, allin p'achakuyta munanki, imaymana p'acha achkha kashan, sichus qan warmiwiksa kanki; warmikuna imaymana ashkha warmikuna tusushanku chaypi. Waxamusunki chay warmikuna: "Hamuyyá, waykumuyyá, ama manchakuychu, qharichu kanki icha manachu no?".

386 O sichus uywa sunqu kanki, kaqlla no?, uywa manchhana, ima sumaq q'achiy q'achiy uywakuna puriyachashan chay ukhupi. Sichus qulqi qulqi sunqu kanki, chay bankohina no?, banko sutiyuqhina, qulqi... chay qulqi rakiq runakuna ashkha chay uhupi qulqita waq runakunaman rakishan ñawiyki rikhunanpaq, wakinman ashkha, wakinman pishilla no? I qan ninki nuqamanpis quwachun no? Bolsikuchaykita hap'iykukunki hinaspa waykunki riki. Waykunki chay ukhuman riki. Chay ukhuman waykuspataq qan ehhh... rimapayanki: "Kaypin kashan chiki" utaq chay kon el tiempo letra ninku no? Pero ñawpaq tiempu mana chhaynatachu riki niqku. "Nuqamanpis quway qulqita, uywayki rantiwanayki kuenta, utaq granuta rantiwanayki kuenta, utaq awasqakunata rantiwanayki kuenta, quway qulqita, manumuway, nispa. Hinaspaqa qusunkiyá. I sichus chay oras lluqsimpushaqtiyki laq'akunkipis utaq urmankipis chayqa usqayllata wisq'arakapun wiñaypaq chay, chay hatun wasi nisqa o hatun qucha nisqa, o ima nisqapis, sumaq ñawiyki... o hatun llaqta nisqapis. Chayqa ch'in tukukapun wiñaypaq. I qantaq hukkamapaq chinkapunki, manaña tupankiñachu aylluykikunawan. Hukkamapaq chinkapunki.

387 Chay chaymanta eehhhh... huk chay... imaynatas kicharikun chay qaqakuna wasi... kicharikun... Kicharikun... kicharikun riki qaqaman tukuspa wasikuna, utaq llaqtaman

tukuspa urqukunapi utaq kancha warayakunaman tukuspa urquq ukhunkunapi. Anchay. Chay nuqa nini: chiqaypaschá kanman nispa. Imaraykutaq ñawpaq runakuna haywakuqkupuni urqukunaman?

388 Chay urqu, urquq sunqunmanta khuyamun riki chay... chay runakunaman, chay llaqta runakunaman. Chiqaypaq no? Imarayku khuyamun? Haywakuqtinku riki, chay samakuqtinku, o wiraq'ayata churakuqtinku riki. Chay chiqaypaqpis niymanmi nuqa chayqa... Mayninpi urquwan huk urquwan parlanku. Kay simipi huk kay hinantin urqukuna kay... kay kay... na Arekipa sutiyuq riki. Chaypi huk hatun urqu kan, Misti sutiyuq. Anchay urqus allin kay inkarreyhina chay urqu kamachin... llapan hinantin urqukunata kamachin. Chay wakin urqukunataqsi kay... kanman riki irqinkunapishina wawankunapis-hina. I kasqan waq urqukuna warmi waq urqukunataq qhari.

389 Chayrayku sapa nuqanchik paqarimunchik mamanchikmanta chayqa huk urqu warmi madrinanchik, huk urqu qhari padrinunchik. Chayrayku chay ñawpaq inkakunaq tiempunpipis haywakuqku riki padrinu madrina nispa urquman. Chay intonses inkakuna mana Dios Tayta nirankuchu sino padrino madrina nispa, urqu padrino, urqu madrina nispa.

390 I chay urquman alkansakun riki, imata munanhina no? iñinki chayqa... Ima pensamentuwan purinki i nishayki hina imayuq kayta munanki chayqa, qunqayllamanta purishaqtiykihina huk urqu kicharikun kay runaq siminhinaraq, hatun. I chay ukhupi ima sumaq munasqaykimanhina, chay ukhupi rikhusqaykimanhina kashan. Si manaraq waykushankichu punkunta imaynapipis raq'arukunki chayqa usqayllata llabirukun, chayqa manaña waykunkichu wiñay nitaq wañunkipastaqchu. Hinaqa: "Yaw! imay... imataq kayri? Kayqa ima enkantuchu, imataq kay!".

391 Chayqa sichus waykuyunki chayqa sullumantayá pasanki riki. Imataq chay sullu chay...? Chay mayninpi chay urquman alkansakunkuchu mana pagakunkuchu mana samakunkuchu chay pachaqa, qan kikiyki sullu kanki. Osea qan kikiyki paguta chay urquman sunqunpaq-hina wiñaypaq chay urquq sunqun ukhupi ismunki riki. Tulluykipis q'ala riki mana kapunkichu imapis. Chayqa aylluykikuna chinkachisunki wiñaypaq.

392 Kuna... kunanpas kanmanraqmi riki. Mayninpi uyarinkichu runa chinkan. Mana yachakunchu riki mayta chay runa risqanta. Mask'anku hinantin asta kunan kay siensiapi radiopipis o may imapipas o waxachinku manapuni rikhurinchu ch'in q'ala, paw. Chay... chay kunankamapis mayninpiqa ch'in urqukunapi o ch'in maykunapipis ñaqha nishanimá, chinkanpuni, arí, chinkanpuni.

393 Otaq chay mayninpi abisis tiendapis kicharikun chayqa kaqllataq-á. Mayninpi tiendaqa ñawpaqmantapis kallaranpuni riki rantikunapaq. Ñawpaq unay... chay inkakunaq tiemponpiqa ichapaschá riki mana qulqiwanchu, aswanpis riki chhalana riki. Qan apanki huk kawsayta, huk kawsaywan chhalakunki riki. Chayqa ahinallayá imaynan kanpis rikhurichiq chay Pachamama Santa Tierra ninku. Huk siminpitaq ninku: "mana chay inkantun chayqa". Inkantu o sea chay malisun, chay saqra parti chhaynata ñawiyki rikhunanta kicharichin no? Kay kastellanopi ninku "espehismo" nispa anchhaynata ñawiyki rikhunallanpaq pero manayá espehismoqa chinkashwanchu, manamá riki. Aswanpis riki yanqalla ñawinchik rikhun pero chaypachaqa waykuyunki hinaqa usqaychallata chinkankisha.

394 Huk pacha kunan, manan tantu unayraqchu kanman. Nuqa mas u minos kashaymanshá riki karqan chunka suqtayuq hina mas o menos. Chay hamusqaku huk llaqtamanta huk llaqtaman tokaqkuna, runa tusuchiqkuna, chay musiko sutiyuqkuna. Hinaspa tokayta tukuspa q'aywisqa runa... q'aywisqakama chay tokaqkuna kasqanta kutimpusqaku chay huk llaqtamanta llaqtan laduman. Chayñataq kutimpuqtinku, iman susedin?

395 Huk urqupis ima sumaq llaqta rikhurin, chay llaqta waykuna wasipitaq manchhana hatun wasipi... Ah hatun patiyuyuq wasipi tusuyushasqaku, pikuna? Huk matrimoño tusuyushasqa. Hinas chay musikokuna: "Qhawarikusun, iman? mayqin llaqtataq kay llaqta" nispa qhawakunku riki. Hinaspa qhawakuqtinku riki hukkaq... hukkaq warmi aqha q'ipintin ayparamun. Hinaspa pusayun musikokunataqa. Musikukunamanqa gustanpuni axa, gustanpuni riki... chay waqchu nisqa waqchu no?

396 Hinaspa... hinaspa chay musikokunaqa ñataq karutaña purimuranku chayqa hinata riki waykuyunku riki chay ukhuta. Pay... pero mana paykuna reparakunkuchu urquq... urquq siminhina kicharayasqa kasqanta. Sino paykuna ñawinkupaq mana urquqa urquchu. Nitaqmi chay punkupis paykunapaq punkuchu. Kon tal ke paykunapaq pampa, huk-hina pampa tukukapun chay urqu paykunaq ñawinkupaq. I llaqtataq pampalla pampa llaqta kay sumaq, ima sumaq. Chaypi iman kaq riki, matrimonio tusuyushan riki. Chay axata wantuyun, axata chaypi chay ukhuta waykuyuspa waqtarishanku paykunamantaqa riki.

397 Hinas hukkaq musiko hisp'anayachikuran riki hatun hisp'ayta. Hatun hisp'ayta hisp'anayachikurqan hinaspa manan waykuranraqchu: "Qankuna waykushaychikña chay wasiman" nispa. "Nuqa hisp'ararakamusaq, tokanallaytawan apayapuchawaychikña" nispa riki. Hinas chay huk qaqa qhipallapi tiyarukuspa hisp'akusharan. Hinaspa hisp'akuyta tukuspa kutirun, manan kapunchu chay llaqta. Nitaqmi chay wasikunapis ima matrimoñupis imapis kapunchu. Yanqa urqu. Chay punkucho chiqan rikhusqanman otaq chay wasi chiqan rikhusqanman chimpahatan, manan imapis kanchu; ch'in q'ala. Yanqa qaqa, yanqa urqu: "Maytaq, imataq kay, puñururanichu, manamá. Icha musqukuranichu, manamá, hisp'akusqayta yuyashani" kutirin. Hisp'asqan kashan iman kaq qaqa qhipapi, tokanayri? apachirani riki, maytaq, mana kanchu, q'ala.

398 Maysi... muyurin, may laduchu karan. Kay lawchu icha, kay lawchu?, mana..., muyurin, mana kanchu. Manamá riki karupichu hisp'aniqa. Manamá, kaychallapimá, maytaq, ch'in. "¡Ayyy!" waqayta aykun. Ahina waqashaqtin, waqayta saqsayta tukuspa ripun riki. Ñanta hap'in llaqtan laduman. Puriyta qallarin. Maypachachus ña ehhh huk pachaq, o iskay pachaq charqarisqan... charqarisqanpi, huk puririsqanpi, uyart'atan chay matrimonio tokayta tokayushanku ima sumaqta: "¡Ya, chayqá! kutirimun... sapa... sapa hamuriqtin tokaynin as karupiña, aswan karupiña, aswan karupiña. Maypachachus chay urquman chimpahatan, ch'in q'ala, ch'in karapun. Pasallantaq waqmanta tokayta uyarillantaq, kutirimullantaq... nillataq imapis kanchu. Pasallantaq waqmanta tokayta uyarin: "Hina kachun, imashá chayqa". Troti pasapun.

399 Karupi kaqtin aswan fuerte rinrinpaq tokatatan. Ahinan chay chay inkantu no?, chay enkantu nisqa sutiyuq. Utaq chay tiendakuna, wasikuna kicharikusun chay urqukunapi, qaqakunapi chay. Ahinan.

Walqa walqa (49) grab.

A.CH.- Urquchu utaq apuchu ninku Kayllomapi?

400   A.M. - Mayninpi ninku apukuna, maynipi ninku urqukuna. Masta kay Kaylloma ladupi urquwan sutichanku, urqu. Awkitapis ninku mayninpi no? awki apu ninku. Pero masta urqutapuni.

401   I chay por ehemplo kay Sawankaya, chay Walqa-walqa, chay kunan manaraq chaypis unaychu no? Chay Walqa-walqas, chay Sawankayaq warmin. Chayrayku allinta kunan qhawawaq rikhuwaq, tiyashan kay warmihina no? Pollir... polliran mast'atatasqan no? I ladunkunapi Walqa-walqapi uñakuna huch'uy hatun no? chay irqichankuna no? I nataq... Sawankayataq huk qharin no? Chay Walqa-walqaq qharin. Chay uñachankuna chay kashan, chay irqichankuna no?

402   Entonses kunan, imarayku kunan chay q'usñin? Chay q'usñin chay no? Imaraykun q'usñin nispa ninku. Bueno según willasqayki huk ratuchaman q'usñin porke ña machuchaña i wawankuna ashkhaña. I chayrayku phiñakun sinchita pay. Phiñakuspa arqhishan, "ahh ahhh" nispa yuyaqhina yuyaqkuna riki mana wayna hinañachu... arqhin: "ayyy ayhh! ayhh!" nispa no? kay unquqhina. Entonses chay siminmanta lluqsimun kay runaq... sinchita rinigan hinaqa chaymanta lluqsimun riki q'usñihina. Ar... chay kaqlla chay siminmanta chay Sawankaya qharin sutinmanta lluqsimushan chay samaynin. Sinchita nisyuta renegaqtin.

403   Hinaspa chay llakisqa Walqa-walqa warmin, ihh... warmaraq. Osea... sullk'an riki kanpuni, naq... Sabankayaq sullk'an riki Walqa-walqa no? Warmallata hap'irusqa karan. Chayrayku ashkha wawayuq. Hina ih... llakikun sinchita "imanasaq" nispa nin. "Hampitacha-riki mask'amuna kanqa". Kunan chay Sabankaya chay unqusqanmanta hampina kashan. Chay hampiman hatarimun. Kanmanchariki llaqta. Chay waqchan wawaykunaman rirusaq- nispa. Nispa hamun huk irqichantin. Chay chawpipacha irqichanta, chay kuraq irqichantataq -wakin ñut'u irqichatawan saqiyuspa- huk kaq irqichanwan hamun, mayman? Maqa llaqtaman riki.

404   Hina chay Maqa llaqatataq hamuspa, chayamuspa, fiesta ukhupi kasharanku wakin runakuna. Matrimoniopi, wakin kumpleañopi, wakin chaqrapi, wakin kampupi, wakin wasi ruwaypi. Bueno enfín.

405   Hinaspa huk warmiman huk warmiq wasiman waykuyun. Chay warmi chay Walqa-walqata qhawahatan hinaspa millarikun. Churichantapas qhawaykun, millarikun: imarayku millakun? Porke chay Walqa-walqa huk warmiman tukuspa hamusqa, churichanpas huk runa uñaman tukuspa, hina chay Walqa-walqa kasqa pasaq millay p'achasqa warmi. Thanta... thanta p'achayuq, warmi. Llik'i llik'i p'achayuq warmi. I kharkataq... osea qhilli, sinchi qhilli, nisyu qhilli p'achayuq. Chukchantaq manchhana usasapa, achkha usayuq i sinchi wishwi wishwi chukchayuq i millay no? Kay... kay uyankunapis, kay nawan... breawan llut'asqahina. Sinchi waqan... qharinmantasha waqarán ahina... Hinaspa sinchi qhilli. Ñawinpas, ch'uqñi uyayuq, ch'uqñi ñawiyuq riki. Chay siminkunapis laqra-laqray. I yawar simintin riki. Churichanpis kaqllataq... Churichanpis kaqllataq: Thanta irqi, qhuña riki, qhuña. Ahina uyaman ahina llut'asqa kay na...hina... gomahina. Porke chay irqicha pichakun ahina makinwan, kay lawman

338

chay lawman. Chayrayku hukkama millakunapaq-á. Ahh... ankay mat'inpi llaga, q'iya lluqsimushan riki mat'inmanta. Makinkunapis llihu laqra makikuna riki.

406   Hina chay Walqa-walqa, chay huk señora kasqa karqan waynapacha señora. Hinaspa huk chhikan uharisqariki, pisi uharisqa. Chayqa señorata nin: "Mamáy señora, ama hinachuyari, si... kayhina muyushani kay llaqtapi. Ama hinachu, manachu imaynapi hampita uywanki. Sutinmanta nin, kayta chayta nispa. Chay hampita sutinmantakama uqarin. I "chaymanta mikhunallaykipaq icha kashan, qurikushaway, kay wawayrayku, ñut'u wawaykuna kan, qhariypas mana allinchu. Hina kunan urqamurqani nin. Mana maymanta urqamurqani ninpaschu sino "hamurani" nispa riki nin.

407   Anchay warmi qhawahatan, "mikhuyta ni mikhuyta ni hampi ni hampi: lluqsiy wasiymanta ima kay qhilli warmi, manachu mayllakullankipis imachu, o huk sipas warmi chhayna puriyachashwanri, kay irqiykipis khayna, manachu hampillawaqpis usantapis qhawaspa nawaq riki, usaykichiktapis qhawakuwaqchik nispa riki, k'amiyun riki. Hinamanta riki: "Ya mamáy nispaqa risaq" rispitusa riki.

408   Anchayta lluqsirapushaqtin huk eskinamanta rikhurirqamun nin huk wasimantañataq huk yuyaq warmi, yuyaqpacha warmilla. Hina:
- Mamalláy, maytataq kayta hamunkichikri- nispa. -Imamanta kaykunata hamunkichik? unqunkichu?
- Manan, qhariy mana allinchu. Unquykun unayña, unayña unquykun. imanasaq, kay hampita, chay hampita apamuni, apamuwanqa nispa niwaran. Hinaspa kunan hamurani. Mihuyllatataq kaqta apakunaypaq, mana qulqiykupas kanchu. Kay runakunan manan quriyta munawankuchu, imanasaqmi- nispa.
- Haku wasiyta, khaynata {...} mikhuyatamuychik.

409   Chay mamalla apan wasita. Hinaspa mikhuchimun, aqhata quyun, mihunata quyun. Wakinta chawapi apakunanpaq quyun. Sumaq alli allinta mikhuyuchin. Hampita wakin kaqtakamaqa wakillanta qurin. Mana hunt'asqatachu. Mas o minos iskay chunka phishqayuq hampimanta huk iskay hampillata qurin. Hinaqa: "Ya mamáy, qanqa sumaq runa kanki" nispa uyanpi much'aratamuspa pasapun chay Walqa-walqaqa churinchanpiwan.

410   Rimarukuntaq ahinata nin: "Wiñay kachunku chay wakin runakunaqa. Chay mana iñiq runakunaqa wiñay kawsachunku, wiñay mikhunayuq kachunku, wiñaypuni kachunku mikhunayuqpas allin kaqniyuqpis mana kaqniyuqpas... phiyokama runakuna- nispa nin. Hina nishaqtinsi hukllata, chay wasiyuq señora, huk k'uchuman kutirinankama -chaykama na... chaykama, chay k'uchuman kutirinankama, ch'in q'ala, mana kapunchu. Chayqa pampallanqa kay q'ala chaki warmi, hatun warmiq purisqan i malta chaki chay churinchanpiwan. Chay chayqa, chay sayasharan chaymanta chaqayniqmanqa mana karapunchu ima ima lastrupis, chay ni purisqa chakin mana kapunchu.

411   Hina hukllata unayniqllamantas: "¡¡¡Bluumm!!!" q'ala llaqta wikch'ukun. Chay machaq runakunapis, chay phiyo warmi, mana ima quq warmi, usqayllata sapu... sapumanchuqa rumi chay anchhaynata llihu tirasta ruwarapun. Ch'allachinraq ¡llik! yawarnintapas chaqayna chaqaynataraq kasqan chay uman ñusqhunmantapas. Ch'allachin khaynataniraq, ima... imata niraqshá kanpis.

412 Chayqa manamá runachu riki kasqa, sino ke Walqa-walqa. Runaman tukusqa hamusqa, churichantin. Chaymanta astawan phiñarikun riki qharin: "Unqusqaña kaqtiypis warmita manachu atindinku" nispa riki phiñakuspa, phiñarikuspa disaparisichin chay Maqa llaqtata.

413 Chaypi tirrimoto kan. Porke waqaychasqa kashan, ehh... según chay napi, ima nin kanpis..., Maqa llaqtaq ukhunpi waqaychasqa kashan hatun basenika nisqa sutiyuq. Osea chay Walqa-walqaq Sawankayaq hisp'aynin. Chay hisp'aynin astawan astawanña mirashan. Porke paykunapas kay runahina hisp'akunkupuni riki. Chayqa chay hisp'ay waqaychana hina riki chay ukhupi kashan, Maqa ukhupi nin.

414 Chayrayku inka niran: "Imatan munankichik kay Maqa llaqtapi" nispa. Hinaspa maqiñukuna niranku: "Yakuta". "Ashkhatachu pisillatachu". Chay pacha pishilla runakuna tiyaranku riki. Pishillaraq: "pishipachallatayá". "Ah ya, pisipachallata, allinmi".

415 Chayrayku Inka urqukunawan parlaranpuni. Hinaspa niran: "Ya qankuna qhari warmi kashankichik, testigo kaychik kay runakuna, hinataq qhipa p'unchawman waqankuman" nispa. Hinaqa hinalla..., hinalla pishi yakullayuq kachunku.

416 Chayrayku chay... chay wakin yakuta chay urqukunaq poderninwan i Inkarreypaq poderninwan waqaychakapun asta kunan. I chayrayku ukhunta suchushan yaku, aswayta aswayta. Chiqaychus mana kunan hallp'a ukhunta desfoganqachu mayuman chaypachaqa, suchuyachipunqa q'ala llaqtata. Chayraqshá riki ninqaku ima orataq, hayk'a orataq nispa.

417 Chayta willawaran uq yuyaq warmi Maqa llaqtamanta. Nuqa tunas rantikuq purirani, chay pacha willawaran. Arí ahinan chay willawasqan. Mana unayraqchu, arí. Chay willawasqanta kunan kay qilqapi nuqapis willarikushani. Hinaspa chay wakin willasqa runakunaman manan kriyiwanpastaqchu. Hinaspapis chay willawasqan mamallapis wañukun kunankama, mana kapunchu.

Sirenamanta (44) grab.

418 Sirenamanta willakuy kan... sirena ninku kay Kaylloma llaqtapi no? Chay sirena tiyan phaqcha k'uchukunapi otaq tiyan quchakunapi otaq tiyan mayu mayu k'ayra nakunapi... quchapi ukhupi. Chay tutayaq chiqa chiqa mayu kashan, anchaykunapi tiyan.

419 I chay sirena sutiyuq, sumaq p'asña, hatun... hatun wira p'asña otaq regular p'asña. Pero sumaq uyayuq, sumaq chukchayuq, ñuñuyuq ima i makikunayuq ima. I urayninmantaq chakichankuna challwa, challwa nayuq..., challwa rikrayuq riki.

420 Anchay rikhurisunki sumaq p'achasqaman tukuspa mayninpi o mayninpi q'alalla, osea uq kay p'asñaman tukuspa rikhurisunki. Qan por ehemplo, truchiro kawaq, mayota rinki truchaman o challwaman, hina chaypi mayninpi sapallayki tarikunki mala orapi.

421 Hinaqa sumaqta qaqa patapi tiyaspa huk allin mayu chawpipi huk allin p'asña, sumaq p'asña ñaqch'akun umanta. I si imaynapi rikhuramusunki chay sirena, chayqa

340

chay sirenaqa waxasunki: "hamuy" nispa, "hamuy kaypi kashani nuqa warmiyki" nispa waxasunki. I si qan mana... mana "Hisús" nispa nispa, mana Taytachaykita yuyarikuspa qan chimpanki chayman, hinaqa usqayllata chinkanki.

422 Ñawiykipaq sumaq..., ñawiykipaq tiyashan sumaq qaqa patapi. Pero mana qaqachu, ñawillaykipaq qaqa, o paresisunki. I chay, maypachachus chimpanki hinaqa qan chinkayapunki mayuta paywan kuska.

423 Chayqa chay mayu ukhu chay tutayaq mayu ukhupi kanmansi llaqtanku sirenaq llaqtan, anchay chay llaqtanta apayusunki. Hinaqa apakapusunki wiñaypaq riki, alma i kuerpu. Chay ukhupi tiyanki sirenawan riki. Chay sirena ukhupi -wayrapis ima kansi-chayqa chaypi tiyanki riki chay sirenawan.

424 Chay sirenamanta kallantaq rimay. I chay kaqllataq chay quchapipis. T'aqsakushan nin qucha patapi otaq komparayashan qucha patapi p'asñaman {tukusqa} tukuspa.
A.CH.- Kaqlla p'asña chakayuqchu?
A.M. - P'asña chakayuq kaqllayá. Kaqlla p'asña chakayuq p'asña, p'asñaq piernan piernayuq puñushan q'alalla. O mayninpi qatahatakushan na... huk -kay yuraq sába-na ninku riki kastellanopi- anchayniraqman sumaq k'anchashaqwan qatakuspa chaypi puñushan. Hinaqa qan chimpanki, antohakunki. Na... mayninpi witisaq ninki no?, osea...chayqa usqayllata chay quchapi chinkallankitaq uq wiñaypaq no? chinkallankitaq.

425 I kaqllataq may chay phaqcha k'uchu ninku chay yaku phaqchamun riki, qaqapatamanta riki uramun anchay chaypi kaqllataq rikhurisunki. I siempre sapa rimanki chay sirenawan chayqa chinkankipuni. Imawantaq engañasunki? Takin, sumaqta takin. Imawantaq engañasunki? Sumaqta tusun, sumaqta imaymana takikunata, musuq takikunata chay...

426 Chay... chay willawaqku, chay ñawpaq unay timpupi chay allin takiqkuna, p'asña takiqkuna o maqt'a takiqkuna, chay takiyta munaqku, chayqa chay sirenata purispa uyariqku pakallamanta ama rikhuchikuspa. Hinaqa anchay takiyninta aprendiqku i kaqllata takiqku chay waynakuna o mayninpi sipaskuna.

427 I sichus qan o pipis tokayta atiyta munan, lawatata otaq ima tukanatapis sumaqllata tokayta, rondinchu organuchu ima chaykunatapis; chayqa chayman maypin sirenata rikhuranki anchayman serkaman saqimunayki chay tokanaykita. Chay tokanaykita saqinki chay serkapi, chay sirenaq rikhusqaykipi; hinaqa purinki huk iskay unchawmanta utaq huk unchaw partinmanta rinki riki. Hinaqa apakampunki chay tokanaykita. Hina chay mana tokayta atirankichu riki; yanqalla sichus gitarra o sichus mandolina o sichus charango imapis ima tokanapis chayqa, usqayllata llankhaykunki. Hinaqa payllamanta sumaqta tukatatan, kay grabadora nishanku kunan tiempo, anchhayhina sumaq imaymanata umaykiman yanqallamanta hamusunki. I qan tokatiyanki hinaqa chay tokaykuna lluqsin. Allin... allin tokaq runa kanki. Hina chay allin tokaq runa kaqtiyki kusa munasqa kanki p'asñakunapaq otaq warmikunapaqpis o chay runakuna walikuqpaqpis allin pagasqa kanki.

428 Osea chay sirena demonio partiñasina kanman no? Hina pagachipusunki allinta porke allinta tokanki runaq rikhunantaqa, allin manchhana sumaqta tokanki. Chayraykun allin pagasqa kanki.

429   Arí, pero chay tokana sirenasqata -chay sirenasqa ninku chay tokanata- sirenasqa
       tokanata apamunki llaqta ukhuman hinaspa chay alferado ninku riki, chay kargu
       pasaq runakuna, mayninpi riki obliganku riki chay {tokaqta...,} tokaqkunata iglesia
       ukhuman apayuyta, iglesia ukhuman apayuyta.

430   Chayqa sichus iglesia ukhuman apayunki chay tokanaykita chay pachaqa kay
       llik'irukun kay na... na... kay papel nishanku, anchayhina... llik'irqarikun mana
       llapanchu, pero ña laqranhina. Manayá iman kaqtachu tokapun.

431   I sichus mana apayunkichu chayqa. Chay musiko masiykikunawan puñunki, hina
       chay tokana, kay runahina mayninpi "qurr ruq" nispa nin, sichus gitarra chayqa
       "¡trinnnnn!" nin. Osea llapan puñunku riki hina tokanata churatatan mesa pataman,
       hinaqa chay mala oraman chayamun chayqa, sichus organilla ninku chayqa "tilín!
       tilín!" kaqllata suenarin, kay relok-hina no? O sichus gitarra chayqa "tlllínnn!" pipis
       tokarishan ahinata suenarin chay orasninpi. Chayqa manchachikun-á chay tokanaqa.
       Arí, manchachikun chayqa, chay sirenasqa ninku chayqa.

432   Chay sirina chay tokanata hap'ispa imaymanata riki tokatiyan. Hinaqa chay
       grabadorahina kedan riki chay tokanapi. Chayrayku sirenasqa tokanaqa sumaqllata
       tokan, arí. {...}

433   Kay Kaylloma llaqtapi achkha runakuna chay sirena enkantasqa runa, pero chay
       sirena enkantan chay tokaq runata otaq qulqiyuq kayta munan runata otaq warmisapa
       runa kayta munan, otaq qharisapa no? Chay... chay runata hayk'aq p'unchawpis
       apakapunqa chay sirenaqa, apallanqapuni. Imarayku? Porke chay sirena yanaparqan
       riki. Chay sirena kaqtin chay runa atirqan, imaymanata riki atirqan. Wakin llank'ayta,
       wakin qulqi suwakuyta o wakin runa sipiyta, wakin imatapis sirenamanta
       mañakusqanmanhina. Chayqa hayk'aqllapis chay sirena faborta chay runaman
       ruwasqanmanta apakapullanqapuni.

434   Kay Kaylloma llaqtapi ashkha wañunku. Huk wiraqucha Sibayomanta karqan, mana
       allintachu yuyani sutinta pero Sibayo llaqtamanta kay Kaylloma llaqtamanta arpa
       tokaq runa mas o menos ombre runaña karan. Hinaspa chay ehhh... mana arpata
       qhawaspalla, yanqalla arpata ahinata ñak'aylla hap'itatan, arpaqa tokanpacha, osea
       tokayta qallarinpacha.
       Chayqa runakuna <musphakuqku> {admirakuq}: "Imaynapunin kay artista chay...
       sumaqllat. aña tokan nispa... chay kusa munasqa ahina bihulla kaqpis riki, p'asñakunapis
       enamorakuq paymanta, sumaqlla tokasqanrayku, arí.

435   Chaymanta ehh... wakin karanku chay bahista ninku anchay, anchay bahuta yanqa
       machasqa sinchi yanqalla ahina siminman churahatakun i chay bahu interu
       bahukunamanpis aswan sumaqllata tokan, arí,

436   Chaymanta wañukapun, o sea tokanan, ehhh... mawk'aña chay runaq tokanan, ña
       mawk'ayarunña chayqa dechu wañullanqapuniña porke... Tokanawan kuska, tokana
       mawk'ayan. I kasqan chay tokaqninpis wañullantaq unquspa otaq laq'akuspa otaq
       mayninpi wakin tokashaspa wañukunku.

Raqraq wawamanta (23) dict.

437   Hayk'an kay runasimi qhishwa kuwintukunamanta yachay munaqkunapaq imaynatas nuqa Khunkuman willawaranku, nuqa kaqllatataq qankunaman willarikamuykichik.

438   Unay pachas manaraq españolkunapis Perú llaqtaman hamushaqtinkus. Perú llaqtapiqa inkakunaq tatamamalanraq sinchi pisilla runakuna kaqku. Chaypiwanpas sapa runa manchhana ashkha kaqniyuq hatuchachaq estansiayuq waranqa waranqa uywayuq waranqa waranqa chaqrayuq ima.

439   Chay qhapaq ukhu runapis tarikurqan huk warmi huk qhari manchhana kaqniyuq, manas wawanku kaqchu. Tupasqankumantapachapis aswaypas munaqku wawayuq kayta. Tuta p'unchaw uraqsi waqaqku qharipis warmipis imaynatas wawata tarinkuman chaypaq. Rantiytaraqsi suwakuytaraqsi munaqku. Manapunitaqsi atiqkutaqchu ancha pisilla runa kaqtin.

440   Ahina ña unaytaña wawayuq kaymanta llakikuspa iskayninku qhari warmi, yanqallamanta warmi unquqyayta qallariq (utaq qunqayllamanta). Chay warmi unquq yachaqtinqa ña qanchis chunka watayuq imañan kanman karqan. Hinaspataq wawa paqarimuq qharillas kasqa karqan.

441   Pero maypachachus chay wawa lluqsirqamuq mamanpaq wiksanmanta chayqa, manapunis gustuqa kaqchu chay wawaqa ñunuta ñuñuspapis. Hinaspa tatamaman mikhuyta mallirichiq. Mikhuytapis ratullaraqsi wayk'ukusqankutapis ratullaraqsi tukurpariq.

442   Hinaspaqa huk semanapi sapa p'unchay huk ubeha nak'ana kaq chay wawapaq sapa p'unchay mikhunanpaq. Chaypiqa chay wawaq tatamamankuqa manas mancharikuqpis tukuqkuchu manchhana qhapaq kaqtinku. Uywakuna nak'asqanmantapis riparaqkupastaqchu. Maypachachus chay irqi qhari wawa kusa munasqa, kay Khunku qilqaq wawahina.

443   Ña killayuqña kashaqtin chayqa, tatamamanqa manaña sapa p'unchawpis huk ubihallatañachu nak'anku; aswaypis sapa p'unchaw huk waka u huk turu. Mayninpi mana turu mana waka kaqtin nak'anapaq, sapa p'unchaw chunka ubihata, phishqa llamata utaq suqta paquchata utaq ima uywa mikhunakunatapis yaqha iskay wakaman nisqa iskay turuman nisqa nak'anankupuni chay irqi mikhunanpaq. Chaypiqa tatamamanqa ña mancharikuytaña munaqku ñataq watapi imaqa q'alaña uywaqa kaykapushaq, chayrayku llakirikuqkuña:

444   "Imanasuntaq kunanri uywa tukurukuqtin, maymantataq uywakunata apamusun wawanchikta mikhuchinapaq".

445   Ñataqsi chay maqt'a irqiqa watayuq kashaspaqa chunka turutaña utaq chunka wakataña mikhuq sapa p'unchaw. Chaypin ichaqa chaqra kawsaykunapis uywa kawsaykunapis q'ala ña tukuyakapushaq.

446   Hinamantaqa yaqha pusaq watayuqña chay irqi kaq chayqa, tatamamanqa manchhana manu imañan rikhurisqa. Hinaqa tatamaman rimapayasqaku churinta ahinata:

447   "Imanasunmi churilláy hayk'anasunmi, aswaychá qan kikiyki yanapawankiku chaqra kawsaytapis ima kawsaytapis maymantapis apamuyta" nispa tatantaqsi nin; "uyarinin runakunaq siminmanta kay lamar-quchaq chimpanpi kanmansi yaqha qan sayay animalkuna. Chay uywakuna kanchá riki hatun runa kayniykipi, kay lamar-quchaq chawpinpi chhallpispa imaynatapis ruwamuwaq utaq chayachimuwaq chay uywakunata" nispa.

448   Hinaspa tatamaman aman chay churin manchakunanpaq chay lamar-qucha chawpinta ch'allpinanpaq mana yuyakunankama maqt'ataqa machayuchisqaku. Maypachachus sinchitaña uharuspaqa mana imatapis manchakuspa lamar-quchaman ch'allpiyatamuspa pisimanta pisimanta hukkama chay maqt'a chinkapunankama. Ahinan kay qilqapi chay maqt'a wañuyta tarisqa.

449   Chay lamar-qucha chimpanpi kunanhina nisqapiqa kanmanchá riki karqan hirafakunachu, kamellokunachu, ballenachu utaq leonkuna hinachu. Chayraykushá "qanhina hatun uywakuna kanman karqan" nisqa maqt'aq tatamaman. Chay maqt'apis kallanmantaqsi karqan manchhana hatun runa. Chaychá riki chay tukuy uywakunatapis pisipachinmanraq karqan mikhuspa.

450   Ima ninkichikmi kay qilqa rikuq runakuna utaq mana iñiyniyuq runakuna. Hinachu manachu yana machu.

Uña chakilla (47) grab.

451   Kaylloma llaqtapi huk sutiyuq llaqta kan, Chibay llaqta, chay llaqta kapital probinsia Kayllomamanta, anchay llaqtaq huk huk kilometro hina kan chaqraman purina, anchaypi kan Runa-ñan sutiyuq, ñawpaq awilachakunaq ñan purinanraq.
      Chaypi rimanku chay ñawpa runakuna:

452   Unay ñawpa tiempupis huk pampa puriq warmi karan, hinaspas chay pampa puri warmi, eh mana qharin yachananta munaspa, eh... qharin biahipi kashanankama. Chay Runa-ñanpi kan uk huk hatun qaqa. Anchay qaqa qhipata purispa wachakuran, nanta..., uñachanta utaq wawachanta. Wachakuspataqmi ihh... shumaq[10], shumaq eh... shumaq munaylla kasqa riki, porke tukuy qhariwan karan chay warmi, chayrayku chichu rikhurisqa. Hinaspa mana qharin sipinanta munaspa, chay qaqa qhipallapi unqukamuran riki, wachakamuran.

453   Hinaspa munaylla kasqa yuraq uyallayuq, q'arasulla kasqa, hina musuq p'achallawan k'iluykatamun chayllapi, k'iluykatamuspa saqin. Hinas kay waka wakachuqa pakallapi wachan, anchhaynata wakahina purisqa, naman... imanin kanpas..., uñachanman ñuñuchiq, sapa ñuñun t'akyarimun, osiya sapa ñuñun ashkha chay ñukñu hunt'arimun hinaspa puriq kasqa chay wawachan ñuñuchiq. I... qharinta imanispapis engañarparin riki, "qhawaramusaq chaqrata, utaq quwipaq aparamusaq utaq ihh... utaq ih... imanispapis, yakuta chaqraman kachayamusaq nispapis.

_____

10   Utqay rimay (*habla rápida*) /sumaq/ ninan karqan.

454 Hinas eh... ñuñuchicharan allin ña as hatunpachallañan karqan. Ña haywapakullanña makinpis wallkhanña. Hinaspa wallkhaqtin saqitamun ñuñuchispa riki. Hinaspas wiñarin astawan wallkhasqanmanta ña ahinata t'ikrarikuspa lat'aqña, lat'atatanña, chay lat'aspaña rin kay sapuhina lat'aykachanña riki, chay uñalla riki. Hinaqa "imayna, watatamusaqchu imaynataq nispa, anchachus yakuman lat'ayuruspa wañurunqa" nispas nin. Hinas asikuspa lat'ayachishan ima alli allinta saqsayuchitamun ñuñunwan. Hinaqa usallanta ima qhawaratamun, umallanpi paqta usapis waykurushanman nispa. Hina kutimpun riki no?

455 Hinas chay uñachaqa osea chay wakin bisinun rikhunmanshá riki karan ñuñuchiqta. Hina chay besinunkuna qhawarqan chay uñachata, "imaymanapunis abir, ima imaynapunis kanqa wiñanqahina, imayna, wayna ima kanqa, chay imaynapunis kanqa" nispa chay besinonkuna qhawaran, chay uñachata. Mayninpi sinchita waqaqtin chay besinupis ñuñuysichirqan riki no? Mana ushqaylla maman rikhurimuqtin ñuñuysichirqan u sinchita karuta lat'aqtinpis ichuxatapuq chaypi kaspaqa, mana chaypi kaspaqa...

456 Hinas huk p'unchaw allintaña lat'ayta atirusqa chay uñacha, chay wawacha. Hinas chay qaqapi, chay qaqamansi ahinata hap'ipakuspa sayarisqa. Hina sayariqtinsi, huktas qhawashanku hinas hukllatas espihuhina ¡lapaq! nispa nirun.
Kay espihu qhawakuchanchik anchayta lapaq nispa nirun. Hina uñalla chay qaqallapi sayasharan, ch'in chay uñalla lapaq nispalla, chayllata rikunku, q'ala ch'in. Hinas phawarinku chay rikuq runakuna, hinaspa chimparunku chay qaqaman, manan qaqa iman kaqlla kashan, ñawinchikpaqchá karan riki chhayna" nispa nin. Hina mana chhaynachu kasqa, allinta qaqata qhawahatanku, chaypi qaqa kinraypi iskay uña chakikunalla willata saqisqa chay... osea qaqapi t'uqu t'uqutaraq saruykusqanta saqisqa chay uñalla, chay wawalla. Hina qhawaykunku -freskollasina kayqa, hina kay qaqaqa barruchu, t'uruchu manamá, nitaqmi t'antachu, nitaqmi sara kutasqa masamurrachu, manamári, nitaqmi helatinachu riki ñit'iyunanpaq khaynata, wawachaqa kallpayuqchu manamá, maypitaq khayna ñit'inmanri" nispa mancharikunku. Hinaspa mancharikunhina:
- Aber kunan, huk tuta kutimusun qarpaq, nispas nin.

457 Hinashiki huk tuta qarpaq deberas balikurankuña chay yaku alcalde ninku, anchay yaku alkaldeta balikunku. Hina yaku alkaldeta balikuqtinkus, chay alkalde niran: "Ya, yakuta qusaykichik" nispa. Hinas chay tuta iskayninku rinanku karan qharinwan qarpaq, qharin machayukun chay qarpaq runaq, qharin machayun, hinaspas warmillaña rin -imanaymantaq nuqallañachá risaq nispa. Mana yuyakusqachu chay qaqapi uña wawachaq chakinta kananta, nitaq yuyakusqachu wawallamanta. Aswanpis yakupi pinsaspa purisqa. Hina chayqa... ña qaqataña chaytaña sirkayurun, hinallamansi ukllata -¡he! ¡he! ¡he! he! he! he! ¡k'aq! ¡k'aq! ¡k'aq! k'aq! nisp[a] uñachakuna asikun, wawachakuna sumaqllata asikun riki. Anchhaynatas sumaq misk'ita asirakamun, chay qaqapatapi tiyashasqa nin, "ha, ha, ha, ha ha ha ha" nispa sumaqta asirakamun.

458 Hinaspas hukta warmi qhawarirun, chaypi chay uñacha... Chay warmi ñuñuchiran, ñuñuysichisharansá chay mamanta chayrayku. Qhawahatarunhina:
"¡Yaw!, kaypi chay wawallaqa kashan achallaw q'ipiyukusaq" nispa. Ahinata ichuqasaq nispa nishaqtinsi, huk qhipanmanta, huk kay lawmanta, huk tukuy lawmanta, ha, ha, ha, ha, ha, ha, ha... Hinallaman ahina yastá, ahinata muyurqun, warmi chawpipi kidakapun, sunsa musphaspa. Musphaspa kedakun hinas hukta

chay uray lawmanta mayu lawmanta , chay huk huch'uy mayulla kan chaymanta lluqsiramunku: - Tinlín, tinlín, tinlín, tinlín; laa,la,la; laa la la. Kay na... sumaqta takiyukuspas lluqsiramunku irqikunalla tukayukuspa, wakin imaymana tukanakunayuq wakin "chinlín chinlín chinlín", munayta tokakuspa lluqsiramunku. Tusuchinku riki warmillata, hukñataq, hukñataq makinmanta chay warmita hap'ispa ahinata tusuchinsi chay warmillata. Tusuyta waykuchin. Hinas tusuyta waykuchin hinas, nan chaymanta desaparisen waqmanta. I chaykama chay uñachaq maman kikinpunitaqsi, manaña uñachanta tarispa, waqayuq pasaqta.

459   Hinaspa imaynanpishi kanpis chay tusuq, chay uñakunawan tusuq warmilla tuparuran riki llaqtapi. Hinaspa:
- Imamanta waqanki- nispas nin.
- Chay wawachaymi karqan, qanllaman willasqayki, warmi masiymi kanki qanqa nispa, willasqayki, karqan hina kunan chinkan- nispa nin.
- Maypin?
- Chaypi.
- Ahaaa, arí kunan wawachaykiqa ashkha wawachakunamanña tukusqa- nispa nin chay ñuñuchiysiq warmi wawachaq mamanta.

460   Chayta uyarispataq, manchhanata waqayta waykun sayk'unankama. Chay huk warmitaq: "Imata waqanki, aswaypis allin hampiq runaman riy, utaq allin tayta kuraman. Chay hampiq runa ichapis wawaykita qanman kutichipusunkiman. Utaq tayta kura hamunman qanwan kuska kaykama. Hinaspa huk konhurasión nisqa sutiyuqta qulqi kruswan quri kruswan, agua benditakunawan chay krus lasuwan ima huk misatahinan ruwanan. Chaykunata ruway tukuspaqa ichapasshá wawayki kristianoman tukunman, tayta kuraq makinpi bawtisasqa kasqanta".

461   Chaykunata uyarispa kay wawachaq maman kaq kikillanta ruwasqa chay warmi masinman nisqanmanhina. Chayqa wawachanqa qunqayllamanta mamanpaq ladunpi rikhurin ña allin puriyachaqña, hinaspa bawtismuta ruwanku tayta kuraq ñawpaqinpi. Hampiq runatataq padrinuta churanku. I chaypi chay warmiq qharinpaq apellidonta churanku manañan wawan kaqtinpis. Hinaspa chay warmin wawan pusaykusqa qharinman rikhurin:

462   - Kay wawachata apelliduyki apelliduyuqta, Taytachaq munayninpi pusakampuni, manaña qanpa kaqtinpis, tukuy huchayta pampachaway qharilláy, nuqapis huchasapa kayniyta manañachá astawanqa ruwasaqñachu.
Chaykunata qharin uyarispa: "Ahhh... ahhh... qan warmiy kashaspa nuqa patamanta uk qharikunawan puñuranki, chayrayku kay wawayuq karanki, chaypiwanpis mana kay wawa huchayuqchu kay pachaman hamunanpaq. Apelliduyta apasqanrayku mana tatanta riqsisqayrayku, huchayki pampachasqa kachun, amataq astawan huchallikuychu, nispa kayhinata ashwan ashkhataraq rimaranku uqllanakuspa marq'anakuspa, waqaspa ima. Ahina tukukun kay uña chakilla nisqa sutiyuq kuento.

Warmikama llaqta (20) grab.

463   Abuelitay niwarqan na nispa, en el año 1983, anchay watapi willawaran na nispa... Abuelitaypas churin karan qhari u tioy nuqaqqa no? Puriran karu llaqtata pisimanta mikhunan karanku, hinan manan aypakuranchu. Hinan puriran. Hina kunan purirqan

llaqtata karuta. Hina kunan chaypi huk amigunkunapiwan, huk amigun chay tioy no?, chay abuelitaypaq wawanqa kanman no? Chay tioyta nin:

464 - Na, haqay huk llaqta chaypi kan, huk llaqta warmikunalla tiyan, warmikama o p'asñakama o solterakama tiyan. Chaypi sara manchhana hatuchachaq wiñan; hakuchu purishasun- nispa nisqa tioyta.

465 Tioyqa:
- Ya pé- nin.
Hina kunan purisqaku, purinku. Purinku, pasanku, purinku, chakipi purinku no? Ñawpaq mana karru karanchu. Mula sillapi, kaballo sillapi puriranku. Hinan chayanku kunan chay llaqta kantuman. Hina kunan llaqtapiqa chay tioymanqa nin chay amigun:
- Kaymanqa aykunku tuta yaykuyta, p'unchayqa mana aykunkumanchu- nispa nin.

466 Hinaqa suyanku tuta aykunankama. Hinan kunan chay llaqta chawpipi huk qucha kasqa. Hina kunan chay quchapi huk rumi kasqa runa, qhari, qharimanta kasqa huk rumi, qhari. Qhari no?... Hina kunan aykunku. Hina kunan warmikuna manchhana kasqa. Hina warmikunaqa hap'in:

467 - Nuqa qurpachasqayki, nuqa qurpachasqayki nispa. Hina kunan tioyqa purin no... warmiq wasinta qurpachachikun chaypi, hina trabahaqta apan warmikunaqa. Hinan trabahanku, sapa tutallan trabaharanku, p'unchayta mana lluqsiranchu wasinmanta, warmiq wasinmanta. Imaq? Chay rumi mikhukuq karqan, mikhukuq, mana konsentiranchu manan kachayuranchu nakunata... qharikunata. Warmikunataqa kachayurqan.

468 Hina kunan trabahaq purinku tuta no... sarata kallchamunku, sarakunata pallamunku, ruwanku chayta na... huk semanalla ahina p'unchaykuna yupasqa p'unchayllata kanankupaq kasqa. Hina warmikunaqa nin:

469 - Ankayna p'unchayllatan kankichis, much'ayuq chay rumi kashan, chay qharin sipirusunkichisman- nispa nin kunan chay qharikunata no?

470 Hina kunan chay qharikuna, o chay tioyqa:
- Pasapusunchis- nin pasampunku.

471 Hina kunan chay sarata apayakamunku kargapi no?, hatuchachaq sara. Hina kunan Arekipaman chayamunku. Arekipamantataq kay Chibayman no? Chaypiqa mulakunapi kargakunku hinaqa.

472 Abuelitayman chayan; abuelitayman willan, maman, tioyqa: "Hinan pasani, hinan karani". Abuelitayqa:
- Maymantaraq hap'in? Maymantaraq hap'in wawayqa chayaramun?-nispa.

473 Hina kunan abuelitay asta... asta wañukunankama chay sara apamusqanta p'uyñupaq qusqa. Hina kunan tioy kasqanta kutirina asta kunankama chayamunchu. Hina kunan abuelitay waqaspa qhawan chay sarata tioypaq futunpas kanman, anchhaynata qhawaq. Hina kunan chay sara yaqha dedo dedo sayaypas kasqa sara i thulunpas yaqha beinte sentimetros hinaraq, hatun kasqa. Nuqanchis rikuchina anchhaynata willawaran abuelitay.

Pakapawsa llaqta (21) dict.

474   Chaypi hatun huis warmi, warmikama. Llapa awtoridadkuna warmikama. Qhari chayta tutalla waykun, lluqsimpunpas tutallataq. Chay qharikuna primerota bisitan llapan awturidadkunaman. Siqasqanmanta qulqita pagan. Chaymanta bisitan qulqiyuqkunaman. Chaykuna qichun qichunraq qhariman qulqita pagallankupuni. Chay pobre pobre hinalla kedakunku.

475   Chay waykunku huk plasollayuq. Chay plasunpi mana lluqsimpunchu chayqa wañunku. Chay Pakapawsakuna qhariyuq kan pero manan kikinpi tiyanchu, waqllapi.

476   Qhari wawankunata manan kikinpi uywankumanchu. Waqllapi uywanku qhari wawallata. Mana chayqa wawata wañuchinman. Warmillan kawsan kikinpiqa. Chayman unay purirqan suldadu batallón, hinaspa wañukapun. Chaymanta mana batallón ripunchu.

477   Chay qharita apaykun tutalla; kaq urqumpunpis tutallataq. Chaypi kawsaykunataq as allin alimintu, kallantaq bino. Sichus qulqi manan kanchu chayqa mana mallinmanchu qharita. Iskay runakuna willawarqan, Ayabireñokuna.

Llaqta warmikama wawayuq (22) dict.

478   Anchatas unaypas kunankamapas runakuna rimanku huk llaqta balli chaqay Chukibamba Arekipa ukhupi kanman. Huk llaqta warmikama wawayuq. Manas qhariqa kawsanmanchu. Chay llaqta imaynas? Ahinas chay llaqtaqa:

479   Huk llaqta balliq manchhana sach'a ukhu tarpunku. Imaymana frutakunata mastaqa tarpunku, sarata imaymanata. Chaymanqa waykunku warmikunallas, unay tiyaqqa. Qharikunas manas unayta tiyaykunmanchu, aswanpis puriyta atikunmansi huk iskay p'unchay imallas, ima bendiqpas o rantikuqpis.

480   Pero warmikunataqsi sapa qhari waykuqtaqa mana kutipunanta munanchu, aswanpis chay qhariwan tiyakuyta munan mayqin warmipas. Tutaqa apanmansi may ladumanpis qharitaqa chay llaqta ukhupi. P'unchawtaqsi qhariqa puñun wasi ukhupi llabirayan.

481   Kantaqsi huk na... huk qucha. Chay quchamanta yaku t'impushan utaq t'uxamushan i chay t'impushan chawpinpitaqsi kashan huk qhariq ullun rumimanta. Sapa warmi mana qhariwan tupanchu chayqa warmi purinan chay quchaman. Hinaspas witiykun chay ullu rumiman warmi. Hinaqa chay warmi chichuyansi, chay rumi ullullawan witikuspalla.

482   Maypachachus chay warmi unqupun utaq wawa paqarimun chayqa, qharilla chayqa, manas Pachamama konsentinchu chay wawa kawsananpaq. Sichus warmilla chayqa, kawsansi chay maman.

483   Chay llaqtapiqa q'ala warmikuna kanku awtoridadkuna. Pero manapuni qhariqa kayta atinchu awtoridadqa porke mana kawsankuchu. Huk iskay p'unchaw pasan chayqa wañunku.

484 Chay warmikunaqa manchhana ima sumaq ch'aska ñawiyuq. Wakinqa p'aqu chukchayuq ima. Hatun warmikuna utaq tuqtikuna. Chayrayku sapa qhari chay warmita wayllun chayqa manapunis saqiytaqa atinmanchu nitaq kutimpuytapis atinmanchu chay warmi ancha munana kaqtin. Chayta uyarispa tukuy runan riyta munanku chay warmikunaman yachanankupaq chiqaychus manachus chayta. Ahinan chay.

Hak'aqllumanta (27) grab.

485 Huk huch'uy phisqus karqan no?, q'illu q'illu wiksayuq no?, ch'iqchi patayuq. Wasan patapi ch'iqchi, ch'iqchi no? Wallpamanta as huch'uypachalla, yaqa wallpa sayay. Chay sutin hak'aqllu sutiyuq no?, huk phisqu, phawaq phisqu. Chay hak'aqllus ñawpaq tiempu, unay tiempu llaqta runata purirqan Diospaq kamachisqanta. I chay hak'aqllu llaqta runata nirqan:

486 - Yaw llaqta runakuna, qankunaqa Diospaq kamachimusqantas iñinaykichik, Diospaq kamachimusqanta kasunaykichik- nispa nirqan no? huk kiti.

487 I waqmanta, waq kiti Dios kamachirqan:
- Bueno qan llaqta runata nimunki: "Llaqta runakuna mikhunkichik huk kutillata p'unchaw sapa p'unchaw"- nispa no?

488 Pero hak'aqllu manan kasurqanchu chay Dios Tatanchikta no?, aswanpas Dios Tatanchikta burlakurqan i llaqta runaman llullakuspa willarqan no?: - Ña qankuna llaqta runa iñinkichikmi chayqa, ña kay iñiyninpa palabranta yachankichikmi pis Dios imaynas Dios chhayna. Qankuna kunan kasunaykichik Diospaq palabranta: Kunanmantaqa, kunan p'unchawmantaqa mikhunaykichik qankunaqa kimsa besta".

489 Pero Dios nirqan manan kimsa besta sino aswanpas ch'ulla besllata. Pero hak'aqllu nirqan: "Kimsa bestas mihunkichik". Chaymanta kutirqan Diosman. Dios yacharqan chay hak'aqllu llullakusqanta i hak'aqlluta qallunta urqurqan kay muchun pataman. Chaymanta chay hak'aqllu manan rimayta atinchu. Kunankamapis chay qaparin "q'iq, q'iq, q'iq, q'iq!" nispa qaparin no? pero manan rimanñachu.

490 Piru sichus manan chay hak'aqllu llullachu kanman karqan kunankamapis rimashanman karqan chay hak'aqllu nahina..., luru papagayohina rimanman karqan kay hak'aqllu. Piru llullakusqanmanta chay hak'aqllu rimapunchu. Qallunta urqurqan Dios qhipaman, uman qhipaman. Chayrayku chay uman pata qhipapi pukan, qalluhina, llullakusqanmanta.

Añasmanta (40) grab.

491 Chay {sorrino}<añas>mantapis kallantaq rimay. Kay llapay rimaykuna o chay ñawpa runakuna, ñawpa runakunaq rikhusqanmanhina wakin chiqaypaq, wakin kay kuentohinayá. Pero kay añas chiqaypaqpuni.

492 Añasqa manas p'unchawqa purina kaqchu. Añasqa tiyaq napi... hallp'a ukhupi. Kay nahina... mach'aqwayhina, hallp'a ukhu kay qaraywahina. Hallp'a ukhupi tiyan.

Pay... chay añas ruwakun huk... kay minerohina tunilta, i chay ukhupi tiyan, ukhupi. I lluqsimun, mastaqa lluqsimun tutalla. Tuta lluqsimun. I sichus chay añaswan... mayninpi tuta purinki chaqraykimanpis utaq may uywayki qhawakuqpis utaq warmiyki witiqpis o enamoradayki witiqpis puriwaq riki karuta; imaynapi tupanki riki chay añaswan riki.

493   Tupanki riki... mayninpiyá, mana..., mayninpi-á. Mayninpi tupanki chay añaswan, hinaqa chay añasqa, chay chupanta sayachikun kay unanchaytahina no?, chay bandera ninku anchayta. Hina sayachikun wichayman riki. Hina sayachikuspa phawahatasunki alquhina no?. Pero mana dellinochu, sino aswaypis huk... chunka charqaypihina, utaq phisqa charqaypihina qan sayarunki riki chayta rikhuspa. I hinaqa "hayt'asaq" ninki utaq... utaq riki "ch'aqisaq" ninki rumiwanpis no?

494   Hinaqa usqayllata chay muyurispa tusuchisunki. {Si...} ahinata {muyurinqa riki, ahina}: <"chukún, chukún, chukún">. Hinaqa qan añasta riki: "karahu!" nispa riki, "sipisayki" nispapis, baliente qan, "Sipisaq" ninki, mana atinkichu. "Sipisaq" nishaqtiyki chay chupanmanta lluqsimun kay... chisgeti, chay karnabalpi riki irqikuna chisgete kashan, kaqllata... kaqlla. Anchay kaqlla lluqsimun hinaspa mayor partiqa chayamun riki kuerpoykiman utaq ñawiykiman.

495   Sichus chay hisp'aynin ñawiykiman chayamun chayqa usqayllata ñawsayapunki. Ñawiyki rupharapun chay añaspa hisp'ayninwan. Porke chay añaspa hisp'aynin sinchi fuerti i asnan manchhanata. Manchhanata asnan i chayrayku chay p'achaykitapis thatakuspa wikch'unayki-á. Porke ruphaypitaq utaq ch'akichinayki asta asnaynin tukukapunankama. Mana t'aqsasqapis lluqsinchu riki. Asnachallan. Millayta asnan chay, arí.

496   Pero sí chaypaq huk truko kan, huk sekreto nisqa, chay añas ñachus "hisp'amusaq" nishanña, chayqa watakunayki usqaylla, ullu chukchaykita watanayki utaq ima kordonniykipis kan utaq chumpiykipis chayta usqayllata watanki chayqa mana hisp'ayta atinmanchu. Chay sekreto. I sipinapaqtaq hayt'anki mana wañunchu. Kay nahina riki... kay murq'uhina p'urun p'urun wikch'ukun mana imanpaschu. Rumiwan ch'aqinki mana imanallanpastaqchu rumipis. Sapa rumiwan ch'aqinki hap'ichinkiña chaypis manapuni wañunmanchu rumiwanqa. Porke rumiqa kompadrin. Rumiqa komadren añaspaqqa. Chayrayku kompadrita ruwaqku unayña i chayrayku manan kompadrintin sipinakunkumanchu.

497   Si rumiqa hap'ichinki chaypis, ya, kay thantahina hich'ayun mana... Mana nanachinchu... i mana imananpaschu. Arí chay rumi añaspaq kompadrin. Chayrayku chay rumiqa mana imananpaschu. Yanqa kay thantahina chayan, chayhina.

498   Chayqa huk sekreto kan. Añasta sipiyta munanki, chayqa qan ch'anqanki chay waka q'awa. Anchay waka q'awawan ch'aqiruy, usqayllata wañurapun. {Chay huk waka q'awa ch'aqirunki usqayllata wañurapun}. Utaq chay k'urpa ninku chay t'urumanta ch'aqisqa riki rumihina... Anchaywan ch'aqirunki wañullantaq. I chaymanta mana wañunchu.

499   I chaymantapuwanpis chay añaspaq rimayninqa ahina:
Si wañukunaykipaq pisiña chayqa usqayllata wasiykiman añas hamunqa. Utaq mana qan wañukunaykipaq mayqin aylluykipas wañukunanpaq chayqa usqayllata añas

hamunqa wasiykiman. I wasiyki hawamanta asnamunqa chay hisp'aynin asnamunqa usqayllata, manchhanata asnamunqa.
Entonsis chaypiqa ninki: "pitaq wañunqa, nuqachu wañusaq, ichay mayqin aylluyshi wañunqa" nispa.

500   I sichus... Mayninpi riki kay estansiakunapi uywanku riki wallpata, hawallapi. Wasillata ruwapunku, hinaqa añasqa waykun naman... chay wallpa wasiman... Chay wallpa wasiman waykuspa chay añasqa gallutapis o wallpatapis hap'in. Hap'ispa sipin. Sipispataq mana aychanta mihunmanchu ni wallpaqta ni k'ankaqtapis. Imallanta mikhun? Umanta t'uqurun chay ñusqhullanta mikhun, chay ñusqhullanta.

501   I sichus qan taripanki imaynapi chay añasta, hinaspa sipinki, mas siq'unkipaschá riki no? Q'aytuwanpi siq'urunki riki, hinaqa chay hisp'ayninta urqunki sumaqllata, nak'aspa.
Hinaspa chay... chay aychanta mikhunki. Chay aychanta mikhunki hinaqa allin misk'i, misk'i runa kanki. Imarayku misk'i runa? Porke chay añas ñusqhullanta mihun. Chayqa ñusqhuqa misk'iniraqmi riki. Chay misk'i runa kanki warmipaqpis utaq ima ruwanaykipaqpis k'uchi kanki. Chay usqayllata wakichinki mikhuytapis sumaq saborniyuqta, wakichinki mikhuytapis. Chay ninku chay allin wayk'uq runakunata ñawpaqqa, sumaq wayk'uq runakunataqa:
"Yaw!, kay runa sumaqta wayk'un, añastach{a}<á> mikhuyta yachan" nispa.

502   Arí, chayqa hampillataqa chay añas aycha kallantaq. Hampi nisqa riki. Chayqa imapaqpis mishk'i kanki riki.

503   I chaypi kasqan kallantaq añas aychata ch'akichinki wakinta hinaspa imaynapi warmiyki wachakun... chay wachakusqanmanta mana allintachu kuydakun chay warmi riki no? Hinaspa semanamanta o iskay semanamanta, rekayida ninku riki, waqmanta kutirimun chay kasqan unquynin, chay wachakusqanmanta. Hinaqa chay añas aychata kankaspa t'iqapi, brasapi kankaspa, kutaspa uhachinki ukhuman... Hinaqa chayllapaq allin chay rekaida warmi.

504   I chaymanta kunan tiempu ninku riki no? Ospitalpi no? "chay TBCwan kashan kay runa" nispa riki, "ñan yawartaña thuqamushan" ninku riki, chay qaran, anchay qaranta, ima hampikunapiwanpis ukhumanta uhaspa chay qaranta qatakunki kay... rikrayki pataman, willman ladumanta. Hinaqa ahina puriyachanki riki kay kasakayuqhina u kay kasakayki ukhumanta kamisayki ukhumanta churakuspa, hinaqa alliyanki yanqallamanta. Alliyanki chay TBC sutiyuq<manta> na... {Ahinan chay añaspaq kuentu.
A.CH. -Kunankama añasta riki sipinku aychata mihunapaq, maskanku, tuqllakunatas churanku o imatapas ruwanku... ruwankuchu kunankama runakuna}

505   A.M. - Arí chay añasqa, kusa kusa... Kusa mask'asqayá. Imarayku kusa mask'asqa? Porke aychan hampi. Chay warmikuna wachakuq warmikunapaq, utaq misk'i runa kanaykipaq u allin imatapis misk'ita ruwakunaykipaq. Anchaypaq mask'asqa hampi nisqa qaranpi. {Arí}. <Ahinan chay añaspaq kuentu>.

Atuqmanta (41) grab.

506   Atuqpaq, atuqpaq bidan kaqllataq chiqay. Atuq witikuyta munan, chinawan urquwan,
      chayqa atuqqa mana ahinalla witikunmanchu. Aswanpis sapa... sapa wata agosto
      killapi i atuq... mayninpi chhina o mayninpi urqu, ñawsayan, ñawin tutayan. Imarayku
      ñawin tutayan? Porke ña witinayachikunña chayrayku.
      Hinaspa sichus chhina u sichus urqu chayqa chay atuqqa qaparin alquhina riki. Kay
      mishichuqa riki witinayachikuspa qaparishan wasi patakunaman "miyaw" nispa,
      kaqllata atuqqa qaparin "waqaqaqa waqaqaqaqa!" nispa qaparin. I chayta uyarinku
      runakuna chay ñawsa atuqqa qaparisqanta. Hina ninku:
      "Ña atuq witinayachikunña" nispa.

507   I chay waqasqanpipis huk kreensia no? Sichus yanqa samp'allamanta waqan chayqa
      mana allin watachu riki kawsaykunapaq, mana allintachu para chayanqa, mana
      kawsaykuna allinchu kanqa. Sichus klaruta waqan: "waqaqaqaqá, waqaqaqaá!" allin
      klaruta chayqa "allin wata" nin. I chaypiwanpis ñawsa, ñawsayan, chayrayku
      ñawsayaspa waqan, ñawin tutayanhina. Chayqa yanqa puriyta purin, mana ñawin
      rikhunchuhina.

508   Mayninpi puñushanki istansiakunapi mana wakin wasikunaqa mana punkuyuqchu,
      osea mana kayhina llabina punkuyuqchu kicharmaya punku, kicharmaya punku hinaqa
      chay mayta purinankupaqpis mana llabita churaspa lawkhayanku. Rumillawan
      lawkhakunku. Hinataq saqinku... sichus puñushanki riki, no? killapihina, rikch'arinki,
      punkuta qhawarinki, qhawamusunki hina "hah, hah, hah" nispa qallunta urqukuspa
      qhawamusunki...no? Gustanpuni chay... Sichus urqu hinaqa, ahinata sinqanman
      muskhispa warmita tarin puñushaqta chayqa witiyta munanpuni riki no? Hinaqa i
      sichus imaynapi chaykunapi kashan... alqu rikhurun chayqa iskapan riki, iskapachin
      riki no? Chayqa phawarikun hinaqa purishallan ahinaña ñawsahinaqa. I tupankupuni
      chhina urquwan, chayqa witinakunku riki agosto <killapi>.

509   Chayqa chay disiembre killa utaq nobiembre disiembre killa, ña para ashkhaña
      chayan riki. Chayqa chay tiempupis wachakunku paykuna. Osea chay chhina atuq
      wachan riki. Pero mana wachanmanchu yanqa maypipis. Ña yachanña maypi
      wachayta. Hinaspa chay purin huk urquq qaqaman. Chay urqu qaqapi t'uqu... t'uqu...
      t'uqu kan, ukhu no? ukhu t'uqu kan. Chay ukhu t'uquta waykuspa karu ukhu t'uquman
      mana ni alqupis waykuyta atinanpaqhina, chaypi wachan. I wachayta tukuspa,
      wachayta tukuspa, urqu llakikullantaq, chhinapis llakikullantaq. Mamankuna chay
      uña {sorro}<atuq>chakunaq mamankuna llakikun riki... tatamamankuna.

510   Hinaspa rit'i... rit'i... rit'i rit'ishan. Hina chay rit'i rit'i rit'ipuwan p'ampasqa ukhupi
      kashan, qaqa ukhupi chay sorro uñachakuna. Paykunataq usqayllata purinku mihuna
      mask'aq chay uñachakunapaq. Utaq tatamaman mihunanku chayqa maman ashkhata
      mihunan riki yawarnintapas, imatapis chay kampupi hap'in<anku> qunqayllamanta...
      {kunan} michipakuq uywata.

511   Hinaqa ahina quqawashanaykikamapis utaq imata ruwashanaykikamapis... eh...
      mmm... hukllata katiyasunki suwahina. Hina usqayllata obiha uñata utaq, hatun obihata
      hap'irun riki. Hinaspa sipirun, sipiruspataq p'amparun chaykunapi. Mana chayqa
      alquykipis rikhurunman utaq qanpis rikhuruwaq riki. Usqayllata sipiruspa p'amparun
      ama qan tarinaykipaq. P'amparuspataq chinkaritamun riki {sorro}<atuq>qa.

512 Chinkaritamun hinaqa maypachachus ñan tutayanña chayqa sorroqa q'ipin wasanman, rikrapataman churahatakuspa kay asnuhina q'ipin, phawallata apan riki.

513 I chay huk kaqtaq katiyaspa katiyaspa katiyaspa riki apan. I chayachin... chayachin hinaqa chay uña sorrochakunaman, uña atuqchakunaman saqiyuspa chaypi puñunku riki, wikch'urayanku. Hina kuydanku riki. Mamanqa ñuñuchin. Sichus huch'uychakunallaqa ñuñuchillanraq riki.
Chayqa paykunataqsi aychata mikhunku riki.

514 Chay tukurukuqtin waqmanta {hina} hamullankutaq. I sichus mayninpi sinchi p'anrapunitaq kanki. Mana yuyayniykipichu michinki chayqa, mana sipinmanpaschu. Ña chay atuq... mayninpi no? apuestakunata perdin riki, pero mayninpiqa yuyaysapayá chay {sorr...} atuqqa riki.

515 Hina chay atuqqa, imata ruwan?. Sichus p'anra kanki utaq puñushanki uywaq ladunpi chayqa, sumaqllata uywa na... obehata qatiqarqun. Huk phishqata suqtata i atisqanmanhina. Hina obehata mana waqamanpaschu, ch'inlla. Hinaqa ahinata qatin qatin qatin qatin, obeha kay runa qatisqanhina trutillata purin chay uña sorrokunaq wasinman, chayan obehakuna. I chaypi sipiran riki kantumanta. Chay sipiran hinaqa obehakuna wikch'un "ihh!" chaypi... chay ukhu chay sorro, uña sorro, uña atuqpaq ladunpi wikch'un wikch'u. I pishi[11] pishimanta ña hatuchaña atuqchakuna chayqa mikhushanku riki kay uña irqihina mikhuchanku riki. I paykunapis mikhullankutaq riki ahina.

516 Chayqa chaymanta huk kallantaq. Atuq mayninpi mana riki mikhunchu obihallatachu. Llaqta ukhukunapi hinaqa mana riki interuchu obihata uywanku riki. Chayqa llaqta ukhuman waykumun chayqa pay yuyaysapa kayninpi, atuqqa waykun wasiman, ch'aki puñusha{nki}<naykikama>... hinaqa aparikun quwiykita utaq wallpaykita aparikuspa usqayllata chayachin riki uñankunaman. Si mana uñayuq chaypis paykunapaq riki mikhunankupaq. Ahinan.

517 Entonsis chayta willawaqku ñawpa runakuna kay llaqtaypi. I sichus qan rit'i rit'ishaqtin chay... chayayta munanki maypin chay uña atuqchakuna tiyan chayqa, qan qatirinayki, rit'i patanta purinki hina kay alquq chakin sarusqahina. Alqu chakin sarusqahina chay rit'i patanta purinki rastruntakama asta chayachisunki riki. Chayqa t'uqu t'uqullata saqin riki chakinkuna. Mayninpi chay obihatapis arrastrasqanta sut'ita arrastrasqanman...chayqa willa kedan riki no?. Chayqa chayanki chay naman... t'uquman. Hinaqa trambata churanki riki, trambata churanki wark'a q'aytumantapis o yachankuña riki chay ñawpa runa imayna churayta no?

518 Hinaqa uña sorrochataqa, na uña atuqchata hap'imunki riki usqayllata. Hinaspa hap'imuspa watanki riki chay imawanpis riki ama t'ipinanpaq riki. Allin nawan riki... Hinaqa uywayta qallarinki riki alqutahina. Hinaqa runatahina kay, sichus huch'uylla chayqa runatahina rimapayayta qallarinki. Si kastillanumanta rimanki kastillanumanta, sichus inglesmanta inglesmanta, sichus qhishwamanta qhishwamanta. Chayqa yachachinkin chay pay rinrin usqayllata uyarin.

---

11   Utqay rimay: /pisi/ ninan karqan.

519   Hinaqa rimaqtapis uyarisunki hinaqa kay runahina atin rimayta. Mana rimanpunichu
sino osea entienden riki, entienden. Entunsis qan ninki riki no?
"Yaw, imanasunmi sapa p'unchay riki no? kaypi mikhushanchik, gastashani riki
qanpaq aychata rantimpushayki, qanpaq rantimushani riki lichita, qanpaq rantimushani
runtuta, qanpaq asta wallpa aychatapis apamushayki" nispa riki chay uywaq runa
nin: "Qanpisyá, qanpis kaqllatakuna apamuy riki mikhukunapaq riki. Chayqa as
ashkhata qusqayki mikhunaykipaq qanmanpis" nispa nin.

520   Chayqa usqayllata nin: "Arí" nispa <paypaq sunqunpi> nin. Chayqa ña mansuña
chayqa usqayllata sapa tuta suwahina purin. Otaq wasiykiman hamun, waq
wasikunaman purin. Hinaqa sichus quwita tarin quwita aparamusunki. Sichus k'ankata
wallpata tarin aparamusunki otaq pabuta imatapis, asta patutapis. Wayumun riki.
Sichus nishaykihina llasa chayqa... Sichus nishaykihina llasa chayqa wasanpatapi
riki q'ipiyakamun.

521   Arí, i obihatapis sichus tarín q'ipiyakamun. Chayachimun wasiykiman riki. Paqarichin
tuta wasiyki punkupi. Paqarichin. Puñushanki qan, rikch'arinki, yastá, obiha wañusqa
wasiyki {qan wikch'uyá} <punkupi rikhurin>. Chayqa qan kanki riki atuq uñahina riki
no? heh heh... Apamusunki riki. O mayninpi karumanta chayachimun. Por ehemplo
kay Chibaymanta rinman riki asta Kusko. Chay Qusqumanta riki chay istansiamanta
qatimunman riki obehata pero mana huk unchawllapis chayachimunmanchu riki.
Purimusqanmanhina chayachimunman riki huk semanapi utaq killapi
chayachimunman. Porke payqa mana yanqa qatimuytachu qatimun. Osea pay
yuyaysapa chayqa ama runakuna rikhunanpaq, payqa qatimun tutalla riki. I sapa
p'unchayan chaytaq obehakunataqa mana sut'ipichu riki mihuchin; sino pakallapi
mikhuchin. Hinaqa chayachimun riki. Ashkha obehata chayachimusunkiman.
Trupataraq riki "fff!". Chhayna allin ganadero ahina riki chay obehakunata nak'aspa
chayqa qulqiyuq riki kawaq riki. Chayqa apamusunkiyá, qatin.

522   Qan kamachisqaykiman kaqllata ruwan. Kaqllata ruwan chay {sorro} <atuq>. Si ninki qan:
"¡Ya!, ashkhata qatinki maymantapis obihata".

    "Ya, imanasaqtaq" kay suldaduchuqa riki hefenta kasukushan riki. "pa' ranas son
dos" nispa nishanku, anchayhina {mas o minus}, chayqa payqa usqayllata "mana
chayqa patronniyqa mana qarawanqachu" nispa. I "maymantapis qatimusaq" nispa
purin riki. Mask'amun chayqa mayninpi chay estansiakuna nishaykihina wakin p'anra
runaqa mana {riki...} <yuyayninpichu michin> chayqa qatimun{-á,} <obehata>
chayachi{munpuni}<nankama>.

523   Chayqa sichus hap'ichikunki chayqa karselman rinki, chay {sorro} <atuq>
uywasqaykimanta riki. Karu{charaq sorruqa manayá...}<pi kanankama atuqqa>
libri kedakapun, ch'in... Reparakun chayqa: "patronniyta kunan hap'irunku, nuqaq
huchay-kawsa chayqa sipiwanmanpis". Eskapan, ripun kasqanta, kampupi tiyakampun
riki. Ahina chay {surroq} <atuqpa> bidan.

354

Pukumanta (42) grab.

524 Kay willaypi kunan hamun pukumanta. Puku ninku kay Kaylloma llaqtapi, chay
altuskunapi tiyan chay puku, ehh... pharachayuq, pharayuq, huch'uy phisqullahina.
Phisqumanta as hatun. Chay altun phawaq phisqu, pharayuq, anchay. Anchay
wallpamanta as huch'uychalla. Chay puku ch'iqchi pharachayuq i na...kay kungan
uraypi huk chhikan yuraq... arí, sunqunpi yuraqniraq, uqiniraq, yuraqniraqpiwan
chapusqa.

525 Chay puku, chay altuskunapi, mayninpi k'ankamanta sirvin. Imarayku k'ankamanta?
Ña pacha paqariymanña chayqa, "pukuy, pukuy, pukuy, pukuy, pukuy pukuy pukuy"
nispa nimun. Hinaqa ña usqayllata chay uywa michiq runakunaqa chayta uyarispa:
"ñayá, yastá pacha paqarimunñas, puku phawashanña" nispa nin. Chayqa usqayta
hatarinku mana mayninpi istansiapi wallpayuq kanku, chayqa chay puku
rikch'achikamun. I chaymanta rikch'achikamuy tukuspa, tuta pacha paqarimun, o
sea dose pasaykunata, la una, dos, tres de la mañanakunata riki, kimsa oras tutamanta,
anchay oraskamataq riki.

526 Hinaqa chaymantaqa... allintaña p'unchayamun i mana no?... Hina michinata rinki
riki uywakunawan riki kuska. Hina chaypi pukuqa sichus allin risunki chay semanapi,
semana chaypi o killapi chayqa mana pukuqa molestasunkichu, trankilo puriyachakun.
Mancharichinki chaypis phawarikun "puku puku puku puku" nispa phawarikun riki.

527 Sichus suwapas hamusunki uywayki suwaqpis otaqchus... otaqchus chay na... atuq
qichusunki... imay obihaykitapis, otaqchus... ima alqu -suwa alqupis qan-á, suwa
alqupis wasiyki waykunqa, imaykitas mikhunqa no?, otaq runa mikhunaykuta
suwakunqa imaynapis chayqa... Chay pukuqa yastá layqakunña. Layqakuy ninku
kay Kaylloma llaqtapi chay osea, ya, ña yachanña chay puku. Entonsis hukniraqtaña
takipayasunki: "pukúy pukúy, pukúy pukúy pukúy pukúy" nispa riki no?

528 Hina chaykamaqa ña reparakunkiña... Entonsis chaypi reparakunki-hinaqa ya
usqayllata riki chay pukutaqa qatirparinayki. Qatirparinayki wark'a wark'aspapis o
imaynatapis o alquwanpis kachayunayki riki.

529 Hinamanta... nuqatapis susidiwaran huk pacha no? Chhaynata pukúy pukúy pukúy
pukúy pukúy. Mana... o sea mana sayk'uspa pukushallan, laduykikunamanta
pukupayashasunki. Hinaspa nuqa chaymanta wark'awan hap'ispa naq kani... ¡¡Mana!!
hap'ichiqchu kani pukuta, por bida, manapuni hap'ichiqchu kani pukuta.

530 Hinaspa chay puku karupi kasharan. Hina chay karumanta sapa rumita wark'aqtiy
aswayta aswayta qayllamuwaq nuqaman. Aswayta nuqaman qayllamuwaq aswayta
aswayta. Hinaspa tutal ke... "nuqata {chay} anchay huch'uy phisqucha pharayuq
mancharichiwaq, imanawaq kunan ñawiytachu urquruwanqa chayri, imanawanqataq"
nispa. Manchasqa chay pukuta rumikunawan ch'aqini. Mana rumipis hap'inchu.
Rumipis pay ladunkunata pasashan, pay patankunata pasashan, mana... hap'inchu.
Ña ultimu wark'ata wikch'uni riki pampaman, wark'ata wikch'uspa, hatun rumita
ch'anqani chayraq puku phawarin. Mana hap'inipaschu. Phawarin iskapan, chayraq.
Arí chhayna. Huch'uychalla chay no? chay pukumanta.

Wik'uñamanta (43) grab.

531 Chayhinapis chay ñawpa runakunaqa siempre willakun, willakunkupuni, chay willakusqankuna nuqapis apaqaspa kunan kay qilqaman willarishani riki.

532 Chay wik'uñaqa ñawpaqqa inkakunaq paquchan nisqa riki karan riki. I chaymanta chay españolkunaq chayamusqanmanta mana riki paquchanchu riki kakun. Aswanpis paykuna tiyakapunku waqta wik'uña munayninta puriyachakapunku... Maypipis puñurikunku, maypin tutayachikunku chayp[i] puñurikunku riki.

533 Chayqa... Chay wik'uñaq bidan ahina. Wik'uña..., chhina wik'uñakuna huk suqta utaq phishqa utaq kimsa utaq iskay chhina wik'uñakuna, kanan iskay wikuñamanta asta phisqa utaq suqta wik'uñakunawan o huk chhikan mas-chapiwanpis, kanan ch'ulla ch'ulla qharillayuq, ch'ulla wik'uña urqullayuq. I sichus chimpanman huk wik'uña, urqu wik'uña, chay urqu wik'uñataqa chay hukkaq urqu wik'uña p'anaspakama maqanakunkuú. Osea seloso churakun chay... chay wakin chhina wik'uñawan kashan, anchay kaq wik'uña, seloso churakun, hina maqanakunku. Mayqin ganaq, mayqin ganaq, kedakun chay chhina wik'uñakunawan. Arí. Ahinan chay... chay...

534 Chaymanta chay sunqunpi chay wik'uñaqa riki hatun willman riki, hatun willma. Hina chay... o... Wik'uña chay hayñachu ninku, chay hayñachu wik'uña. Chay hayñachuqa...
- Urquchu?
- Urqu arí. Hayñachu ninku chay qarchi wik'uña no? osea kay...

535 Chay urqu kaq wik'uña chay chhina wik'uñata wachachin chayqa sichus rikhurunki wachashaqta wik'uñata, chayqa chay wik'uña uñaqa usqayllata sayarispa phawarinpacha. Mana kay llama uñahinachu, nitaqmi paqucha uñahinañachu pampapiraq qhushpan... nada. Sichus runata rikhurun chayqa usqayllata manaraq nasimushanchu allinta pampaman halaqachinhinaqa, sayatapuspa phawan...hil... mana aypawaqchu. Ni alquwanpis aypashuwannñachu, supayta phawarinpacha wik'uñaqa. Ahinan chay sekretoq, chay wik'uñaq sekreton. Chayrayku chay kaballuhina supay phawan riki, mamanpaq qhipanta phawan eskapan.

536 I si imaynapitaqchus hap'inki chay uña wik'uñata hinaspa uywanki paquchakunatawan, manan, manapuni tiyanmanchu. Pasakullanpuni trupanman riki, chinkaspa, chinkallanpuni.

537 I chaymanta chay wik'uña, wik'uña willmamanta, mayninpi aber tarinku riki wañusqatapis, chay wik'uña willmata phushkaspa awanku punchuta. Chay sumaqta riki... paquchamantapis asway sumaq fino riki chay wik'uña willmamanta.

538 I chay willman allin chay napaq riki... ima nin kanpis... kay wiraq'aya haywarikunapaqpis. Chay nanpis...
A.CH.- Chay wik'uña wira...?
A.M.- Arí, chay wik'uña wira..., chay wik'uña wirata masta utilisanku napaq... ima nin kanpis... t'inkachikunapaq. T'inkaykunapaq masta utilisanku. Kusatapuni t'inkaykunapaq utilisanku chay wik'uña wirata, o sea chay... chay t'inkanapaq chay wik'uña wiraqa, na este... ima nin kanpis... qulqiyuq kanapaq. Achkha qulqiyuq kanapaq chay wik'uña wiraqa, kusa allin. Anchaypaq allin.

539   I chay phusnun ninku, anchay phusnunpis kusan, qhaqya wayrapaqpis imapaqpis. Chay phusnuwan t'impuchispa maylla... mayllakunku riki. Mayllakunku hinaqa allin, asta phusnunpis hampin, chay wik'uñan... wik'uñaq phusnun hampi. Ahina chay wik'uñaq kuentun no?

540   Chayqa wik'uñaqa tiyan kay tarukahina... riki. Urqukunapi tiyan kasqan riki. Chayqa runata rikhun chayqa phawarikun chay salqa wik'uñakunaqa, arí. Chay napi.. puñukunkupis may.. maypi tutayachikun chaypi.

Qaraywa (45) grab.

541   Imaymana urqukunapi tiyaq chay uywakuna, wakin pampan puriq uywa kan sutiyuq qaraywa. Chay qaraywa otaq kay uray lawpi ninku warkhantaya, huk kay Kabanakundi ladupi ninku warkhantaya ninku, qaraywawan kaqlla.

542   Chay warkhantayaqa, kunkan kunkan ukhupi t'uquyuq. Chay warkhantayakuna unido kanku kay na... huk unido paykuna huñunakunku usqaylla ima problemamantapis.

543   Nuqa willasqayki huk pacha puriq kani chay Tapayta, hina lluqsimuni Kabanakondeman. Hinaspa chay patapi wayk'ukuyku, pampallapi, qaynaspa. Osea huk chiqanpi uywata mikhuchiq-hina, manaraq Kabanaman chayamushaspa wayk'ukuyku. Hinaspa huk qaraywakuna huk qaraywakuna qaqapatakunamanta qhawamuwanku riki. Hinaspa moskataq chay uman patakunata pasan. Hina usqayllata qallunwan hap'irun moskata. Moskata winayukun siminman, chay qaraywa chay warkhantaya. Hina ¡chirr! nis[pa] kunkan ukhumanta lluqsirakamun kasqanta... ha...ha.. chay moska.. Hina nuqa qhawani atensionwan hina: "¡imaqtaq karahu! moska iskapamun kunkanmanta".

544   Hinaspa chay wayk'ukushani q'unchapi, rumi q'unchapi, hinaspa nawan riki, huk sach'achawan, huch'uy rumilla ruphasqata "kayta ch'anqasaq siminman aber kunkanman lluqsiramunqachu" nispa no?... ch'anqani ruphawan sansasqa rumillata, huch'uyllata. Hinaspa "¡qhap!" nispa hap'irun.

545   Hinaspa rupharunchá riki qaparin kay nahina.. qapariq kasqa, kay wisk'achamanniraq "¡wishhhhs! siw, wiss siih!" nispa, wikch'ukamun kunkanta ruphariruqtin, qaqapatanta wikch'ukamun. I wikch'urayaspa qaparishan, hina {chucha mierda} nuqa asikushani riki "imataq chay wikch'ukamun chhaynata kunkanta rupharuchini chayshiki wikch'ukamun" nispa asikushaqtiy hukllatan qhipayta qhawarikuni kay laduykunata qhawarikuni, kay soldadukunahina ak.. muyuriqtaraq qhawamuyashawasqaku "¡haq! ¡haq!" winkún, winkún winkún winkún umankuta {ahinata} <wichayman urayman> khiwikuspa aswaytaña aswaytaña purimushawasqa nuqa laduman.

546   Hinaspa chay kompañiruyta nini riki sut'inta no? Mana chay kompañiruy ahina tiyaspa puñuqtaruran riki mana rikhuwaranchu chay ruwasqayta hinaspa tiyuyta riki takani riki "¡tiyu rikch'ariy!" nini riki:
- Ké? ñachu chayaruchinkiña mihuyta irqi- nispa. Irqi pacharaq kani, "ñachu chayaruchinkiña".
- Manaraqmi- nini.
- Chayachiyyá usqayta.

- Manan, kayhina hudiduñan karqunchik.
- Imamanta hudidu kashwanri?.
- Kay suldadukuna llihutaña muyurqamuwanchik qhawariy- nispa.
- ¡Warkhantayaá! Imataq kayri- nispa riki nin. -Imataq kayri nispa nin.

547   Hina chaypi karan huk sach'akuna riki ch'aki sach'akuna. Chayta ñak'ay tiyuy uqarirun. Chay sach'awankama ahinata lawrachin wakin sach'ata. Chayraq chay warkhantayakuna kutipun. Sichus mana chay sach'ata lawrachiykumanchu karqa chayqa mikhuwankumanchu karan, imatachu ruwawankuman karan, kaniwankumancha karan chay warkhantayakuna.

548   Kanmanchá riki karqa kay usut'a sayaykuna mas o menos. Hatunkuna pero anchunmanqa mana nachu.. anchuchu sino chay usuta largunmanhina as ñañupachalla, kay truchaq kuerpunhina; ahina. Pero chupasapakuna chay ...saqraq partinñashiki chaykuna no? Chupasapakuna kasqaku, surriaguhinaraq chupankuna, hatun chupayuq chay warkhantaya kaq kasqa.

Qaraywakuna witisqanmanta (46) grab.

549   I chaymanta kay urqu larupi huk pacha riki. Mana nuqachu no? sinu willawanku. Huk wiraqucha purisharan q'awa pallaq {wayk'okuna..} wasinpi wayk'ukunanpaq. Hinaspas ahinata q'awata pallasharan chay waka akasqanta pallakusharan q'ipimunanpaq. Hinallamansi sumaq ruphay oras kanmancha karqan riki dose oras pasaykunachu, otaq ñawpaqllatachu kanman karan. Pero q'uñimusharan nin, inti sumaqta q'uñimusharan. Hinas chayllapi t'ula t'ula sikiq qhipallanpi, chayllapis iskay {lagartu} <qaraywa> kashasqaku. Chay iskay lagartu kashasqaku..

550   Hinas[pa], huk saltapakushasqa kay nahina...mishichuqa riki pukllan riki, saltayachanmi riki altu altuta anchhaynata huk kaq saltayachishasqa, kay tusuqhina saltayachishasqa,.

551   Hinas ch'inlla chaypi tiyarusqa, pakallamanta qhawan. Hina pakallamanta qhawanhinas, na nin: "imatataq ruwashan, ima.. unqurunchu imaynataq, chay hukkaq lagartuhina saltayachishan" nispa. I ch'inlla uyariqtinsi rinrinman chayamun ahinata: "Ti ti ti ri tiir" nisp[a] sumaqllata tokamun. Qhawayachikun[12]: "radiuchu imataq chay" nispa nin.
Chayqa manamá, allinta qhawan lagartuta chay huk saltayachishansá. Hina chay allinta qhawan hinaqa nan... ima nin kanpis.., chay huk ahina wikch'urayasqa qharihina, qhari kaqlla wikch'urayasqa. Hina chay wikch'urayasqanmanta na... ima nin kanpis.. nata... ima nin kanpas, pinkulluta tukashasqa. Chay pinkullulla kasqa ahina huch'uy sigarrumantapis asway asway ñañulla kasqa, q'umircha q'umir q'illuchamanniraq kasqa chay na.. pinkuyllitu.

552   Hinas: "chaqaytachu tokan" nispa nin. Astawan uyarin i chaypuni.. chaytapuni tokasqa. Hinamanta tukayta waykun hinaspa nan... pinkuyllullanta {chay} <huk> k'uchullaman sayaykuchin kay hatun pinkuyllutahina sayaykuchin. Hinaspataqsi

---

12   Utqay rimaypi mayninpi chay /a/, /i/man tukun. Kaypi /-yachi-/ kachkan /-yacha-/ rantinpi hinaspapas <*/-ykacha-/manta hamun.

chay naqa... chay saltaykachaqqa chimparqamun chay huk kaqman. Hina chay chimparqamuqtin eh.. makinta ahinata haywahatan chay huk kaqman, hinaspas chay huk kaq urqurakamun kay na... ukhullanmanta nin kay rikran ukhullanmanta urqurakamun, huch'uy q'umir q'illuchamanniraqta q'umir q'illuchamanniraqta, huch'uy ridundu anillullata *uchuy*llatapuni[13]. Hina churaykun chay warmimanchuqa riki anilluta riki matrimuniupi churanakunku kaqllata churaykun. Hina churaykuspas kay runa hinas. Lagartuqa phisqa {maki} phisqa diduyuq, phisqa riruyuqsi.

553   Hina churaykuyta tukuy hinas chay saltaykachaq qaraywa abrasarun chay uq qaraywata, abrasaruspa much'arun nin much'arqun unayta kay runahina. Qhumanakuspa much'anakuq kasqaku nin. Hinamantataqsi wikch'utatakun chay... chay anilluyuq qaraywa wikch'utatakun kay warmihina. Hinas kay qharichuqa riki warminta ruwashan, kaqllata ruwan, iman kaqllata ruwallantaq. Kay runahina qhumayanakuspa ruwanakunku nin. I mayninpi ahina qhumayanakuspa t'ikrakunku kay laduman, chay laduman; kay lawman, chay laruman t'ikrakunku hina...

554   Hinas chay qhari, q'awa pallaq qhari, chay q'awa pallaq qharis nan... "¡Karahu! imataq chay kanmanri hap'irusaqpuni hinaspa qhawaykusaq allinta chay.. chay anilluchata chay pinkuylluchatawan" nispas nin; "hap'irusaqpuni hap'iyta munani" nispa nin. "Pero anchachus ashkha.. ashkha kankumanhina, kaniruwankumanpis" nispa nin, "ashwaypis ch'inlla sipirusaq" nispa.

555   Hinas hatun nata... uqarin hatun rumita, hinas qunqayllamanta ahina t'ikrakusharanku, ahina osea... ruwanakusharanku riki qhariwan warmiwan, ahinata ruwanakuspa... Misk'itas ruwaq kasqaku kay runamanta aswan misk'ita {ruwan} ruwaq, qhawaspaqa.. qhawayninchikpaqqa aswan sumaqta nin. Kunan runa chhiynata t'ikrakushwanchu manamá. Ushqayllata t'ikrakuq kasqaku nin, usqaylla. Qhumanakuspa chakinkutapas ahina marq'a trinsayanakuspa t'ikrakuq kasqaku. I t'ikrakunankama ukllata rumiwan "¡klaqq!" nispa uma lawman iskhayninta ch'aqirapun, tisu yawar... Wañurachipun iskaynin lagartuta.

556   Astawan phawaxataspa umanmanta sarrutiyan nin. Chupallansa suq'apakamun iskayninpaqpis "¡ch'etaq! ¡ch'etaq! ch'etaq ch'etaq" nispa suq'apakamun. Kay... chupan manan chay qaraywakunaq chupanqa, umantaña ñut'uta sarunki chaypis, qaraywakunaq chupanqa nashaqpuni kasqa... kawsashaqpuni kasqa nin, chay saqra partiña, chaypis no? Hina waqtapakamushanpuni {chupan..} qaraywaq chupanqa. Hinapis, "¡yasta!" llihuta ñut'uta ruwarapun riki; ñut'uta ruwarapuqtinqa ushqayllatas mask'arin chay wañusqa qaraywata. Hinas chay didullanpis kashan waq anillucha, anchay anilluchanta usqayta urqurun. Urqurunhinaqa eski chay na este..urquruspa churayukun bolsillonman.

557   Hina qinata mask'arin, hina mana qina tarirapunchu. Maytachá waykun, ch'aqiqtinchá riki chhuqaruran rumiwanchu, mana kanchu. "Hina kachun" nispa pasampun riki. Hinas chay qhari nin "yaw, ¡rikutamá! ruwaq kasqaku runamantaqa yaw, t'ikra t'ikrarisparaq ruwanakuq kasqaku, suuumaqtamá ruwanakuq.. much'anakuq kasqakupis, suuumaqtamá" nispa.

---

13   Utqay rimay: /huch'uy/ ninan karqan.

558   Chayta pinsaspa, q'awa q'ipintin hamun, chay anilluntaq bulsillunpi hamun. Kay
       anilluta manachu bendiruyman chay nakupi na, ñawpa rantiqkunaman, manachus
       munanman" nispa. Pinsaspa hamushan, pero, chay ruwasqankuta pensaspa riki,
       chay qaraywakunaq ruwasqanta pensaspa: "runamantaqa as allintamá ruwasqaku"
       nispa.

559   Chaymantas chayamun llaqtanman. Warmiyuq karan, warmin munayukun tutalta
       ashwayta, manas chhaynatachu munakuran nin. Q'awamanta chayaramunchus
       manachus. Hinas chay qharita nin: "papasitu papá hampuway ihitu, kaypi simiyki
       kashan" nishpa. Waxatakapun[14] nin, qhumarun mat'ita hinaspa churayukun chay
       nanta... Chay qhariq phisqun churayukuspa paykunapis witinakunku... Unayta
       durachin qharin nin. Manas chhaynatachu durachiran nin, ushqayllatas narurqa[n],
       ushqayllatas, ima nin kanpas..., wikch'uq chay nanta riki... chay wawa churananta,
       wawa muhunta, ushqayllata wikch'uyta yachaq. Pero kaypiqa, chay anilluyuq
       kasqanmanta unayta nin... Manachu khaynata.. ima nin kanpis... chay muhuta
       wikch'umuyta atin nin.

560   I chaymanta ¡ya!.. hina mana willanchu warminman, mana willanchu, ch'inlla.
       Chaymanta paqarisnintin eh... ayninakun riki chay huk chaqraq masin, tarpuq
       masinman. Hinaspa chaypi karqan warmi qhariyuq nin. Hinas chay warmi
       yanqallapuni tanqatiyan chay anillu hap'iq qharita, tanqatiyan: "¡aparakuyari nin!
       imatataq mana apurakunkichu, alli llank'aqchu hamunki, imanaqmi apurata" nispa
       tanqarparin, kay qharintahina pukllapayan, chaymanta yasta astawanña pukllapayan
       nin, astawanña.. Hinaspa chaypi saqsichikuranshá-riki. Hinas[pa] qharintas nin: "Yaw
       iho llaqtata kutirunki qunqaramusqani hampita, ukyana hampita, qunqaramusqani"
       nispas nin. Qharinqa gustaqsi chhikanta uharikuyta, hina pasansari. "Chayqa
       qankunaña-ari abansaykapuwankichik: "¡Arí arí!".
       Maypachachus manaraq allinta chinkarishaqtinsi chay anillu hap'iq qharita qhumaspa
       much'arqun kay qharintahina. Hinaqa ushqayllatacha paypis riki warminayachikun
       hinaqa dellinu quyapunpacha.

561   Chaymanta ahina paqarisnintin hukñataq, hukñataq warmi yachayukun tutalta. Hinaspa
       yaqhalla chay qhari alkansakunpis riki. Chay alkansakun ninku kaypiqa, osea sinchita
       warmita gustaqtin, mana muhu riki yuraq lluqsimun, mana yuraqchu lluqsimpun
       alkansakun chayqa, sino aswanpis lluqsimun yawarnin, ch'uya yawarnin lluqsimun
       riki. Chayqa modo kidakapun, otaq mana rimay yachaq atiq kidakapun. Chayqa
       chayta rekuperananpaqqa, huk qhari chhayna alkansakun chayqa ñuñunan waqmanta
       warmi ñuñuta. Chayraq waqmanta kutirimun...

562   Hina manchhanata warmikuna yachayukun, wakin uhachinku nin, wakin impitanku
       wasinman, wakin chaqrata yanapamuway nispa sumaqta engañullawan apaspa.
       Warmikuna gustan manaña kallpanpis kanchu pobri qharilla. Hinaspa kuentata
       aparukun: "Manan, chay rikusqaytaqshá kontahiaruwanman utaq chay rumi o chay
       anillu apamusqaytaqsha {kontahiaruwan..} este... malta ruwashawanman nispa,
       enkantarqushawanman" nispa.

563   Hina anilluta wikch'un naman... uq qucha ukhuman, wikch'uykun chay anilluta.
       Mana pimanpis rimarinchu anilluta apamurqani, ch'in, wikch'uykatamun. Hina

---

14   Utqay rimay: /waxaxatakapun/ ninan karqan.

pasakampun llaqtanman. Hinas[pa] warminwan puñukun, warminpis kasqa eksihillantaq waqmanta: - Mana ihit{u}<a> nu si imanarquwanchá kanpis, Manan, manañan sayanchu, hap'iykullaypis nispa nin, hap'iykun deberas hina: ¡ch'ulqi! manaña sayasqañachu.

Sunqunqa munashansi kanpis, pero manasá kompañerusnin sayarinñachu riki. Hinas mana sayaqtin, mana sayaqtin nan..., imanin kanpas, hinallaña puñukun warmi masintinhina. Pero ña kusisqaña chay qhari: "ña anilluta kunanqa wikch'umuni karahu" nispa.

564   Huk tutamanta hatarin hisp'arakuq, chay kumpañiruspa ullu uman. Osea chay qhariq ullunpa uman pukaña kasqapis, kay nahina imanin kanpas..., eskaldasqa hina pukaña kasqapis nin:
"Pero kunanqa enfín, wikch'umuni chayqa manañas warmikuna yachakuwanqachu" nispa. "Qhawariy kay bulsilluypi, chay anilluta apamuni?" nispa ahina llankhayukun bulsilluta: kaqllataq bulsillunpi anillu. Kaqllataq rikhurisqa. Chaymanta wekch'un ¡karahu! q'uncha ukhuman wekch'un ninamanqa. Ninaman kanayun riki, q'uncha lawrashaqman, kanayun "¡ya! kunanqa chinkayyá karahu" nis[pa].

565   Warmikunataq astawan parlapayashallantaq, parlapayashallantaq. Chaymanta ya pasan, "llant'aman pasakusaq no?, {kantuta} kamputa" nispa... Pasakun llant'aman. Hina waqmanta llant'aman pasaqtin, waqmanta chay llant'a patapi, bulsillunta llankhayukun, kaqllataq anillu rikhurillantaq. Chay maymanña wikch'umun chaypis qaqakunamanña atiq chaypis o may urqukunapiña wikch'umuq chaypis o khishkapatakunamanña churayamuq chaypis bulsillullanpiña rikhuriq, bulsillullanpipuni rikhuriq, bulsillullanpipunitaq rikhuriq; maypiña wikch'umuq chaypis. Hinayá waqayta waykun riki mancharikuymanta: "imayna kayqa demunio partiñashá kayqa, imanan Tatitu!". Chayraq Tatanchikta watukun, "imanan".

566   Hinas huk machullata willan, hinas chay machullaqa nin: -Manan chayqa, maypiña wikch'unki chaypis rikhurichillanqapuni bolsilluykipi, manaña bolsilluyuq kanki chaypis, mayqin kuerpuykipipis rikhurillanqapuni chayqa, maski rinriyki t'uqupipis rikhurillanqapuni chay anilluqa- nispa nin, rinriykitaña kuchurukunki chaypis, maski chukcha chawpiykipipis rikhurillanqa... May chukcha chawpipipis umayki chukcha chawpipipis, utaq chay phisquyki chay chukchaman watayusqa rikhurillanqapuni- nin.

567   - Chay imaynata ruwayman- nis[pa] chay yuyaq machullata nin o yuyaq tatalata nin, -imaynata ruwayman- nispa nin.
- Nayari, ahinata ruway, kurriy purirquy iglesiaman anchay altar mayur ninku, anchayman saqiyamuy hinaspataq lluqsiramuy ama chay punku waykusqaykitaqa sino chay uqlaw punkunta lluqsimunki, piro ama qhipata qhawarikuspa, sichus qhipata qhawarikunki chaypachaqa, chay anilluqa qatiyachisunki[15]; hina qatiyachispataq, wañuyta tarinki- nispas nin.

568   Hina chiqaypaq ch'irmiyuspa saqiyatamun chay altar mayur ninku anchayman saqiyatamun i huk law punkunta waykuran huk law punkuntataq lluqsiramun ama qhipata qhawarikuspa ch'illmiyuspa... Chayraqsi yaw, Hesus nin, ña q'alaña llik napis... muhupis q'alaña. Yastá ya paypis llakllu llakllutaña rimayta qallarin, manaña

---

15   Qawarillaychik 12 nutata.

iman kaqtachu, porki debilitarukun. Hina chhayna chayraqsi willakun sut'inta riki warminman, ñak'ayllaña q'uqa q'uqata rimapayan.

569 Hinas warminqa riki yacharqan riki: - Manan pero nuqawanqa ashkhatachu ruwanchik, solo ke kunan kay ultimu p'unchaykuna, kunan qaynas q'aya semanakunata gustuwan ruwarukunchik, chaychu hoderukuwaq karqan- nispa munaran. - No sé pué. Manan willanchu wakin warmi witisqanta. - Chayllan gustuwanqa ruwarukunchik chay chaymanta chhaynarusunkiman, manan, akaso sapa tutachu ruwashanchik manamá..." nin.

570 Chayta niqtin sut'inta riki willakun, "manan, apamuranin chay nata chay anilluchata apamurani, chaychá riki qanwan gustuwan ruwaruyman karqa. Hina gustuwan ruwaruspachá-riki kunan alkansarukuni riki- nispa nin. Kayhinata hisp'amushani- nispa.

571 Chayraq willakun riki, hina warmin tapuq purin chay yachaqkunata tapuq rin. Hinaqa:
- Gustuwan ruwakurqayku hinaspa chayllamanta chhaynarqun- nin
- Ashkha bestachu ruwarankichik- nispa,
- Arí- nillanña warmi sichus hampichiyta munaspaqa riki,- Arí sapa p'unchaw ruwarayku.
- Hayk'atataq sapa p'unchaw ruwarankichik.
- Tawata, kimsata u mayninpi phishqata ima, una unayta ruwarqayku nin, hinaspa kunan yawarta qhariy hisp'aramun nin.
- Chayqa kunan nayari ñuñuchiy-ari waqmanta qhariykita, rekupirakunanta munaspaqa.

572 Hina chayraq riki pay ñuñuchin. Huk wawayuq warmikunata balikamun, pagapun riki ñuñuchinanpaq, kay uña wawatahina, ñuñuyta qallarin. Chayraq waqmanta allinta rimatatan, imanan, chayraq allitatan chay qharilla.

573 Chayqa phiyu chay uqariy kaq kasqa... arí. Sichus uqariyta munanki chay anilluta, utaq chay pinkuylluta chayqa, uqarinayki huk desiowan "qhapaq kasaq" nispa, "kaqniyuq kasaq" nispa o "allin llank'aq kasaq" nispa. Chayqa ¡llank'anata! hamusunki Tatituy, yanqallamanta, hamusunki llank'ana, ¡ashkha! llank'ana, llank'aspakama qulqita gananki. Pero pay uqarirqan mana riki chay deseyuwanchu, sino chay pinsamintuwan, -"yaw sumaqta ruwasaq, sumaqta ruwasaq" nispakama. Chay pensamintuwan... Chayrayku chay pasan.
Ahina chay kuento tukukun wiraqucha.

Imaynas chay sinchi iñiq qulqipi runakunaman rikhurirqan qulqi chay saqra sutiyuq qulqita ashkhatapuni qulqi, apostakunata ruwaspa (10) dict.

574 Ñawpaq runakunaqa iñiqkupuni imaymana kawsaykunapi tarpunakunamanta uywakunamanta runakunamanta; imaymana kay Pachamamapi kaqkunamanta. Chayrayku kunan rimashanchik qulqimanta.

575 Wakin runakuna qulqitaqa tariqku tarpuy kawsaykunata qulqiman chhalaspa; uyway kawsaykunata awasqankunata qulqiman chhalaspa. Mayninpiqa ashkha runa iñiq manchhana ashkha qulqiyuq kayta, imarayku?

576 Chay españolkuna yachachiran qulqillata qhawayta, chayrayku. Anchata qulqita iñispa utaq pensaspa, ahina chay phiw oras runakunaman rikhurirqan -mayninpi tuta, mayninpiqa p'unchaw- huk allin manchana misti runa. Españolhina uyan uyayuq. Ch'in ch'in ñankunapi, utaq ch'in urqukunapi, imaynata? Ahinata:

577 Huk machu tatalan nuqa Khunkuman willawaran anhinata: Huk pasaq khuyay pobre runas hatun phista pasana karguta hap'ikusqa ashkha tukaqkunawan pasananpaq, askha nak'anakunata rantinanpaq may mikhuykunatapis uywakunata ima; alkulta traguta waqkunatawanpis.

578 Chay runata hap'ichisqaku chay karguta macharquchisqakuhina. Ñawpaqqa mayqin kargu hap'ikuqpis pasallaqsi, manas burlakuqchu, sichus burlakuq chayqa karselpis tiyaq.

579 Chayrayku chay runa kargu hap'ikuq manchhanata waqaq tuta: "Imanasaqpunin, imapaqpunin karguta hap'iyukurani" nispa. "Imaynatan kunan pasasaq? Manan uywaypis kanchu, wasiypis kanchu, chaqraypis kanchu. Aswaypis trabahanay kuenta manukamusaq kay simana hamuqta altuspi kumpadriymanta aychata utaq nak'anata".

580 Hinaspa purisqa chay altusta tuta. Ña yaqhaña chawpi ñanpi kashaspa ñawpaqinpi sayashasqa allin manchhana hatun sumaq kaballu, qurimanta munturayuq, qulqimanta riendasniyuq, imaymana sumaq p'achasqa kashasqa.

581 Ñan hunt'api kaballuq ladunpitaq tiyashasqa huk misti gringu iskay alfurhayuq. Hinaspa chay kargu ruwaq mancharikun chayta rikuspa. Hina chay misti gringu nisqa:

582 "Ama mancharikuychu" nispa. "Aswaypis tiyarikuy parlarisunchik; quqawa apamusqayta ima mikhurisun".

583 Chay misti gringu alfurhamantas urqumusqa latapi truchata, utaq chay atún sutiyuq ninku chayta, latapi frutata. Chaymantataq waqtuta ima. Chaykunata mikhusqaku, ukyasqaku rimakuspa. Chay gringu misti nisqa kargu ruwaq runata: "Maytan purishanki? Imaman purishanki?".

584 Chay runa kontestasqa; willakusqa q'alata, imaynatas hap'ichiranku karguta, imaraykus pay llakisqa purishan mikhunakunamanta, aychamanta, tragumanta, qulqimanta ima. Hinaspa chay gringu nisqa:

585 "Ama llakikuychu; nuqa qulqita qusqayki hayk'ata munanki hina".

586 Chay kargu ruwaq mancharikusqa chayta uyarispa. Hinaspa manchhana ashkha qulqita mañakusqa. Chay gringutaq mañakusqanmantapis asway ashkhataraq qusqa; nisqataq:

587 "Kay qulqita qusqayki, iskay watakama. Chay iskay watapi suyawanki kay kikin ñanpi, chaypi yachasun imaynatas chay qulqita qupuwanki. Sichus mana qupuwankichu chayqa almaykita apasaq".

588 Hinaspa chay kargu runa ruwaq iskay watamanta suyasqan mach'aqway q'ipintin.

589 Chay mach'aqway q'ipinpi chayan riki, chay gringuq chay maypi suyawanki niran anchayman riki gringu hamun, paypis chayan, tupanku iskayninku. Hina chay kargu ruwaq runalla nin:

590 "Kaypi suyashayki, huk aylluykiwan qanhina manchhana ashkha qulqiyuq, ima niwanki?, famillaykichu manachu? Sichus manan ninki chayqa famillaykipacha sipisunki, sichus arí ninki chayqa, paywan ripunki; hinaspa payña pagapusunki".

591 Entonsis chayta uyarispa mach'aqway, kay kargu ruraq runallaq wasanmanta suchururan riki. Hinaspa chay mach'aqway purirqan ahinata: Runaman tukuran iskay uyayuq, iskay uyayuq chay runaman tukuran chay mach'aqway. Ñawpaqin uyan kabellerayuq chukchayuq ñawisniyuq sinqayuq ima. Qhipa sikin akanan lawman, chaypitaq kasqan iwallla: chukchayuq sinqayuq simiyuq rinriyuq, kaqlla. I ñawpaq simin, kaqlla, qhipa simin kaqlla. Ñawpaq simin rimaran, qhipa simin manan rimaranchu, peru tukurqan runaman.

592 Ahinata, hinaspa chay gringu qhawan chay mach'aqwayta: "imataq kay warmi iskay rakhayuq, ñawpaqpi rakhayuq, qhipapi rakhayuq, i iskay uyayuq, maytaq qhipan, maytaq ñawpaq, mana yachakunchu. Kaypi uyan i urayniqpi pirna, warmi pirna, kaypipis warmi pirna uraypi; tawa piernayuq... I kay simin warmiq rakhanhina; kaqlla kaypipis... Hina gringu nirqan:
"Arí ripusaqku".

593 Chay mach'aqway p'achasqa karqan runahina. Chay gringuman nisqan uyayuq; simin ladunmantaq mach'aqway rimamurqan:
"Arí pusakapuway nuqata chay runaq partinmanta; amaña chay runata hayk'aqpis rimapayankichu".
Hinaspa "iyaw!" nirqan. Intonsis chay gringu antohaspa apan chay mach'aqwayta. Chayqa pasapuranku. Chay runataq kutimpuran kusisqaraq.

594 Chay mach'aqwaytaq machasqa tukuspa apachikuran.

595 Maypachachus manchhana karupiña karanku kaballu silladapi. Hinaspa nirqan gringuta: "Qan almayta munanki, chayqa munasqayki uras almay qanpaq kanqa".

596 Hinaspa gringu kusisqa kasharqan. Hinallaman mach'aqway suchurusqa chay runa
     ruwasqa ukhumanta. Hina chay gringu runa rimapayaqtin manaña kontistasqachu.
     Gringuqa nisqa: "manaraq nuqa imanashaqtiy payllamanta mancharikuyllamantaraq
     wañun" nispa. Pensayninpitaqmi ninman karqan:
     "Nuqaqa gananipunin ima apuestatapas".

597 Nitaq kay qilqapi nishanhinaqa paypaq nisqanqa karqanchu.
     Chay gringu warmitahina rikhuspa aparan pero mana chiqaypaqchu karan runa,
     aswaypis karan mach'aqway riki... Suchururan riki, hinaspa waqmanta suchuruspa
     runaman tukuran pampapi, pampapi riki runaman tukuran. Manayá runachu karan.

598 Ebatahinayá engañaran chay gringuta. Chay mach'aqway saqra masinta engañaran.
     Osea chay gringupis saqra karallantaq, i chay mach'aqwaypis saqrallataq. Saqra
     masintin, osea kay suwa masintinpis kankuman ahinayá huchatarinku, mana
     maqanakunkuchu riki pero enbidioso kaymanta kreyichin chay gringuta riki. Kriyichin
     ima. Gringu sunsutaq apakapun, hina astawan chay p'unchawmanta manan chay
     kargu ruwaq runallata apakapunchu. Chay kargu ruwaq runalla mana pagapunchu
     chay gringuman qulqi quchikusqanta. Hinaspa kusisqa kutimpuran riki.

599 Chayrayku kunankamapis ashkha runakunaqa pensankupuni ashkha qulqiyuq kayta.
     Mayninpi runakunaqa entirun kay pachamantapis dueñun kayta munanku qulqita
     kamachispa.

600 Yaqha kay qilqawan asway ashkharaqmi, chay kristianokunawan saqrakunawan
     parlayqa qulqimanta. Pi yachay munaqpis tapurikuchun pis kay qilqata qilqan chay
     runakunata. Wakinmi waqanapaq wakintaq asikunapaq asta hisp'ayukunankama.

Kimsa waynamanta (29) grab.

601 Huk pachas karan kimsa waynakuna kay Kaylloma llaqtapi. Hinaspa chay ñawpaq
     kay Kaylloma llaqtapiqa mana karanchu riki chay napaq... chay dibirtikunapaq riki,
     mana karanchu ni sinipis ni imapis karqanchu; chay pilota hayt'aykuy chaykuna
     ñak'ay karan riki.

602 Hinaspa mana imapi riki dibirtikuyta atinshiki chay kimsa waynakuna, hinaspa
     parlakuranku, chay kimsa waynakuna wayqintinhina. Hina huk kaq wayna niran,
     chay iskay waynakunata niran: - Haku chansata ruwasun llaqta runata- nispa.

603 Hinas[pa] iskay waynakunataq, chay hukkaq waynataqa niran: - Imaynata chansata
     ruwashwan llaqta runata?- nispa.
     - Ahinata ruwasun...
     - Imaynata?- nis[pa] chay iskay waynakuna nin:

604 - Sabes imaynata ruwasun: P'achakusunchik kukumanta, hinaspa runakunata
     manchachisunchik tuta- nispa nin.
     - ¡Ya!- nispa wakin waynakuna. Chay iskay waynakuna kusisqaraq riki: - ¡Ya!
     ¡manchachisunchik!

605   - Yuraq nawan... chay yuraq sabana ninku anchaywan... anchaywan p'istukusun tutayaqpi, hinaspa yuraq kuku purisunchik- nispa. Hinaspa: - ¡Ya! Entonses huñunakusun- nispa huk wasipi, huk waynaq wasinpi huñunakuranku.

606   Hinamanta hatariranku. Huk wayna chaqayman, huk wayna kayman, huk wayna chaqayman, ahina. Sapanka riki purinku:
        - Maytataq risun.
        - Wasi wasinta risun- nispa- wasikunapi manchachisun runata- nispa. -Hinaspa... kay kuti tupasun, kay iskay oramantahina. Ahinata nisqa.

607   Hinaspa chayta purinku riki sapanka. Hina kutimunku. Hinaqa tupanku waqmanta. Hinaspa chaypi tupaspa willanakunku:
        - Imaynan qan? Pitan manchachiranki?- nispa nin.

608   - Nuqa waykuni huk wasiman, hinaspa patiyupi warmi hisp'ashasqa. Hina hukta ñawpaqinmanta sayaxatani. Hinaspa hisp'aynin pataman wikch'ukun warmi qhipanpanmanta- nin; mancharikun- nin. - Qanrí?- nin.

609   - Nuqataqmi, nap[i]... q'unchapi wayk'ukushasqa. Hinaspa punkumanta sayaykuni, brasa nawan... t'iqiwan, chay brasa t'iqawan ch'anqamuwan yaqhalla rupharuchiwan uyayta.
        - Qanrí?

610   - Nuqataqmi chay na... uq napi... chay uywa puñunapi witinakushasqaku hina pirqapatamanta sayari[ni]: hina mana witinakuytapis atinkuñachu ni, manchariy... khatatatanku- nispa nin.

611   - Ya intonses kunanqa kallin kallintañataq risunchik- nispa riki. - ¡Ya!- nispa. Kalli kallinta rinku. Hinaqa riki huk kayman huk chaqayman pasanku riki. Ñacha kanman karan kuska tuta pasaytaña riki.

612   Chaypiqa uq na... na... hamushasqa nin uk wiraqucha lampayuq hamushasqa nin. Rikurirqunhina phawarikun-í.
        Hukrí:

613   Chay huktaq riki kasqa rikhurirqamun runahina. Chaytaq q'ipillayuq hamushasqa nin. Anchaytaq rikhurirqunhinaqa ¡ta! rumiwan ch'anqamun karahu:
        - ¡Wañuqchu kawsaqchu mierda karahu!- nispa ¡ta! rumi[w]an ch'anqas[pa] yaqhalla sipiruwan- nin.
        Chayman chay huktaq nin ahinata:

614   - Chayta hamushasqa na... alqukunalla, alqu aysayuq hamushasqaña. Alqu rikhuramuwanhina "¡aw aw! ¡aww aww!". Alqu aysarparin nin chay na, chay runallata aysarparin nin eskapan alqu. Chayman[ta] tupaspa riki willanakunku riki no?

615   - Ya kunanqa maske wasikunatapis... maske kallikunatapis manchachisun runata- nispa riki nin.
        - ¡Ya!- nin.

616 Hina uq manchachisharan, iskayninkuna manchachisharan hinaspa kutiramunkuhina iskay. Huk faltarapun, manan karapunchu. Mana karapunchu hukkaq: - Maytaq maytaq- suyanku; llihutaña suyanku.

617 Ña uq tutamantaña, iskay tutamantaña, kimsa tutamantaña, tawa tutamantaña, phisqa tutamantaña, suqta tutamantaña, qanchis tutamantaña; mana kanchu.

618 Chaypi huk teniente gobernador chay bandopi riki eskinamanta rimamun: "Wañusqa tal fulano rikhurin pantionpi kashan. Famillankuna rikohekampuychik" nispa nin riki.
Hina sut'inta uyarirunku hinaspa nin:

619 - Manan, maysha chhayna kanman?
Chiqaypaq purinku chay panteonta. Kunkamanta wichayman uyan iman kaqlla kashasqa. Kunkamanta urayman enteru kuerpun eskeleto kalabera kay iskay wata kuraq ñapis wañukunman ahina este... kalabera eskeleto, tullullaña kashasqa.

620 Chay phiyo chay no? chay kukumanta pukllay, phiyu, phio chay pukllay riki. Chay aber, chay wañuyninta tarin chay kukumanta pukllasqan atenidu wañuyta tarin. Ahinan chay tukukun riki chay.

Karnabal-pukllay (30) grab.

621 Kay Chibay llaqtapi karnabal karan riki. Chaypin sipaskuna tusunku, waynakuna tusunku, manchhanata tusunku riki. Hinaspa chaypi waynakuna warminayachikunku purinku riki chay sipaskunata *llankay*ta[16] munanku otaq warminkupaq munakunku riki. Hinaspa riki chaypi karnabalpi tokayushanku riki pinkullu chay kahakunapis ima... Chay fiesta kayushan riki...

622 Hina anchay fiestapi waynakuna qhawayushanku riki sipaskunata riki hap'i hap'iyllaña. Hina chaypi... anchay sipaskunaq ukhunpi huk sipas, allin sipas, sumaq munay sipas, hatun sipas, allin wira warmi tusuyushan riki... Hinaspa:
- ¡ Shhhhhh! Chaqay sipastaqyá hap'irusunpuni- nispa.

623 Kimsa ukhumanta riki hap'isaq ninku chay sipasta. Hina ¡mana!, mana uyanta rikhuchikunchu chay sipas. Tusuyushan nin. Chutanku llikllanmanta, chutanku phullunmanta, polliranmanta chutanku, hina... ahinakun. Mana hap'ichikun usqayllatachu riki.

624 Tutañá... tutaña riki ña kuska tutaña masña... Hinaspa ña pasapunkuña llapan waynakuna llapan sipaskuna pasapunña wasinkuta... Hinaspa chay sipaspis pasapunhina qatirinku chay sipasta riki kimsamanta. Qatirinku llaqta kantu, chay karreteraman qatirinku: - Haku kimsantinchikmanta hap'irusun. Hap'irisun chay sipasta hinaspa nasun... kuerpunta probecharusunchik- nispa riki.

---

16 Llankhay ninan karqan.

625   Hinaqa riki purinku purinku purinku, purinku hina... Ña llaqta kantutaña riki
chinkayun sipasqa. Hina mana ni hukpis ni hukpis uqkamapis animakunchu riki
chay p'asñata hap'inanpaq:
- Imapunitaq kanman- nispa huk kaq korriyun riki. ¡Ta! korriyun hinas ahinata,
hap'irqunsi chay pollira sinturanmanta hap'irun. Hinaspa watu t'ipirakamun "t'iqiq"
nispa t'ipirakamun watu. Sumaq watun nin, chiwchiyuq sumaq riki chay ñawiwan
qhawananpaq, sumaq... Sumaq awasqa watu riki t'ipirakamun.

626   Hina p'asñaqa tuta pasatamun mana... mana uqkamapis logrankuchu: - Ya karahu
haku pasapusunchik, mana, manchhana kallpasapa chay p'asña kasqa- nispa
pasampunku.

627   Kutimpunku riki. Hina chay polliran watu t'ipiq chay wayna, wasinpi puñuyukun.
Hinamanta puñuyukun hinaqa tutamanta rikch'arin: - Yaw, chay p'asñata yaw, may
chay watuta t'ipimusharani, chay maypitaq kashán- nispa.
Usqayllata chay watuta ahinata uqartapin. Hina uqarin chay watu; mana, mana
watuchu kasqa. Chay kordón kasqa, chay kordón wañusqa, riki chay... chay ayakunaq
wañusqan, anchay kordón llihu pulillasqaña kasqa, kordón chayqa. Chayqa natamá
riki... huk bidaq na... kurdunninta t'ipirirusqa riki.

628   Chaymanta chay wayna unquyun manchhanata. Hinaspa unqusqanpi wañukun. Chay
apuhina, chay aya. Chayqa mana riki p'asñachu kasqa sino aya kasqa chay aya. Aya
hamusqa, riki kondenakurqansha riki, tusuq hamusqa riki kamposantumanta. Ahinan
chay tukukun.

Saqra tiyo apostata pirdin (36) grab.

629   Unay uq... uq wiraqucha tiyakurqan sapallan... na... wasipi. Suti Saqra-machu sutiyuq
karan. Hinaspa chay runa {siempre} alohaqpuni waq runakunata riki wasinpi.
Macharikuq ima karan riki. Hinaspa huk pacha riki, chay tiyu ninku riki, chay saqra
ninku, waqrayuq riki, k'aspi chupa ninku riki; chay k'aspi chupa waqrayuq riki runa
riki qhari, gringuman tukuspa riki waykun chay <Saqra-machu> wasinman riki:

630   - Kompari, imayna allillanchu kompari? nin.
- Allillanmi kompari- nin.
- Imaynan kompari karikunkipis kompari- nispa nin riki.
- Allín kakushani. Hinaqa nin ahinata:
- Manachu imaynapi hampillata uharikushwan- nispa nin.

631   Uharikunku, macharikunku. Hinaqa riki <Saqra-machu> nin: -Nuqa qulqiyuq kayman
uuuh imatacha manapis rantiymanchu qhapaq kayta munani- nispa nin riki rimarikun.
Hinaqa chay Tiyoqa, chay garrote chupayuq runaqa riki na... nin:

632   - Arí, allin{tan pinsashanki} <yuyaypi kashanki>, huk kaqniyuq kayta munanki
allinmi kashan. Si munawaq chayqa nuqapis qulqita manushaykimanmi
{hayk'atach...} hayk'ata munawaq- nispa nin. - Hina ashkhata munaymanqa qulqitaqa-
nispa riki.
Hinaqa riki: - ¡Ya!, munaqtiyki qusqayki- nispa riki.

633   Huk sakillupi hunt'ata qulqita quyun riki. Chay yuraq kaballunmanta apaqaramun riki. Hinaspa quyun qulqitaqa. Ashkhata kustalpi. Hinaqa riki chay qulqiwan ¡llikta! rantiyta qallarin. Paquchakuna, estansiakuna, ima wasikuna, imaymanata riki rantiyta qallarin. Hinaqa nin: - Piru mañarisqayki hinaqa kutimunaypaqqa usqayllatan huq... uq tratuta ruwasun- nispa nin.

634   Hina repararukun, chay qulqi {manakuq...} mañakuqqa repararukún. Hinaspa: "Manachu kayqa runachu, manamá. Kayqa namá riki kashan, tiyumá kashan kayqa riki" nispa <sunqunpi> nin. "Saqrillumá riki kayqa kashan" nispa nin. "Karahu kutimunanpaq, sunsushu kasaq?, hoderusaq karaho" nispa riki nin. "Nisaq ahinata: 'Sichus na... kay kinwa wiñamunqa chayqa, munasqaykiman hina kachun i maski imatapis ruwawankichá riki, maski, maski empliaduykipis purisaqshá riki' nispa riki, kutimunanpaq nisaq" nin.

635   Hina deberas: ima kinwata riki huk kintalta rantirun, kinwata. Hinaspa manaraq hamushaqtin tukuy tuta hank'ayta qallarin kinwata k'anallapi, q'unchapi riki. Hinaspa q'alallata kinwata ama usuchispalla hank'arqun riki. Karbontaraq, yanata. Hina {deberas} <chiqaypaq> waqmanta chay kostal ahina hank'asqata serayapun. Hina serayapuqtinqa riki Tiyu chayarqamun riki.
     Hinaqa nin:

636   - Buenu chay qulqimanta hukkamata ruwasun huk tratu- nispa riki nin.
     - Iyaw- nispa nin. Kusisqa riki chay naqa riki, chay qulqi mañakuqqa riki. Hinaqa <Tiyo> mana {rikhuchinchu} <yacharanchu kinwa hank'asqa kasqanta>.
     - Ya, haku kay kinwata tarpurqamusunchik, mayqin chaqrapi munankihina tarpurqamusun. Sichus wiñarqunqa kay kinwa chayqa maskichá riki nuqa ima, impleaduykipis imapis kasaq- nispa nin <Saqra-machu>. Sichus mana wiñanqachu kay kinwa chayqa mana astawan imatapis nuqataqa qulqiykimantaqa reklamakuwankiñachu-nispa nin.

637   Apuestata chaypi ruwanku riki. Saqrilluqa riki:
     - Ya- nin kusisqa riki. "Kay kinwaqa llik paqarinpachashá wiñaramunqa" nispa paymantaqa riki.
     Hina purinku, tuta killapi purinku chaqrata. Chaypi kinwata aparikunku. Hinaspa asnupi riki kargayukunku. Hinaspa chayarunku chaqraman. Hinaqa usqayllata kinwata riki saqrillu ch'aqchuyta qallarin. Hina huktataq ch'aqchunkuhina, ch'aqchuyta tukusp ataq yuntawan kachaykun, arayunku riki sumaqta riki.

638   Hinaspa mana kinwa lluqsikamunchu. Astaki, chay mana lluqsimuypi lluqsimuypi lluqsimuypi kinwa:
     - Mierda... mierda... ¡Ala mierda karaho! ganarquwanki de beras. Mana kinwa lluqsimunchu- nispan chay <Saqrillu nin>. Mana... sunsu a beses chay saqrilluqa mana riki yacharqanchu kinwa hank'asqa kasqanta. Chayqa mayninpi aber chay tiyukunapis huk chhikan sonsupachalla riki kankutaq. Sonsu, sonsu runalla riki kankumá. Mayninpi siempre apuestata ganachikunkupuni riki. Ahinas.

369

Hampipakuq warmimanta (38) dict.

639   Unay kitiqa mana riqsiqkuchu kunanhina médico, doktór, enfermera. Aswaypis sutichaqku hampiq warmi. Qharitataq hampiq, hampiq qhari. Chay hampiqkunata imaynata Dios Tayta kamamuq? Qharipis utaq warmipis ch'in urqupi tarikuq sapachallan mana pi rikhushaqtin utaq may chiqanpipis hinaqa Dios Tayta pay pataman mayqin kaqmanpis huk rayu sutiyuq t'uxaq pay pataman chayaq.

640   Maypachachus chay rayu t'uxaq hap'isqan runa usqayllata yuyaynin chinkaq puñuyman tukuspa. Unaymanta, yaqha phisqa urasmantahina utaq as pisi urasmanta rikch'ariq musquyninpitaq Dios Taytawan parlaq.

641   Chay parlaypi kay sut'ipihina kamachiq imaynatas unqusqa runamasinkunata hampinanpaq. Imawan hampinanpaq? Imaymana sach'akunawan urqu hampi sutiyuqwan, lamar-qucha sutiyuqwan utaq muntaña hampi sutiyuqwan. Unquq runamasinta imamanta unqusqanta paykunaq liyiyninkupi liyispa. Imapi liyispa? Huk unquq runa masin imamantas unqushan yachayta munaspa maki binanta liyiq.

642   Unquykuna sutiyuq qhaqya wayrachus, chiri wayrachus, aya wayrachus, tutuka wayrachus, tullu p'akisqachus, wiksa ukhupi uña wañusqachus; kaymanhina imaymana unquykuna. Ehemplo: Qhaqya wayra reparakuq yaku hisp'aypi utaq unquqpaq ñawinta qhawaspa; uyanta maki binanta. Sichus hisp'aynin q'illu q'umirmanhina chayqa yachakuq chay qhaqya wayra unquypaq sutin.

643   Rayo qaqaman chayasqa chhankha sutiyuq chayman qhali runa chimpan usqayllata chay rayo t'uxasqa asnaynin usqayllata chay qhali runa kuerpoman waykun i usqayllata unquyta qallarin.

644   Ankaymanniraq imaymana unquykuna imayna riparanas imayna hampinas chaykunata musquyninpi rimapayaspa:
"Kunanqa rikch'ariy hinaspa mayqin unquq runa masiykitapis mana negaspa ch'inlla hampinayki nitaq ancha ashkhatapi kobranaykichu".

645   Hinaqa chay rayu t'uxaq hap'isqa runa utaq qhari utaq warmi rikch'arin. Hinaspa qhawatatan ñawpaqinta: chaypi rikhurin mushuq lliklla mast'arisqa. Chaypatapi imaymana iskitakuna imaymana hampikuna, imaymana sumaq k'anchaq rumi winikuna llapanpis huch'uychakama. Huk chhikan pachaq charqayman.
Hinapitaq uk wisk'acha rinriyuq mula. Chay mula ñawpaq chakin wisk'acha chakiyuq, wisk'acha chupayuq, ushphahina uqi mula. Chay mula patapi huk alforhahina warkuyusqa. Chay ukhupi sumaq yaku u sumaq chatuchapi ashkha t'anta rit'imanta ruwasqa hina mana kachiyuq, mana ima kundimintuyuq nitaq ch'uma nitaq misk'i. Chay t'antata huk ch'ullachallata mikhuyunki ch'isiyaq p'unchayta mana mikunayasunkichu.

646   Hinamantaq puriyta qallarinki qanllamanta llipin estansiata urqu urqunta. Sapa estansiaman chayaspa sut'inta kikinta rimarinayki:
"Diospaq kamasqan hamuni, allin hampiq yachaq".
Chay estansiapi utaq mayqinpipis q'alata hampinayki. Uywakunatapis ima waq maliknokunatapis. Sichus hampiq faltaqtintaq mañakunayki hampichikuqman ima hampi faltaqtapis.

647 Kay tukuy hampinakunapi chay tayta qusunki huk plasuta chay Dios Tayta kutichipunaykipaq ima tukuy qusqanta kinsa watallata. Chaymantaqa maypacha qupuspa manañan astawanqa alliyachiyta atiwaqchu ima unquymantapis, imarayku? Porke Dios Taytanchik poderninta qichukapusunki.

648 Ankay ukhupin huk warmi karqan allin hampiq. Chay kimsa wata pasayta gustakurqan manchhanataq astawan hampipakuyta.

649 Chay warmi sapan warmi karan. Hinaspa sapanta rikhuspa huk wayna paymanta enomarakurqan i chay warmi manaña hampiyta atispa chay wayna ashkha kaqniyuq kasqanrayku warmipis kaqllatapunitaq enamorakullasqataq. Hina chay wayna niq:

650 - Kaqniykunawan qanpiwan kuska tiyakapusunchik.
Warmi niq:
- Amaraq, aswaypis qan wasiyman hamunki ima unchawpis, martesta, biernestataq ama.
Waynataq niq:
- Imarayku mana martesta biernesta purinayta munankichu wasiykita? nispa.

651 Warmi ch'inlla tukuspa pasapuq. Chayqa warmiqa Dios Taytaman poderninta entregakuspa engañachikusqa maliknowan hampipakuytas seginanpaq.

652 Chay malikno nisqa chay warmita:
- Amaña sapa p'unchaw hampipakunkichu, aswaypis martesta biernesta. Chay p'unchawmanta chay malikno nisqanhina hampipakuran, imaynata?

653 Killa lluqsimuyta utaq kuska tuta urasta, chay warmiq uman t'ipiqakuq kuerpontaq puñunapi kedaq mayqin balikuq runamanpis umallansi phawaq wayranta chukchan nina lawrakuspa. Hampiq chayaspataq kuerpo malikno poderniyuq. Kikin kuerpontaq wasi puñunanpi.

654 Hinaspa chay wayna munakuqnin kuska tuta pasayta huk martis p'unchaw purirusqa karan. Waykuruspa puñunanpi warminta tariq mana umasniyuqta. Kunka qhurusqamantataq suenamushasqa "qhuq qhuq qhuq" nispa. Chay wayna mancharikusqa:
- Pitaq khaynata warmiyta ruwan?- nispa.
Hina ushphawan kunkanmanta hach'iyusqa ashkhata manañataq "qhuq qhuq" ninanpaq. Chaymantataq kutipusqa.

655 Maypachachus chay warmiq uman kutiramun manaña k'askayta atisqachu kuerponman ushpha mana dehaqtin. Hinaspa chay wayna qharinman pasasqa anyanakuq:
- Imapaq chhaynata ruwawanki, nuqa nirayki ama martesta ni biernesta; kunan huchaykimanta kuska wañusun.

656 Hinaspa karumanta phawarispa ch'itíq ch'itíq paña rikranman k'askarapusqa i qhawanakuqku paypis warmipis. Mana imanakuyta atispa chay qhari wayna iskay umayuq rikhukuspa wañukapusqa. Iskayninku wañukapusqaku. Chayraykun Dios Taytaqa sapa kimsa watallapaqpuni mayqin munasqa runamanpis poderta quq i llapa traysionaqtataq kayhinata utaq hukniraqta huchanmantaqa kastigaq. <Ahinan chay>.

371

Aya runamanta (39) grab.

657 Unay nuqa irqiraq kashaqtiy, chay ñawpa runakuna kay Kaylloma llaqtaypi, chay
tatalakuna mamalakuna. Anchaykuna willawaran nuqaman huk kay Kaylloma
llaqtamanta chay llaqta sutiyuq karan Lari llaqta. Kunankamapis Laripuni chay
llaqta kashan i chay Lari llaqtapi chay tatalakuna mamalakuna puriqku riki no?,
waynaraq kaspa puriqku washkhawan utaq ch'arkiwan. Hinaspa chaypi
qurpachakuqku chay Lari llaqtapi o Lari llaqta runawan, Lari llaqtaq..., Lari llaqta
runaq wasinpi, Lari llaqta runaq wasinpi qurpachakuranku.

658 Hinaspa chay qurpachakusqanku wasipi ruwaranku compadrita comadrita ima.
Wawachata marq'aranku riki. Hinaspa chaypi uharanku waqtuta. Chay waqtuta
uhaqku tatalakuna mamalakuna chay Lari llaqta runakunawan riki. Chay Lari llaqta
runakuna wawachayuq kasqa hina chay tatalakunata mamalakunata riki:
- Marq'apuway wawachayta - nispa niq.
Hina chay tatalakuna mamalakunaqa:
- Iyaw- nispa riki.

659 Marq'anku riki. Hina marq'ay tukuspa riki mihunata mihunku. Mihunata {tukunku}
tukuspataq machayta qallarinku... {machas}. Ña unaytaña machanku riki tuta.
Hinaspa... ña allintaña macharunku tutaña riki... chay tutaña kaqtin chay na... Lari
runapis macharún, hina macharuspa tusuyta qallarinku, llapanku. Hinaspa tusushaqtin,
hawamanta riki, hawa wasi chay patiupi alqu riki awullan riki... awullán:
"¡Aw! ¡aw!" nispa riki. Imatachá riki alqu rikhun riki. Hinaspa chay Lari qhari
lluqsimun qhawaq "imataq chay" nispa.

660 Hinaspa alqu awllashasqa chaypi. I punkumantataq sayamushasqa uk... huk runa
wiquchuyuq. Wiquchuyuq i kay wañusqa p'achayuq riki. Hinaspa chay Lari llaqta
runaq ayllun kasqa paypaq ayllun.

661 Hinaqa pusayamun-á. Hinaspa manaraq wasi ukhuman waykushaspa usqaychallata
chay wiqu, chay wiqu mana iman wiquchu. Aswaypis nuqanchik runamanhina
tukun riki. Imaraykutaq nuqanchik runamanhina tukun?
Porke chay na... chay Lari llaqta runa phukuyuran riki huk kutasqa hampiwan. Chay
kutasqa hampi kasqa karan chay na... imaymana sach'akunamanta kutasqa hampikuna.
Urqu hampikuna utaq lamar hampikuna, utaq chay muntaña hampikuna pero
ch'akichisqa, ñut'u kutasqa, chaywan phukuyun riki.
Hinaspa phukuykun hina nan... pasayun. Chay phukuykuqtin runaman tukun iman
kaq runaman.

662 Iman kaq runaman tukuspa waykun hinaspa nin:
"Kompariy, kompariy, kay wiraquchan {ayllun} aylluy, qanpaqpis kompariykin
kanqa" nispa.

663 Hinaspa chay runaman tukuspa mana uyanta rikuchikunchu. Hatun nayuq...
ch'utuchayuq. Chaywan ahinata uyanta na... qatahatakun. Chaymanta huk chalina
baytamanta ruwasqa chalina, anchay chalinawantaq uyanta ahinata p'istuyukun riki
kunkanmantawan.

664 Chayqa tusushanshá chayqa makin wantesniyuq. Chakinpis na... siq'uyuq, kunka qaramanta riki. Hina tusuyta qallarin. Kunka qara sumaq "suq suq suq" nis tusun riki. Hinamanta ahina tusushaqtin kumarinpis uharunñataq. Chayqa chay waykumuq runataq yanqa tusuyta tusun, mana uhayta munanchu.

665 Hinaspa chay kumadrinqa, sinchi nisyuta uharuspa riki, tusuchín riki ashkhata. Ashkhata tusuchin. Hinaspa imaynapishi[17] chay komadrin sayk'urun**shu** tusuyta hinaspa {chu}chutarin riki, ahinata wikch'ukusaq nin. Chay aya, chay aya runa, runaman tukuspa mana kallpan kanchu riki.

666 Hina warmin wikch'ukun ahinata qhipaman. Hinapatamantaq riki chay aya wikch'uhatakun. Ankay witisaq nispa ahina kaqllataq. Hinaspa chutapakun riki sayarinanpaq:
     - Komari pampachaway-ari nispa riki. Sayarisaq nispa chutapakun. Hinas[pa] {warmin, pay warmitapis}, warmipis riki nin.
     - Aysariway-á.

667 Manan kallpan kanchu riki. Hinaspa huertita ahinata aysasharan chay aya runa. Hinaspa, chay wantesnin, huk ladu makinmanta ch'utiqarukun. Ch'utiqarukuqtín mana kay nuqanchikpaq kawsaq makihinachu kasqa. Aswanpis tulluman ch'akiyusqaña kasqa aycha, osea ayaña. Sillunkuna hatun, hatun sillukuna wiñamusqa. I aychanta ch'akiña, chayqa ñañu makillayuq.

668 Chayrayku mana... ayapuniña karan riki. Sinoke puriyachan runaman tukuspa. Hina qhawaykun makinta, hinaspa chay komarinqa nin:
     - Chay ladu maki manapaschá riki allinchu- nispa.
     Hina chay huk ladu makinmanta iskaynin makinman hap'iyukuspa ch'utirullantaq riki chay wantesninta. Hinataq hap'ipakuspa ch'utirullantaq. Chaypis kaqllataq.

669 Hinaqa komadrinqa, komarinqa, komarinqa nan...Komarinqa:
     - Imanantaq kay runallari, nispa nin, unqushan**sha**[18] riki. Ayashiki hap'irun- nispa nin. Mayninpi kawsaq runapas ch'akiyankuyá, chay aya hap'isqa kanku chayqa. Chayqa chaytaqsha-riki aya**shi** hap'irun nispa nin.

670 - Kompari manachu allin kanki? nispa nin.
     - Arí mana allinchu kani, nispa nin. Komadri mana allinchu kani, nispa nin.
     - Amayá kumpari, nuqa yachani hampiyta, chay ayamanta hampiykimanmi- nispa nin.
     - Icha komari...- nispa nin
     Ahinata rimaspa kachatatan riki chay kompari chay ayata. Chay ayaqa:
     - Pampachawanki komari ratuchalla hisp'arakamusaq hawapi- nispa nin. I chayta niqtin:
     - Iyaw- nispa riki.

671 Hina lluqsirun chay aya hawaman. Hinaqa lluqsiruqtinqa chay huk kompadrinwanñataq tususharan. Hinaspa tusushaqtin waqmanta chay komadrin chay ayaq samayuranpas-shá riki. Hinaspa mana tusushasqa...tusushasqanpihina,

---

17 Kaqlla nin /imaynapishi/ utaq /imaynapisha/.
18 Chay 'musyaq simi huntachiq' mayninpi /sha/ utaq /cha/ tuqyan. Manam /shá/ nitaq /chá/ ninchu.

tusushasqanpihina nan... wikch'ukullantaq, wikch'ukullantaq, hinaspa wikch'ukuspa puñuyman pasarapun. Hinaspa puñuyman pasarapuqtin puñurukusqa chay chay komarin, chay mamala puñurapusqa. Pero mana chay pachaqa mamalachu karqan sino ke nuqaman willawaran mamalayña-á <chay mamachanmanta>.

672   Hinaspa puñurapusqa, hinaqa puñurapuspaqa nan... puñuchinshá {riki komparin no?} <chay wawa marq'achiq kompadrin>.
- Komadre puñukuchun-á- nispa riki.
Puñuchin riki, hina puñuchiqtinqa. Ahina puñusharan chay, qharin{tapis}<paq> ladunman puñuyachin{hina puñusharan}. Hina kanmanchá riki karan na...Kuska tuta pasaykunasha kanman karan riki. Hinaspas chay na... Komadre rikch'arun. Rikch'arun hinaqa yanqa kay wayrasqahina yanqa kay debil mana kallpayuqchu kapusqa. Hina ñak'ay-á, ahina makintapis, ahinata haywarispa:

673   - Imanawantaqri- nispa, huk law makillanwan, huk law makinta hap'iyukun benanta:
- ¡Imanawantaqri!
Benanpi reparakun, mana, mana wayrachu, imataq kayri- nispa nin, imanaruwantaqri-nispa.
Qharintaq ladunpi puñushan seko, hina mana qharinta rimapayanchu. Aswanpis hinalla wikch'urayashan. Hina imaynapichá hap'iyukun pupun wiksanta, chay rakan<wachana>tawan, hap'iyukun. Hinaspa chay rakha<wachana>nmanta wichayman yan[19] huq'u kashasqa, huq'u: "imataq kayri" nispa nin.

674   Hinaqa nan... bilata k'anchachiy kompadri- nispa {kompadrita} <chay puñuchiqta> rikch'achin. Hina rikch'an hinaqa nan... ch'inlla ahina luspi kashan. Hinaspa ahina sumaqllata chay wiksa, chay llawsa kasqa wiksanpatapi, anchay llawsata ahinata qhawayukun. Hinaspa kasqa, wira, kay uywa wirahina kasqa, freskolla kay q'aytu q'aytu wiralla chay wiksa tela ninku, anchaysi kanman karan. Hinaspa chay[pi] {ki} kidasqa. Hinas ahinata, ahinata chutarin. Hina chutarikun chay wirata, hina khishkahina t'ipirakamun wiksa nanmanta... t'ipirakamun. Chayraqsi: "¡Ay! ¡ay!" nispa nin. Hina t'ipirakamunhina huk ukhupiraq kedasqa wakin, wakin patapi. Pishichallayá, pishichalla. Hinaspa hinalla wikch'urayashan. Hinamanta lluqsirun riki... chay warmi hawata p'unchayyamuytaña.

675   Hinaspa chay ñawpaqqa mana kaqchu riki kay desawe ninku chay baño anchaykuna. Kanchallapi uywahina hisp'akuqku riki.

676   Hinaspa kanchata pasayun. Hinaspa q'allparikuspa hisp'akun riki. Hinaspa, hinaspa qhawayukun ahinata chay q'allparikuspa {rakhanta} <wachananta> qhawayukun, chay {rakhan} <wachanan> chaypi kasqa yawar yawarpiwan wirapiwan. Hinaspa chayta ahinata: "imataq kayri ima, ima aychawanchu churawaranku, imaynatáq" nispa. Waqmanta kayta ankayta pupunta ahinata wichayman q'allparikuspa qhawayukún. Hinaspa huk kasqa wakin anchaytapis ahinata chutarin i t'ipirikamullantaq.
Hina sapa t'ipirikamuqtin khishka hina: "¡ay!" nispa nichin riki. "Imanaruwantáq" nispa nichin. Hinaspa "mana kayqa, imachá kayqa" nis mancharikun chay warmi.

---

19   'yanqa' ninan karqan; utqaylla rimaptin mayninpi chaynata rimakun.

677   Nispa mancharikuspa huk allin qhawaq, kuka k'ento qhawaq o kuka p'istu qhawaq riki. P'intucha qhawaq chayman riki purin. Riqsiranmi chay mamala. Qhawachikamun riki. Hinaqa qhawachikamuqtin nin:
- Manataq kayqa, nawantaq tuparusqanki nispa nin, nak'aq runawan nispa nin, nak'arasunkitáq nispa nin.
Waqmanta qhawaykun chay kuka k'intucha qhawaq. Qhawaykun riki wiksanta; "Khayna aber nak'asqatáq- nispa nin.

678   Paypis wiksanta qhawayukun pero wiksan kasqan iman kaqlla, manan kay kunan tiempu doktorkunaqa operasión ruwakushas<pa> seranku riki. Mana serasqapis imachu; aswaypis chay wira hawapi hinas kay khishkata hina aysakun hina, nanan nanamun, wiksan iman kaq kashan.

679   Chayqa chay kuka k'ento qhawaq, chay komadrin nisqata, chay chay Larimanta komarin nisqata willan riki q'alata:
- Manan kayqa, kaypiqa kanpunin, manan enterunchu peru wakillan kanmi, chay montañakunaq puriq runa. Arí- nispan willan. Nak'akunpuni chay runakuna, chay muntaña puriq runakuna, chay muntañanpi kan chay nakuna, ima nin kanpis, chay bruho nishanku anchaykuna, allin yachayniyuq runakuna, chayman risqanki nispa nin. Chay runaman risqanki, chay {runawan} <runaq aya ayllunwan> tususqanki nin. Chay runaqa manan runachu karan- nin. Chay runaqa ayan- nin. Chay ayaqa runata nak'aspan chay wiranta churanakunku kampusantupi paykunapura chay wiranta waqmanta churanakunku chay muntaña hampiwan phukuspa, phukuspalla, mana... mana wiksanta kuchuspachu nin. Hinaspataq chay wiranta {churarukun}... churanakunkuhinaqa waqmanta chay sayarillankutaq, kawsarinku i yawarninkutapis kaqllatataq churanakunku chay hampi kutasqawan phukuspa. Chayraykun chay ayakuna mirayta munan kay Lari llaqtapi- nispa.

680   Hinaqa: "chayrí kunan imayn... imaynata kunan kawsaymanchu, manañachu" nispa tapun riki chay chay nak'achikuq warmi: -Arí kawsankin kanpasqa, pero kawsanaykipaq hampichikunayki, mana sichus mana hampichikunkichu chayqa mana kawsawaqchu.
- Chay, imaynatataq hampichikuyman- nispa nin.

681   {Rikuq}, kasqanta chay hampiq warmi, chay k'entu qhawaq, kuka k'ento qhawaq, hukniraq hukniraq qurakunata uhachin ukhumanta. Hinas[pa] chay qura kutasqa hampikunawan, wakinta patanmanta mayllan. Hinaspa chayraq riki yuyayninta hap'ikun waqmanta. Sichus mana hampichikunmanchu kaqsi wañunmansá karan. Ahinas chay Laripi, huk ch'ulla runallamanta, nak'aq {mirarin, nak'aq... nak'aq runakuna miran} <mirayta munarqan>.
A.CH. - Manachu chay warmi nak'aqman tukun?

682   A.M. - Manan, aswanpis hampichikunhina iman kaq runaman tukun. Porke chay nak'achikuqqa manayá ayachu karan. Allin, nuqanchik kawsaq runahinayá karan. Chayrayku hampichikuspa kawsan. Hinaspa kawsarqan i nuqa irqi karqani hinaspa michipakuq kayniypi chay napi... estansiapi, tutayaqpi puñukuyku, wasi ukhupi pero mana nuqa chay mamalaywanchu puñuni. Aswaypis riki huk k'uchupi i mamalaq huk k'uchupi, hinaspa willawaran. Hina:

683   - Qan wayna kanki chayqa ama Larita... Laripiqa {puñun...} ama machankichu. Sichus machanki usqayllata nak'asunki porke chay chay tragu nisqa ukhupi churan

                                                                                                                375

mayninpi, nak'ananpaq churan chay hampi kutasqata utaq mayninpi phukuyusunki chay aya. Aya phukuyusunki chay hampi kutasqawan. Hinaspa usqaylla tragu, chay tragupiwan utaq chay waqtupiwan, usqayllata kuerpuyki wañunqa. I asta si p'asña kanki, asta chay aya asta witiytapis atisunki chay qara ullunwan riki. Porke chay ayaq ullunqa qaraña riki. Mana manaña riki kay kawsaq runahinachu. Chay witiytapis atin, si p'asña kanki hinaqa chay asta chichuyaytapis atiwaqsá. Chichuyawaq pero manasá iman kaq runatachu wachakamunman chay p'asñapis, aswaypis wachakamunmanyá uña ayataña riki, ñañu makillayuqta, tulluman k'askasqa makiyuqta, no?

684   Ahinata chay mamalay willawaran. Hinaspa nuqa manchakurani: - Chay imaynata nak'anku- nispa.
- Chay huk orasiontas resakun chay ayaqa, huk orasión i chay hampi kutasqapiwan orasionwankama, resaspakama, payllamanta wirayki, chay ukhunmanta, kuerpunmanta lluqsimun qhuñahina. Kay wiksayki pupunpatanmankama lluqsimun, qhuñahina lluqsimun, i chayta pallan. I chaymanta chay... Warmi kanki chayqa, chay namanta, {rakhamanta} <wachanamanta> witispa yawarta urqunman hinaspa chay yawarta hap'in. Hinaspa apan wakinta, wakintataq ch'unqan riki chay yawarninta kay, ima nin, hamp'atuhina, sapuhina ch'unqan q'alata. Hinaspa chay kallpachakunanpaq chay aya kallpachakunanpaq.
Ahinata ruwan nin. Anchaypi {chay} kay probinsia Kaylloma llaqtay sutiyuqpi chayhina ñawpaqqa karan.

685   Chaymanta nuqa kunan ña waynaña kani. Hinaspa nini:
"Aber nuqata nak'awachun" nispa purini nuqa. Manayá manayá tarinichu nak'aq runata. {Ichapis tarispaqa riki nuqapis atiyman nak'ayta chayqa ña riki kunan Andresta puñuyuchispa nak'aymanña riki} [asikuchkan]. <Rikusqaymanhina chay llaqta runakunaqa manaña kunankama yachankuchu imatapis ñak'aymantaqa; kanmanchá riki karqan chay ñak'aqmanta willakuyqa ñawpaq unay watakuna tiempu>. Ahinan chay.

Chupasapa uywakunamanta (44) grab.

686   A.CH. - Imarayku atuqta Tiyu nispa ninku?

687   A.M.- Porke atuq chupallanwanmi engañan obihataqa, o ima wallpatapis quwitapis, chupallanwanmi engañan. Chayrayku Tiyo ninkuman, porke mayqinpi chay... wakin animalkuna chupanpi (poderniyuq) <yachayniyuq>, chay atuq chupanpi poderniyuq. Chay sichus obihata "qatisaq" nin, utaq obihata "mikhusaq" nin chayqa, chupallan ahinata kay laduman, chaqay lawman; kay lawman chaqay lawman, pukllan ahinata chupan. I chay chupanta rikhuspa chay obiha... wallpapis imapis, chupanta rikhuspa ña musphashanña riki, manchakunña "kunitan korreyamunqa" nispa no? Chay ch'inllallanña, ahina ch'inllaña manchakun chupanta. Chupallan poder. Chayrayku chay chupanpi {podernin} <yachaynin> kan.

688   I kaqllan chay... kunan chay... Tiyo ninku kaypi no? Tiyo Antawillk'i nispa ninku... A.CH. Atuqtachu?
A.M.- Manan... chay Tiyo... chay saqrata. Anchay chay saqramanta otaq chay Tiyo ninku kay... Tiyo Antawillk'i ninku. Wakintaq ninku Tiyo Q'ara Chupa nin... Q'ara

Chupa ninku. Imaraykutaq Tiyo Q'ara Chupa ninku? Porke chay Tiyo, chay saqra chupayuq ninku mana nuqa rikunichu pero rikuq runakuna ñawpa runakuna ninku chay... chay saqraqa chupayuqmi nispa. Chayrayku wakin animalkunapis ehh chupanpi... chupanpi {poderniyuq} <yachayniyuq>.

689   Chay khuchi... chay khuchi ninku. Anchay khuchipis chupan... chupanta ahinata pukllachin. Pero chay khuchi... chay chupan... chupan puriyachachin chay khuchita. Pero imapaq ahina chupanta ahinata khiwikun? Khuchiqa mana altuta qhawanchu. Porke chay khuchiqa mana Dios Taytata rikhun... uyanta rikhuyta munanchu. Chayrayku khuchiqa demonio parte. I nuqanchik chay khuchita kunan nuqanchik kristiano kashaspa nak'aspa chicharronta qaywispa mikhunchik aychanta sumaq misk'itaraq. Chayqa osea praktikamente nuqanchik mikhushanchik saqra aychata. I chay khuchi... khuchi mikhun akaykita o runaq akanta mikhun. I chay aka mikhusqanta nuqanchik mikhullanchiktaq mayllaspa no? Aychanta chicharronpi riki. Chay khuchita allin kompromisopi mikhuyushanku riki. Mehor awtoridarkuna hatun chay llaqta kamachikuq awtoridarkuna chay khuchita ima sumaqta mikhuyunku riki.

690   Chay chay... mayninpi chiy chupayuq animalkunaqa saqra parte. Chay chupasapakunaqa, osea chay hatun chupayuq animalkuna saqra parti. Chay kaballupis otaq asnupis otaq wakapis. Por ehemplo... imarayku? Huk turuta kunan qan mana huch'uyninmanta dominarqankichu chayqa, chay turu salbahi, wakin riki chay saqrawanña... hinaqa usqayllata apakamunki chay turuta riki, chay korrida de toros ninku riki. Chaypiqa manaña respetasunkichu toropas riki. Dellenollaña sipiyapuyta munasunki riki. Wañuchiyta munasunki.

691   Kaqllataq kaballotapis riki, chay chupa... chay, anchay enteru chupasapakuna saqra parte ninku. Chaymi chay huch'uyllamanta nasiqtinpacha chay uywakunataqa domana ninku kaypi no? Osea amansana ninku <utaq yachachina>. Chay... chay chupasapakunataqa siempre dominaytapuni munana, qhariqa dominayta atin nin.

692   Sichus mana chayqa qharitaqa bensipunqapuni chay chupasapaqa. Kawallupis salbahe chayqa, apaqaspa imaynatapis mansu kaballuwan huk mansu kawallupi sillayukuspa rinki hinaqa laseyankipis imanankipis hap'inki. Hinaqa sillakunki qan, no? chay kaballuman karunayuspa riki, usqayllata chay kawallu chanqasunki[20] pampaman riki. Chanqaspataq hayt'ayasunkitaq riki, arí. Chaymanta chay napis no? chay asnupis kaqllataq, kargayunki hinaqa hayt'arapusunki riki otaq kanirusunki, arí. Anchayrayku chay chupasapakuna poderniyuq. Chayrayku chay Tiyohina q'ara chupa riki.

693   <Sichus mana kay qilqapi iñiq runakuna iñiyta munankichik, ruwaychik qankuna kikiykichik. Warma khuchichata chupanta kuchuruychik, kuskan chupachallanta, aman llapantachu. Hinaspa usqayllata pampaman wikch'uy chay chupanta, chay chupan saltaykachanqa, wichayman urayman phawaykachanqa, kaqllataq mach'aqwaypa chupanta, utaq qaraywaq chupanta. Anchay chupanta qhuruychik chaywan yachankichik chiqaychus icha manachus>.

694   Chay animalmanta tukuspa chay uywakunamanta kay probinsia llaqtapi Tiyo ashkha tiyan nin. Kanmanshá sapa llaqtapi huk tawallapis riki, tawa Tiyopis. Masta tiyan

---

20   Chanqa = ch'anqa.

kay Tiyo sutiyuq chay Tiyo Antawillk'i, otaq chay Q'ara-Chupa ninku, chay chupasapa chupasapa qhari. Anchay chupasapaqa tiyan mastaqa kay uray lawpi, kay... Tapaymanta uray lawman.

695 Imarayku chay q'ara chupakuna tiyan qaqapi otaq mayupi. Mayor parte tiyan qaqapi chay qara chupakunaqa. Ehhh por ehemplo, kay uray larupi, chay Maqa llaqta anchaypi chay Tiyo tiyarqan Peña Blanka sutiyuq o may chiqantaq Antawillki ninku wakin, wakintaq Peña Blanka ninku.

696 Chay Antawillk'ipi tiyarqan chay q'ara chupa. Hinaspa chay Makonkuna hamurqan, kompañía Makon niranku. Anchay hamuran kay Kaylloma llaqtaman karretera ruwaq. Chay canal proyekto Mahesman apanankupaq riki. Hinas chay Antawillk'ipi obrerokunata ashkhata sipirarqan. Pi? Chay Tiyo Antawillk'i.

697 Imarayku sipirarqan? Es ke... chay obrerokuna, Makon obrerokuna t'uxachiranku chay kalambuko sutiyuqwan. Kalambuku sutiyuqwan t'uxachiranku chay qaqata, tunilta, karreterata ruwanankupaq. Hinaspa chay Tiyo Antawillk'i phiñakurqan supayta: "¡Karaho mana kay saqrakuna dehawanchu mierda! ¡Supikusqaymantapis aswan fuertita t'uxachimunku karahu!" nispa riki nin no? "Kunan sipisaq wañuchisaq karaho" i chay qaqata kunankamapis no? rikhunki chay Maqa uraypi. Kunankamapis chay qaqa chay tunelmanta halaqamushan, yanqallamanta, ushphaman tukushan chay qaqa. Imarayku? Porke chay... chay Tiyo Antawillk'i chay qaqata tukuchipun qhapyaman osia ushphaman. Mana... mana iman kaq qaqañachu. I chayrayku chay trabahashanku hinaspa, ahina warkurayasharanku wakin riki no?, kabuyakunawanpis imapis riki t'uqusharanku chay perforador ninkuchu, imashá... anchaykunawan. Hinaspa hukta qaqa pasamun "¡brum!" huk'uchahina ¡tisso! chay obrero wañun hukta "¡prum!" chaymanta sipillantaq, wakintapis thuñiykun riki otaqchus chakinta p'akirun otaq makinta p'akirun, ahinan... Ashkha aksidinte karqan chay pacha: "chay Tiyu chayta pukllan" nin. Chay pukllakun chay obrirukunawan.

698 I chaymanta chay huk {chay} kay mayukunapis truchirukuna wakin riki pobri purinku mana imayuq hinaqa, chay truchiruwan tupan runaman tukuspa, {ma...} chupanta pakakunchá riki no?... chay pantalunniyuq ima runahina eh... Chayta ofresin ashkha qulqi ashkha... imaymana promesa i usqayllata chay runa nan... a besis kaen hinaqa quchikunpis ima ayudatapis hinaqa usqayllata chay unaymanta wañuyta atin. I wañunpuni qunqayllamanta laq'akuspapis o imanaspapis wañun apan riki chay Tiyu.

699 I kaqlla michinakunapipis taripamusunki, ganadiruman tukuspa otaq chay waka rantiq, asnu rantiq, llama rantiqman tukuspa chimpamusunki i qulqita qhawachisunki. Sichus p'asña kanki hinaqa qulqinrayku chay chay qarchi Tiyuwan puñuyunki tutapis riki no? I qulqita saqisunki, chayrayku. I chaymantataq maypachachus ña unayña hinaqa mana qan kuentata apakurankichu riki saqra kasqanta. Hinaqa qunqay wañukunki riki p'asña kaspapis.

700 Ahina chay Tiyuq kuentunkuna... o chaqrapipis no? hawasta rantiq tukusunki o papata rantiq tukusunki. Qulqita ashkhata qhawachisunki, qan bendiyunki hinamantaqa unaymantaqa apallasunkipuni...

701 - Tiyu manachu nak'asunkiman?
- Tiyu mana nak'akunchu -imaynatataq Tiyu apakun? Osea ahh... qunqaymanta wañunki, qunqay wañuyta wañunki allin puriyachashaspa wañurukunki. Otaqchus

pay apasunki karruyuq rikhurin o llaqta ukhupi mayninpi otaq rikhurin urqukunapi kawallu sillada no? o chakillapi mayninpi.

702 Hinaqa: "Haku risun, pusasqayki haku, imbitamusqayki machamusun, uhamusun, mikhumusun"... o imanispapis riki apasunki. O sichus warmi kanki p'asña kanki ya: "haku wasiyta risun chaypi llank'anki, nuqa misti kani allinta pagasayki". I ahina purishaqtin purishaqtin ña sinchi karutaña apaqtin, qunqayllamanta p'asña ¡plun! wikch'ukun, yastá wañukapunpacha ladunpi riki,.

703 Ahinata apaq engañuwan riki. Mana sut'intachu ninmi nisunki riki, "nuqa Tiyu kani, apasayki" nispa... Qulqitapis quwanman utaq imata munawaq-hina qusunkiman...

704 A.CH. Por ehemplo chay mach'aqway Tiyuchu kanman?
A.M. -Tiyo kanman, Tiyo chay. I chay hukpis Tiyollataq. Chayqa Tiyupura riki abises embidianakunku riki. Nuqapis... Osiya kay tiyukunaqa paykunapurapis huchatarillankutaq porke paykuna kanku kay komirsiantehina riki.

705 Kay kawsaq runakunata apanku riki. Imaymana ingañuwan. I ingañanku kay uña irqitahina misk'illawanpis ingañanchik riki irqikunata. Chay takipi nishan hinapis "ch'isillamanta tiyuyki kapuni" nispa nin, misk'ita quyun, t'antata rantikamuy nin, ninankamaqa yastá chay... mayninpi no? irqikuna engañasqa riki. Kaqllayá chay Tiyukuna ingañan runakunata, ingañanpuni no? I chay imata chay runa munan i chay munasqanmanhina qun, ima munasqantapis: karrutapis ima, chaqratapis, qulqitapis, wasitapis... ima imata munanhina qullanpuni...arí rikhurichillanpuni...
A.CH. - Manataq iwalchu chay ayawan?

706 A.M. Ayawan? Manan ayawan kaqllachu ayaqa yastá kay hukniraq chay... kondinakun riki ima huchanmanta, tatantachu maqakuran, otaqchus ima aylluntachu maqakuran, chaymanta Tatanchik wikch'umun malkriado kasqanmanta chay kondinakun chayqa riki. Osea huk bidaman kutimun riki. Tatanchikpa wikch'usqan o Tatanchikpa nigasqan chayqa... Chaypis chay ayapis mas o menos yaqa famillaña hinaña riki chay nawan, Tiyu famillaña rikiqa, maliknuña riki, aha...

Kuwintu ukhupi asnumantawan
waka-turumantawan (15) dict.

707 Huk runa willawaq nuqaman. Huk runas kaq ashkha wasiyuq, ashkha chaqrayuq, ashkha uywakunayuq ima.

708 Chay uywakuna ukhupis asway llank'aq runanpaq kaq huk turu, huk asnu. Turu arananpaq kamachisqa, asnutaq q'ipinanpaq kamachisqa.

709 Chay timpuqa chay runa uywakunayuq allintas yachaq uywakunaq rimayninta.

710 Hinas turutaqa sapa p'unchaw chaqrata apana kaq llank'achinanpaq, ch'isi ch'isiyaqta. Asnutataq manan ch'isi ch'isiyaqtachu.

711 Hinamantas turuwan asnuwanqa kuskallapuni puñukuqku huk kanchapi. Hinaspa rimaqkupuni asnuwan turuwanqa. Turu manchhanata embidiakuq asnumanta. Chay yunta turu asnuta niq:

379

712   "Manchhanata embidiakuyki" nispa. "Qanta runanchik pisillata llank'achisunki, allin
       mihunatataq qusunki, siwara pahakunata, trigu pahakunata, trigu triguntintaraq, siwara
       siwarantintaraq mihuchisunki. Nuqamantaq yanqa hip'ikunallata mikhuchiwan,
       aswaytataq llank'achiwan" nispa niq turu asnuta.

713   Hinas asnuqa turuta niq: "Asikullani qanmanta, qan sunsun kanki, manan pinsankichu,
       chayraykun qan llank'anki runanchikpaq munasqan uraskama" nispa asnu niq. "Sichus
       nuqa qan kayman, manan watachikuymanchu yuguwan; aswanpis phiñarikuyman,
       waqrayman".

714   Hinamanta turu niq: "Qan asnu umasapa niway kunan: Imatan astawan ruwayman?".

715   Hinaspa asnu niq turuta: - Sichus ima nisqaytapis qan iñinki, chayqa allinmi kanqa;
       manaña astawan llank'ankiñachu. Paqarin tutallamanta runanchik apamusunki
       mikhunata. Chay mikhunata manan mihunaykichu, aswaypas unqusqa, mana allin
       unqusqa, churakunayki; chayqa manaña llank'achisunkiñachu".

716   Hinaspa chiqaypaq turu manaña chay mikhuna qusqanta mikhusqachu. Imaynatas
       asnu nirqan kaqllata ruwasqa.

717   Hinaspa chay turuq runanqa: "Imananmi kay uywata? Unqushansina" nisqa.
       Hinaspa chay p'unchawqa manas chiqaypaq apasqachu turuta llank'aqta. Asnullatas
       apasqa llank'aqta.

718   Hinaspas ch'isi tardinmanqa waqmanta tupallasqakutaq turu asnuwan. Asnuqa
       manchhana sayk'usqallaña chayamusqa. Hina rimallasqakutaq yachachinakusqakus
       paykunapura ama mayqinpis astawan llank'anankupaq.

719   Hinallamansi chay runan uyarisqa paykunaq rimasqankuta. Hinaspa runanqa:
       "Konke kay uywakunaqa bisionta ruwashasqaku" nispa.

720   Chayraykus astawan chay runaqa asnuta turuq partinmanta sapa p'unchaw arachisqa.
       Turutataqsi kamalman apachipusqa, ama astawan chay uywakuna paymanta
       burlakunanpaq.

Atuqmantawan hamp'atumantawan (16) dict.

721   Unay ñawpaqqa rimaqkupunis ima uywakunapis kay pachapi. Huk hamp'atu parlasqa
       atuqwan ahinata:

722   "Yaw atuq, qanta nisunki wakin uywakuna: 'Atuqqa manchhana yachayniyuq,
       umasapa' nispa. Sichus qan manchhana yachayniyuq kanki, manachus nuqa qanta
       atipaykiman".

723   Atuqqa nisqa hamp'atuta: "Imapi atipawankiman?"

724   Hamp'atutaq nisqa: "Akis mana qan atipawankimanchu kay mayumanta urqu
       puntaman phawayta".

725 Hina atuqqa asiymanta wañusqa: "Qanchu nuqata ganawankiman phawaspa, *qan*???, qanchu nuqata ganawankiman phawaspa??? *qan*???, qanpuni?".

726 Hamp'atutaq nisqa: "Arí *nuqa, nuqa* ganasayki, *nuqa,* nuqapuni".

727 Atuqtaq nisqa: "Chayqa paqarin tuta killa lluqsimuyta urquq puntanman phawasunchis kay mayumanta qanwan nuqawan".

728 Hinaspaqa usqayllata ch'iqisqaku atuqpis ñanninta, hamp'atupis ñanninta.

729 Hina hamp'atuqa usqayllata huñukusqa tukuy tuta paqariqllata ashkha hamp'atukunawan: "Imaynatas atuqta ganashwan phawaspa urqu puntaman" nispa. Hinaspa ashkhata parlaspa huk allin rimay lluqsisqa atuqta gananankupaq. Chay tuta killa lluqsimuyta phawanankupaq churakusqaku hamp'atukuna sapa chunka metropi fila asta urquq puntankama. Hina huk hamp'atutaq mayupi suyasqa listullaña qaqa patapi phawayta qallarinankupaq atuqwan.

730 Hinaqa chaytaña atuq rikhurin manchhanata asiykukuspa hamp'atutaqa; niq:
- Ganawankipunichu? Manapunin atiwaqchu" nispas.
Hamp'atuqa nisqa: "Ama llakikuychu nuqamantaqa, aswaypis qanmanta llakikuy, qan pirdinkipunin" nispa.

731 Hinaqa iskayninku kuska sayaykusqaku. Hamp'atu nisqa atuqta:"Kimsa yupaypi ch'illmispa phawarisun".

732 Hina chay kimsa yupaypi chiqaypaq atuqpis allillamanta asikuspa phawarisqa, hamp'atupis usqaytaraq karu karumantaq lat'arisqa. Maypachachus atuq huk iskay chunka metrumantahina asikusqa: "Ha, ha, ha, ha" nispa. "Hamushankichu qhipayta icha manachu?" nispa.

733 Hina hamp'atuqa paymanta as wichaymantaña chunka metrumantahina: "Qhur qhur sonsu atuq ñan kaypiña kashani".

734 Chiqaypaq atuqqa umanta khiwirikuspa mancharikusqaraq:
"Imaynatas kay? musqukushanichu, imaynataq? hamp'atuchus nuqata ganawanman?" nispa usqayllaraq waqmanta atuqqa phawarispa tukuy kallpawan, manañas asikusqapasñachu.

735 Ahina yaqha tawa kutita kaqllatapunin hamp'atuqa altumanta kuntistamusqa. Hinaspataq ñataq pisillayña urqu puntaman chayana kashaqtin, yaqha phishqa metrohina; hamp'atuqa chay urqu puntanmanta:

736 "Qhur, qhur, qhur, qhur, qhur, qhur, qhur, ¡ganaykipuni sonso atuq! ganaykipuni sonsu atuq! ¡ganaykipuni sonsu atuq!".

737 Ahina kaymanhina atuqqa perdenpunis ima apuestapipas, ima uywa kawsaywanpis.

Qulqi akaq asnumanta (33) grab.

738 Uq willarikuy kay kay hinantin {llaqta} Perú llaqtanchikpi, imaymana willarikuy kashan, ukqa willarikuyta, willarikamusqaykichik:

739 Uq pachas karan huk khuyay mana qulqiyuq wiraqucha. Hinaspa chay wiraqucha manan qulqin karanchu. Hinaspa asnuchallan karan: "imanayusaqtaq" nispa nin. Asnuchan yastá yuyaqchaña riki; kirunchakunapis thantarikapunña, hinaspa chay asnucha... chay asnuchata chhalarakapusaq" nispa nin. "Ashkha qulqita pagawanankupaq imaynatataq ruwasaq?" nispa nin.
Hinaqa chay wiraquchaqa tuta p'unchaw riki pensarin riki "imaynatataq kay asnuchayta chhalarakapuyman" nispa nin.

740 Hinaqa hukta musquncharun hinaspa nin: "aswanchá riki pi rantiqmanpis nisqa riki 'mehor kay asnuta bendipusayki qulqimanta pisiyuruni' nispa nisaq; 'kay asnullay allin qulqi akaq' nispa". Hinaspa ofresirun runakunata. Hinaspan nin:

741 - Asnullayta benderakapusqayki. Allin qulqi akaqmi kay asnullay. Hinaspa mana... sinchitañan gastayushani napi... alfapi. Hinaspataqmi anchatataq kasqan kay asnullay mikhuntaq. Hinaspa chhalarakapusayki- nispa nin.
Hinaqa "chhalarakapusayki" nispa nin. Hinaqa runa nin:

742 - Aber imaynatataq qulqita akanman asnú?- nispa manan kirinkuchu riki. Hinaqa huk tuta chay pacha paqarimushanmanña karqan p'unchayamushanmanña karan. Hinaspa usqayllata asnuq sikinmanta winayun qulqita, chay herru qulqikunata. Anchaykunataqa winayun ashkhata qulqita riki. Hinaspa chay asnu rantiqqa tapun riki:

743 - Chiqaychu asnuyki qulqita akan? Chayqa aber rikuchiway aber akachun asnu? Hinaqa chay asnu rantiq nin:
- ¡Ya!, aparamuyyá q'ipita alfata hinaspa mihurichisun hinaqa kunitan akaramunqa asnu qulqita- nispa nin.

744 Hina ashkhata mikhuyuchin asnuman alfata. Hinaqa unaymanta, unayta ahinata qhawashanku mikhushaqtin hina... hina deberas hukta akatatamun asnuqa. Hina qulqitawan akaramun riki, t'akakamun: -Chay chay sumbreykiyta hap'iy hap'iy, uqariy qulqita- nispa.

745 Chayraq chay rantiq asnu rantiq kusisqaraq riki:
- Ya, siertumá kasqa, qulqita akasqa kay asnu- nispa.
Apari... Rantikun aparikapun hinaqa, chaymantaqa, chay asnu bendiq pasakapun riki llaqtanta, hinaqa manaña riki tupanchu chay asnu rantiqwan.

746 Hinaqa qhipanmanta mana asnu qulqita akakapunchu. Alfata qarayushan sunsuhina, manan akakapunchu qulqita. Chayqa riki imata akanmanri sikimantaq winarun qulqita chay asnuyuq; chayqa riki chay oraslla riki akamun. Chayqa chaymanta mana akamunñachu riki. Hinaqa: - Supay engañawan*chu*, imaynata mana akamunchu- nispa asnuta karahu kastigayun:
- Akamuy qulqita karahu- nispa; - imaq mana akankichu qulqita - nispa nin riki. Ahina chay... chay runalla asnunta bendirukun riki, qulqi akashaqta. Ahinan chay.

Suwa mishimanta (34) grab.

747 Unay kuti kallarqantaq huk na... huk wiraqucha. Hinaspa chay mana qulqiyuq llank'apakun chaqrakunallapi piyunhinalla, ubrerohinalla riki. Yanapakun chaqrakunapi, wasikunapi. Chhayna q'ipipakunpis otaq imatapis ruwapakun riki. Hina, mana pero chay qulqi ganasqan ashkhachu riki, pishipán riki, hina chayqa.

748 Hina huk mishillan karqan, yana mishilla, hina na..., nin; mishillata rimapayan:
- Imanasunmi, mana mikhunanchikpaq qulqi aypashawanchikchu. Mayninpi llank'ana kan, mayninpi mana llank'ana kashanchu, imanasunmi?- nispa.

749 Mishillaqa riki, intelihente riki. Hinaqa mishillaqa:
- ¡Qur qur!- nispa puriykachan, puriykachán riki. Hina puriykachan hinaqa, na... mishillataqa riki qhawashan. Qhawashanhina idea hamun riki umanman:
- Imaynatataq kayta ruwasaq? Kay besinuy kashan huk qulqiyuq, ashkha qulqiyuq gringu- nispa nin. Hina chay gringuta manachus qulqinta imaynapi suwarqamuyman- nispa nin.

750 Hinaqa riki gringuqa riki, a beses bentanallan kan riki. Chayqa chay bentanallanqa kicharayashanpuni riki. Hinaqa mana chay runallaqa, mishiyuq runallaqa, waykuyta atinchu riki suwakuq. Hinaqa:

751 - Imata ruwasaq- nin. "Chankakata rantiramusaq" nispa nin. Hinaqa chankata rantiramun, t'impurachin, hinaspa t'impurachispataq-á llikta kuerpunta llimphuta chay chankaka yakuwan qasayaruchispa llikta kuerpunta t'aqsarun. Hinaqa ch'akitatanña. Hinaqa riki pegahosoña riki chay misk'iqa riki. Hina chay mishita kamachin allinta riki:

752 - Korriy waykurunki bentananta chay gringu mana chaypi kashaqtin. Hinaspa qanqa rikushankipuni chay qulqi waqaychasqanta- nispa riki nin.
Hinaqa mishiqa pasan deberas llik t'aqsasqa riki chay chankaka yakuwan t'aqsasqa.

753 Waykurun mishi hinaqa deberas chay qulqi maletinnin ashkha qulqi kashasqa maletinninpi. Hina kicharmayata saqiran riki maletinninta. Hina mishiqa riki, chay qulqipatapi qhushpayta waykun riki. Hinaqa llik qulqikuna k'askayun karahu... naman... kuerpu mishiman llihu umankunapi ñawinkunapi llik interu chay chupankunapi chakinkunapi llikta... k'askarqarin; wiksankunapi wasankunapi k'askarqarin. Hina mishiqa kay nahina... ima nin kanpis, chancha-machuhina riki allin qulqiwan p'achasqa lluqsiramun bentananta. Hina korriy pasan riki nawan... este... chay mishiyuqpaq wasinta riki. Hinaqa:

754 - Awra sí, awra sí- nispa qulqitaqa pallayta waykun riki. Hina waqmanta kutirin mishi. Waqmanta qhushpaspa aparamullantaq kimsakama puriruspa aparamullantaq qulqita. Hina... hina chaypiqa riki "¡mmmm!" nispa gringu qulqinta waturikun. Manan qulqi... Pishillaña kasqa huk iskay kimsallaña qulqi kasqa, mana ashkañachu:

755 - ¡Pucha karahu! Pitaq ruwanman? Manan; k'apasqa allin kashan wasiyqa. Imaynata? May... machaymanpas... Chaymi riki, pitaq karahu qulqiyta huderuwanri? nispa riki gringuqa nin.

756 Hina chay na... mishiyuqqa riki hukta rantiyta qallarin: wasi, karru, wakakuna. Chay pobri kasqanmanta <qhapaqman kutirapun>. Allin karruyuq kapun, allin nayuq este..., allin wakayuq, chaqrayuq kapun riki. Hinaspa purin riki besinunpata:
- Manachu imaynapi wakakunata bendewankiman- nispa nin.

757 Hina asipayan:
- Ima nishawanki? wakakunatá? imamanta qan qulqiyki kan... akasu kanchu? Ñak'ay mikhunaykipaqpis ganakushanki manachu kanpis, maymantataq qan qulqiyuq kawaqri?- nispa asipayan.
Hinaqa:
- Manan, kashanmi qulqi.
- Maymantataq qan qulqiyuq kanki?... Arí bendiykimanmi kanpis, tanto balen wakaykunaqa- nispa nin.

758 Hinaqa: - heynatayá- nispa rantirapun riki, wakakunata rantirukun.
- Maymantataq pero chay qulqita qan riki, icha suwakunki?- nispa nin. Hinaqa niqtin na... na nin este...:
- Manan, bankumantan kunan prestamuta urqurquni- nispa nin. -Bankumantan urqukuni prestamuta- nin.
- Ima garantiaykiwantaq imaykiwantaq qan urqunki bankumanta qulqita- nispa.
- Chay buenu imaynapis kakuniñashiki kon tal ke wakata bendiway- nispa nin. Wakata rantinhina.

759 Hinaqa chay gringu riki aberiwayta riki waykun. Aberiwayta waykun riki qulqinmanta llakirukuspa. Hina chay runallata riki repararqun riki wakayuq karruyuq chaqrayuq <kasqanta>, allin qhapaq karapusqa. Hina chaymantaqa nan... chay gringuqa tapupan tapupan... Hinaqa riki, deskubrirqun riki:

760 - Pin chay qulqita qusuranki? - nispa nin.
- Bankumanta urqurqamuni papáy - nispa nin.
- Bankumanta? Mayqin bankumanta?- nispa gringuqa intelihentetaqshiki, riki. Purin riki tapuq gringuqa chay bankuta, hina manan bankupi prestamutapis urqusqachu chayqa chay suwakuq:

761 - Imaynata waykuranki- nispa riki puestuman apaspa rimachin. Manan manan rimarinchu riki. Hinamantaña riki na... suq'anku imananku riki, chayraq riki rimarin:
- Mana, kayhinata mishillayta t'aqsarurqani chankaka yakuwan, hinaspan mishillay urqumurqan qulqita- nispa nin.

762 Hap'ichikun q'alata, qulqita qichuchikun, wakintachá gastarukunpasña riki, wakankunatapis, llikta chaqrankunatapis. Q'alata qichukapun chay waqmán pobre kapun chay runalla riki. Ahinan chay kuentu.

Mana ninawan t'impuq mankallamanta (35) grab.

763 Unayqa uywapis rimaq ninku riki. Mayninpi asta kay ima kusaskunapis rimaqsi. Hiná huk pacha riki uk, huk runalla wayk'ukun riki chay hallp'a mankallapi, q'unchallapi riki, llant'allawanpis, uchhallawanpis o q'awallawanpis, imawanpis wayk'ukun sumaqta riki. Hinaqa riki, hallp'a mankataqa riki t'impuykuchin sumaqta.

Hinan ña chayarqunña riki ima papasninkunapis, ima abasninkunapis, imanpis riki, aychasninkunapis riki, chanchunpis ima chayarqunña. Hina chayarquqtin mankata<qa> pampaman itutatan. Hinaqa mangáq t'impuykushallan pampapipis riki. Hallp'a mankaqa t'impunpuni riki, hinayá.

764 Hinallaman huk qurpa waykurun. Hinaspa chay qurpa riki taripan riki mankata pampapi t'impushaqta. Hinaqa nin:
- ¡Achalaw yaw!, kay mankaykiqa t'impun, hinallachu t'impukun? Sapallanchu t'impukun? nispa nin.
- Arí tantu kay mankallaqa waliwan- nispa nin.
- Hayk'ataq walisurankiri? nispa nin.

765 Hinaqa willanshiki hayk'aq balesqantapis riki. Hinaqa:
- Manachu nuqa as dublita qupuykiman, benderapuwayyá- nispa nin.
- Ya pé- nis[pa].
- T'impukullanchu?
- Arí yakuwan talliyunki mikhuna churayunki hinaqa paylla mankaqa t'impunqa. Sapallan mankaqa t'impun-á. Kerosentachu munan ni llant'atachu munan; sapallan kay mankaqa t'impukun- nispa nin.

766 Hinaqa bendixatan riki chay naman riki, chay alohaduman. Hinaqa chay alohaduqa riki mankata apayukun kusisqa riki mikhuyuspa... mikhuynintapis mikhurunku iskayninku. Hina apayakapun riki mankataqa kusiqaraq, q'ala mankataña riki.

767 Hinaqa wasinman chayaspa, llaqtanman chayaspa yakuta talliyun, papata churayun ima arrostapis imatapis churayun riki mankaman. Hinaqa: - T'impunqachu, t'impunqachu- nispa qhawapayashan ¡unayña! Iskay ura, kimsa uraña, tawa oraña, mana manka kuyurinchu ¡karahu! Manan t'impunchu. Hina, ahinata nin: "Manka arrecha ¡karaho! t'impuy-ari karaho, dueñullaykipaq t'impunki karahu, nuqapaqpis t'impuy-á ¡manka arrecha e mierda!" nispa nin.

768 Hina mankaqa rimarimun ahinata:
"Hayt'asaq" nispa mankata nin. Hayt'asaq nishaqtin, ahinata manka nin:
- Aman nuqataqa arrecha nishawaychu. Arrechaqa warmiykin. Manan kunan yachankichu piwansi kunan warmiyki. Kunan... kunan ratu piwansi warmiyki puñushan manan chayta yachankichu. Arrecha... arrecha warmiykiqa puñushan huk qhariwan. Kunallan purirquspa tariparuwaq- nispa nin.

769 Hina mankata mana hayt'apunchu. Hina saqitatatamun mankaqa riki, hallp'a mankataqa. De beras warminman riki pasan riki karu... waq karupishiki karan. Chay qharin yachashanshá maypi kasqanta. Hinaqa riki pasan, deberas warmintaqa huk qhari witiyushasqa riki. Na... ombru rikranman piernankunata apahatakuspari. Witiyushasqa warmin, sipirishasqaraq warmintaqa riki... sutachisqaraq-á. Hina:

770 - Saqra warmi karaho, chiqaypunimá, chiqaypunimá karaho kasqa- nispa. Llihuta maqan qharitapis chay witiqtapis kasqan warmintapis maqayuspa kasqanta kutimpun. Hinaqa chaymantaq mana warminwan asta kunan p'unchaw tiyapunñachu riki. Hinaqa chay manka warmillayuqña tiyakapun. Hinaqa riki chay mangata waqmanta riki taputiyan riki:

771   - Imay imaynata t'impunki, willaway sut'inta sikrituykita-nispa mangata tapun riki.
       - Manan nuqaqa t'impuymanchu shinallaqan. Nuqaqa ninapi riki t'impunin,
       q'unchapatapi nuqaqa t'impuni- nispa nin. Llant'awan kanaykuwaytaq yakuta
       hich'aykuwaytaq mikhunata churaykuwaytaq chayqa t'impushasaq riki. Chayqa
       maypachachus t'impuni, t'impunihinaqa chayraq apaqawanki pampaman chayqa
       nuqaqa t'impushallasaqpuni pampapipis- nispa nin. - Ninawan nuqaqa t'impuni-
       nispa nin. Chayqa riki tantu qulqita riki yanqapaq pagayún riki.

772   <Pikuna maykuna kay qilqa rikuq kaqta ruwaychik, hallp'a mankata qilqaman
       nisqanhinataq tapurikuychik warmiykichikmanta otaq qhariykichikmanta. Ahinan
       chay, tuparinakamayá>.

Atuqmantawan kondormantawan (37) grab.

773   Unayqa na... uywakunapis, ima chay nakuna, chay pharayuq uywakunapis utaq
       chay {chakiyuq} <pampa puriq> uywakunapis rimaqkus. Hinaspas huk pacha {riki
       sorru} <atuq> pampallanta puriyachakun riki sorruqa riki. Chay atuq ninku anchay.
       Chay atuqwan pampallanta puriyachakun hinaspa altuta qhawarikun hinaqa chay
       kondorqa uti utiyta pay umanpatakunata phawashan riki kondorqa riki. Llik kondorqa
       phawasqanpihina allin aychata riki mikhunpis riki. I sorru, chay atuqqa riki mayninpi
       abisis tarin mikhunata o mayninpi mana. Chayqa riki abisis alqukunawanpis
       kachayuchikushanmi, maqachikushan riki atuqqa:

774   - Tantutachu karahu chaqay pharayuq phawan- nispa kondorta riki nin.
       Hina huk pacha riki kondortaqa rimapayan:
       - Yaw, imata qan uti utiyta phawayachanki- nin. Qanqa allin wiraykipunitaq
       mikhunkipis qanqa. Nuqa pobritaq mayninpi tarikushani mikhuyta mayninpi mana
       tarinichu- nispa nin. Hina: "Kondurta karaho desafiasaq" nispa nin riki. Hina:

775   - Yaw, kondur karaho apostasqayki pis as qhari, qanchu icha nuqachu- nispa nin.
       - Chay imataq munanki nuqawan, maqanakuytachu munanki?- nin.
       - Manan, aswanpis risun chaqay urquq puntanta chaypi... Aber chaypi pis, pis qhari,
       qanchu nuqachu- nispa nin. Hinaqa kondorqa: - Ya listu, haku purisun- nispa nin.

776   Akistayatamunku kondorqa, kondurwan atuqwanqa, huk urquq puntaman... Anchay
       urquq puntanpi manchhanata chiri chirishan para parashantaq, rit'i rit'ishantaq. Hinaqa
       riki yaku para chayaykushan utaq, utaq mayninpi chikchiwan, chikchi ninku anchay
       o aqarapi ninku anchay chayashan i chiri manchhana chirishantaq. Ahinaqa kuska
       tiyarikunku riki. Kondor tapun riki atuqta:

777   - Imayna wawqiy, chiri chirishanchu- nispa nin. Chiri chirishasunkichu- nispa nin.
       Hinaqa riki niqtin na... ima nin kanpis... Atuqqa kontestayun kondorta: - Maypin
       qharita chirinman- nispa utiytaraq riki.

778   Ñataq chay atuqpaq na willmankunaqa, ñataq huq'uña kashan. Hinaqa kondorqa riki
       sapa rit'i wasankunaman chayan hinaqa saq'arakun, saq'arakuntaq. Mana
       huq'ukunchu kondortaqa chay pharanta, mana huq'unchu riki. Ñataq sorru huq'uña
       kashanhinaqa. Waqmanta tapuyullantaq:

779   - Imaynan atuq, imaynan wayqiy atuq, chiri chirishasunkichu?.
       - Maypin qharita chirinman- nispa ñak'ayllañas rimarimun riki.
       Hinaqa yastá chayqa mana chirita sentinchu riki kondorqa. Ña khatatatashaña riki
       surruqa. Waqmanta tapullantaq:

780   - Chirishanchu, manachu- nin.
       Astawan ñak'ayllaña, ñak'ayllaña rimamun:
       - Maypin qharita chirinman- nispa ñak'ayllaña rimarimun riki.
       Hinaqa chay ña ukhu sunqunpi asikushan kundorqa riki. Kunalla, mana
       awantanqañachu kayqa- nispa nin. Hukta hukta qhawarikun kondor ladunta. Hinaqa:
       - Wawqiy chiri chirishanchu- nin. Manan kontestarapunchu. Ch'in.

781   Manan kontestarapunñachu chayqa imanasqataq... Chiriwan riki wañurapusqa
       {sorru}<atuq>qa riki. Chayqa kondorqa, chayraq riki rikrankunata pharankunata
       saq'arinkuña waqmanta. Hinaspa phawarin asikuspa riki. Chay mayninpi sorrupis
       pirdillantaqri apuesta. Hina ashkha chay atuqkuna, siempre kuentokuna kan riki no?
       i perdinpuni riki chay apuestata. <Ahinan chay>.

Atuqmantawan qhari warmimantawan witiymanta (17) dict.

782   Unay ukupiqa tiyakuqsi altuspi, utaq estansiapi huk warmi qhariyuq utaq qhari
       warmi. Alqunkutaqsi kaq huk atuq. Sapa qhari biahepi kaqtin warmillawan rimaq
       atuq.

783   Hinaspa huk kuti chay warmiq qharin llamakunapi biaheta purisqa warminta alqu
       atuqtawan saqispa. Atuqqa hawallapipunis puñuq. Maypachachus qharin purin biaheta
       chayqa, atuqqa wasi ukhupi puñuq. Ahinallas qharin biahepi kashaqtin atuq witisqa
       sapa p'unchaw warmita. Imaynata? Ahinata: Warmi niq atuqta:

784   - Puñuykamuy hawapi. Atuq niq:
       - Manan mamáy hawapi puñuymanchu, "¡hawa, hawa!" nispa niwankuman; aswaypis
       wasi ukhullapi puñuykusaq.

785   Chayqa warmiqa niq: - Puñukuylla chay k'uchupi.
       Atuq niq: - Manan manan, "¡k'uchu, k'uchu!" nispa niwankuman.

786   - Entonses chay punkullapi:
       - Manan manan, "¡punku, punku!" nispa niwankuman.

787   - Entonses chay q'unchaq ladunllapi.
       - Manan manan, "¡q'uncha, q'uncha!" niwankuman.

788   Hinaqa warmi nin atuqta: - Entonses, maypitaq puñuyta munankiri? Hina atuqqa
       niq:
       - Nuqaqa mamaypaq pupuy patallapi puñukuyta yachani. Warmiqa hinaspaqá:
       - Hamuyyá kay pupuq patallapi puñukunki.

789   Kusisqallaraq atuqqa pupun pataman purispa witiyta qallarisqa sapa tuta.

790 Maypachachus huk tuta witishaqtin chay warmiq qharin ña hamusqaña eskelayuq llamakunapi "¡kalán kalán kalán!" nispa.
Hinaspa warmiqa atuqta nisqa: - Usqayllata hatarispa hawata lluqsiy, ñan chaytaña qhariy hamun.

791 Hinaspa atuq mancharikuymanta -ullun warmiq phaka chawpinpi murq'ucharukusqa, mana urquyta atisqachu. Ñataq qhariqa pationpiña llamakunantin kashan: - ¡Yaw warmi karahu! ¡Usqayta sayarimuy! ¡Usqayta sayarimuy! ¡llamaykunata phaskaysiway!.

792 Warmi mana imanakuyta atispa mancharikuymanta atuqpaq ullunta kuchilluwan kuchurusqa. Hina atuqqa usqayllata iskapasqa hawaman "ñis ñis", nispa. Warmitaq atuq ullu phakantin usqayllata hawata lluqsisqa, qharinta yanapasqa.

793 Maypachachus llama phaskayta tukuqtinku wasi ukupi kashaqtin sapa uraslla atuq hawa punkumanta rimapakamusqa: - Mamitáy uqallayta qupuway- nispa.

794 Qharintaqsi warminta nisqa: - Ima uqanta hap'inki chay alquqta? Sinchitapuniña atuq uqanta mañakuqtin qharin sumaqllata atuqta tapusqa:

795 - Ima uqaykita hap'in kay warmi?- nispa.
Atuqtaq mana nanayta awantaspa atispa nisqa: - ¡Phakanpi kashan papitúy, phakanpi kashan papitúy, phakanpi kashan papitúy!

796 Hina qhariqa warminpaq phakanpi mask'aspa tarisqa atuqpaq ullunta. Usqayllata wikch'usqa atuqman. Atuqqa llaqwakuspakama kasqanta k'askachikapusqa. Chaykamataq qhari warminta sipirisqaraq maqaspa.

797 Chaymantataq chinkapusqa atuqqa, manaña runakunaq alqunchu kapusqa. Aswanpis waq alqukuna chiqnirqan kunankamapis.

Glosarios

Kaylluma qichwa simikunamanta simi huntachiqmantapas

(Términos y sufijos del quechua ayllomino)

antb.	Antabambapi (Apurimaq). *En Antabamba (Apurímac).*
ay.	Aymarasimi. *Aimara.*
<ay.	Aymaramanta simi. *Palabra o sufijo aimara.*
<ay.j.	Aymaramantapas jaqarumantapas kanman. *Del aimara o del jaqaru.*
ayk.	Ayakuchupi. *En Ayacucho.*
B.	Boliviapi. *En Bolivia.*
chb.	Chumbivilcaspi. *En Chumbivilcas.*
ht.	Hinallataq. *Así mismo.*
j.	Jaqarumanta (aymarawan tupan kay simiqa). *Jaqaru.*
< kas.	Kastilla simimanta simi. *Hispanismo.*
k.a.t.	Kayllumapi aswan hinapi tuqyanku. *En Caylloma se pronuncia más frecuentemente así.*
k.k.t.	Kayllumapi kaqlla tuqyallantaq. *En Caylloma se pronuncia indistintamente.*
k.m.t.	Kayllumapi mayninpi tuqyan. *En Caylloma a veces se pronuncia.*
m.y.y.	Manam yurisqanta yachanchikchu, Kallumallapi rimakun. *De origen que desconocemos, sólo lo registramos en Caylloma.*
p.	Punupi. *En Puno.*
q.a.	Qichwasimipi aymarasimipipas. *En quechua y aimara.*
s.h.	Simi huntachiq. *Sufijo.*
w.q.	Wak qichwa simikunapi. *En otros dialectos quechuas.*
w.q.t.	Wak qichwasimikunapi tuqyallantaq. *Pronunciada en otros dialectos quechuas.*

Akistay	(w.q. wichay, lluqay, siqay) *Subir.*
Altus.	(< kas. alto) Puna. *La puna, páramo. Parte superior de la casa.*
Alzariy	(< kas. alzarse) *Rebelarse, sublevarse.*
Ankuta.	(<ay. ankuta ?) *Llama joven que aún no sirve para cargar.*
Ansaqiy	(w.q. hanllay) *Bostezar.*
Añu	Maswa. *Tubérculo andino, mashua.*
Aqallpu	(q.a.) Qhunasqa utaq kutasqa mikuna waykunapaq utaq yanunapaq. w.q. Akupalla, machwa. *Harina para cocinar.*
Aqarapi	(q.a.; w.q. rit'i, rasu) *Nevar, (a diferencia de 'nevada' que en Caylloma también es 'rit'i': 'la nieve que ha caído').*

Arqhiy Aymarapipas kay simiqa, hinallataq Padre Lirap librunpi. *Quejarse, lamentarse, pujar.*

Asay (<ay.j. asaña) *Llevar recipientes con cuidado (para ofrendas o invitados).*

Asakuy *Llevar una cosa a otro usualmente cuando se va invitado.* (Hornberger, 1983:13)

Chhalay Kambiay, trukay. *Trocar, cambiar productos.*

Ch'allpiy 1. *Meter en el agua, sumergir.* 2. *Cruzar un río.*

Chanchu (q.a.; w.q.t. chamchu, chamcha) Chaqi, pusura. *Morón.*

Chhankha (m.y.y.) *Roca rajada por efecto del rayo, de cuyas rajaduras crecen malezas.*

Chaqay (w.q.t. haqay) Qawachikuq suti ranti. *Demostrativo: Aquel.*

Charqay (w.q. tatkiy, ichiy) *Dar pasos, pasos.*

-chik (k.m.t. '-chis' 'achkayachiq ñuqanchikmanta' s.h.; w.q.t. -chis; -chi; tsik; -si) *Sufijo pluralizador de la primera persona inclusiva.*

Ch'ipa (q.a. ch'ipa) *Especie de red para cargar cosas a lomo de bestia* (Büttner-Condori 1984:46).

Chiqan (k.k.t. chiqas, chiqay) Ladu. *Lugar, sitio, ocasión, vez.*

Chilliwa (antb. ch'illawa) *Paja de puna.*

Ch'illmiy (w.q.t. ch'imlliy ayk. chimqiy) *Parpadear.*

Chhiwiqiña (w.q. chhiwiqaña) Waskhilla, puruwana? *Una soguilla.*

Chuchullu (<ay. chhuchhulli) *Patas de animales.* (Büttner-Condori, 1984:95).

Chullumpi 1. Yupaychasqa paqucha, iskay culurniyuq. 2. Huk pawaq pisqu quchakunapi tiyaq. *1. Alpaca sagrada de dos colores, esta alpaca tiene alguna característica especial que la diferencia de todas las demás alpacas. 2. Ave acuática de las punas.*

Chhullunqa Chhullunku. *Hielo que se forma en los estanques.*

Ch'unchu qullpa (m.y.y.) *Salitre marino.*

Ch'uma (w.q.t. chuma; ch'umay, sapaq simi, Kayllumapi manam riqsinkuchu, kastellanupi: 'escurrir') Qayma, q'ayma, qamya. *Insípido, sin sabor, chuma.*

Ch'usu   (<ay. ch'usu) *Hervido.*

-chuqa   (m.y.y.; s.h.) *Sufijo asimilativo.*

Chuwa   (<ay. ?) P'ukuhina t'urumanta utaq mitumanta rurasqa. *Plato de barro.*

Hach'i   (<ay.j. hach'i; ach'i) w.q. Apti, hapt'i, hapt'a. *Puñado. También en jaqaru: 'ach'i' llevar en la mano granos.* (Hartdman, 1983:83).

Hak'akllu   (w.q.t. akakllu, hak'achu) Pawaq pisqu. *Pájaro carpintero, también llamado: 'pito'.*

Halaqay   (<ay.j. halaña) Urmay. *Caer.*

Hip'i   (<ay. hipi) (w.q.) Chhapa, hamchi, hamch'i, chapchu. *Afrecho.*

Huchatariy   (m.y.y.) *Discutir.*

Hullq'i   (m.y.y.) 1. *Sin dentadura.* 2. *Cebiche de hígado.*

Hunyay   *Salir, o moverse en alboroto, en grupo (animales o piedras). Probablemente relacionado a "cunyay: alborotarse, hacer bulla, inquietarse, causar bulla, alboroto".* (Middendorf 1890:189).

Huyu   Huk mikuna saramanta higusniyuqta. *Una comida a base de maíz y de higos.*

Ichuy   (<ay. ichuña) Marqay, marq'ay, ituy. *Llevar una carga pesada con las dos manos, o ayudándose con el muslo o la cadera.*

Ikhay   (<ay.j. ikiña 'puñuy', ikha- 'qatiy') Siqay uywapura. Antabambapi: 'ikhay' ñinku wawa puñuchinapaq. *Cruzamiento entre animales.*

Iranta   (<ay. iranta-) Alkansu, pagu, haywarisqa. *Ofrenda, pago a la Madre Tierra.*

Iskita   *Tejido pequeño, del tamaño de una servilleta, que se usa para envolver componentes del atado ritual.*

Ista   (<ay. istalla) Ch'uspa, chuspa. *Bolsa pequeña, mantita.*

Iyaw   (<ay. iyaw) Riki, awriki, aw, ya listu, awiri. *Expresión de asentimiento: '¡Ya pues!' '¡claro!' 'Bueno', 'ya listo'.*

K'apay   (m.y.y.) *Cerrar.*

K'ariy   (<ay. k'ariña) Ch'atay, chatay, tumpay, llutiy, huchachay. *Calumniar, acusar, aborrecer.*

Kandaya (m.y.y.) *Altar.*

K'anka (ayk. 'utulu') Gallo.

Khaskatiy (w.q.) Katatay, khatatay, katkatay. *Temblar (el cuerpo).*

K'askay (antb. 'laqhay', ayk. 'laqay,' Cotabambaspi 'ratay') *Pegar (por ejemplo un papel a una pared).*

K'ili K'illichu, k'illinchu. *Cernícalo.*

K'iluy (<ay. k'iluy; ht.p.; w.q.t. qiruy) Walthay, pistuy. *Envolver (con una manta a un bebito o guagua).*

Kisa (ej. 'hawas kisa':) *Dícese de algunos granos remojados y pelados; por ejemplo de las habas.*

Kiti (k.k.t. kuti) Pacha, kuti, chiqas. *Vez, tiempo. "Provincia, sección de terreno, distrito, departamento".* (Hornberger 1983).

Khiwiy *Moverse de un lado a otro (por ejemplo la cabeza al negar algo).*

Kullun kancha *Canchón sagrado donde se cruza a las alpacas.*

Kunuka (m.y.y.; w.q. khunuka) *Una planta de la puna utilizada en rituales.*

K'unkuy (m.y.y.) K'uytuy. *Encogerse. "K'unkuykuy, encoger pegar las rodillas hasta el pecho".* (Hornberger, 1983).

Kuraq 1. Yuyaq. 2. aswan, mas. *1. Mayor. 2. Más.*

Kutuna (<kas. cotona; w.q. kurpiñu) *Camisa de mujer.*

Khuya (w.q.t. kuya) w.q. Illa, inqa, inqaychu. *Característica de un objeto sagrado, por la cual se le debe querer y respetar, para que la suerte sea buena. Por ejemplo para que se reproduzcan los animales o para no padecer desgracias como robos o accidentes.* (Ver Flores Ochoa (comp.) 1977: 211-237).

-la Simi huntachiq famillamanta ñinapaq. *Sufijo fosilizado en términos de parentesco.*

Lapra (w.q. rapi) *En Caylloma 'hoja'.*

Laqra (w.q.t. raqra) *Rajado.*

Lawata (<ay.?) Qina. *Una flauta.*

Lecsone *Producto químico.*

Llankhay	(w.q. llankhuy) Llamiy, llachpay (ayk). *Tocar, manosear, acariciar.*
Lliju	(m.y.y.; k.k.t. 'llik') Lliw, lluy, llapa, llipi. *Todo, absolutamente.*
Llipta	Hinallataq 'llikta', kuka akullinapaq. *Pasta usada para mascar la coca, 'llicta'.*
Lluthu	(w.q.t. yutu, yuthu) *Perdiz.*
Mallqu	(w.q.t. malqu) *Pájaro joven, pichón.*
Mamala	Awla, hatun mama, hatuku. *Abuela.*
Manchhana	(w.q.t. manchana) *Harto, muchísimo.*
Mayllay	(w.q.t. maylliy) Maqchiy, maqchhiy. *Lavar.*
Mich'a	Maqlla. *Tacaño.*
Muk'u	Muqch'i, allinta simipi kutuspa. *Masticar y moler en la boca.*
Munti	(<kas. monte) *Bosque,* 'munti sacha' *árbol de bosque o grande.* (h.t. ay.)
Muqch'iy	(q.a. muxch'iy) ayk. chumchiy. *Enjuagar la boca.*
Murmunta	(w.q.t. murmuntu) *Alga comestible.*
Murq'u	(<ay.? muruq'u; antb. q'urmu) *Bola, redondo.*
Musiy	(<ay. musiña) Qaway. *Cuidar.*
Mut'u	(m.y.y.) Ch'ulluhina mana rinriyuq. *Gorro a manera de chullo pero sin orejeras.*
-naqa-	Aymaramanta simi huntachiq, 'yanqamanta huntachiq'. *Sufijo aymara 'acción difusa, sin propósito'.*
-nkichu	*Sufijo o combinación de sufijos de origen desconocido empleada solamente en la frase: "chayraq yachankichik allin yachankichuta". Encontramos también 'purinkuchu' 'andariego' en Soto, (1976:89). Igualmente consignamos 'munankichu' mujeriego 'llaminkichu' alguien que le gusta manosear.*
-pacha	Aymaramanta simi huntachiq. *Aun siendo un sufijo compartido por el quechua y el aimara, notamos que su uso en Caylloma comporta significaciones que son más propias al uso que tiene en aimara.*
Phaka	Kayllumapi ninku phaka, chakantinta ima. *En Caylloma, es además de la entrepierna, el muslo.*

P'anay (ayk. panyay) *Golpear.*

Phara w.q.t. Rapra, lapra, pharpa. *Ala.*

P'arqa (w.q.t. pallqa, palqa, p'alqa) *Bifurcación, horqueta.*

Phiyu (<kas. feo) *Malo, detestable.*

P'ishaqa (w.q.t.; p'isaqa, pisaqa; Kayllumapi yutu kaqlla simi) *En Caylloma es un término equivalente a 'yutu', perdiz.*

Phisqu chaki (m.y.y.) *Un tipo de alga marina.*

P'itana *Aguja de arriero.*

-qa- <ay. s.h.: 'urayman huntachiq'. *Sufijo aymara: 'direccional hacia abajo'.*

Q'achi (m.y.y.) *Color brilloso claro. En Chumbivilcas: 'flacuchento'* 'tuqti, chuqchi'.

Qarachi (w.q.t. qaracha) *Sarna.*

Qarchi (w.q. Warmi sunqu, bansibadu, munankichu) *Mujeriego. En* Cusihuamán *aparece:* 'qarchi' *Burro macho"* (1975:112).

Q'awiy (<ay.) *Morder, masticar, "mascar cosas crudas"* (Büttner-Condori 1984:188)

Qaynay (ht.p. samapakuy) *Descansar, acampar.*

Q'aywiy *Adornarse con regalos que dan los carguyuq (p.ej. sartas de frutas).*

Qhilla (w.q.t. qilla) *Ociosidad.*

Qhilli (ayk. ht. antb. qanra) *Sucio, vulgar.*

Qiqita *Ave no identificada de color marrón.*

Q'uchukuy Kusikuy. *Alegrarse.*

Qhumay (< ay.) Marqakuy, abrasanakuy. *Abrazarse.*

Qhuna Tunaw. *Piedra para moler.*

Qhunay Qaquspa kutay. *Moler, machucar.*

-ra- Aymaramanta simi huntachiq. *Sufijo aymara: 'acción en serie'.*

Rikra Rapra. 1. *Ala.* 2. *Hombro.*

-rmaya-	(k.k.t.; w.q.t. '-raya-') s.h.
Suqru	w.q.t. suqra; ayk. Kallka; antb. khallka; ranra. *Pendiente rocosa y resbaladiza.*
-shá	(k.k.t.; w.q.t. -chá, -shi) 'Watunapaq' simi huntachiq. *Sufijo 'pronosticativo' al parecer equivalente a la forma -chá. Sin embargo cuando se combina con riki o -iki, su forma se pronuncia -shiki y no -chiki, como también hubiera cabido esperar.*
-shiki	(w.q.t. -chá riki; ayk. -chiki) *Combinación del sufijo pronosticativo -chá (también pronunciado -shá en Caylloma) y el sufijo o partícula -iki o riki. Usado frecuentemente en Caylloma (Ver también* Weber, 1987).
T'aka	*Derramar, esparcir, sembrar.*
T'akyay	(m.y.y.) *Latido que se produce por dolor de una infección o por ejemplo cuando se les hincha de leche los pechos a las madres.*
Tandalli	(m.y.y.) *Nombre sagrado de la alpaca.*
-tata-	(<ay. s.h. -tata-) *Sufijo del aimara, significa "desparramar o dispersar"* (England 1988:105).
Tatala	Awlu, hatun tayta, hatuku. *Abuelo.*
-tapi-	(<ay. -thapi-) s.h. *Sufijo verbal del aimara, "usualmente significa recoger o juntar por la acción"* (England 1988:100).
Thatay	(<ay. thataña) Chustiy, ch'utiy, ch'ustiy. *Acción de desvestir y vestir.*
T'iqa	(m.y.y.) Sansa. *Brasa, la ultima brasa que generalmente queda al usar la bosta de llama.*
T'ishqi-t'ishqi	(m.y.y.) *Flores pequeñitas de la puna.*
-tiya-	(s.h., ayk.) *Sufijo verbal que es común también al quechua ayacuchano: "Indica un proceso que se efectúa repetidamente, a intervalos cortos, hecho en forma simulada o a desgano"* (Soto, 1976a:113).
Thulu	(<ay. thulu) Qurunta. *Marlo del maíz, coronta, tusa.*
Tuqti	(w.q.t. chuqchi; ayk. rakchi) *Flaco, enclenque.*
Tuway	(<ay. tuwaña) Kuyday (allqullamanta chayta nikun). *Cuidar, estar atento, vigilar (los perros).*

Uchha Taqya, thaqya, taxa, thaxa; ayk. karka. *Bosta de animales (cuando es de llamas o alpacas).*

Urnada (<kas. jornada) *Lugar donde se descansa tras un día de viaje.*

Uqhu (<j. uq'u ?= lodo) w.q. waylla, ch'ura, suruna; antb. uqururu. *Bofedal, ciénaga, pantano.*

Urañay (<kast. huraño ?) *Asustarse, aterrorizarse.*

Urwiy *Pasarse por la boca un líquido.*

Wakiy (ht. chb. B.) Atiy, tukuy. *Poder, transformar(se), convertir(se), lograr.*

Wallkhay *Mover los brazos un bebito.*

Waqchu (m.y.y.) Tragu (waqtu). Solitario.

Waraya (m.y.y.) *Corral donde los animales pasan la noche.*

Warqu (m.y.y.) Kargupi musikukuna musiq runa. *Servicio que vigila a los músicos durante la fiesta de un cargo.*

Wayru (m.y.y.) *Prenda que se coloca generalmente a los niños a manera de falda.*

Wilaja (<ay. wilaxa) Paquchap yawarninmanta mikuna. *Comida a base de la sangre de llama o alpaca.*

Wini (q.a.) Llasa ch'ila rumi; antb. winchu. *Piedra dura y pesada, piedra imán.*

Wiraq'aya (w.q.t. wiraq'uya) Tinka. *Planta utilizada en ceremonias religosas. Llámase así también a la misma ceremonia, pago o alcanzo a la Madre Tierra.*

Witiy (m.y.y.) Muntay, sapsay, siqay. *Fornicar, hacer el amor, tirar, cachar.*

-xata- <ay. s.h.: 'wichaymanta rurana huntachiq'. *Sufijo aimara: 'acción desde arriba'.*

-yacha- (w.q.t. -ykacha-, -kacha- ?) *Sufijo de acción dispersa.*

Glosario de términos usados en la traducción castellana

Apacheta

Acumulación de piedras hecha por los viajeros en las abras de los caminos, donde debe dejarse ofrendas o también "arrojar coca masticada a fin de preservarse de daños o lograr mayor vigor para el viaje" (Soto, 1976b: 26).

Awki

Aym. Deidad que habita en el interior de los Apus o Cerros. En aimara 'padre'.

Ayni

Relación socio-económica típicamente andina que consiste principalmente en el intercambio de trabajo.

Cancha

Recinto cerrado.

Cargo

Cast. Responsabilidad que en las comunidades andinas se asume rotativamente para organizar y asumir los gastos en las fiestas patronales.

Carguyuq

La persona que se responsabiliza de un *cargo*.

Caroso

Término usado sobre todo para caracterizar a niños de tez clara, llamados también *colorados*. Implica, asimismo, una connotación de simpatía.

Chaque

Chaquepa, comida preparada a base de trigo o cebada chancada.

Charqui

Carne secada y curada.

Chimba

La parte de enfrente (respecto al lugar desde donde hablamos) de un río.

Coronta

Marlo o tusa del maíz. Parte que queda tras sacar los granos del choclo o mazorca.

Daño

Cast. Llamado así el daño que causan los animales al invadir las chacras.

Fiambre

Cast. Provisiones de alimentos llevadas para un viaje o para el trabajo en la chacra. Generalmente mote y papas.

Gentil

Hombre de la época de los gentiles. La época de los gentiles está asociada a un tiempo cuasi "incivilizado" anterior a los incas.

Guaraca

Instrumento o arma para hondear piedras tejido de lana.

Huatia

Similar a la *Pachamanca*. Consiste en una forma de asar las papas en un horno campestre a base de terrones.

Iranta

Aym. Ofrendas rituales de agradecimiento para la Madre Tierra u otras deidades. En otros lugares se llama *pagu o alcansu*.

Kintu

Conjunto de tres hojas enteras de coca que tienen gran valor ceremonial. En castellano se les suele decir *hojas redondas*. Se cogen con gran ceremonia, en forma similar a la hostia de la misa y se ofrecen a los cerros o apus y a la Madre Tierra que nos amparan.

Kunuka

Planta de la puna que es utilizada en ceremonias rituales.

Lawa

Mazamorra salada. Hemos empleado este término quechua a pesar de que en el original quechua el término usado no es 'lawa' sino **'api'**. Esto nos ilustra un poco sobre lo difícil de situar términos como los gastronómicos vinculados íntimamente al quehacer cultural de un pueblo. En Bolivia el **'api'** es dulce, y en Cuzco es otra comida, diferente a la mazamorra. Por otro lado, se tiende a asociar la *lawa* más con el puré por ser una mazamorra salada hecha generalmente a base de chuño. Esta comida está muy vinculada a la condición de indígena. Valderrama-Escalante (1982) registran *'dame lawa'* como un insulto. Uso este término en la traducción castellana por ser un quechuismo más conocido, sin embargo, en Caylloma se usa el término 'api', tanto para mazamorras dulces como saladas.

Misti

Cast. Aunque proviene probablemente de la palabra mestizo. Su significado es más amplio y no hace referencia únicamente a la raza, más bien indica adscripción étnica al grupo de poder criollo o castellano. La mayor parte de los integrantes de este grupo social dominante son blancos o mestizos; aunque también hay personas de clara ascendencia indígena, pero con un *status* social diferente (estudio, posición económica y/o conocimiento del castellano y la cultura mestiza). También se considera como un término parasinónimo de 'español'. Para los runas-indígenas de las cercanías del Cuzco, ésta es una ciudad de los mistis y por tanto ajena y opresora.

Ojotas

Sandalias de llantas viejas usadas por los runas.

Qaqya

Dícese de algo maligno, como p. ej. del viento maligno, portador de enfermedades.

Queja

Cast. En castellano andino, juicio o pleito donde interviene alguna instancia judicial. Demanda.

Queuña

Arbol de altura con corteza escamosa y sedosa. Quingual.

Runa

Campesino, indígena. En los diccionario coloniales aparece siempre como 'indio'. Sin embargo el término 'indio' casi nunca fue usado por los runas dado que simplemente es un término castellano y los runas, en su inmensa mayoría, lo desconocían. Tan sólo lo conocían en el uso de los mistis, es decir, exclusivamente para el insulto y la vituperación. La recuperación del término 'indio' en sentido de afirmar la identidad étnica en el Perú es todavía dudosa, por eso preferimos usar el término runa, a veces también 'indígena' pero casi nunca campesino, puesto que éste último hace referencia a una ocupación económica, y runa tiene un evidente sentido de adscripción étnica.

Tinka

"Ceremonia consistente en hacer un brindis con las deidades rociando el licor con los dedos" (Ballón et al., 1992: 182).

Tinkar

Acción de realizar la tinka.

Bibliografía

ACADEMIA MAYOR DE LA LENGUA QUECHUA (AMLQ)
  1995   **Diccionario Quechua-Español-Quechua. Qheswa-Español-Qheswa
               simi taqe.** Municipalidad del Qosqo, Cusco.

ALBO, Xavier
  1995   "Relectura de Runasimimanta Yuyaychakusun desde el Collao Bolivia-
               no". **Revista Andina,** Año 13, Número 2. Cusco.

AYALA LOAYZA, José Luis
  1988   **Diccionario Español-Aymara Aymara-Español,** Editorial Juan Mejía
               Baca, Lima.

BALLON, Enrique; CERRON-PALOMINO, Rodolfo; CHAMBI, Emilio
  1992   **Vocabulario Razonado de la Actividad Agraria Andina. Terminología
               agraria quechua.** Centro de Estudios Regionales Andinos "Bartolomé
               de Las Casas", Cusco.

BERTONIO, Ludovico
  (1612)1984 **Vocabvlario de la Lengva Aymara,** Edición Facsimilar, CERES-IFEA-
               MUSEF, Cochabamba.

BRIGGS, Lucy Therina
  1988   "Estructura del sistema nominal" en Hardman et al., 1988 **Aymara** pp.
               171-264. Instituto de Lengua y Cultura Aymara, La Paz.

BÜTTNER, Thomas; CONDORI, Dionisio
  1984   **Diccionario Aymara - Castellano.** GTZ, Puno.

CARDONA, Lionel, PARI, Adán
  1995 (a)   **Qillqakamana. Yanapaq p'anqa SNE,** Chukiyawu - La Paz.

  1995 (b)   **Khipukamana. Yanapaq p'anqa SNE,** Chukiyawu - La Paz.

CERRON-PALOMINO, Rodolfo
1987   **Lingüística Quechua**. Centro de Estudios Regionales Andinos "Bartolomé de Las Casas", Cusco.

1994a   **Quechumara. Estructuras paralelas de las lenguas quechua y aimara,** CIPCA, La Paz.

1994b   **Quechua Sureño. Diccionario Unificado.** Biblioteca Nacional del Perú, Lima.

CHIRINOS, Andrés
1994 (a)   "Normas Empleadas para la Escritura Quechua". En Valderrama-Escalante 1994, **Asuntapa Kawsayninmanta** CADEP "José María Arguedas", Qusqu.

1994b (ed.) **Ñawpaq Timpumanta. Tradición Oral de la Provincia de Anta,** vol. I. CADEP "José María Arguedas", Qusqu.

1995 (ed.) **Haciendap Tiemponpi. Tradición Oral de la Provincia de Anta,** vol. II. CADEP "José María Arguedas", Qusqu.

CHIRINOS, Andrés; MAQUE, Alejo
1989   "El Inka Mayta Capac en el Valle del Colca". Revista **COLCA**. Arequipa.

CHUQUIMAMANI, Rufino; QUISHPE, Nancy Eugenia; CHIRINOS, Andrés
1993   **Yachaykunamanta. Huñunakuypi yachachinapaq.** CADEP "JMA", Qusqu.

CUSIHUAMAN G., Antonio
1976   **Gramática Quechua Cuzco-Collao.** Ministerio de Educación-Instituto de Estudios Peruanos. Lima.

DÉLÉTROZ FAVRE, ALAIN
1993   **Huk kutis kaq kasqa. Relatos del distrito de Coaza (Carabaya-Puno),** IPA, Cusco.

ENGLAND, Nora Clearman
1988   "Sufijos verbales derivacionales". En Hardman, et al. 1988, **Aymara** pp. 94-131.

FLORES OCHOA, Jorge A.
(comp.)1977 **Pastores de puna. Uywamichiq punarunakuna,** Instituto de Estudios Peruanos, Lima.

1985   "Clasificación y Nominación de Camélidos Sudamericanos" pp. 195-215 en **La Tecnología en el Mundo Andino. Runakunap Kawsayninkupaq Rurasqankunaqa.** H. Letchman y A. M. Soldi eds,. UNAM, México.

1988   **Llamichos y Paqocheros. Pastores de llamas y alpacas,** CONCYTEC-Centro de Estudios Andinos-UNSAAC, Cuzco.

GARCILASO DE LA VEGA, Inca.
[1615] 1991   **Comentarios Reales de los Incas.** Edición, índice analítico y glosario de Carlos Araníbar. Fondo de Cultura Económica, Lima.

GONZALEZ HOLGUIN, Diego
(1608) 1989   **Vocabvlario de la Lengva General de todo el Perv llamada Lengva Qqichua o del Inca,** Universidad Nacional Mayor de San Marcos, Lima.

GODENZZI, Juan Carlos (Editor y compilador)
1992   **El Quechua en Debate. Normalización y educación.** Centro de Estudios Regionales Andinos "Bartolomé de Las Casas", Cusco.

GODENZZI, Juan Carlos; VENGOA, Janett
1994   **Runasimimanta Yuyaychakusun.** Manual de lingüística quechua para bilingües. Centro de Estudios Regionales Andinos "Bartolomé de Las Casas"-Asociación Pukllasunchis, Cusco.

GOW, Rosalind; CONDORI, Bernabé
(1976)1982   **Kay Pacha.** Tradición Oral Andina. Centro de Estudios Regionales Andinos "Bartolomé de Las Casas", Cusco.

GUAMAN POMA DE AYALA, Phelipe
(1615?)1980   **Nueva Corónica y Buen Gobierno.** Edición de John Murra, Siglo XXI-Instituto de Estudios Peruanos, México.

HARDMAN, Martha J.
1983   **Jaqaru. Compendio de Estructura Fonológica y Morfológica,** Instituto de Estudios Peruanos-Instituto Indigenista Interamericano, Lima.

HARDMAN, M.J.; VAZQUEZ, Juana y YAPITA, Juan de Dios; et al.
1988   **Aymara. Compendio de Estructura Fonológica y Gramatical,** Instituto de Lengua y Cultura, La Paz.

HORNBERGER, Esteban; HORNBERGER, Nancy
1983   **Diccionario Trilingüe Quechua de Cusco: Quechua English Castellano.** QOYA RAYMI, La Paz.

HOWARD-MALVERDE, Rosaleen.
1981   **Dioses y Diablos: Tradición oral quichua de Cañar, Ecuador.** París, Association d'Ethnolinguistique Amérindienne.

1990   **The Speaking of History: Willapaakushayki or Quechua Ways of Telling the Past.** Institute of Latin America Studies -University of London.

ITIER, César
1993   Estudio Etnolingüístico en PACHACUTI YAMQUI SALCAMAYGUA, J.de S., **Relacion de Antiguedades deste Reyno del Piru,** Centro de Estudios Regionales Andinos "Bartolomé de Las Casas". Cusco.

JUNG, Ingrid; LOPEZ, Luis Enrique
    1987   "Las dimensiones políticas de una escritura: el caso del quechua en el Perú". En **Allpanchis** 29-30 **Lengua, Nación y Mundo Andino,** pp. 483-509. Instituto de Pastoral Andina, Sicuani-Cusco.

LIRA, Jorge A.
    1982   **Diccionario Kkhechuwa-Castellano.** Secretaría Ejecutiva del Convenio "Andrés Bello" SECAB. Bogotá.

LOPEZ, Luis Enrique
    1987   "Balance y perspectivas de la educación bilingüe en Puno". En **Allpanchis** 29-30, **Lengua Nación y Mundo Andino,** pp. 347-378. Instituto de Pastoral Andina. Sicuani-Cusco.

MIDDENDORF, Ernst W.
    1890   **Wörterbuch des Runa Simi oder der Keshua Sprache.** F. A. Brockhaus. Leipzig.

MONTUFAR, Uriel
    1990   **Diccionario Quechua-español, español-quechua.** Editorial ATORS, Arequipa.

MOROTE BEST, Efraín.
    1988   **Aldeas Sumergidas.** Centro de Estudios Regionales Andinos "Bartolomé de Las Casas", Cusco.

NEYRA SAMANEZ, Hugo
    1974   **Huillca: Habla un campesino peruano.** PEISA. Lima.

PARKER, Gary J.
    1969   "Comparative Quechua Phonology and Grammar III: Proto-Quechua Lexicon". **Working Papers in Linguistics,** 1:9, pp. 149-204. University of Hawai.

PLAZA, Pedro (Traductor)
    1992   **Qichwakuna. Los Quechuas. Llaqtakunanchik yachay wasikunapi,** Instituto Interamericano de Derechos Humanos-Fundación Friedrich-Naumann, La Paz.

QUESADA, Félix
    1976   **Diccionario Quechua Cajamarca-Cañaris.** Ministerio de Educación-Instituto de Estudios Peruanos, Lima.

QUIROZ, Alfredo
    1992   **Atuqmanta Willaykunawan. Arawikunawan.** PEIB-Comisión Episcopal de Educación, La Paz.

SOTO, Clodoaldo
    1976a   **Gramática Quechua Ayacucho-Chanca.** Ministerio de Educación-Instituto de Estudios Peruanos, Lima.

1976b   **Diccionario Quechua Ayacucho-Chanca**. Ministerio de Educación-Instituto de Estudios Peruanos, Lima.

TAYLOR, Gerald
    1987   **Ritos y tradiciones de Huarochirí**. IEP-IFEA, Lima.

    1994   **Estudios de Dialectología Quechua. Chachapoyas, Ferreñafe Yauyos,** Universidad Nacional La Cantuta, Lima.

TERCER CONCILIO LIMENSE
  [1584] (1985) **Doctrina Christiana y Catecismo para Instruccion de los Indios y de las demas personas que han de ser enseñadas en nuestra Santa Fé.** Edición Facsimilar. Consejo Superior de Investigaciones Científicas, Madrid.

URBANO, Henrique
    1981   **Wiracocha y Ayar. Héroes y funciones en las sociedades andinas.** Centro de Estudios Regionales Andinos "Bartolomé de Las Casas", Cusco.

VALDERRAMA, Ricardo; ESCALANTE, Carmen
    1978   "Mitos y leyendas de los quechuas del sur del Perú". **Debates en Antropología**. No. 2: 125-136. PUCP. Departamento de Ciencias Sociales, Lima.

    1980   **Gregorio Condori Mamani. Autobiografía.** Centro de Estudios Regionales Andinos "Bartolomé de Las Casas", Cusco.

    1988   **Del Tata Mallku a la Mama Pacha. Riego, sociedad y ritos en los Andes peruanos,** DESCO, Lima.

    1992   **Nosotros los Humanos. Ñuqanchik Runakuna.** Centro de Estudios Regionales Andinos "Bartolomé de Las Casas", Cusco.

    1994   **Asuntapa Kawsayninmanta.** Centro Andino de Educación y Promoción "José María Arguedas", Cusco.

WEBER, David (Editor)
    1987   **Juan del Oso,** ILV, Pucallpa-Perú.

YUYAY JAP'INA
  1993-1994   **Yuyay Jap'ina.** Iskay Kawsaypi iskay simipi Yuyay Jap'ina wakichiy, 1manta 10kama yupay, P'utuqsi Chincha. [Periódicos en quechua (10 números) del proyecto de alfabetización Yuyay Jap'ina, Potosí].

Indice

Este libro se terminó de imprimir
en el mes de junio de 1996 en los
Talleres Gráficos del Centro "Bartolomé de Las Casas"
Limacpampa Grande 565 - Apartado 477 - Cuzco, Perú
Telf.: 234073 - Fax: 238255
E-mail: editor@cbccus.org.pe